TÜBINGER STUDIEN ZUR GESCHICHTE UND POLITIK

BEGRÜNDET VON HANS ROTHFELS

HERAUSGEGEBEN VON
JOSEF ENGEL · THEODOR ESCHENBURG · DIETRICH GEYER

Nr. 30

FRANZ KNIPPING

DIE AMERIKANISCHE RUSSLANDPOLITIK IN DER ZEIT DES HITLER-STALIN-PAKTS 1939-1941

1974

J. C. B. MOHR (PAUL SIEBECK) TÜBINGEN

Gedruckt mit Unterstützung
des Kultusministeriums Baden-Württemberg

©
Franz Knipping
J. C. B. Mohr (Paul Siebeck) Tübingen 1974
Alle Rechte vorbehalten
Ohne ausdrückliche Genehmigung des Verlages ist es auch nicht gestattet,
das Buch oder Teile daraus
auf photomechanischem Wege (Photokopie, Mikrokopie) zu vervielfältigen
Printed in Germany
Satz und Druck: Buchdruckerei Eugen Göbel, Tübingen
Einband: Großbuchbinderei Heinr. Koch, Tübingen

ISBN 3 16 836031 7

MEINEN ELTERN

INHALT

Abkürzungen IX

Vorwort XI

I. Einleitung. 1933–1939

1. Amerika, die Sowjetunion und die Krise des Friedens   1
   Der Beginn der diplomatischen Beziehungen, 1933–1936 (1) – Die Sowjetunion als Faktor der amerikanischen Sicherheitspolitik, 1936–1939 (10) – Alternativen zur Rußlandpolitik Roosevelts (22)

II. August 1939 – Juli 1940

2. Der Stalin-Hitler-Pakt, Europa 29
   23. August 1939: Ungewißheiten über die Politik Moskaus (29) – Das sowjetische Eingreifen in Polen und im Baltikum (38) – Die finnische Krise und der *City of Flint*-Zwischenfall (46)

3. Der „Winterkrieg" 53
   Der sowjetische Angriff auf Finnland (53) – Das „Moralische Embargo" vom 2. Dezember 1939 (57) – Rücksichten auf den Aggressor (65) – Interventionspläne und Vermittlungsbemühungen (71)

4. Der Stalin-Hitler-Pakt, Fernost 77
   Die USA und der sowjetisch-japanische Gegensatz (77) – Das Gespenst einer sowjetisch-japanischen Annäherung (82) – Die amerikanische Ostasienpolitik im Winter 1939/40 (88)

5. Die Sackgasse der Exportkontrollen 97
   Potentielle und aktuelle Aspekte des amerikanisch-sowjetischen Verhältnisses (97) – Ausweitung der Ausfuhrbeschränkungen (101) – Stimmungstief im Frühjahr 1940 (108) – Sowjetische Annexionen im Baltikum und in Südosteuropa (114)

III. Juli 1940 – Juni 1941

6. Auftakt der Welles-Umanski-Gespräche 117
   Verständigungsfühler des State Department (117) – Der Ausgangspunkt der amerikanischen Initiative (124) – Der Plan eines amerikanisch-chinesisch-sowjetischen Dreiwegehandels (134) – Kompetenzstreitigkeiten (141)

7. Der Dreimächtepakt 143
   Aufwertung der weltpolitischen Rolle der Sowjetunion (143) – Britische und amerikanische Annäherungsversuche im Oktober 1940 (152) – Steinhardt und die Rußlandpolitik Washingtons (161)

8. Warten auf „Barbarossa" 167
   Der Berlin-Besuch Molotows (167) – Fortdauerndes amerikanisches Werben in Ostasien (173) – Risse im deutsch-sowjetischen Bündnis (178) – Schritte zur Kooperation (185) – Grenzen der Konzessionsbereitschaft Washingtons (194)

9. Stalins vergeblicher Beschwichtigungsversuch 200
   Das Ende der Welles-Umanski-Gespräche (200) – Stalin beschwichtigt Hitler (202) – Der sowjetisch-japanische Neutralitätsvertrag vom 13. April 1941 (208) – Das State Department geht auf Distanz (218) – Roosevelt übernimmt die Führung (224)

IV. Schlußbetrachtung 227
Bibliographie 237
Personenverzeichnis 253

ABKÜRZUNGEN

ADAP	=	Akten zur deutschen auswärtigen Politik
Bulletin	=	The Department of State Bulletin
DAFR	=	Documents on American Foreign Relations (nichtamtliche Dokumentensammlung)
E. W.	=	European War
FR	=	Foreign Relations of the United States (offizielle Aktenpublikation des Department of State; mit Jahrgang)
FR, Japan	=	Foreign Relations of the United States, Sonderbände: Japan 1931–1941
FRSU	=	Foreign Relations of the United States, Sonderband: The Soviet Union 1933–1939
H.M.S.O.	=	His (Her) Majesty's Stationery Office
NA	=	National Archives, Record Group 59, General Records of the Department of State
OF	=	Official File (Roosevelt Papers)
PL	=	F. D. Roosevelt, His Personal Letters
PPA	=	The Public Papers and Addresses of Franklin D. Roosevelt
PPF	=	President's Personal File (Roosevelt Papers)
Press Conferences	=	Roosevelt Press Conferences (mschr. Sammlung in der Franklin D. Roosevelt Library)
PSF	=	President's Secretary's File (Roosevelt Papers)
PW	=	Peace and War (offizielle Dokumentenpublikation des Department of State)
Univ.	=	University
Unveröfftl. Diss.	=	Unveröffentlichte Dissertation
UP	=	University Press
U.S.G.P.O.	=	United States Government Printing Office
USWA	=	The United States in World Affairs (Shepardson/Scroggs)

VORWORT

Der Abschluß des Nichtangriffsvertrags zwischen dem Deutschen Reich und der Union der Sozialistischen Sowjetrepubliken am 23. August 1939 stellte die Regierungen in London, Paris und Washington vor schwerwiegende Probleme. Wenige Tage später wurden ihre Befürchtungen zur Gewißheit, daß der Politik Hitlers nur durch einen Krieg, dessen Verlauf und Ausgang unvorhersehbar waren, Einhalt geboten werden konnte. Im Hinblick auf die Sowjetunion führte der Pakt zwischen Berlin und Moskau die drei westlichen Regierungen für die folgenden 22 Monate in erhebliche Verlegenheit.

Auf der einen Seite wurde der Sowjetstaat durch seine Verbindung mit dem Deutschen Reich als Faktor der internationalen Beziehungen stark aufgewertet. Die neue Mächtekonstellation ließ die Sowjetunion quasi automatisch zu einer kritischen Größe in dem anhebenden Kräftemessen zwischen den Westmächten und den Achsenmächten aufrücken. Die sowjetische wirtschaftliche und politische Unterstützung der deutschen Kriegführung trug den Gegnern Hitlers schwerwiegende strategische Nachteile ein, aber auch für den Führer hingen Erfolg und Mißerfolg nun in hohem Maße von der fortwährenden Vertragstreue Stalins ab. Formell hielt sich die Sowjetunion allerdings als neutrale Macht von allem Kriegsgeschehen zunächst fern und nährte dadurch in den drei westlichen Hauptstädten die Hoffnung, daß über ihre internationale Position das letzte Wort noch nicht gesprochen sei und daß eine rücksichtsvolle Rußlandpolitik sich auszahlen könne.

Auf der anderen Seite trat Stalin bald ebenfalls als Aggressor hervor und machte es westlichen Politikern schwer, sein Bündnis mit Hitler als eine Maßnahme zur Existenzsicherung der Sowjetunion zu entschuldigen. Dies galt besonders für die Regierung in Washington, die sich vorerst noch nicht in der Situation befand, grundsätzliche Erwägungen pragmatisch den unmittelbaren Notwendigkeiten der Kriegführung anpassen zu müssen. Zudem verstieß Stalin in amerikanischen Augen in besonderem Maße, ebenso wie Hitler, gegen tiefverwurzelte Vorstellungen von Moral und internationalem Recht, wie sie ihren politischen Niederschlag zuletzt in dem Prinzip der Nichtanerkennung gewaltsam herbeigeführter territorialer Veränderungen gefunden hatten. Das Selbstverständnis Amerikas im Lichte seiner erklärten außenpolitischen Prinzipien konnte es der amerikanischen Regierung schwerlich gestatten, die Sowjets angesichts ihrer aggressiven Übergriffe gegen Polen, Finnland, die baltischen Staaten und Rumänien anders zu behandeln als das Deutschland Hitlers: mit einer Politik der Konfrontation des Unrechts.

Aus der Problemstellung, wie die Regierung Roosevelt diesen Konflikt zwischen prinzipiellen und realpolitischen Erfordernissen bewältigte, erwuchs im Sommer 1968 mein Interesse für das Thema der vorliegenden Studie. Es war eine Frucht vorangegangener Arbeiten über den Zweiten Weltkrieg und die amerikanische Außenpolitik am Seminar für Wissenschaftliche Politik und, unter der Anleitung von Professor Josef Engel, am Historischen Seminar der Universität Tübingen. Die Untersuchung orientierte sich vor allem an folgenden Fragen: Wiesen die Motive und das Verhalten Washingtons gegenüber der Sowjetunion in der Zeit des Hitler-Stalin-Pakts genügend innere Konsistenz auf, um als „Politik" gekennzeichnet werden zu können? Welches waren die Merkmale dieser Politik? Wie schließlich ist die amerikanische Rußlandpolitik 1939–1941 in die weltpolitischen Vorgänge der Zeit und in die Außenpolitik der USA vor dem und im Zweiten Weltkrieg einzuordnen? Da der Fragestellung noch nicht umfassend nachgegangen wurde, erschien es angebracht, die Ergebnisse der Untersuchung auf einer breiten Quellen- und Faktengrundlage abzusichern. Die jeweils relevanten Verzahnungen mit Nachbarproblemen konnten allerdings im Interesse einer Begrenzung des Umfangs der Darstellung nur im Grundsätzlichen aufgezeigt werden.

Die Geschichte der amerikanisch-sowjetischen Beziehungen in den dreißiger Jahren bis zum Beginn des Kriegsbündnisses 1941 gehört zu den vernachlässigten Kapiteln der zeitgeschichtlichen Forschung. Bis heute liegt hierzu nur eine einzige größere Veröffentlichung vor, die die Zeit der Anerkennung 1932–1934 behandelt.[1] Die Veröffentlichungen über die Außenpolitik der USA vor 1941 konzentrieren sich auf das Verhalten Washingtons gegenüber den Ereignissen in Europa und Ostasien. Die Rußlandpolitik dieser Zeit wurde bis in die jüngste Zeit hinein nur oberflächlich und pauschal im Rahmen von Gesamtdarstellungen über die amerikanische Außenpolitik, die Geschichte der amerikanisch-russischen Beziehungen oder den Zweiten Weltkrieg abgehandelt. Eine gewisse Ausnahme bildet lediglich die zweibändige Studie über die diplomatische Vorgeschichte des Zweiten Weltkrieges von William L. Langer und S. Everett Gleason (*The Challenge to Isolation* und *The Undeclared War*), deren sichtende und ordnende Vorarbeit hier dankbar zu vermerken ist. Seit wenigen Jahren beschäftigen sich einige jüngere amerikanische Historiker mit der Thematik.[2] Die Ergebnisse

---

[1] *Robert Paul Browder*, The Origins of Soviet-American Diplomacy (Princeton, UP, 1953).
[2] Es handelt sich vor allem um folgende unveröffentlichte Dissertationen: *Edward M. Bennett*, Franklin D. Roosevelt and Russian-American Relations, 1933–1939

ihrer Arbeiten werden in der vorliegenden Untersuchung kritisch ausgewertet.

Die Darstellung stützt sich zum guten Teil auf unveröffentlichte Quellen, die ich während eines fünfmonatigen Forschungsaufenthalts in den USA im Frühjahr und Sommer 1969 eingesehen habe; vor allem die Akten des Department of State und die Hull Papers, die Roosevelt Papers und die Morgenthau Diaries, die Moffat Diaries and Papers und die Stimson Diaries and Papers. Diese und einige weitere in der Bibliographie angegebene Aktenbestände waren mir für den behandelten Zeitraum ohne Einschränkungen verfügbar. Ein Teil von ihnen liegt auch gedruckt vor, namentlich ist auf die Publikation des amerikanischen Department of State *Foreign Relations of the United States* hinzuweisen. Die Durchsicht der Originalakten ergab zahlreiche zusätzliche „Funde", doch vermochten auch sie nicht grundsätzlich die Schwierigkeit zu beheben, daß sich in den amerikanischen Akten, vor allem wegen einer ausgeprägten Abneigung Roosevelts und hoher Beamter des State Department gegen Aufzeichnungen,[3] häufiger gerade wesentliche politische Entscheidungen und Vorgänge nur unzulänglich dokumentiert finden. Die relevanten amerikanischen Aktenpublikationen wurden ebenso ausgewertet wie die Memoiren- und Sekundärliteratur, auf deren ausführliche Einzeldiskussion im Anmerkungsteil jedoch in der Regel verzichtet wurde, um den Umfang der Arbeit begrenzt zu halten.

Zu danken habe ich für ihre freundliche Unterstützung bei der Vorbereitung der Studie den Leitern und Mitarbeitern der folgenden Institute: Franklin D. Roosevelt Library in Hyde Park, N. Y. (besonders Mr. Stewart und Mr. Marshall), National Archives in Washington D. C. (besonders Dr. Gustavson), Library of Congress in Washington D. C. (besonders Mr. Gross), Houghton Library der Harvard University in Cambridge, Mass., Sterling Memorial Library der Yale University in New Haven, Conn., Institut für Auslandsbeziehungen in Stuttgart, Institut für Zeitgeschichte in München. Der Deutsche Akademische Austauschdienst, Bad Godesberg, ermöglichte durch ein Forschungsstipendium den Aufenthalt in den USA. Großen Dank schulde ich meinen Freunden Steven M. Mark, Ferdinand Schunck und Dr. Roland Thimme für ihre ermutigende und vielfältige praktische Hilfe. Zu besonderem Dank verpflichtet fühle ich mich Prof. Hans Rothfels für sein

---

(Univ. of Illinois, 1961); *Peggy M. Mulvihill*, The United States and the Russo-Finnish War (Univ. of Chicago, 1964); *Betty C. Hanson*, American Diplomatic Reporting from the Soviet Union, 1934–1941 (Columbia Univ., 1966); *Joseph E. O'Connor*, Laurence A. Steinhardt and American Policy toward the Soviet Union, 1939–1941 (Univ. of Virginia, 1968); *Judith R. Papachristou*, American-Soviet Relations and United States Policy in the Pacific, 1933–1941 (Univ. of Colorado, 1968); *Thomas R. Maddux*, American Relations with the Soviet Union, 1933–1941 (Univ. of Michigan, 1969).

[3] Siehe hierzu *William L. Langer* und *S. Everett Gleason*, The Challenge to Isolation 1937–1940 (New York, Harper, 1952), S. 1–10.

Verständnis bei der Fertigstellung der Arbeit, vor allen anderen jedoch meinem verehrten Lehrer, Prof. Josef Engel, der Rat und Anregungen beigesteuert und die Entstehung der Arbeit in jeder Hinsicht großzügig gefördert hat.

Die erste Fassung der vorliegenden Studie wurde im Februar 1973 im Fachbereich Geschichte der Universität Tübingen als Dissertation angenommen.

Bonn, im Oktober 1973   Franz Knipping

I. EINLEITUNG. 1933–1939

1. AMERIKA, DIE SOWJETUNION UND DIE KRISE DES FRIEDENS

Am 16. November 1933 nahm die Regierung der USA unter Präsident Franklin Delano Roosevelt diplomatische Beziehungen zu der sowjetischen Regierung in Moskau auf und bescheinigte ihr damit nach sechzehnjähriger Politik der Nichtanerkennung die völkerrechtliche Respektabilität. Diese Neuorientierung der amerikanischen Rußlandpolitik war ein Zeichen dafür, daß sich die Haltung sowohl der amerikanischen Öffentlichkeit als auch der Washingtoner Administration gegenüber den kommunistischen Beherrschern des ehemaligen Zarenreiches geändert hatte. Ein zunehmender Teil der amerikanischen Bevölkerung, der 1933 die Mehrheit bildete, hielt die künstliche Isolierung der Vereinigten Staaten von einem so großen Land wie der Sowjetunion für einen unerträglichen Anachronismus, nachdem im Laufe der zwanziger und frühen dreißiger Jahre der Sowjetstaat von allen bedeutenden Mächten anerkannt worden war und die Hoffnung auf ein Zusammenbrechen des kommunistischen Regimes jede realistische Basis verloren hatte. Unter dem Eindruck der großen Krise der kapitalistischen Weltwirtschaft, der zunehmenden Bedeutung des russischen Marktes für den amerikanischen Export und der in Ostasien und Europa aufziehenden politischen Gewitterwolken betrachteten Liberale aller Schattierungen, Geschäftsleute, Diplomaten, Intellektuelle, Journalisten die innen- und außenpolitischen Zielsetzungen der Moskauer Regierung mehr und mehr mit versöhnlichen Augen.[1] Vor allem trat aber auch der neugewählte demokratische Präsident, im Gegensatz zu seinen stark antikommunistisch eingestellten republikanischen Vorgängern, der sowjetischen Regierung mit sympathischem Interesse entgegen.

Befand sich Präsident Roosevelt bei der Anerkennung der Sowjetunion im Herbst 1933 weitgehend im Einklang mit der öffentlichen Meinung Ame-

---

[1] Siehe hierzu *Browder*, Origins, S. 3–98; *Peter G. Filene*, Americans and the Soviet Experiment 1917–1933. American Attitudes toward Russia from the February Revolution until Diplomatic Recognition (Cambridge, Harvard UP, 1967), passim; *Floyd J. Fithian*, Soviet-American Economic Relations, 1918–1933. American Business in Russia During the Period of Nonrecognition (Unveröffentl. Diss., Univ. of Nebraska, 1964), passim.

rikas, so ist es andererseits zum Verständnis der Rußlandpolitik der USA in den dreißiger Jahren notwendig, die spezifisch Rooseveltschen Anerkennungs-Motive von den Argumenten der öffentlichen Diskussion abzuheben. Beide waren zwar im Herbst 1933 vielfach deckungsgleich, indessen blieben in späteren Jahren die ersteren die Grundlage der amerikanischen Rußlandpolitik auch dann noch, als letztere sich unter dem Eindruck tagespolitischer Ereignisse längst verändert hatten. Roosevelt war der *spiritus rector* der Anerkennung der Sowjetunion nicht nur in dem Sinne, daß er bis zum erfolgreichen Abschluß der Verhandlungen mit den sowjetischen Führern persönlich alle Fäden spann; er war es auch in dem Sinne, daß er die Anerkennung nicht als eine Einzelaktion verstand, sondern als den ersten Schritt zu einem normalisierten Verhältnis zwischen den USA und der UdSSR, das zu einer dauerhaften Stütze seiner Außenpolitik werden sollte. Roosevelts persönliche Haltung gegenüber der Sowjetunion ist der Schlüssel zur amerikanischen Rußlandpolitik in den Jahren 1933–1939.

Das bedeutet keineswegs, daß in den dreißiger Jahren alle Entscheidungen in sowjetischen Angelegenheiten ausschließlich auf die Initiative des Präsidenten und seines engeren Stabes zurückgeführt werden können oder daß etwa das State Department in der Rußlandpolitik stets nur der verlängerte Arm des Weißen Hauses war. Roosevelt hat sich während seiner ersten Amtsperiode nur verhältnismäßig wenig um die Außenpolitik gekümmert. Er trat in den Jahren bis 1936, nach vollzogener Anerkennung, in der Rußlandpolitik kaum persönlich in Erscheinung und überließ seinem auswärtigen Dienst vielfach freie Hand. Die Führungsrolle Roosevelts bestand darin, daß er mit der Anerkennung der Sowjetunion persönlich eine bestimmte Richtung der amerikanischen Rußlandpolitik konzipierte und in den folgenden Jahren aufmerksam darüber wachte, daß sie von seinen Mitarbeitern im großen und ganzen eingehalten wurde. In den Jahren 1936–1939 wurde Roosevelts persönliche Leitung der Rußlandpolitik etwas deutlicher: er verfolgte nunmehr auch speziellere Vorstellungen zeitweise gegen den Rat des Foreign Service und entgegen der Stimmung in der Öffentlichkeit, wenngleich er sich durch beide immer wieder zu großer Vorsicht veranlaßt sah.[2]

Roosevelt hat eine zusammenhängende Erläuterung der Beweggründe, die ihn 1933 bei der Anerkennung der Sowjetunion bestimmt haben, nicht hinterlassen. Nach den vorhandenen Zeugnissen kann davon ausgegangen werden, daß er die in der öffentlichen Diskussion kursierenden Argumente für die Anerkennung weitgehend teilte. Zweifellos spielten die Exportinteressen der in der großen Krise steckenden amerikanischen Wirtschaft in seinen Überlegungen eine Rolle.[3] Er hielt die Nichtanerkennungspolitik für

---

[2] Siehe unten, S. 11 ff., 22 ff. Zum Entscheidungsprozeß in der Roosevelt-Regierung *Langer/Gleason*, Challenge, S. 1–10.
[3] Siehe *Browder*, Origins, S. 25–48, 108, 219.

längst unzeitgemäß.⁴ Vielleicht wollte er mit der Aufnahme diplomatischer Beziehungen zur Sowjetunion einen ersten großen außenpolitischen Erfolg vorweisen.⁵ An den schriftlichen Garantien für sowjetisches Wohlverhalten und Schuldentilgung, die er Litwinow vor dem Anerkennungsakt mit dem sogenannten Roosevelt-Litwinow-Abkommen abrang, war er offenbar nur in dem Maße interessiert, in dem sie geeignet waren, die Basis der öffentlichen Zustimmung in Richtung auf die oppositionellen Konservativen, Katholiken, Gewerkschaften hin zu erweitern und die Zustimmung des State Department zu sichern.⁶ Bedeutungsvoll war für Roosevelt auch die Rücksicht auf die aggressive Haltung Japans im Fernen Osten, und wenngleich er vorerst, im Einvernehmen mit dem State Department, jeden Anschein einer künftigen Zusammenarbeit mit Moskau gegen Tokio zu vermeiden trachtete, war ihm eine gewisse Abkühlung der Gemüter in Tokio sicherlich ein erwünschter Nebeneffekt der Anerkennung der Sowjetunion.⁷ Vielleicht hatte er auch bereits die Politik Hitlers im Visier.⁸ Wesentlich war, daß in der Beendigung der Nichtanerkennungspolitik eine hoffnungsvolle Erwartung Roosevelts im Hinblick auf die internationale Funktion der Sowjetunion zum Ausdruck kam, eine Erwartung, die erst vor dem Hintergrund der außenpolitischen Gesamtkonzeption Roosevelts in seinen ersten Präsidentschaftsjahren voll verständlich wird.

⁴ Roosevelt an Kalinin, 10. 10. 1933, in U.S. Department of State, Foreign Relations of the United States. Diplomatic Papers. The Soviet Union 1933–1939 (Washington, U.S.G.P.O., 1952), S. 17 (hinfort zitiert: FRSU); *John Morton Blum*, From the Morgenthau Diaries. Bd. I: Years of Crisis, 1928–1938 (Boston, Houghton Mifflin, 1959), S. 54–55; *William Phillips*, Ventures in Diplomacy (Boston, Beacon, 1952), S. 156.
⁵ *George F. Kennan*, Russia and the West under Lenin and Stalin (Boston, Little Brown, 1960), S. 298–299.
⁶ *Donald G. Bishop*, The Roosevelt-Litvinov Agreements. The American View (Syracuse, UP, 1965), S. 51–53, 61; *Maddux*, S. 15–63, passim. Das sog. Roosevelt-Litwinow-Abkommen ist abgedruckt in FRSU, S. 26–37.
⁷ Siehe hierzu *James A. Farley*, Jim Farley's Story. The Roosevelt Years (New York, Whittlesey, 1948), S. 34, 39; *Dorothy Borg*, The United States and the Far Eastern Crisis of 1933–1938. From the Manchurian Incident through the Initial Stages of the Undeclared Sino-Japanese War (Cambridge, Harvard UP, 1964), S. 29–88; *Pauline Tompkins*, American-Russian Relations in the Far East (New York, Macmillan, 1949), S. 263.
In der Literatur werden bei der Interpretation der Motive Roosevelts die Schwerpunkte verschieden gesetzt. *William A. Williams*, American-Russian Relations 1781–1947 (New York, Rinehart, 1952), S. 235–240 betont die wirtschaftlichen Gesichtspunkte. *Browder*, Origins, S. 108–112, hebt die Situation im Fernen Osten besonders hervor. *Beatrice Farnsworth*, William C. Bullitt and the Soviet Union (Bloomington, Indiana UP, 1967), S. 89–91, unterstreicht den Anachronismus der Nichtanerkennungspolitik. *Blum*, I, hält alle drei Motive für gleichgewichtig.
⁸ *Maddux*, S. 22–23; *Arnold A. Offner*, American Appeasement. United States Foreign Policy and Germany, 1933–1938 (Cambridge, Belknap/Harvard UP, 1969), S. 18 ff.

In den Jahren 1933–1936 trug das außenpolitische Programm Roosevelts, wie es in seinen privaten und öffentlichen Äußerungen hervortritt, universalistische und moralisierende Züge. Es entsprang dem Widerspruch, daß einerseits der Präsident eher „internationalistisch" dachte, andererseits aber die „isolationistische" Denkhaltung in der amerikanischen Öffentlichkeit konkrete Aktivitäten der Washingtoner Regierung in der internationalen Politik weitgehend unmöglich machte. Indem Roosevelt nun in jenen Jahren nicht innerhalb von Kategorien kollektiver Sicherheit handeln konnte, andererseits aber glaubte, den amerikanischen Aktionsradius nicht an den Grenzen der USA oder des amerikanischen Kontinents enden lassen zu dürfen, stellte er die amerikanische Außenpolitik unter das universalistische Desiderat einer dauerhaften Weltfriedensordnung: eigene Sicherheit und allgemeiner Friede würden am ehesten erreicht werden können, wenn sich alle Staaten der Welt gemeinsam darum bemühten, die politischen, wirtschaftlichen und sozialen Ursachen möglicher künftiger Kriege zu beseitigen. Roosevelt bekannte sich in diesem Rahmen zu guter Nachbarschaft, zu Interessengemeinschaften mit anderen Staaten, zu internationalen Konferenzen, zu allgemeiner Abrüstung, zu einem weltweiten Nichtangriffspakt und zu einer begrenzten Zusammenarbeit der Vereinigten Staaten mit dem Völkerbund.[9]

Aber natürlich war nicht auszuschließen, daß alle präventiven Bemühungen um eine längerfristige Sicherung des Weltfriedens an den friedensfeindlichen Bestrebungen einzelner Staaten scheitern mochten. Für diesen Fall war Roosevelt der Ansicht, daß sich die friedliebenden Staaten gegen die Störenfriede verbünden müßten. In jenen ersten Jahren freilich nicht in dem regional-machtpolitischen Sinne der kollektiven Sicherheit. Roosevelt betrachtete die mit dem Krieg zusammenhängenden Probleme während seiner ersten Regierungsjahre unter denselben universalistisch-moralistischen Aspekten wie die Fragen der Friedenssicherung. Am klarsten tritt seine Vorstellung in einer Rede hervor, die er am 28. Dezember 1933 in Washington vor der Woodrow Wilson Foundation hielt. Neunzig Prozent der Weltbevölkerung, so führte er hier aus, seien so erwachsen und vernünftig, mit ihren nationalen Grenzen zufrieden zu sein und sich zu allgemeinen Abrüstungsmaßnahmen bereit zu finden. Die anderen zehn Prozent seien im Grunde nicht weniger friedfertig, aber sie seien unverständig und blind genug, unverantwortlichen Führern zu folgen, die territoriale Expansion auf Kosten ihrer Nachbarn suchten und über Abrüstung nicht ernsthaft mit sich reden

---

[9] Siehe *Waldemar Besson*, Die politische Terminologie des Präsidenten Franklin D. Roosevelt. Eine Studie über den Zusammenhang von Sprache und Politik (Tübingen, Mohr/Siebeck, 1955), S. 73–78, 87–88, 103; *Willard Range*, Franklin D. Roosevelt's World Order (Athens, UP Georgia, 1959), S. 1–18 et passim; *James MacGregor Burns*, Roosevelt: The Lion and the Fox (New York, Harcourt Brace, 1956), S. 262–263.

ließen. Ein dauerhafter Friede könne unter diesen Umständen nur erreicht werden „if that 10 percent of the world population can be persuaded by the other 90 percent to do their own thinking and not be led". Die Erziehung der fehlgeleiteten Völker zur Friedfertigkeit durch den kollektiven moralischen Druck der friedliebenden Staaten würde das Übel an der Wurzel fassen: „The old policies, the old alliances, the old combinations and balances of power have proved themselves inadequate for the preservation of world peace."[10]

Für Roosevelts Rußlandkonzeption in den dreißiger Jahren war nun ausschlaggebend, daß er erwartete, daß der Sowjetunion in seinem weltpolitischen Gesamtbild eine friedensfördernde Funktion zukam. Im Vergleich zu diesem außenpolitischen Aspekt spielte das ambivalente Urteil des Präsidenten über die innenpolitischen Verhältnisse in der Sowjetunion eine untergeordnete Rolle. Seine lebenslange Aversion gegen die totalitäre Staatsform in der Sowjetunion und ihre abstoßenden Begleiterscheinungen, insbesondere die Unterdrückung der Religion, waren für sein Rußlandbild ebensowenig maßgebend wie andererseits sein Interesse für das Sozial- und Wirtschaftsprogramm der sowjetischen Führung, in welchem er langfristig sogar Chancen für eine Art Konvergenz von Kapitalismus und Kommunismus zu erkennen glaubte.[11] Für Roosevelts Rußlandpolitik in den frühen dreißiger Jahren war wesentlich, daß er die Sowjetunion als einen friedfertigen Staat betrachtete, dessen internationale Isolierung beendet werden mußte, damit er zur Stärkung der Sache des Weltfriedens in die moralische Front der friedliebenden Mächte einbezogen werden konnte.[12] Roosevelt hoffte 1933,

---

[10] Rede Roosevelts vor der Woodrow Wilson Foundation, 28. 12. 1933, in The Public Papers and Addresses of Franklin D. Roosevelt, hrsg. von Samuel I. Rosenman, Bd. II: 1933 (New York, Random House, 1938), S. 544–549 (hinfort zitiert: PPA).
[11] Roosevelts Haltung gegenüber den inneren Verhältnissen im kommunistischen Rußland findet sich in Roosevelt an Leach, 11. 12. 1930, in Elliott Roosevelt (Hrsg.), F.D.R., His Personal Letters 1928–1945 (New York, Duell Sloan, 1950), S. 162–163 (hinfort zitiert: PL); Roosevelt an Freeman, 10. 1. 1938, in Franklin D. Roosevelt Papers, Franklin D. Roosevelt Library, Hyde Park, N. Y., President's Personal File (hinfort zitiert: Roosevelt Papers, PPF) 5763; Rede Roosevelts vor den Delegierten des American Youth Congress, 10. 2. 1940, PPA 1940, S. 92–93; Roosevelt an Lamont, 12. 11. 1942, PL, S. 1365–66; *Harold L. Ickes*, The Secret Diary of Harold L. Ickes, Bd. I, The First Thousand Days, 1933–1936 (New York, Simon & Schuster, 1953), S. 105; Bd. III, The Lowering Clouds 1939–1941 (ibid., 1956), S. 200; *Frances Perkins*, The Roosevelt I Knew (New York, Viking, 1946), S. 87; *Sumner Welles*, Where Are We Heading? (New York, Harper, 1946), S. 37–38; *Donald M. Nelson*, Arsenal of Democracy (New York, Harcourt Brace, 1946), S. 114. Siehe auch *Kennan*, Russia and the West, S. 396–397; *Range*, S. 153, 181–182; *William P. Gerberding*, Franklin D. Roosevelt's conception of the Soviet Union in world politics (Unveröffentl. Diss., Univ. of Chicago, 1958), S. 3–8, 31–32 et passim.
[12] Roosevelt an Litwinow, 16. 11. 1933; FRSU, S. 27; 23. 11. 1933, ibid., S. 43; PPA 1933, S. 492; ibid., 1934, S. 24–25; *Cordell Hull*, The Memoirs of Cordell Hull (New York, Macmillan, 1948), Bd. I, S. 297; *Farley*, S. 44.

daß die bloße Tatsache der Normalisierung der Beziehungen zwischen Washington und Moskau genügend Gewicht haben werde, dazu beizutragen, das internationale Klima insgesamt freundlicher zu gestalten und bestehende zwischenstaatliche Spannungen auszugleichen, auch natürlich im aktuellen Hinblick auf die durch aggressive Ambitionen Japans und möglicherweise Deutschlands gefährdeten Regionen Ostasiens und Europas. Die Beseitigung des großen Hindernisses, das die gegenseitige Isolierung der USA und der Sowjetunion für die Zusammenarbeit der Völker dargestellt hatte, versprach dem Weltfrieden in allgemeiner und umfassender Weise förderlich zu sein.[13]

Hinter diesen Erwartungen stand eine in der Demokratischen Partei Amerikas nicht unübliche[14], im übrigen aber für die Zeit keineswegs selbstverständliche[15] optimistische Beurteilung der sowjetischen Außenpolitik. Roosevelt betrachtete die Absichten Moskaus nicht unter dem Aspekt der erklärten weltrevolutionären Zielsetzung, sei es, weil er in der russischen Geschichte und der kommunistischen Ideologie nur mangelhaft bewandert war, sei es, weil er die Bedeutung von Tradition und Ideologie für die praktische Außenpolitik sehr zurückhaltend beurteilte.[16] Für Roosevelt war die Sowjetunion ein Staat mit normalen nationalen machtpolitischen Ambitionen und im wesentlichen friedfertigen Zielen, dessen Außenpolitik seit 1917 einen guten „peace record" darstellte. Er stand daher den außenpolitischen Intentionen Moskaus trotz der Aktivitäten der Kommunistischen Internationalen grundsätzlich nicht mit Mißtrauen gegenüber, vielmehr erkannte er den Sowjets ein historisch begründetes Mißtrauen gegenüber dem Westen zu und nahm darauf Rücksicht.[17] Es entsprang schließlich der voluntaristischen Grundhaltung Roosevelts, daß er überzeugt war, im Ernstfall würden auch die Sowjets dem erprobt gewinnenden Charme seiner persönlichen Diplomatie zugänglich sein, eine Ansicht, für die er seine Verhandlungen mit Litwinow im November 1933 als die beste Bestätigung ansehen mochte.[18]

Die wohlwollende Grundhaltung Roosevelts gegenüber der Sowjetunion vermochte indessen, von einem kurzen Zwischenspiel im Winter 1933/34 abgesehen, in den Jahren nach der Anerkennung nicht, ein freundschaft-

---

[13] *Browder*, Origins, S. 108–112; *Gerberding*, S. 18, 26–29.

[14] *George F. Kennan*, Das amerikanisch-russische Verhältnis (Stuttgart, Deutsche Verlags-Anstalt, 1954), S. 69, 85–86; *J. Edgar Hoover*, Masters of Deceit. The Story of Communism in America (London, Dent, 1958), S. 70 ff., 93, 103, 109, 294–295.

[15] Siehe unten, S. 22 ff.

[16] *Louis B. Wehle*, Hidden Threads of History. Wilson through Roosevelt (New York, Macmillan, 1953), S. 230; *Kennan*, Das amerikanisch-russische Verhältnis, S. 68–70; *Edith Eucken-Erdsieck*, „Roosevelt und Rußland", in: Schweizer Monatshefte, 45 (April 1965), S. 9–24; *Gerberding*, S. 246.

[17] *Gerberding*, S. 26–29; *Range*, S. 179–183.

[18] Roosevelt an Kalinin, 10. 10. 1933, FRSU, S. 17; *Henry Morgenthau, Jr.*, „The Morgenthau Diaries", in: Collier's, CXX, 11. 10. 1947, S. 21; *Browder*, Origins, S. 218–219; *Range*, S. 60–61, 63–64; *Gerberding*, S. 19–23.

liches Klima in den beiderseitigen Beziehungen einzuleiten, obwohl er mit William Bullitt einen Mann als ersten Botschafter nach Moskau entsandt hatte, der aufgrund seiner begeisterten Sympathie für die Sowjetunion zur Herstellung eines vertrauensvollen Verhältnisses zwischen Washington und Moskau wie geschaffen schien.[19] Die amerikanische Regierung lehnte es ab, der Normalisierung der Beziehungen die Bereitschaft zu konkreter politischer Zusammenarbeit im Sinne eines *rapprochements* mit antijapanischer bzw. antideutscher Spitze folgen zu lassen und enttäuschte damit eben jene Haupterwartung, die die Sowjets 1933 mit der Anerkennung verbunden hatten: daß die amerikanische Regierung unter dem neuen Präsidenten Roosevelt ihr machtpolitisches Gewicht zumindest indirekt in den an die Sowjetunion angrenzenden Krisengebieten zur Geltung bringen werde. Sie erwarteten damit, daß Roosevelt ihnen zuliebe tue, was er bis zum Ausbruch des Zweiten Weltkrieges nicht einmal zugunsten Großbritanniens oder Frankreichs tun mochte: durch ein stärkeres internationales Engagement eine Kraftprobe mit den isolationistischen Gruppen in der amerikanischen Öffentlichkeit heraufzubeschwören. In der Zurückhaltung Washingtons von konkreter internationaler Zusammenarbeit kam aber auch die Tatsache zum Ausdruck, daß Präsident Roosevelt und seine außenpolitischen Berater dem Sowjetstaat in den Jahren 1933-1936 keineswegs ein größeres weltpolitisches Gewicht beimaßen als dies ihre Vorgänger getan hatten, und daß die Anerkennung der Sowjetunion 1933 in dieser Hinsicht keine neue Ausgangslage geschaffen hatte. Bis 1936 war die Sowjetunion unter dem Gesichtspunkt amerikanischer Interessen kein weltpolitisch relevanter Faktor, existierten in der Sicht des Weißen Hauses und des Department of State zwischen Washington und Moskau keine direkten oder indirekten machtpolitischen Berührungspunkte, weder in der Form von territorialen oder vergleichbar schwerwiegenden Streitfragen noch in der Form wichtiger gemeinsamer Interessen gegenüber dritten Mächten.[20]

Als die Sowjets im Winter 1933/34 mit ersten Vorschlägen für eine politische Zusammenarbeit an die amerikanische Regierung herantraten, erlebten sie eine völlige Enttäuschung. Unmittelbar nach dem erfolgreichen Abschluß der Anerkennungsverhandlungen in Washington schlug der sowjetische Außenkommissar Maxim Litwinow den Abschluß eines amerikanisch-sowjetischen Nichtangriffspakts für den Fernen Osten vor, der durch Zusatzvereinbarungen multilateral auf China und Japan ausgedehnt werden könne; doch Roosevelt und das State Department erteilten solchem fernöstlichen

---

[19] *Farnsworth*, S. 12 ff.; *Orville H. Bullitt* (Hrsg.), For the President, Personal and Secret. Correspondence Between Franklin D. Roosevelt and William C. Bullitt (Boston, Houghton Mifflin, 1972), S. 57-100.
[20] Aufzeichnungen Hornbecks vom 2.2.1934, in Roosevelt Papers, President's Secretary's File (PSF) Japan.

Gleichgewichtsdenken eine Absage.[21] In den letzten Wochen des Jahres 1933 und im Frühjahr 1934 wiederholte die sowjetische Regierung mehrmals vergeblich ihr Angebot eines Fernostabkommens.[22] Im Herbst 1934 propagierte Litwinow, im Angesicht der deutschen Aufrüstung, den Plan, die Genfer Abrüstungskonferenz zu einer Ständigen Friedens-Organisation zu institutionalisieren. Sein Versuch, die amerikanische Regierung für diesen Plan zu interessieren, stieß indessen in Washington nicht auf Gegenliebe.[23] Auch das sowjetische Angebot an die westlichen Demokratien, eine gemeinsame Front gegen den Faschismus zu bilden, fand – konkret in der Abessinien- und in der Rheinlandkrise – in Washington keinerlei Echo.[24]

Enttäuscht hörte die sowjetische Regierung in den Jahren 1934/35 auf, um die internationale Kooperation der USA zu werben. Unter dem Eindruck nachlassender japanischer und wachsender deutscher Aggressionsgefahren richtete sich ihr Bemühen mehr und mehr auf kollektive Sicherheit im Verband mit Briten, Franzosen und dem Völkerbund. Rücksichten auf das Wohlwollen der Regierung in Washington wurden für Moskau zweitrangiger.[25] Die Sowjets begannen, die Versprechen, die Litwinow dem amerikanischen Präsidenten im November 1933 gegeben hatte, als ein bloßes Stück Papier zu behandeln. Entgegen dem Geist und dem Buchstaben des Roosevelt-Litwinow-Abkommens fuhren sie wie vor 1933 fort, sich mittels der Kommunistischen Partei Amerikas und anderer Organisationen in inneramerikanische Verhältnisse einzumischen; sie tolerierten es, daß auf dem VII. Weltkongreß der Komintern im August 1935 von Moskau aus massive Propaganda gegen das amerikanische Regierungssystem verbreitet wurde.[26]

---

[21] Aufzeichnung Phillips', 20. 11. 1933, in U.S. Department of State, Foreign Relations of the United States, 1933, Bd. III (Washington, U.S.G.P.O., 1950), S. 463–465 (hinfort zitiert: FR mit Jahrgang).
[22] Marriner an Phillips, 24. 12. 1933, FRSU, S. 53–54; Bullitt an Phillips, 4. 1. 1934, ibid., S. 57–59, 61; Grew an Hull, 11. 1. 1934, FR 1934, III, S. 3–4; Bullitt an Hull, 13. 3. 1934, ibid., S. 74; 14. 3. 1934, ibid., S. 74–75; Hull an Bullitt, 17. 3. 1934, ibid., S. 78; Bullitt an Hull, 21. 3. 1934, ibid., S. 82–83.
[23] Davis an Hull, 29. 5. 1934, FR 1934, I, S. 78–79; Wilson an Hull, 27. 9. 1934, ibid., S. 147–148; 4. 10. 1934, ibid., S. 152–153; Bullitt an Hull, 5. 10. 1934, ibid., S. 154–155; Davis an Hull, 14. 11. 1934, ibid., S. 179; Hull an Davis, 14. 11. 1934, ibid., S. 180; Wilson an Hull, 20. 11. 1934, ibid., S. 186; 20. 11. 1934, ibid., S. 187–188; Hull an Wilson, 21. 11. 1934, ibid., S. 188; Aufzeichnung Wilsons, 21. 11. 1934, ibid., S. 189–191; Aufzeichnungen Hulls, 19. 12. 1934, ibid., S. 206–211; 31. 12. 1934, ibid., S. 216; *Hull*, I, S. 304.
[24] *Maddux*, S. 167–174. Auch der französisch-sowjetische Beistandspakt vom 2. Mai 1935 wurde in Washington durchweg kritisch beurteilt, ibid.
[25] Bullitt an Hull, 9. 11. 1935, FRSU, S. 265; 23. 11. 1935, in General Records of the Department of State, Record Group 59, National Archives, Washington, D. C. (hinfort zitiert: NA) 711.61/577; *Max Beloff*, The Foreign Policy of Soviet Russia 1929–1941, Bd. I (London, Oxford UP, 1949), S. 94 ff., *Browder*, Origins, S. 197 ff.
[26] Bullitt an Hull, 26. 10. 1935, NA 711.61/574; FRSU, S. 218–268; *Bishop*, S. 41–53.

Sie gaben sich keinerlei Mühe, die Schutzbestimmungen des Roosevelt-Litwinow-Abkommens hinsichtlich der Behandlung amerikanischer Staatsbürger auf sowjetischem Territorium einzuhalten; statt dessen provozierten sie ständig diplomatische Querelen über das Recht der amerikanischen Botschaft in Moskau, ihre konsularischen Funktionen auszuüben und die Belange amerikanischer Reisender gegenüber den sowjetischen Behörden angemessen zu vertreten.[27] Sie zeigten sich wenig geneigt, das Funktionieren der amerikanischen Mission zu erleichtern und machten den amerikanischen Diplomaten mit unzähligen Schikanen, Verzögerungen, Pressionen das Leben beschwerlich.[28] Vor allem zeigten sie kein wirkliches Interesse daran, russische Industrie- und Kriegsschulden aus der Zaren- und Kerenski-Zeit an die amerikanischen Gläubiger zurückzuzahlen, obwohl Litwinow im November 1933 in einem vertraulichen „Gentlemen's Agreement" Roosevelt eine befriedigende Regelung auch dieser in amerikanischen Augen so schwerwiegenden Frage in Aussicht gestellt hatte. Im Januar 1935 brachten sie die Verhandlungen über eine Schuldenregelung endgültig zum Scheitern.[29] Schließlich zeigten sich die Sowjets auch wenig daran interessiert, daß die in der amerikanischen Geschäftswelt verbreiteten Erwartungen eines Exportbooms in die Sowjetunion sich erfüllten.[30]

Dieses Verhalten der sowjetischen Regierung wiederum wirkte ernüchternd auf die amerikanische Öffentlichkeit und entzog vielen der seit den Monaten vor der Anerkennung gewachsenen Sympathien für den Sowjetstaat den Boden. Selbst Bullitt wandte sich desillusioniert ab und wurde fortan ein enragierter Gegner der Sowjetunion.[31] Angesichts der öffentlichen Reaktion konnte die Washingtoner Regierung die Verstöße gegen das Roosevelt-Litwinow-Abkommen, das soeben erst als Beweis für die Vertrauenswürdigkeit der sowjetischen Regierung präsentiert worden war, nicht unbeantwortet lassen. Doch Roosevelt hielt sich nun aus der vorderen Linie zurück und überließ dem State Department die Austragung der Meinungsverschiedenheiten. Außenminister Cordell Hull antwortete den Sowjets mit diplomatischen Protesten[32] und steckte für die weitere Rußlandpolitik der USA die Grundlinie ab, daß die Rückkehr der sowjetischen Regierung auf den Boden des Roosevelt-Litwinow-Abkommens die *conditio sine qua non* für engere politische Kontakte darstelle. So ließ er etwa nach dem Scheitern der Schuldenverhandlungen den sowjetischen Botschafter Troyanowski wissen, die amerikanische Regierung habe sich nichts vorzuwerfen, wenn sich die beiderseitigen Beziehungen verschlechterten, denn sie habe sich aufrich-

---

[27] *Bishop*, S. 102–135.   [28] Ibid., S. 213 ff.
[29] Ibid., S. 152–172; FRSU, S. 63–191 et passim; *Browder*, Origins, S. 176–213.
[30] *Browder*, Origins, S. 176–196; *Maddux*, S. 98 ff.
[31] *Farnsworth*, S. 145, 153–154; O. H. Bullitt, For the President, S. 129–163.
[32] Moore an Roosevelt, 22. 8. 1935, Roosevelt Papers, Official File (OF) 799 Bullitt; Hull an Bullitt, 23. 8. 1935, FRSU, S. 249–251; 30. 8. 1935, NA 711.61/542 B; Erklärung Hulls, 1. 9. 1935; FRSU, S. 257–259.

tig um ein gutes Verhältnis zur sowjetischen Regierung bemüht. „A settlement of the outstanding questions would have furnished a basis for cooperation in important matters of world significance. If the two Governments, however, could not deal in a statesmanlike way with what, after all, was a minor problem, there was little expectation of their being able to cooperate in larger matter."[33] Diese Linie, auf der zweitrangige Fragen für die Entwicklung der gesamtpolitischen Beziehungen als maßgebend erklärt wurden, blieb in den folgenden Jahren die offizielle Basis der amerikanischen Rußlandpolitik, auch noch im Sommer 1939, als längst Probleme ganz anderer Größenordnung die internationale Diskussion beherrschten.[34]

Roosevelts optimistische Grunderwartung an die sowjetische Außenpolitik wurde durch den Rückschlag der Jahre 1934/35 nicht erschüttert. Der Präsident achtete aus dem Hintergrund darauf, daß mit den Protesten des State Department nicht zuviel Porzellan zerschlagen wurde. Der weitverbreiteten Forderung nach einem Abbruch der Beziehungen wurde nicht nachgegeben. „I can hear you roar with laughter", so glaubte Bullitt, der bei den Anerkennungsverhandlungen als Hauptberater Roosevelts fungiert hatte, seinen Präsidenten zu kennen, „over the idea of breaking relations on the basis of a mere technical violation of Litvinov's pledge."[35] Auch die öffentliche Forderung, das Roosevelt-Litwinow-Abkommen und darüber hinaus die Anerkennung selbst wegen des sowjetischen Vertrauensbruchs für erloschen zu erklären, fand im Weißen Haus nicht das geringste Echo.[36] Für Roosevelt blieb die Sowjetunion unverändert ein wichtiges Mitglied im Lager der friedliebenden Staaten gegen jene Mächte, die als potentielle Friedensstörer angesehen werden mußten.

Bevor William Bullitt 1936 Moskau verließ, um auf den Botschafterposten in Paris überzuwechseln, versuchte er in einer Bilanz des amerika-

---

[33] Aufzeichnung Kelleys, 31. 1. 1935, FRSU, S. 170. Vgl. den letzten Satz der Erklärung Hulls vom 1. 9. 1935, ibid., S. 257–259.

[34] *Hull*, I, S. 658–660; Protokoll eines Telefongespräches zwischen Morgenthau und Umanski, 30. 6. 1939, in Henry Morgenthau Jr. Diaries and Papers, Franklin D. Roosevelt Library, Hyde Park, N. Y. (hinfort zitiert: Morgenthau Diaries), Bd. 199, S. 435; 5. 7. 1939, ibid., Bd. 201, S. 88; Protokoll eines Telefongespräches zwischen Morgenthau und Welles, 5. 7. 1939, ibid., Bd. 201, S. 249–250.

[35] Bullitt an Roosevelt, 15. 7. 1935, in Franklin D. Roosevelt Library, Hyde Park, N. Y., Franklin D. Roosevelt and Foreign Affairs (hrsg. von Edgar B. Nixon), Bd. II: January 1933–February 1934 (Cambridge, Belknap/Harvard UP, 1969), S. 556. Vgl. *Browder*, Origins, S. 210–211; *Bishop*, S. 50–51; *Gerberding*, S. 41–43.

[36] Tull an Hull, 2. 9. 1935, NA 711.61/546; ebenso NA 711.61/539, 549, 558; New York Times, 27. 8. 1935, S. 2; 28. 8. 1935, S. 2; McCormack an Roosevelt, 23. 10. 1936 und Roosevelt an McCormack, 23. 10. 1936, Roosevelt Papers, PPF 4057; *Roscoe Baker*, The American Legion and American Foreign Policy (New York, Bookman, 1954), S. 86.

nisch-sowjetischen Verhältnisses den konkreten Nutzen zu bestimmen, den die Aufnahme diplomatischer Beziehungen zur Sowjetunion der amerikanischen Regierung bis dahin eingebracht hatte. Er verwies vor allem auf diplomatische und wirtschaftliche Vorteile. Die Botschaft in Moskau vermöge dem State Department wertvolle Informationen über die sowjetische Außen- und Innenpolitik zu liefern. Auch die amerikanisch-sowjetischen Wirtschaftsbeziehungen seien auf eine bessere Grundlage gestellt worden.[37]

Der letzte Hinweis bezog sich auf die Tatsache, daß es im Sommer 1935 gelungen war, den circulus vitiosus von Schulden- und Kreditfrage zu durchbrechen, der bis dahin einer Ausweitung des amerikanischen Exports in die Sowjetunion im Wege gestanden hatte: Moskau hatte nach der Anerkennung darauf beharrt, daß die Sowjetunion nur mit Hilfe entsprechender Kredite ihre Importkontingente aus den Vereinigten Staaten erhöhen könne; die amerikanische Regierung hingegen lehnte prinzipiell die Einräumung von Krediten an zahlungsunwillige Schuldnerländer ab.[38] Im Juli 1935 war es nun dem State Department gelungen, ersatzweise die sowjetische Zustimmung zu einem begrenzten Handelsabkommen mit zwölfmonatiger Laufzeit zu gewinnen, in dem die sowjetische Regierung gegen das amerikanische Meistbegünstigungsversprechen eine Mindestabnahme von amerikanischen Produkten im Werte von 30 Millionen Dollar garantierte.[39] Das Provisorium erwies sich als fruchtbar und blieb auch in den nachfolgenden Jahren die Grundlage der amerikanisch-sowjetischen Handelsbeziehungen. Im Sommer 1936, 1937, 1938 und schließlich am 2. August 1939 wurde jeweils für 12 Monate ein Verlängerungsabkommen abgeschlossen.[40] Die sowjetischen Importe aus den USA, wenngleich weit hinter den ursprünglichen Erwartungen zurückbleibend, überstiegen regelmäßig die garantierte Abnahmequote, die seit 1938 auf 40 Millionen Dollar erhöht wurde.[41]

Wesentlicher für die Rußlandpolitik der USA in den Jahren 1936–1939 wurde, daß Roosevelt und einige seiner außenpolitischen Mitarbeiter der Rolle der Sowjetunion innerhalb des Lagers der friedliebenden Mächte eine neue, im Vergleich zu den vorangegangenen Jahren konkretere Bedeutsamkeit beizulegen begannen, und zwar im gleichen Maße, in dem sich infolge der zunehmenden Aggressivität Deutschlands und Italiens in Europa sowie Japans in Ostasien für die USA die Sicherheitsfrage stellte.

---

[37] Bullitt an Hull, 20. 4. 1936, FRSU, S. 294.
[38] Aufzeichnung aus dem Büro des Legal Adviser im State Department vom 21. 4. 1934, FR 1934, I, S. 528–532, *Browder*, Origins, S. 176–196.
[39] FRSU, S. 192–218; *Hull*, I, S. 304–305.
[40] FRSU, S. 322–345, 405–440, 601–624, 809–837.
[41] Statistiken über den Handelsverkehr zwischen den USA und der UdSSR bis 1938 sind abgedruckt in *Browder*, Origins, S. 223–225. Nach Ausweis der Morgenthau Diaries beliefen sich die amerikanischen Exporte in die Sowjetunion im Jahre 1939 auf 56,638 Millionen Dollar, gegenüber Importen aus der Sowjetunion im Werte von 24,494 Millionen Dollar.

Der Präsident war einer der ersten, die etwa seit 1936 empfindlich registrierten, daß mutwillige Verstöße gegen die internationale Friedensordnung von der Art des italienischen Überfalls auf Äthiopien, der Rheinlandbesetzung durch Hitler, der forcierten deutschen Aufrüstung und der japanischen Invasion in China bei dem neuartigen Stand der Rüstungstechnik nicht mehr nur ein Problem der völkerrechtlichen Moral darstellten, daß sie vielmehr in ihrer kumulativen Wirkung die Prämissen des außenpolitischen Isolationismus der USA unterminierten und gebieterisch nach einer Neuformulierung der amerikanischen Außenpolitik unter dem Gesichtspunkt der langfristigen nationalen und kontinentalen Sicherheit riefen.[42] Roosevelt begann sich infolge dieser Einsicht von dem isolationistischen Konzept des Neutralismus, kaum daß es seinen vollendeten Ausdruck in den Neutralitätsgesetzen des Jahres 1935 gefunden hatte, zu distanzieren, vor allem in privaten Äußerungen, gelegentlich jedoch, wie im Falle der Quarantänerede, auch vor der Öffentlichkeit. In seiner Rede vom 5. Oktober 1937 verwies er erneut darauf, daß Frieden und Sicherheit von 90 Prozent der Weltbevölkerung durch jene 10 Prozent in Frage gestellt würden, die die internationale Friedensordnung nicht zu respektieren gedächten. Doch mit mehr Nachdruck als 1933 postulierte er nun, daß die 90 Prozent „can and must find some way to make their will prevail", und zeigte dazu auch einen etwas konkreter scheinenden Weg auf: „When an epidemic of physical disease starts to spread, the community approves and joins in a quarantine of the patients in order to protect the health of the community against the spread of the disease."[43] Obwohl Roosevelt sich aus Furcht vor der isolationistischen Opposition in Kongreß und Öffentlichkeit lange Zeit hütete, den Worten Taten folgen zu lassen, begann er Ende 1938 insgeheim mit einer Politik vorsichtiger Unterstützung der Westmächte und Chinas gegen die Aggressoren.[44]

Angesichts der weltpolitischen Entwicklung mußte die Sowjetunion in Washington beinahe zwangsläufig als eine Macht erscheinen, die mit ihrer riesigen Landmasse direkt an die beiden Krisengebiete in Europa und Ost-

---

[42] *Langer/Gleason*, Challenge, S. 1–51; *John E. Dwan*, Franklin D. Roosevelt and the Revolution in the Strategy of National Security. Foreign Policy and Military Planning before Pearl Harbor (Unveröffentl. Diss., Yale Univ., 1954), S. 1–75.
[43] Rede Roosevelts in Chikago, 5. 10. 1937, PPA 1937, S. 406–411. Schon in der Kongreßrede Roosevelts vom 3. 1. 1936 waren ähnliche Töne angeklungen, PPA 1936, S. 9.
[44] Hierzu „French Aircraft Mission in the United States", Morgenthau Diaries, Bde. 172–174; *Mark Skinner Watson*, Chief of Staff: Prewar Plans and Preparations. U.S. Army in World War II, The War Department (Washington, Department of the Army, 1950), S. 132 ff., 300 ff.; *Arthur N. Young*, China and the Helping Hand, 1937–1945 (Cambridge, Harvard UP, 1963), S. 75–83 et passim; *Langer/Gleason*, Challenge, S. 1–200.

asien anstieß und dort potentiell gleiche Gegner und mithin ähnliche Interessen hatte wie die USA. Damit war die Sowjetunion im Hinblick auf die Zukunft von Krieg und Frieden nicht mehr nur ein wichtiger und stabilisierender Faktor wegen ihres friedliebenden Charakters, sondern zunehmend aufgrund ihres machtpolitischen Gewichts und Verhaltens. Bis zum Sommer 1939 wuchs sie für die Roosevelt-Regierung in die Rolle eines weltpolitischen Partners hinein, mit dem Zusammenarbeit zumindest erwogen werden mußte, weil sein Verhalten gegenüber der Krise des Weltfriedens für den Erfolg oder Mißerfolg der amerikanischen Außenpolitik, letzten Endes auch für die Sicherheit der USA, eine konkrete und wesentliche Bedeutung besaß.

Der Umschwung im Weißen Haus von politischem Desinteresse zur Bewußtwerdung weltpolitischer Interessenparallelität mit der Sowjetunion läßt sich mit hinreichender Deutlichkeit nachzeichnen. Am 21. April 1936 schrieb Roosevelt einen persönlichen Brief an Bullitt, dessen weitere Anwesenheit in Moskau aufgrund seiner verbittert antisowjetischen Haltung untragbar geworden war. Die letzten desillusionierten Berichte, so Roosevelt, hätten ihn sehr amüsiert; er denke, Bullitt sehne sich nunmehr nach ein bißchen solider Beschäftigung („some definite work").[45] Wie immer man hier die Courtoisie des Präsidenten einschätzen mag: als er vier Monate später Davies den vakanten Moskauer Posten anbot, war von einer untergeordneten politischen Bewertung dieser Dienststelle keine Rede mehr. Roosevelt ließ Davies wissen, er würde sich in Moskau binnen Jahresfrist zur Übernahme des Botschafterpostens in Berlin bereithalten müssen, wo der Schlüssel für den Frieden in Europa liege; Davies' vorheriger Aufenthalt in Moskau würde für Berlin eine vorzügliche Vorbereitung sein, denn, so Davies' Notiz über die Unterredung, „Russia was bound to be a vital factor in connection with war or peace in Europe, he [Roosevelt] said, and he would like to have my assessment of the strength and weaknesses of that situation, based upon personal observation".[46] In der Zeit zwischen der Abberufung Bullitts und der Bestellung Davies' waren in Washington Berichte über eine bemerkenswerte Aufwärtsentwicklung des Rüstungsstandes der Roten Armee eingegangen.[47] Und Roosevelt hatte sich während der Sommermonate des Jahres 1936 für den Gedanken erwärmt, durch die Einberufung einer Konferenz der Oberhäupter der bedeutendsten Staaten die kriegsträchtige weltpolitische Entwicklung zu entschärfen. Als Teilnehmer an dieser illustren Runde dachte er sich den Kaiser von Japan, den deutschen

---

[45] Roosevelt an Bullitt, 21. 4. 1936, PL, S. 583; *Gerberding*, S. 44–45.
[46] *Joseph E. Davies*, Mission to Moscow (London, Gollancz, 1942), S. VI–VII.
[47] Roosevelt an das People's Mandate to End War Committee, 12. 3. 1936, in Franklin D. Roosevelt and Foreign Affairs, III, S. 250. Vgl. ibid., S. 512; Henderson an Hull, 18. 8. 1936, FRSU, S. 299–300.

Reichskanzler, den Präsidenten von Frankreich, den britischen König und – Stalin.[48]

Als Davies Anfang Januar 1937 nach Moskau aufbrach, gab Roosevelt ihm ausführliche Instruktionen mit auf den Weg. Die Schuldenfrage solle für den Augenblick nicht neu aufgerührt werden, es sei denn, daß die Sowjets von sich aus ein Angebot unterbreiteten. „In the meantime", so vermerkte Davies in seinem Tagebuch, „he thought it would be advantageous for me to make every effort to get all the first-hand information, from personal observation where possible, bearing upon the strength of the regime, from a military and economic point of view; and also to seek to ascertain what the policy of their government would be in the event of European war."[49] Einige Tage zuvor hatte Davies eine informelle Besprechung mit Unterstaatssekretär Welles gehabt, in der deutlich wurde, daß der Rolle der Sowjetunion im Fernen Osten in diesen Überlegungen eher noch größere Bedeutung zukam. Davies faßte die Ausführungen Welles' in seinem Tagebuch mit den Worten zusammen: „It is a matter of real importance, if it can be done consistently with our self-respect, that friendly relations and cooperation should be restored, particularly in view of the Chinese-Japanese situation and the possibility of world war starting in Europe. Another matter which it has been suggested I could well investigate is the question of what strength or power there is, politically, industrially, and from a military viewpoint, in the Soviet Union and what is its policy in relation to Germany and Hitler and peace in Europe."[50]

Die Anwesenheit Davies' in Moskau – von Januar 1937 mit Unterbrechungen bis Juni 1938 – kennzeichnet eine wichtige Phase der amerikanischen Rußlandpolitik. Zwar fehlte dem erfolgreichen Rechtsanwalt und Geschäftsmann, der von Roosevelt mit dem Moskauer Botschafterposten zum Dank für großzügige finanzielle Wahlkampfunterstützung bedacht worden war, jegliche Vertrautheit mit den komplizierten Problemen der Sowjetunion und ihrer Außenpolitik. Sich zuversichtlich auf den gesunden Menschenverstand verlassend, betrachtete Davies Vorgänge und Institutionen in der Sowjetunion unkritisch im Lichte seiner amerikanischen Erfahrungen und gelangte zu Schlußfolgerungen, über die die langjährigen Experten an der Botschaft häufig insgeheim den Kopf schüttelten.[51] So glaubte er beispiels-

---

[48] Early an Roosevelt, 26. 8. 1936, in Franklin D. Roosevelt and Foreign Affairs, III, S. 401; Roosevelt an Dodd, 9. 1. 1937, PL, S. 648–650; vgl. ibid., S. 606; *Arthur Krock*, Ich und die Präsidenten. Als Journalist im Weißen Haus (Gütersloh, Bertelsmann, 1970), S. 109.

[49] Tagebucheintragung Davies' vom 2. 1. 1937, in *Davies*, Mission, S. 14–15.

[50] Tagebucheintragung Davies' vom 15. 12. 1936, ibid., S. 13–14.

[51] Zur Davies-Mission siehe *Richard H. Ullman*, „The Davies Mission and United States–Soviet Relations, 1937–1941", in: World Politics, IX (Jan. 1957), S. 220–239, passim; *Keith David Eagles*, Ambassador Joseph E. Davies and Ame-

weise, daß die in den großen Schauprozessen erhobene Anklage des Landesverrats und der Verschwörung berechtigt sei.[52] Der wesentliche Aspekt von Davies' Moskauer „Mission" war indessen, daß er und nicht die Beamtenschaft der Botschaft das aufmerksame Ohr des Präsidenten besaß, der sich von den Ansichten Davies' offenbar in seinen eigenen Ansichten bestätigt sah. Davies verbreitete bald die Überzeugung, daß die Sowjetunion eine konsequente Friedenspolitik verfolge und nach wie vor an einer außenpolitischen Zusammenarbeit mit den USA interessiert sei.[53] Er wußte auch zu berichten, daß der Kommunismus schon deshalb keine Gefahr für Amerika und die übrige Welt darstelle, weil er aus Selbsterhaltungsgründen zunehmend auf kapitalistische Methoden und Prinzipien zurückgreifen müsse und sich entsprechend verändere.[54] In einer Frage führte möglicherweise gerade seine Ignoranz den Botschafter zu richtigen Befunden: er glaubte im Gegensatz zu der Mehrheit der westlichen Militärexperten und den meisten seiner Kollegen nicht, daß die Schlagkraft der Roten Armee durch Stalins Säuberungen wesentlich geschwächt würde.[55] Längere Reisen durch die Sowjetunion ließen ihn überdies zu dem Schluß gelangen, daß das wirtschaftliche und militärische Potential dieses Staates weit größer sei als von westlichen Experten allgemein angenommen werde; man müsse daher in den westlichen Hauptstädten schleunigst aufhören, die machtpolitische Bedeutung der Sowjetunion in den internationalen Beziehungen, vor allem in Europa und Ostasien, zu unterschätzen.[56] Zusammenarbeit mit der Sowjetunion sei für Großbritannien, Frankreich und auch Amerika das Gebot der Stunde. „In the event of so dire a calamity as an international conflict between the totalitarian and the democratic states, the Soviet Government is ... a much more powerful factor than the reactionaries of Europe concede,

---

rican-Soviet Relations 1937-1941 (Unveröffentl. Diss., Univ. of Washington, 1966), passim. Zur Haltung der Botschaftsbeamten gegenüber Davies siehe *George F. Kennan*, Memoiren eines Diplomaten (Stuttgart, Goverts, 1968), S. 88–89.

[52] Siehe Davies an Hull, 17. 2. 1937, in *Davies*, Mission, S. 31–40; dagegen Kennan an Hull, 13. 2. 1937, FRSU, S. 362–369. Über Roosevelts Reaktion auf die Parteisäuberungen Stalins ist nichts bekannt.

[53] Davies an Hull, 6. 6. 1938, FRSU, S. 557; Davies an Hopkins, 18. 1. 1939, in *Davies*, Mission, S. 277.

[54] Davies an Harrison, 18. 2. 1937, in *Davies*, Mission, S. 60; Davies an Roosevelt, 5. 3. 1937, ibid., S. 71–72; Davies an Hull, 12. 3. 1937, ibid., S. 76–77; 17. 3. 1937, ibid., S. 89–90; 28. 7. 1937, ibid., S. 123–129; Davies an Early, 4. 4. 1938, ibid., S. 205–206; Davies an Hull, 6. 6. 1938, FRSU, S. 557.

[55] Davies an Early, 4. 7. 1937, in *Davies*, Mission, S. 115–116; Davies an Baruch, 25. 10. 1937, ibid., S. 151–152; Davies an Hull, 6. 6. 1938, FRSU, S. 552–559; *Ullman*, passim.

[56] Siehe u. a. Davies an Hull, 1. 4. 1938, FRSU, S. 547; Aufzeichnung Faymonvilles „Military Strength of the Soviet Union, April 1938", 20. 4. 1938, NA 861.00/11786; Tagebucheintragung Davies' vom 4. 6. 1938, in *Davies*, Mission, S. 216–217.

and might be of the greatest value."[57] Und auf der anderen Seite: „If Japan should go berserk by any chance, the fact that Russia is at her back door is of consequence to us."[58]

Die letztere Argumentation wurde in Washington relevant, als am 7. Juli 1937 japanische Truppen den Zwischenfall an der Marco-Polo-Brücke provozierten und größere Kampfhandlungen gegen China einleiteten. Unter den verschiedenen Maßnahmen zur Eindämmung Japans, die Roosevelt in den folgenden Wochen und Monaten in Erwägung zog,[59] spielte auch die Zusammenarbeit mit der Sowjetunion eine Rolle. Am 23. Juli empfing der Präsident im Weißen Haus demonstrativ eine Gruppe sowjetischer Piloten,[60] und am 28. Juli lief eine amerikanische Flotteneinheit zu einem vielbeachteten viertägigen Besuch im Hafen von Wladiwostok ein.[61] Die Bedeutsamkeit des letzteren Vorganges wird daran deutlich, daß Außenminister Cordell Hull und Botschafter Bullitt im Jahre 1934 einen ähnlichen Flottenbesuch in Leningrad in letzter Minute verhindert hatten, und zwar mit dem Argument, es müsse im Hinblick auf die amerikanischen Beziehungen zu Japan jeder Anschein einer engeren amerikanisch-sowjetischen Zusammenarbeit vermieden werden.[62] Vier Wochen nach dem Flottenbesuch schaltete Roosevelt sich persönlich in ein bereits ein Jahr währendes, bis dahin fruchtloses Tauziehen zwischen einer sowjetischen Einkaufsvertretung, amerikanischen Werften und dem Marineministerium ein. Die Sowjets begehrten Pläne, Einzelteile und Ausrüstungsgegenstände für Kriegsschiffe amerikanischer Bauart zu erwerben, die in der Sowjetunion zusammengesetzt werden sollten, und außerdem fertige Schiffe, die, wie Botschafter Troyanowski versicherte, „would be used in the Pacific and would tend to act as a balance to the Japanese Navy". Roosevelt fand offenbar Gefallen an der Idee. Er ordnete an, das Marineministerium solle zur Erleichterung des Projekts die Geheimhaltungsvorschriften großzügig handhaben.[63] Im Sommer 1938 und im Sommer 1939, als die Verhandlungen sich infolge der Obstruktion des

---

[57] Davies an Roosevelt, 18. 1. 1939, in *Davies*, Mission, S. 276.
[58] Davies an Hull, 6. 6. 1938, FRSU, S. 558. Ebenso Davies an McIntyre, 10. 7. 1937, Roosevelt Papers, PPF 1381.
[59] Zu diesen Maßnahmen gehörten die Nichtanwendung des Neutralitätsgesetzes, Fühler zur Zusammenarbeit mit Großbritannien und dem Völkerbund, die Quarantänerede und der Plan einer Weltfriedenskonferenz.
[60] NA 861.014 North Pole/1–6; McIntyre an Early, 23. 7. 1937, Roosevelt Papers, OF 220-A, Russia Misc.; Aufzeichnung Earlys, o. D. 1937, ibid.
[61] Henderson an Hull, 29. 7. 1937, NA 711.61/621; 20. 8. 1937, FRSU, S. 388–390; 24. 8. 1937, NA 711.61/622; 14. 9. 1937, FRSU, S. 390–391; *Bennett*, S. 304–308.
[62] Hull an Bullitt, 21. 6. 1934, FRSU, S. 112–113; Bullitt an Hull, 30. 6. 1934, ibid., S. 113–114; *Bennett*, S. 156–157.
[63] Siehe FRSU, S. 457–491; besonders Aufzeichnung Greens, 30. 8. 1937, ibid., S. 479; Aufzeichnung Greens, 24. 9. 1937, ibid., S. 483. Das Zitat ist aus Aufzeichnung Greens, 13. 5. 1937, ibid., S. 472–473. Vgl. *Ickes*, II, S. 111.

Marineministeriums erneut festliefen, drängten Roosevelt und Hull wiederholt auf eine beschleunigte Erfüllung der sowjetischen Wünsche.[64]

Mitte Oktober 1937 vertraute Roosevelt Botschafter Dodd an, daß „one thing troubled him: could the United States, England, France and Russia actually cooperate?"[65] Zwei Monate später, nach der erfolglosen Brüsseler Konferenz und der *Panay*-Krise, entschloß er sich zu einem Test der sowjetischen Kooperationsbereitschaft. In den gleichen Tagen, in denen er Kapitän Ingersoll in geheimer Mission nach London entsandte, um Möglichkeiten einer maritimen Zusammenarbeit mit Großbritannien gegen Japan zu erkunden,[66] beauftragte er Davies, der zu einem kurzen Urlaub in Washington weilte, in Moskau das Terrain im Hinblick auf die Möglichkeit einer Kooperation zwischen amerikanischen und sowjetischen Militärbehörden zu sondieren. Es schwebe ihm vor, so Roosevelt zu Davies, daß beide Seiten die ihnen jeweils vorliegenden Informationen austauschen sollten „as to the facts with reference to the military and naval situations of the United States and the Soviet Union vis-à-vis Japan and the general Far Eastern and Pacific problem". Allerdings denke er dabei nicht an einen Beistands-, Nichtangriffs- oder Verteidigungspakt, „either directly or by the remotest implication". Davies solle den sowjetischen Führern darlegen, daß in Ermangelung eines politischen Vertrages Klugheit und Weitsicht beiden Mächten eigentlich gebieten müßten, sich gegenseitig mit Tatsachen vertraut zu machen „which might be of substantial value in the future by reason of similarity of purposes and necessities even though each power were pursuing separate and independent courses".

Litwinow, von Davies mit diesem Vorschlag Roosevelts konfrontiert, reagierte zunächst mit mäßigem Interesse. Er befürchte, so der Außenkommissar, daß der Plan des amerikanischen Präsidenten das Durchsickern wichtiger Informationen an feindselige dritte Mächte sowie die Verfälschung von Informationen begünstigen würde. Er wolle aber, wenngleich den Interessen der Sowjetunion nur mit einem vollen politischen Abkommen gedient sei, seiner Regierung den Vorschlag zur wohlwollenden Prüfung unterbreiten. Dabei blieb es vorerst. Am 5. Juni 1938, als Davies, der inzwischen nach Brüssel versetzt worden war,[67] im Kreml seine Abschiedsvisite machte, nutzte er die Gelegenheit der gemeinsamen Anwesenheit von Stalin und Litwinow, um den Gedanken Roosevelts noch einmal ausführlich zu erläutern. Zu seiner Überraschung reagierten seine beiden Gesprächspartner

---

[64] Siehe FRSU, S. 670–708, 869–903. Memo Roosevelts für Callaghan, 7. 7. 1939, Roosevelt Papers, OF 220-Russia, Box 1.
[65] *Robert Dallek*, Democrat and Diplomat. The Life of William E. Dodd (New York, Oxford UP, 1968), S. 310; *Maddux*, S. 260–261.
[66] *Watson*, Prewar Plans, S. 92–93.
[67] Der Wechsel war schon bei der Ernennung Davies' Ende 1936 vorgesehen worden, allerdings war ursprünglich von Berlin die Rede. Siehe oben, S. 13.

nun außerordentlich positiv. Sie merkten lediglich an, der Kreis der Eingeweihten müsse auf beiden Seiten auf die allerhöchsten Regierungsvertreter beschränkt bleiben, in Washington etwa auf den Präsidenten, den Außenminister, dessen Stellvertreter sowie einen Verbindungsmann. Stalin und Litwinow stimmten auf Davies' Empfehlung der Verwendung des Militärattachés in Moskau, Oberstleutnant Faymonville, als Verbindungsmann zu.[68] Gleichzeitig unterbreitete Stalin Davies ein Angebot zur Lösung der Schuldenfrage.[69]

Aber diese demonstrative Bekundung des wiedererwachten Interesses der sowjetischen Führer an einer internationalen Zusammenarbeit mit den Vereinigten Staaten fand nun in Washington keine Resonanz mehr. Roosevelt äußerte sich zwar befriedigt darüber, daß die Sowjets von sich aus die Schuldenfrage wieder aufgegriffen hätten.[70] Doch auf den Plan eines fernöstlichen Informationsaustausches kam er nicht mehr zurück. Davies erinnerte ihn im Januar 1939 von Brüssel aus vergeblich daran, daß „the matter was left open pending the appointment of my successor at Moscow".[71]

Aber auch als Laurence A. Steinhardt schließlich im August 1939, nach vierzehnmonatiger Vakanz des Botschafterpostens,[72] als Nachfolger Davies' in Moskau eintraf, war von dem Plan eines fernöstlichen Informationsaustausches nicht mehr die Rede. Wahrscheinlich erschien Roosevelt, nachdem die Isolationisten im Kongreß sich von durchsickernden Gerüchten über die Mission Ingersolls alarmiert gezeigt hatten,[73] das Risiko, daß die Avancen gegenüber Moskau in die Öffentlichkeit dringen könnten, zu hoch. Auch der Unterstützung des State Department für diesen Plan konnte sich der Präsident keineswegs sicher sein.[74] Unübersehbar ist aber vor allem, daß er seine Kooperationsbereitschaft gegenüber der Sowjetunion zur gleichen Zeit – Frühjahr 1938 – zurückstellte, als er sich generell gegenüber den Vorgängen in Europa und Ostasien auf eine „attitude of watchful waiting" zurückzog. Gegenüber Japan zog er sich später auf die etablierte Linie mora-

---

[68] Davies an Hull, 17. 1. 1939; FRSU, S. 596–597.
[69] Davies an Hull, 9. 6. 1938, ibid., S. 567–582.
[70] Tagebucheintragung Davies' vom 25. 6. 1938, in *Davies*, Mission, S. 240.
[71] Davies an Roosevelt, 18. 1. 1939, FRSU, S. 600.
[72] Die Gründe für die lange Vakanz des Botschafterpostens sind nicht ganz klar. Siehe dazu Aufzeichnung Kennans, 24. 3. 1938, NA 124.61/130; Tagebucheintragungen Davies' vom 25. 6. und 4. 7. 1938, in *Davies*, Mission, S. 240, 241; Davies an Hopkins, 18. 1. 1939, ibid., S. 277; *Ralph Robert Stackman*, Laurence A. Steinhardt, New Deal Diplomat 1933–1945 (Unveröffentl. Diss., Michigan State Univ., 1967), S. 162–163; *O'Connor*, S. 13–15. – Im April 1939 erteilte die amerikanische Regierung das Agrément für Botschafter Konstantin Umanski, der Troyanowski ablöste.
[73] *Borg*, S. 512.
[74] Siehe unten, S. 24–25.

lisierender Ermahnungen zurück, die Chinahilfe blieb unbedeutend.[75] Im Hinblick auf Europa äußerte er sich, als Hitler in Österreich einmarschierte, das Münchner Abkommen erzwang und schließlich die Tschechoslowakei annektierte, wiederholt kritisch über die britisch-französische Politik, ohne jedoch selbst handelnd aus dem Schatten der Appeaser herauszutreten. Die Sowjetunion war von London und Paris in die Isolierung abgedrängt worden, und Roosevelt unterließ alles, was als Desavouierung der Politik der beiden Westmächte hätte erscheinen können.[76]

Als nach dem Prager Coup Hitlers im März 1939 die britische und die französische Regierung begannen, sich um ein Anti-Hitler-Bündnis mit der Sowjetunion zu bemühen, wiesen viele amerikanische Diplomaten, allen voran Davies von seinem Brüsseler Posten aus, darauf hin, daß den Westmächten andere Möglichkeiten zur Erhaltung des Friedens nicht mehr blieben; es könne sogar die Möglichkeit einer deutsch-sowjetischen Annäherung nicht ausgeschlossen werden.[77] Roosevelt und Hull indessen zeigten sich im Frühjahr 1939 über die möglichen Alternativen der sowjetischen Politik kaum alarmiert und sahen lange Zeit keine Veranlassung, die britisch-französischen Bemühungen um eine Allianz mit Moskau zu unterstützen.[78] Am 18. April 1939 machte Davies den Vorschlag, er könne unauffällig eine Reise nach Moskau unternehmen, um in persönlicher Fühlungnahme mit den sowjetischen Führern den Bemühungen der Briten und Franzosen nachzuhelfen; die Amerikaner und besonders er selbst genössen in den Augen der Sowjets viel größeres Ansehen und Vertrauen als jeder Unterhändler der britischen oder französischen Regierung.[79] Roosevelt und Hull waren gegen eine solche Vermittlungsaktion: „From a domestic point of view such a visit, however carefully prepared, might be misconstrued. During these days when our neutrality legislation is being considered by the Congress, it is more than ever important not to run any risk." [80]

Erst Ende Mai 1939 finden sich Anzeichen für eine neuerlich veränderte Haltung. Am 28. des Monats empfing Roosevelt in Hyde Park den tschechoslowakischen Expräsidenten Eduard Beneš zu einer dreieinhalbstündigen Unterredung über die europäische Lage. Beneš fand, wie er in seinen Memoiren darlegt, den Präsidenten sehr gut über alle mit der Sowjetunion zusammenhängenden Fragen informiert. „He knew and understood its chief

---

[75] *Herbert Feis*, The Road to Pearl Harbor. The Coming of the War Between the United States and Japan (New York, Atheneum, 1962), S. 17–24; *F. C. Jones*, Japan's New Order in East Asia. Its Rise and Fall 1937–1945 (London, Oxford UP, 1954), S. 130–171.
[76] *Offner*, S. 226–269; *Langer/Gleason*, Challenge, S. 45–51, 122–129.
[77] Siehe *Davies*, Mission, S. 260–261, 277, 280–282, 284, 286; Hull Papers, Library of Congress, Washington D. C., Folder 118, Correspondence 44.
[78] *Langer/Gleason*, Challenge, S. 66–67, 76–77, 125, 128–129.
[79] Davies an Hull, 18. 4. 1939, FR 1939, I, S. 234–235.
[80] Hull an Davies, 18. 4. 1939, ibid., S. 236.

problems, and, in particular, had long ago realized that it was absolutely necessary to solve the problem of bringing the Soviet Union into the framework of international policy if world peace was to be advanced." Roosevelt machte seinem Gast deutlich, daß er die Einbeziehung der Sowjetunion in ein europäisches antifaschistisches Bündnis befürwortete und jedes weitere Appeasement Hitlers ablehnte. Er ließ jedoch durchblicken, daß er starke Zweifel hegte, daß es zu einer deutsch-sowjetischen Annäherung kommen werde; er stimmte vielmehr der Ansicht Beneš' zu, daß die ideologische und machtpolitische Gegnerschaft der beiden Mächte unüberbrückbar sei und der Charakter der deutschen Führung einen deutsch-sowjetischen Krieg in absehbarer Zeit unvermeidlich machen würde. In der Einschätzung des sowjetischen Machtpotentials verriet Roosevelt große Unsicherheit. Er stellte Beneš eine Fülle von Fragen: Würde die Sowjetunion zu einem effektiven militärischen Widerstand gegen einen Angriff deutscher Armeen imstande sein? In welcher Verfassung waren die Rote Armee und besonders, nach den großen Säuberungen, das Offizierskorps? Funktionierten die sowjetische Rüstungsindustrie und das Kommunikationssystem? Wie war der technische Ausrüstungsstand der sowjetischen Truppen? Über all diese Probleme, so eröffnete Roosevelt seinem Besucher unbehaglich, habe er eine Fülle widersprüchlicher Nachrichten. Beneš konnte wenig mehr tun als eigene Vermutungen hinzuzufügen. Sein Eindruck gegen Ende des Gespräches war, daß der amerikanische Präsident die Komplexität der europäischen Krise souverän überschaue, besonders „that he understood the problem of the two European dictatorships and also the position of the Soviet Union".[81]

Ende Juni, als sich in den britisch-französisch-sowjetischen Verhandlungen kein Erfolg abzeichnen wollte und sich Gerüchte über deutsche Annäherungsversuche an die sowjetische Regierung mehrten, entschloß Roosevelt sich schließlich doch, aus der Reserve herauszutreten und den Versuch zu machen, seinen Einfluß in Moskau zur Geltung zu bringen. Kurz bevor der neue Botschafter Umanski sich Anfang Juli zu einer Reise nach Moskau einschiffen wollte, erhielt er eine Einladung ins Weiße Haus. Roosevelt sprach mit ihm die Probleme der amerikanisch-sowjetischen Beziehungen durch und bat ihn schließlich, Stalin eine persönliche Botschaft zu überbringen: Er, Präsident Roosevelt, sei sicher „that, if his [Stalin's] government joined up with Hitler it was as certain as that the night followed the day that as soon as Hitler had conquered France, he would turn on Russia, and it would be the Soviet's turn next".[82] Bemerkenswerterweise unterrichtete Roosevelt in den folgenden Wochen von seinem Schritt weder Außenminister Hull noch Botschafter Steinhardt, der sich in Vorbereitung auf seine Moskauer Aufgaben noch bis Ende Juli in Washington aufhielt; hin-

---

[81] *Eduard Beneš*, Memoirs of Dr. Eduard Beneš. From Munich to New War and New Victory (London, Allen & Unwin, 1954), S. 75–80.
[82] Tagebucheintragung Davies', 18. 7. 1939, in *Davies*, Mission, S. 286–287.

gegen setzte er Davies, der am 18. Juli aus Brüssel zu einem Heimaturlaub in Washington eintraf, unverzüglich davon in Kenntnis. Der Präsident griff dabei den früheren Vorschlag Davies' wieder auf und bat ihn, nun doch nach Moskau zu fahren, um unter Ausnutzung seiner persönlichen Kontakte Stalin und Molotow das Anliegen noch einmal mit Nachdruck nahezubringen.[83]

Doch nachdem Steinhardt Ende Juli die Reise nach Moskau angetreten hatte, kam Roosevelt offenbar zu dem Entschluß, daß es zweckdienlicher sei, den sowjetischen Führern die zweite Mahnung durch den regulären diplomatischen Vertreter zuzustellen. Am 4. August, vier Tage bevor Steinhardt in Moskau eintraf, adressierte Sumner Welles im Auftrage des Präsidenten einen streng geheimen Brief an die Botschaft in Moskau, der zur Sicherung der Vertraulichkeit zunächst nach Paris übermittelt und von dort per Kurier weiterbefördert wurde. Er erreichte Steinhardt erst am 15. August. Welles informierte den Botschafter in dem Schreiben über die Ausführungen, die Roosevelt gegenüber Umanski gemacht hatte, und trug ihm auf, bei der ersten sich bietenden Gelegenheit gegenüber Molotow die Ansichten des Präsidenten zu wiederholen

> that while he was making no suggestion, much less any official indication of any desire on the part of this Government, he nevertheless wished to make clear that this Government was viewing the present situation in an objective manner ... that if war were now to break out in Europe and in the Far East and were the axis powers to gain a victory, the position of both the United States and of the Soviet Union would inevitably be immediately and materially affected thereby. In such event, the position of the Soviet Union would be affected more rapidly than the position of the United States.
> For these reasons, while he was, of course, in no position either to accept any responsibility or to give any assurances as to the possible course which Great Britain and France might undertake in connection with their present negotiations with the Soviet Union, the President could not help but feel that if a satisfactory agreement against aggression on the part of other European powers were reached, it would prove to have a decidedly stabilizing effect in the interest of world peace, in the maintenance of which, of course, the United States as well as the Soviet Union had a fundamental interest [84].

Die Ermahnung kam zu spät. Als Steinhardt dem neuen sowjetischen Außenkommissar Molotow am 16. August die Botschaft Roosevelts zur

---

[83] Ibid. – *Hull*, I, S. 656 und ihm folgend *Langer/Gleason*, Challenge, S. 160–161, *Gerberding*, S. 63, *Papachristou*, S. 389–390 wissen nur von dem Brief Welles' an Steinhardt vom 4. August (siehe unten) und verlegen irrtümlich Roosevelts Demarche gegenüber Umanski um einen Monat auf Anfang August 1939. Tatsächlich fand die fragliche Unterredung zwischen Roosevelt und Umanski zwischen dem 30. Juni und dem 4. Juli 1939 statt, wie aus Morgenthau Diaries, Bd. 199, S. 428–437 und Bd. 201, S. 87–89 hervorgeht. Umanski verließ die Vereinigten Staaten am 5. Juli für mehrere Monate.

[84] Welles an Steinhardt, 4. 8. 1939, FR 1939, I, S. 293–294.

Kenntnis brachte, entgegnete Molotow höflich, man verstehe in Moskau, daß die Vereinigten Staaten von jeder unmittelbaren Teilnahme an europäischen Angelegenheiten Abstand halten wollten. Da seine Regierung indessen wisse, daß der amerikanische Präsident sich aufrichtig um die Erhaltung des Friedens bemühe, nehme sie seine Mitteilungen mit Interesse zur Kenntnis. Die sowjetische Regierung sei sich der Bedeutsamkeit ihrer Verhandlungen mit Großbritannien und Frankreich durchaus bewußt, sie habe aber von Anfang an nicht daran geglaubt, daß man der europäischen Krise mit allgemeinen Deklarationen beikommen könne. Seine Regierung sei auch weiterhin nur bereit, über ein Abkommen mit verbindlichen gegenseitigen Beistandsverpflichtungen für jeden – direkten wie indirekten – Aggressionsfall zu reden. Ein solches Abkommen werde nach sowjetischer Auffassung rein defensiven Charakter haben. Als Steinhardt den Kommissar um eine persönliche Prognose für den Ausgang der Verhandlungen mit der britischen und der französischen Regierung bat, erwiderte Molotow ausweichend, keine Seite würde ohne Kompromisse davonkommen, und die Verhandlungen gingen auf jeden Fall weiter.[85] – Weniger als eine Woche später waren sie beendet.

Wenn die seit 1936 wiederholt hervortretende Neigung Roosevelts, mit der Sowjetregierung gegen die Aggressoren in Europa und Ostasien zusammenzuarbeiten, bis zum Sommer 1939 ohne praktische Konsequenzen blieb, so wird hierin vor allem der Einfluß innenpolitischer Widerstände deutlich. Roosevelt sah sich in jenen Jahren starken oppositionellen Kräften in der Öffentlichkeit und im Kongreß gegenüber, die bereitstanden, jeden seiner Schritte in Richtung Moskau entweder als Abweichung von dem isolationistischen Postulat des „non-entanglement" oder als Kommunistenfreundlichkeit oder als beides zu brandmarken. Er mußte auch in Rechnung stellen, daß viele Mitglieder seiner Regierung, unter ihnen die Osteuropa-Experten des State Department, einer kooperativen Rußlandpolitik ablehnend gegenüberstanden.

Das sympathische Interesse für die Sowjetunion, das 1933 in der Zustimmung der amerikanischen Öffentlichkeit zur Anerkennung zum Ausdruck gekommen war, war nicht von langer Dauer.[86] Mit dem Erfolg des New

---

[85] Steinhardt an Welles, 16. 8. 1939, ibid., S. 296–298.
[86] Das Rußlandbild der amerikanischen Öffentlichkeit in den dreißiger Jahren wird behandelt in *Meno Lovenstein*, American Opinion of Soviet Russia (Washington, American Council on Public Affairs, 1941); *Robert Joseph Horgan*, Some American opinion of the Soviet Union, 1933–1939 (Unveröffentl. Diss., Univ. of Notre Dame, 1959); *Ira S. Cohen*, Congressional attitudes towards the Soviet Union, 1917–1941 (Unveröffentl. Diss., Univ. of Chicago, 1955). Siehe auch *Filene*, oben, Anm. 1 und derselbe (Hrsg.), American Views of Soviet Russia 1917–1965 (Homewood, Dorsey, 1968).

Deal schwand für viele Amerikaner die Neugier für das kommunistische Gesellschafts- und Wirtschaftsexperiment. Die sowjetischen Verstöße gegen das Roosevelt-Litwinow-Abkommen in den Jahren 1934/35 zerstörten das Vertrauen, daß die sowjetische Regierung in fairer Weise zu ihren vertraglichen Verpflichtungen stehe. Vorübergehend gewann Stalins Politik der Vereinigten Front gegen den Faschismus in den Jahren 1935/36 der Sowjetunion neue Sympathisanten in den USA, vor allem unter Liberalen und Intellektuellen.[87] Aber auf die meisten von ihnen und auf die öffentliche Meinung insgesamt wirkten die anschließenden Säuberungskampagnen des sowjetischen Diktators abstoßend. Unter dem Eindruck des innenpolitischen Terrors in der UdSSR verblaßte seit 1937 die bis dahin weit verbreitete Ansicht, daß die Sowjetunion eher den demokratischen als den faschistischen Mächten zuzuordnen sei.[88] Wenngleich in den Jahren 1938/39 in der amerikanischen Bevölkerung die Abneigung gegenüber der Sowjetunion von der Ablehnung Hitlerdeutschlands noch übertroffen wurde,[89] mußte die Roosevelt-Regierung etwa bei ihrem Verhalten gegenüber den britisch-französischen Bemühungen um eine Anti-Hitler-Koalition das Negativ-Image der Sowjetunion in Rechnung stellen.

Eine kooperationswillige Politik gegenüber der Sowjetunion war für Roosevelt in den späten dreißiger Jahren besonders deshalb riskant, weil sich eine Reihe seiner politischen Gegner bemühten, ihn in den Ruch eines Kommunistenfreundes zu bringen. Mitglieder seiner eigenen Partei wie Al Smith geißelten landauf landab die angeblich kommunistischen Elemente des New Deal.[90] Der republikanische Präsidentschaftskandidat des Jahres 1936, Alfred Landon, leistete Gerüchten Vorschub, Roosevelts Wiederwahl werde mit massiver Unterstützung aus Moskau betrieben,[91] und polemisierte gegen ihn als den „Kerensky of the American revolutionary movement".[92] Seit 1935 wurde aus rechtsgerichteten Kreisen der Vorwurf einer gelenkten kommunistischen Unterwanderung des gesamten Regierungsapparates erhoben.

---

[87] *Maddux*, S. 94–95, 221–225.   [88] Ibid., S. 225–238.
[89] In einer Gallup-Umfrage vom Dezember 1938 sprachen sich für den Fall eines deutsch-sowjetischen Krieges 54 % der Befragten für eine Begünstigung der Sowjetunion, 13 % für eine Begünstigung Hitlerdeutschlands aus. 33 % plädierten für die Einhaltung strikter Neutralität, New York Times, 11. 12. 1938, S. 62.
[90] *George Wolfskill*, The Revolt of the Conservatives. A History of the American Liberty League, 1933–1940 (Boston, Houghton Mifflin, 1962), S. 152.
[91] New York Times, 17. 7. 1936, S. 6; 3. 8. 1936, S. 8; 24. 8. 1936, S. 4; Hull an Henderson, 27. 8. 1936, Henderson an Hull, 27. 8. 1936, NA 800.00 B-Communist International/188 B, 193; Rede Roosevelts vor der Democratic State Convention, Syracuse, N. Y., 29. 9. 1936, PPA 1936, S. 384; Pressekonferenz des Department of State Nr. 204 vom 31. 10. 1940, in Hull Papers, Box 124; *Ickes*, I, S. 428–430; III, S. 268, 317, 356–357, 359, 379–381.
[92] *Arthur M. Schlesinger, Jr.*, The Age of Roosevelt. Bd. III: The Politics of Upheaval (Melbourne, Heinemann, 1960), S. 624–625. Vgl. New York Times, 21. 9. 1936, S. 1, 4.

Dieser Vorwurf, der in der Öffentlichkeit einigen Widerhall fand, führte 1938 zur Einrichtung eines Kongreßausschusses unter dem Vorsitz von Martin Dies zur Untersuchung von „subversive activities", später von „Un-American activities".[93] Möglicherweise hat Roosevelt unter dem Eindruck solcher Anwürfe die Entsendung und Instruierung Botschafter Davies' bis nach den Präsidentschaftswahlen im November 1936 hinausgezögert und das Projekt eines fernöstlichen Informationsaustausches rechtzeitig vor den Kongreßwahlen des Jahres 1938 wieder fallengelassen.[94]

Die Haltung der eigenen Mitarbeiter mahnte ebenfalls zur Vorsicht. Denn bemerkenswerterweise befand sich Roosevelt in den dreißiger Jahren bei allen entgegenkommenden Schritten gegenüber der Sowjetunion in latentem Gegensatz zum State Department und auch zu anderen Ministerien. Zwar wurde im State Department kaum offen gegen die Rußlandpolitik Roosevelts opponiert, durch eindringliche Stellungnahmen und Vorschläge wurde er jedoch häufig zu Modifizierungen seiner Pläne veranlaßt. So ging es beispielsweise im wesentlichen auf die Haltung des State Department zurück, wenn der Präsident im November 1933 die Anerkennung der Sowjetunion an Vorbedingungen knüpfte.[95] Als später in den Verhandlungen über die Schuldenfrage Roosevelt für Konzilianz plädierte, trat das State Department zusammen mit Botschafter Bullitt erfolgreich allen Kompromißregungen entgegen.[96] Das seit 1935 erklärte Prinzip, daß vor engeren politischen Beziehungen zuerst die sowjetische Regierung ihre Vertrauenswürdigkeit in puncto Roosevelt-Litwinow-Abkommen unter Beweis stellen müsse, verdankte seine Etablierung und ständige Bekräftigung dem Drängen des State Department.[97] Die ablehnende Haltung des Marineministeriums in der Frage der Lieferung von Schiffen und Schiffsteilen an die UdSSR war bezeichnend für die antisowjetische Haltung auch in anderen Ministerien.[98] Angesichts dieser latenten Opposition verstärkte sich seit 1936 Roosevelts Neigung, Rußlandpolitik vom Weißen Haus aus und an den berufenen außenpolitischen Instanzen vorbei zu führen. Von dem Angebot eines fernöstlichen

---

[93] *Maddux*, S. 238–243; *Walter Goodman*, The Committee. The Extraordinary Career of the House Committee on Un-American Activities (New York, Farrar Straus, 1968), S. 16–55; *August Raymond Ogden*, The Dies Committee. A Study of the Special House Committee for the Investigation of Un-American Activities, 1938–1943 (Washington, Catholic America UP, 1943), S. 43–103; *Richard Polenberg*, „Franklin Roosevelt and Civil Liberties. The Case of the Dies Committee", in: Historian, XXX, 2 (Febr. 1968), S. 165–179.

[94] Siehe oben, S. 13–14 und S. 18–19.

[95] FRSU, S. 6–11, 15–16; *Bishop*, S. 12–17, 27–28, 61–63, 87–90, 148–149, 199–200; *Maddux*, S. 54–63.

[96] Moore an Bullitt, 10. 4. und 24. 4. 1934, Robert W. Moore Papers, Franklin D. Roosevelt Library, Hyde Park, N. Y., Box 3; Aufzeichnung Moores, 30. 4. 1934, FRSU, S. 86; *Farnsworth*, S. 127–139.

[97] *Maddux*, S. 101 ff. Vgl. oben, S. 9–10.   [98] Siehe oben, S. 16–17.

Informationsaustausches[99] etwa erhielten zu der Zeit weder das State Department noch das Navy Department Kenntnis. Und im Sommer 1939 wurde das State Department von der Mahnung Roosevelts an die sowjetische Regierung, mit den Briten und Franzosen gegen Hitler abzuschließen, erst mit einem Monat Verspätung ins Bild gesetzt.[100]

In der fast ausnahmslos ablehnenden Haltung des gesamten Beamtenkorps des State Department und des diplomatischen Dienstes gegenüber kooperativen Schritten in der Rußlandpolitik in den dreißiger Jahren spiegelte sich möglicherweise die Grundhaltung einer privilegierten, an Besitz und Bildung orientierten Gesellschaftsschicht gegenüber der proletarischen Revolution wider.[101] Bedeutsam war zweifellos auch, daß mit Robert Kelley in Washington (1926–1937) und Loy Henderson in Moskau (1934–1938) lange Zeit zwei Männer die Schulung der Nachwuchsbeamten in osteuropäischen und sowjetischen Angelegenheiten leiteten, die den Mitteln und Zielen der sowjetischen Außenpolitik mit scharfer Kritik gegenüberstanden. Eine ganze Generation von Rußlandexperten, Earl Packer, George F. Kennan, Charles Bohlen, Edward Page gingen durch ihre Schule.[102] In den Schriften des Marxismus-Leninismus und der russischen Geschichte wohlbewandert, verbreiteten sie in der einen oder anderen Form immer wieder die Ansicht, daß die sowjetische Führung auf der Grundlage der kommunistischen Ideologie konsequent imperialistische Machtpolitik betreibe. Das sowjetische Streben nach kollektiver Sicherheit und politisch-wirtschaftlicher Zusammenarbeit mit dem Westen sei rein taktischer Natur und dürfe nicht als ein Beweis für friedfertige Absichten betrachtet werden. Die Sowjetunion versuche lediglich, solange sie sich wirtschaftlich und vor allem militärisch noch nicht stark genug fühle, mit möglichst wenig Konzessionen und vor allem ohne eine neue feindliche Intervention über die Runden zu kommen. Mit zunehmendem internationalen Gewicht sei von ihr jedoch sowohl gegenüber Europa als auch gegenüber Ostasien eine „progressively aggressive foreign policy" zu erwarten, denn langfristig strebten die sowjetischen Führer unverändert „the establishment of a Union of World Soviet Socialist Republics" an.[103] William Phillips, Breckinridge Long, Hugh Wilson und Joseph Kennedy, um nur einige wichtige Namen zu nennen, vertraten ähnliche Ansichten.[104] Auch William Bullitt gelangte nach seinen desillusionierenden Erfahrungen

---

[99] Siehe oben, S. 17–18.
[100] Siehe oben, S. 20–21.
[101] *Maddux*, S. 130–140.
[102] Ibid., S. 135–138.
[103] Siehe hierzu FRSU, passim; besonders Henderson an Hull, 22. 7. 1939, ibid., S. 773–775; die Telegramme Kirks an Hull vom 9. 7. 1938, ibid., S. 587–589, vom 25. 11. 1938, ibid., S. 592–594 und vom Frühjahr 1939, ibid., S. 731 ff. Die Zitate sind aus Henderson an Hull, 16. 11. 1936, FRSU, S. 307–319.
[104] *Maddux*, S. 142–143.

in Moskau zu einer ideologisch-machtpolitischen Interpretation der sowjetischen Außenpolitik.[105]

Die Ablehnung des kommunistischen Systems und der sowjetischen Außenpolitik erklärt indessen allein noch nicht die Reserven der amerikanischen Diplomaten hinsichtlich einer amerikanisch-sowjetischen Annäherung. So betonten etwa George Messersmith und William Dodd schon seit 1934 bzw. 1936 trotz Bedenken gegenüber den langfristigen außenpolitischen Zielen Stalins die Notwendigkeit einer Kooperation zwischen Washington und Moskau. Ihr übergeordnetes Motiv war die Sorge vor den Absichten Hitlers, die sie vorerst für weit gefährlicher hielten als die sowjetischen Zielsetzungen.[106] Der Rußlandkonzeption des Gros der amerikanischen Diplomaten lag demgegenüber gleichmäßig eine Unterschätzung der außenpolitischen Ziele Hitlers zugrunde. Sie hielten die Politik des Dritten Reiches nicht für so bedrohlich, daß sie ihr Mißtrauen gegenüber Moskau hätte überschatten können. Das State Department verfolgte zusammen mit Roosevelt bis 1938 den Kurs einer Tolerierung des britisch-französischen Appeasement.[107] Erst nach der Münchner Konferenz, verstärkt seit dem deutschen Einmarsch in Prag, begannen amerikanische Diplomaten für eine gemeinsame Front der Westmächte und der Sowjetunion gegen Hitlerdeutschland zu plädieren, ohne darüber freilich ihre grundsätzliche Skepsis gegenüber der sowjetischen Politik aufzugeben. Das bekannteste Beispiel für diese Wendung ist Bullitt.[108]

Die sowjetische Rolle im Fernen Osten wurde von den Beamten des Department of State in den dreißiger Jahren überwiegend als unerheblich eingestuft. Eine Zusammenarbeit mit der Sowjetunion gegen Japan wurde nicht für notwendig gehalten. Man war sich des beständigen sowjetisch-japanischen Gegensatzes, der sich ohne eigenes Zutun für die US-Interessen im Pazifischen Raum förderlich auswirkte, bewußt.[109] Verbreitet war auch die Sorge, daß Moskau amerikanische Annäherungsversuche nur ausnutzen werde, um dem vermuteten unverrückbaren Ziel der sowjetischen Fernostpolitik, einen Krieg zwischen Japan und den USA herbeizuführen, näherzukommen.[110]

Im Grunde gab es nur sehr wenige Mitarbeiter des Präsidenten, die ihn in

---

[105] Bullitt an Hull, 19. 7. 1935, NA 761.00/260; 20. 4. 1936, NA 861.01/2120; 13. 7. 1938, FR 1938, I, S. 530–531; *Hanson*, S. 177–198.
[106] Messersmith an Hull, 28. 7. 1934, FR 1934, II, S. 33–34; 1. 8. 1934, ibid., S. 43; 11. 10. 1937, FR 1937, I, S. 140–145; Dodd an Hull, 3. 9. 1936, FR 1936, I, S. 337–338; *Dallek*, Democrat, S. 196–317.
[107] *Maddux*, S. 141–143, 145–146.
[108] Ibid., S. 180–182; Bullitt an Hull, 16. 5. 1939, FR 1939, I, S. 255.
[109] Siehe unten, Kap. 4, S. 77 ff.
[110] Aufzeichnung Hornbecks, 3. 11. 1935, FR 1935, III, S. 836–837; *Browder*, Origins, S. 49–53.

seinen Neigungen zur Kooperation mit der Sowjetunion nachhaltig unterstützten. In den Jahren 1933/34 gehörte Bullitt zu ihnen, seit 1936 Davies, der über seine Moskauer Zeit hinaus einen in seiner Bedeutung schwerlich zu überschätzenden Einfluß auf die Rußlandpolitik Roosevelts behielt.[111] Unter den Diplomaten plädierten noch Messersmith und Dodd für eine kooperationsbereite Rußlandpolitik der USA, im Kabinett in gewissem Umfange Schatzminister Henry Morgenthau und Innenminister Harold Ickes.

Botschafter Steinhardt, der am 8. August 1939 als Nachfolger Davies' in der sowjetischen Hauptstadt eintraf, machte sich indessen die Empfehlungen seines Vorgängers nicht zu eigen. Er war bis zum Frühjahr 1939 Botschafter in Peru gewesen und bei seinem Amtsantritt in Moskau mit den Problemen der sowjetischen Außenpolitik noch wenig vertraut. Er stützte sich zunächst weitgehend auf das Urteil der untergebenen Botschaftsbeamten. Ihre Analysen bestärkten ihn in seiner Neigung, im Umgang mit den sowjetischen Führern jeden anderen Maßstab als den der strikten Gegenseitigkeit energisch abzulehnen.[112]

Die beiden Spitzenbeamten des State Department, Cordell Hull, Secretary of State seit 1933, und Sumner Welles, Under Secretary of State seit 1937, haben sich in ihren Memoiren bemüht, ihre Haltung gegenüber der Sowjetunion in den dreißiger Jahren als uneingeschränkt freundschaftlich darzustellen.[113] In Wirklichkeit jedoch teilte Welles bis wenigstens Anfang 1940 das Mißtrauen der Rußlandexperten des State Department und konnte sich auch unter dem Eindruck zunehmender Aggressivität Hitlers nicht recht zur Unterstützung einer kooperativen Rußlandpolitik durchringen.[114] Hull nahm bei den Anerkennungsverhandlungen im November 1933 und in den folgenden Jahren eine distanzierte Haltung gegenüber der Sowjetunion ein, näherte sich jedoch seit etwa 1937 allmählich der Position Roosevelts an. Im Sommer 1938 unterstützte er in der Frage der Lieferung von Schiffen und Schiffsteilen an die Sowjetunion den Präsidenten gegen den Marineminister.[115] Er lehnte das sowjetische Gesellschafts- und Wirtschaftssystem sowie die Prinzipienlosigkeit der sowjetischen Außenpolitik ab, war aber realistisch genug, zu sehen, daß sich parallel zu dem wachsenden Selbstbewußtsein der Aggressoren in Europa und in Ostasien das internationale Gewicht der Sowjetunion und ihre Bedeutung für die amerikanische Außenpolitik vergrößerte. Wenngleich er in allen Fragen, die das internationale Engagement der USA berührten, noch ängstlicher als Roosevelt vor den Isolationisten in der ameri-

---

[111] *Ullman*, passim.
[112] *O'Connor*, S. 16–24 et passim.
[113] *Hull*, I, S. 292–293, 297, 304, 306; *Sumner Welles*, The Time for Decision (New York, Harper, 1944), S. 31, 307–325.
[114] *Maddux*, S. 133–134.
[115] Siehe oben, S. 16–17.

kanischen Öffentlichkeit zurückscheute, hielt er schon vor 1939 Formen der Zusammenarbeit mit der Sowjetunion für denkbar und nützlich.[116]

Die Entwicklung der Haltung der Chefs des State Department, der Abschluß des Hitler-Stalin-Pakts und der Ausbruch des Krieges in Europa trugen dazu bei, den Frontverlauf in der Roosevelt-Regierung zwischen Befürwortern und Gegnern einer kooperativen Rußlandpolitik zu verwischen.

---

[116] *Julius W. Pratt*, Cordell Hull 1933–1944 (New York, Cooper, 1964), S. 594–602; *Donald F. Drummond*, „Cordell Hull, 1933–1944", in Norman A. Graebner, An Uncertain Tradition. American Secretaries of State in the Twentieth Century (New York, McGraw-Hill, 1961), S. 204; *Browder*, Origins, S. 103 ff., 130 ff., 182 ff., 207 ff.

II. AUGUST 1939 – JULI 1940

2. DER STALIN-HITLER-PAKT, EUROPA

Der Abschluß des deutsch-sowjetischen Nichtangriffspakts vom 23. August 1939[1] bescherte den Regierungen in London und Paris eine der bittersten Überraschungen in der Geschichte der Diplomatie. Für die Regierung in Washington war, trotz anderslautender Erinnerungen Cordell Hulls,[2] das Erwachen nicht weniger jäh. Zwar hatten amerikanische Diplomaten bereits seit Monaten auf die Möglichkeit eines deutsch-sowjetischen *rapprochements* aufmerksam gemacht.[3] Doch hatte man in Washington allem Anschein nach im Frühjahr und Frühsommer 1939 die Möglichkeit einer solchen Entwick-

---

[1] Text in Auswärtiges Amt, Akten zur deutschen auswärtigen Politik, 1918–1945, Serie D, Bd. VII (Baden-Baden, Imprimerie Nationale, 1956), Nr. 228 (hinfort zitiert: ADAP). Steinhardt an Hull, 24. 8. 1939, FR 1939, I, S. 342.

[2] *Hull*, I, S. 655, 657.

[3] *Hull*, I, S. 655–657. Siehe auch FR 1939, I, S. 247–251, 312–336, et passim; *Joseph Alsop* und *Robert Kintner*, American White Paper. The Story of American Diplomacy and the Second World War (New York, Simon & Schuster, 1940), S. 54; New York Times, 4. 5. 1939, S. 1, 12; 5. 5. 1939, S. 1, 12, 15, 22.

Wie hier profitierte die amerikanische Botschaft in Moskau in den dreißiger Jahren in ihren Informationen häufig von guten Beziehungen zur deutschen Botschaft, wie eine Durchsicht der in den Bänden der Foreign Relations of the United States abgedruckten Berichte und Telegramme aus Moskau unschwer erkennen läßt. Auf diese Weise war die amerikanische Regierung in der Regel über die Entwicklung des deutsch-sowjetischen Verhältnisses zwischen dem August 1939 und dem Juni 1941 verhältnismäßig gut informiert, eine Tatsache, die in der folgenden Darstellung immer wieder durchscheint.

Die näheren Umstände dieses Nachrichtenflusses sind noch nicht geklärt. Loy Henderson bezeugt, daß die undichte Stelle bei zwei ihm gut bekannten nachgeordneten Beamten der deutschen Botschaft gelegen habe, die mit Beamten der amerikanischen Botschaft seit Jahren in freundschaftlichen Beziehungen gestanden hätten. Über ihre Identität wolle er sich aber lieber ausschweigen, siehe *O'Connor*, S. 50. Nachforschungen des Verfassers führten zu keinen abschließenden Ergebnissen. Vermutlich war einer der deutschen Beamten der damalige Gesandtschaftsrat Gustav Hilger, vgl. etwa FR 1940, I, S. 674, Anm. 96 mit ADAP, D, XI, 1, Nr. 325, 326, 328, und *Gustav Hilger* und *Alfred G. Meyer*, The Incompatible Allies. A Memoir-History of German-Soviet Relations 1938–1941 (New York, Macmillan, 1953), S. 322. Möglicherweise geschah die Weitergabe der Informationen mit Wissen und Billigung Botschafter Schulenburgs, siehe etwa FR 1941, I, S. 765. Vgl. *Langer/Gleason*, Challenge, S. 124–125.

lung zwar als denkbar zur Kenntnis genommen, ohne sie indes als wahrscheinlich zu erwarten. Weder im Weißen Haus noch im State Department war es für notwendig erachtet worden, London und Paris über die beunruhigenden Informationen ins Bild zu setzen.[4] Als sich Ende Juli britische und französische Militärexperten auf den Weg in die sowjetische Hauptstadt machten, hatte dies zu der optimistischen Erwartung beigetragen, daß eine endgültige Einigung mit den Sowjets über die militärischen und in ihrem Gefolge auch über die schwierigen politischen Probleme einer Anti-Hitler-Koalition nahe bevorstünde.[5] Nach Roosevelts Ermahnungen an Stalin[6] finden sich in den amerikanischen Akten im August 1939 keine weiteren Anhaltspunkte für besondere Besorgnisse hinsichtlich der Möglichkeit eines deutsch-sowjetischen *rapprochements*. Die Möglichkeit einer Überbrückung der machtpolitischen und ideologischen Abgründe zwischen dem nationalsozialistischen Deutschland und dem kommunistischen Rußland strapazierte die Vorstellungskraft allzusehr. Die Aufmerksamkeit in Washington galt, wie überall in der Welt, der zunehmenden Spannung zwischen Deutschland und Polen.

Sowohl Roosevelt als auch Hull hatten sich Mitte August in Urlaub begeben und erhielten die sensationellen Neuigkeiten aus Berlin und Moskau fern der Hauptstadt. Überstürzt eilten sie nach Washington zurück.[7] „It seems unbelievable, really unbelievable", ließ Roosevelt sich vernehmen, als Unterstaatssekretär Sumner Welles ihm bei seiner Ankunft am Union Station ersten Bericht erstattete.[8] Weder im Weißen Haus noch im Department of State zeigte man sich zu einer Stellungnahme zum Hitler-Stalin-Pakt vorbereitet.[9] „At about half-past five", so hielt Jay Pierrepont Moffat, der Leiter der Europa-Abteilung im State Department, seine Eindrücke fest, „the bombshell came through of the German-Soviet Nonaggression Pact and the impending voyage of Ribbentrop to Moscow. There is no doubt that Germany has pulled off one of the greatest diplomatic coups for many years".[10] Die *New York Times* wußte am 24. August zu melden, daß bei den Ver-

---

[4] *Langer/Gleason*, Challenge, S. 124–125. Vgl. Bullitt an Hull, 5. 7. 1939, FR 1939, I, S. 281. Siehe auch Roosevelts Ausführungen gegenüber Beneš am 28. 5. 1939, oben, S. 19–20.
[5] Siehe Grummon an Hull, 28. 7. 1939, FR 1939, I, S. 289–290; Bullitt an Hull, 31. 7., ibid., S. 291; Grummon an Hull, 6. 8., ibid., S. 333; Johnson an Hull, 16. 8. 1939, ibid., S. 294–295.
[6] Siehe oben, S. 20–21.
[7] New York Times, 24. 8. 1939, S. 1; *Ickes*, II, S. 700.
[8] *Alsop/Kintner*, S. 55.
[9] Pressekonferenz des Department of State Nr. 148 vom 22. 8. 1939, Hull Papers, Box 123; New York Times, 22. 8. 1939, S. 9; *Bennett*, S. 418–419.
[10] *Nancy Harvison Hooker* (Hrsg.), The Moffat Papers. Selections from the diplomatic journals of Jay Pierrepont Moffat 1919–1943 (Cambridge, Harvard UP, 1956), S. 250.

antwortlichen in der Washingtoner Regierung die Möglichkeit eines deutsch-sowjetischen Paktes „had been discounted".[11]

Während das sensationelle Ereignis und seine mutmaßliche Bedeutung für den Frieden in Europa in den folgenden Tagen die amerikanische Öffentlichkeit bewegten, während sich bei den Sympathisanten Moskaus in den USA Verbitterung und Resignation ausbreiteten, latenter Antikommunismus sich Bahn brach und griffige Gemeinplätze über das Komplizentum der Diktatoren die Runde machten,[12] wurden im Weißen Haus und im State Department die spärlich verfügbaren und zum Teil widersprüchlichen ersten Hintergrund-Informationen sortiert. Klarheit herrschte bald über die weiteren Absichten Hitlers, in dessen Verurteilung als Aggressor Roosevelt die Mehrheit seiner Landsleute hinter sich wußte. Unsicherheit herrschte hingegen vorerst allenthalben im offiziellen Washington über die Bedeutung des Hitler-Stalin-Pakts nach der sowjetischen Seite hin und über die Konsequenzen, die sich für die amerikanische Rußlandpolitik ergaben.

Der aller Welt bekanntgemachte Wortlaut des deutsch-sowjetischen Vertrages dokumentierte, daß Stalin den Polenplänen Hitlers weit entgegengekommen war: es fehlte die sonst in Nichtangriffsverträgen der Sowjetunion übliche Rücktrittsklausel für den Fall, daß der Vertragspartner selbst die Feindseligkeiten mit einer dritten Macht provozierte. Das Risiko eines größeren Zweifrontenkrieges war dem deutschen Führer damit in jedem Fall genommen. Überdies konnte Steinhardt, dank guter Beziehungen zwischen der amerikanischen und der deutschen Botschaft in Moskau,[13] schon am 24. August über die Existenz eines geheimen Zusatzprotokolls zum deutsch-sowjetischen Nichtangriffsvertrag berichten. Darin seien beide Seiten zu einem „full understanding" darüber gekommen, ganz Mittel-Ost-Europa unter sich in Interessengebiete aufzuteilen; Estland, Lettland, Ostpolen und Bessarabien seien der sowjetischen Sphäre zugeschlagen worden, Finnland – Steinhardts einziger Irrtum – sei hingegen offenbar nicht Gegenstand der Vereinbarung; es scheine ferner stillschweigendes Einvernehmen darüber zu bestehen, daß die Sowjetunion für alle deutscherseits vorgenommenen Ver-

---

[11] New York Times, 24. 8. 1939. – Hull sprach am 25. August von „the unexpected announcement of the German-Soviet nonaggression pact", Hull an Dooman, 25. 8. 1939, FR 1939, III, S. 54. Welles äußerte am 24. 11. 1939 gegenüber dem japanischen Botschafter Horinouchi, die Überraschung der amerikanischen Regierung über einen eventuellen Nichtangriffspakt zwischen Japan und der Sowjetunion „would not be equivalent to the surprise which was created when Hitler entered into closer relations with that same power", FR Japan, II, S. 38. Vgl. auch *Ickes*, II, S. 703; *Kennan*, Memoiren, S. 106; New York Times, 27. 8. 1939, S. 31 (Interview Grummons); Steinhardt an Hull, 12. 4. 1941, FR 1941, I, S. 137; Thomsen an das Auswärtige Amt, 22. 8. 1939, ADAP, D, VII, Nr. 171.

[12] *Lovenstein*, S. 150 ff.; *Langer/Gleason*, Challenge, S. 191–192; *Maddux*, S. 172–181.

[13] Siehe Anm. 3.

änderungen der osteuropäischen Landkarte territoriale Kompensationen erhalte, „if it so desired".[14]

Eine Überprüfung der Haltung Washingtons gegenüber Moskau war unumgänglich. Was bezweckte Stalin mit der Annäherung an Hitler? War er dabei, zu einem aggressiven Komplizen Hitlers in einer imperialistischen Verschwörung gegen den *status quo* in ganz Europa, vielleicht gegen die übrige Welt zu werden? Oder hatte er sich lediglich defensiv vom sowjetischen Sicherheitsinteresse leiten lassen, gewährte er dem deutschen Führer freie Hand gegenüber Polen nur in beschwichtigender Absicht und in dem Bemühen, die ungenügend gerüstete Sowjetunion so lange wie möglich aus einem europäischen Krieg herauszuhalten? Wie weit ging infolgedessen die Kooperationsbereitschaft der Sowjetunion gegenüber Hitlerdeutschland?

Eine definitive Antwort auf diese wesentliche Frage gab es, dies sei im Vorgriff festgestellt, in Washington während des 22monatigen Bestehens des Bündnisses zwischen Berlin und Moskau zu keiner Zeit. Es gab wohl in unregelmäßigen Abständen gesichert erscheinende Einzelinformationen über die Haltung Hitlers und Stalins,[15] aus denen sich, sofern nicht widersprüchliche Informationen gleichen Gewichts jegliche Beurteilung zur Spekulation machten, gewisse Sachverhalte der politischen und auch wirtschaftlichen Zusammenarbeit der Sowjetunion mit dem Deutschen Reich ablesen und Trends vermuten ließen. Aber es blieb bis zum Ende des deutsch-sowjetischen Bündnisses am 22. Juni 1941 letztlich ungewiß, ob Stalin, ebenso wie andererseits Hitler, langfristig die größeren Vorteile im Miteinander oder im Gegeneinander sehen würde. Alle Prognosen über die Zukunft des deutsch-sowjetischen Verhältnisses waren selbst am Vorabend des deutschen Angriffs auf die Sowjetunion noch mit großen Unsicherheitsfaktoren behaftet.[16] Um so weniger war eine verbindliche Beurteilung der sowjetischen Politik in den ersten Tagen und Wochen nach der Überraschung des 22. August möglich.

Einerseits wurde die entstandene Lage sehr pessimistisch beurteilt, etwa in einer Kabinettssitzung am 25. August, in der Roosevelt und die meisten der Anwesenden fürchteten, sich auf eine kooperative und exklusive Aufteilung ganz Mittel-Ost-Europas einschließlich der Türkei durch Berlin, Moskau und Rom einstellen zu müssen.[17] Mit Sorge wurde in Washington auch registriert, daß Molotow sich in seiner Rede vor dem Obersten Sowjet

---

[14] Steinhardt an Hull, 24. 8. 1939, FR 1939, I, S. 342–343; *Hull*, I, S. 657. Das Geheime Zusatzprotokoll ist abgedruckt in ADAP, D, VII, Nr. 229. Zum Schutze der Quelle wurde Steinhardt am 25. August von Welles angewiesen, seine britischen und französischen Kollegen nicht einzuweihen, Welles an Steinhardt, 25. 8. 1939, NA 761.6211/131A. Siehe hierzu *O'Connor*, S. 54–55 und *Hanson*, S. 132.
[15] Siehe hierzu Anm. 3.   [16] Siehe unten, S. 202 ff.
[17] *Ickes*, II, S. 702–705. – Für die Türkei siehe Roosevelt an MacMurray, 28. 9. 1939, PL, S. 914. Siehe auch *Philipp W. Fabry*, Der Hitler-Stalin-Pakt 1939–1941. Ein Beitrag zur Methode sowjetischer Außenpolitik (Darmstadt, Fundus, 1962), S. 194–206.

am 31. August zwar aufs engste an die Rede anlehnte, die Stalin im vorangegangenen März vor dem XVIII. Parteitag der KPdSU gehalten hatte, daß der sowjetische Außenkommissar dabei aber ausgerechnet Stalins Versicherung unterschlug, die Sowjetunion werde allen Opfern der Aggression ihre Unterstützung zuteil werden lassen.[18] Der Pessimismus in der Beurteilung der sowjetisch-deutschen Annäherung wurde in den folgenden Wochen verstärkt durch das aggressive Verhalten, das Stalin gegenüber Polen und dem Baltikum an den Tag legte,[19] und durch das Urteil Botschafter Steinhardts, der in seinen Berichten mit zunehmendem Nachdruck die Ansicht vertrat, daß eine künftige Änderung der soeben eingetretenen Mächtekonstellation zwar nicht ausgeschlossen sei, daß aber zunächst mit einer „extended period of Soviet-German cooperation" gerechnet werden müsse.[20]

Sollte, wie man vor allem in London und Paris befürchtete,[21] diese Kooperation den Charakter einer Militärallianz mit antiwestlicher Zielrichtung annehmen, so würde sich auf dem eurasiatischen Kontinent eine gewaltige Macht zusammenballen, die nicht nur ohne Schwierigkeiten in der Lage sein würde, Resteuropa zu unterwerfen, sondern auch die gesamte übrige Welt in direkter Konfrontation herauszufordern. Resignierend schrieb am Tage der britisch-französischen Kriegserklärung an Deutschland Assistant Secretary of State Adolf Berle, ein enger Vertrauter des Präsidenten, nach einer Lagebesprechung mit Außenminister Hull in sein Tagebuch:

> In this war we cannot, so far as I can see, count on a military victory of Britain, France and Poland. Should they be on the eve of defeat, the square question would be presented to us whether to enter the war using them as our outlying defense posts; or whether to let them go, treble our navy, and meet the ultimate issue between us and a Russo-German Europe bent on dominating the world, somewhere in the Middle Atlantic. My mind is rather running on the latter...[22]

Nicht wenige Beobachter glaubten andererseits in Stalins Verhalten ausschließlich das sowjetische Streben nach gesicherten Westgrenzen und nach Isolierung von einem europäischen Krieg zu erkennen. Davies und Innenminister Ickes beispielsweise argumentierten, die sowjetische Regierung habe natürlich nicht über Nacht vergessen, daß der Gegensatz zwischen der

---

[18] Steinhardt an Hull, 31. 8. 1939, FR 1939, I, S. 346–347; Aufzeichnung Hendersons, 2. 9. 1939, ibid., S. 349–350. Die Rede Molotows ist gedruckt in *Jane Degras* (Hrsg.), Soviet Documents on Foreign Policy, Bd. III (London, Oxford UP, 1953), S. 363–371.
[19] Siehe unten, S. 38 ff., 44 ff.
[20] Steinhardt an Hull, 17./22./26. 9. 1939, NA 740.0011 E. W. 1939/352, 496, 554; 27. 9., FR 1939, I, S. 455–456; 29. 9., ibid., S. 482; 4. 10., NA 760d.61/218; 29. 10. 1939, FRSU, S. 1003.
[21] New York Times, 28. 8. 1939, S. 18; Bullitt an Hull, 2. 9., FR 1939, I, S. 408–409; Kirk an Hull, 9. 9. 1939, ibid., S. 477–478.
[22] Zitiert in *Langer/Gleason*, Challenge, S. 203. Vgl. ibid., S. 245.

Sowjetunion und Hitlerdeutschland grundsätzlich und unüberbrückbar sei; angesichts der Halbherzigkeit der britisch-französischen Verhandlungsführung habe sie aber in der Verständigung mit Hitler die einzige realistische Chance sehen müssen, ihr Friedens- und Sicherheitsbedürfnis für die absehbare Zukunft zu befriedigen.[23] Auch für diese Ansicht ließ sich in der Rede Molotows vom 31. August eine Bekräftigung finden: Molotow erklärte nämlich, die Sowjetunion verfolge nach dem Abschluß des Vertrages mit Deutschland unverändert eine völlig unabhängige, ausschließlich an den Interessen der Völker der UdSSR ausgerichtete Neutralitätspolitik; nur Neunmalkluge läsen in den sowjetisch-deutschen Vertrag mehr hinein als tatsächlich in ihm enthalten sei; der einzige Sinn des Nichtangriffspaktes liege für die Sowjetunion darin, daß sie durch ihn aus der Zwangslage befreit werde, sich entweder an der Seite Großbritanniens an einem Krieg gegen Deutschland oder an der Seite Deutschlands an einem Krieg gegen Großbritannien beteiligen zu müssen.[24] Einige Diplomaten, etwa Breckinridge Long und der Gesandte in Riga, John Wiley, vertraten selbst nach der sowjetischen Invasion in Polen entgegen Steinhardts Meinung die Ansicht, die gegenwärtigen deutsch-sowjetischen Beziehungen spiegelten „passing truce rather than enduring solidarity" wider.[25] Nach dieser optimistischeren Betrachtungsweise bestand begründete Aussicht, daß eine Veränderung der weltpolitischen Situation rasch die Brüchigkeit des Einvernehmens zwischen den beiden machtpolitisch und weltanschaulich so entgegengesetzten Partnern an den Tag bringen würde. Früher oder später würde dann dieser „contract for mutual distrust"[26] zerbrechen müssen.

Hinter der Interpretation des Stalin-Hitler-Pakts erhob sich die Frage nach den langfristigen außenpolitischen Intentionen der sowjetischen Führung und nach der amerikanischen Rußlandpolitik. Mit dem deutsch-sowjetischen Vertrag und dem aggressiven Verhalten Moskaus gegenüber Polen und dem Baltikum einige Wochen später sahen die Rußlandexperten des Department of State die von ihnen seit Jahren vorhergesagte Expansion der Sowjetunion Wirklichkeit werden. Bullitt, Long, Hugh Wilson, William Cochran, Moffat und andere befürchteten, daß Stalin nun am Rande der europäischen Szenerie in relativer Passivität abwarten werde, bis die Westmächte und die Achsenmächte sich gegenseitig erschöpft hätten, um dann am Ende zu intervenieren und ein kommunistisches Europa aufzurichten. Sie

---

[23] Davies an Welles, 22. 8. 1939, in *Davies*, Mission, S. 290; *Ickes*, II, S. 703; Tagebucheintragung Moffats vom 25. 8. 1939, Moffat Diaries, Houghton Library, Harvard University, Cambridge/Mass., Bd. 43. Siehe auch New York Times, 22. 8. 1939; 27. 8., S. E 3; 2. 9. 1939, S. 2; *Lovenstein*, S. 155–157.

[24] *Degras*, III, S. 370–371.

[25] Wiley an Hull, 29. 9. 1939, NA 760i.61/38; 5. 10., NA 760p.61/47; 9. 10. 1939, NA 760d.61/233; *Fred L. Israel* (Hrsg.), The War Diary of Breckinridge Long. Selections from the Years 1939–1944 (Lincoln, Nebraska UP, 1966), S. 18.

[26] Philadelphia Inquirer vom 23. 8. 1939, zitiert in *Lovenstein*, S. 156.

plädierten infolgedessen für eine Politik, die darauf abzielte, den Ausbruch eines Krieges zwischen Deutschland und der UdSSR zu fördern und so die deutsche Militärmacht von Westen nach Osten, gegen den Kommunismus abzulenken, „to further the ends of civilization".[27] Ihrer Meinung nach durften die USA unter den Gegebenheiten des deutsch-sowjetischen Bündnisses nicht den Krieg Großbritanniens und Frankreichs gegen Hitlerdeutschland unterstützen, sondern mußten vorrangig bestrebt sein, Hitler und Stalin mit dem Ziel eines deutsch-sowjetischen Krieges wieder auseinanderzubringen bzw. auseinanderzuhalten.[28]

Roosevelt und Hull waren nach Abschluß des Hitler-Stalin-Pakts zunächst sehr unsicher in der Beurteilung sowohl der kurzfristigen als auch der längerfristigen Absichten Stalins. Sie ließen allerdings die Furcht vor den sowjetischen Intentionen als Maßstab der amerikanischen Rußlandpolitik nicht gelten, weil sie seit Jahren nicht Stalin, sondern Hitler als die größere Bedrohung Europas und Amerikas betrachteten, und weil zumindest Roosevelt seinem Rußlandbild nach die Furcht der Experten des State Department nicht in vollem Umfange teilte.[29] Roosevelt und Hull verwarfen im Herbst 1939 und in den folgenden Wintermonaten jede Friedensregelung, die die deutschen Eroberungen in Mitteleuropa anerkannt und Hitler die Möglichkeit eröffnet hätte, sich gegen die Sowjetunion zu wenden. Sie hofften, daß die sowjetische Führung jedenfalls nicht so weit gehen würde, Hitler im Krieg gegen Großbritannien und Frankreich aktiv zu unterstützen. Sie suchten im Herbst und Winter 1939/40 nach Möglichkeit alles zu vermeiden, was geeignet gewesen wäre, eine Vertiefung der Bindung Stalins an Hitler zu bewirken oder das amerikanisch-sowjetische Verhältnis zu belasten – wenigstens solange keine vitalen amerikanischen Interessen und Prinzipien berührt wurden. Auch die weitergehende Erwartung, daß der Hitler-Stalin-Pakt irgendwann an seinen inneren Spannungen zerbrechen werde und daß dem sowjetischen Diktator für diesen Fall eine Alternative offengehalten werden müsse, gewann im Herbst 1939 nach und nach an Bedeutung.[30]

Diese Erwägungen des Präsidenten und des Außenministers kristallisierten sich erst nach der sowjetischen Invasion in Polen als Leitlinie der ameri-

---

[27] Wilson an Kirk, Dezember 1939, in *Hugh R. Wilson, Jr.*, A Career Diplomat. The Third Chapter. The Third Reich (New York, Vantage, 1960), S. 80–81.

[28] *Israel*, S. 24, 39; *Wilson*, S. 80–81; *Maddux*, S. 287–289. – Moffat schrieb Anfang September 1939 in sein Tagebuch: „The issues involved are so terrible, the outlook so cloudy, the probability of ultimate Bolshevism so great, and the chances of a better peace next time are so remote that if one stopped to think one would give way to gloom." *Hooker*, S. 261.

[29] Vgl. Kapitel I. – Roosevelt an Kennedy, 30. 10. 1939, PL, S. 949; Roosevelt an Leahy, 26. 6. 1941, ibid., S. 1177; *Maddux*, S. 288–289.

[30] *Ickes*, III, S. 37; *Hull*, I, S. 685; Tagebucheintragungen Moffats vom 7./9./12. 10. 1939, Moffat Diaries, Bd. 43; *Langer/Gleason*, Challenge, S. 245, 250; *Maddux*, S. 289–290.

kanischen Rußlandpolitik voll heraus. Das Verhalten der amerikanischen Regierung in den Tagen des Hitler-Stalin-Paktes und des deutschen Angriffs auf Polen spiegelte noch ganz die Unsicherheit Roosevelts und Hulls über die sowjetischen Absichten und die Zukunft des sowjetisch-deutschen Bündnisses wider. Einerseits wurde im State Department dem Ersuchen Steinhardts um eine demonstrative Repressalie stattgegeben. Am 28. August lehnten die zuständigen sowjetischen Behörden einen Antrag der amerikanischen Botschaft ab, für einen ausreisenden Botschaftsangehörigen die üblichen langwierigen und häufig schikanösen Grenzformalitäten zu vereinfachen. Im Gegensatz zur Haltung seines Vorgängers Davies, der in ähnlichen Fällen das State Department stets beschwichtigend darauf hingewiesen hatte, daß amerikanische Diplomaten von den Sowjets immer noch besser behandelt würden als die Vertreter anderer Staaten,[31] drang Steinhardt sogleich energisch darauf, Unfreundlichkeiten mit Unfreundlichkeiten zu beantworten. Sein Vorschlag, im Gegenzug einen der Botschaft vorliegenden Antrag um eine Ausnahmegenehmigung für ein sowjetisches Schiff zum Passieren des Panama-Kanals ebenfalls abzulehnen, wurde von Henderson und Hull beifällig aufgenommen. Nur rasches Einlenken der Sowjets verhinderte, daß das sowjetische Schiff „with the most rigid treatment possible compatible with laws and regulations" von der amerikanischen Marine aufgebracht wurde.[32]

Andererseits vermied die amerikanische Regierung sorgsam, sich gegenüber der neuen sowjetischen Politik kritisch zu exponieren. Der einzige negative Kommentar über die Sowjetunion, der zwischen Ende August und Mitte September in Washington offiziell bekannt wurde, bezog sich auf ihre totalitäre Regierungsform. Am 5. September wies Roosevelt vor der Presse darauf hin, daß man in Amerika auch gegenüber anderer als nur der nationalsozialistischen Propaganda auf der Hut sein müsse, „propaganda in favor of communism or dictatorships things of that kind". Als einer der Journalisten nachfragte, was er nach „communism" gesagt habe, präzisierte der Präsident: „Dictatorships. Systems of government that are contrary to ours." [33]

Privat drückte Roosevelt Ende August seine Zustimmung zu den Ansichten des Journalisten Vladimir Simkhovich aus Maine aus, der ihm schrieb, daß „things are no blacker than they were... If we (I mean our democracies) do not antagonize Russia, it may still become a helpful partner instead of a weak and losing ally... I would suggest that we ourselves also follow a studiously friendly and helpful attitude towards Russia." [34] Einige

---

[31] Z. B. Davies an Hull, 1. 4. 1938, NA 861.00/11778; 30. 4. 1938, FRSU, S. 655–656; *O'Connor*, S. 36, 39.

[32] FRSU, S. 845–854; *O'Connor*, S. 39–45.

[33] Roosevelt Press Conferences, Nr. 576 vom 5. 9. 1939, Bd. 14, S. 140.

[34] Simkhovich an Roosevelt, 24. 8. 1939, in Roosevelt Papers, OF 220-A Russia Misc. 1939, Box 5, mit zustimmenden Randbemerkungen Roosevelts.

Tage später verlautete aus der engeren Umgebung des Präsidenten, daß „at present one's estimate of Stalin must await further developments".³⁵

Lange Zeit deutete nichts darauf hin, daß die sowjetische Führung beabsichtigte, in Polen einzugreifen. Steinhardt relativierte am 1. September seine frühere Nachricht über die Existenz eines geheimen Zusatzprotokolls zum Hitler-Stalin-Pakt. Er habe für diese Information nachträglich keine Bestätigung finden können. „I am inclined to discount speculative rumors circulating in Moscow and in other capitals that any such agreement concluded between Germany and Soviet Russia involves Soviet military operations against Poland. It is my understanding that the agreement, while it recognizes certain areas in Eastern Europe as vital to the interests of the Soviet Union, which Germany would refrain from entering, and accords to the Soviet Union the right of territorial compensation in those areas should it so desire, there is no reason to believe that the agreement contained any obligation upon the Soviet Union to undertake offensive military action in Eastern Europe." ³⁶ Bullitt berichtete dem State Department einen Tag später, der sowjetische Botschafter in Warschau habe Beck erklärt, daß das deutsch-sowjetische Abkommen die sowjetische Lieferung von Wirtschaftsgütern an Polen in keiner Weise zu beeinträchtigen brauche.³⁷ Sowjetische Regierungskreise wiesen die in Moskau akkreditierten westlichen Vertreter ostentativ auf die Existenz des sowjetisch-polnischen Nichtangriffspakts hin und ließen sie diskret wissen, daß in keinem Fall die Rote Armee an der Seite der deutschen Wehrmacht marschieren werde.³⁸

Am 7. September gab Bullitt dem State Department als erster einen Hinweis auf die ernste Möglichkeit eines militärischen Eingreifens der Sowjetunion in Polen. Nach zuverlässigen französischen Informationen würden an der sowjetischen Westgrenze Truppen zusammengezogen. Außerdem würden die sowjetischen Materiallieferungen an Polen offenbar stark gedrosselt oder seien bereits ganz eingestellt worden. Im Quai d'Orsay wolle man mit allen Mitteln versuchen, eine sowjetische Invasion in Polen zu verhindern und hoffe, daß zu diesem Zwecke die amerikanische Regierung „could convey in some way to the Soviet Government its absolute knowledge that France and England intended to go on fighting whether or not Poland should be overrun in the near future and that France and England would consider

---

³⁵ Eleanor Roosevelt an Jerome Davis, 27. 9. 1939, in Eleanor Roosevelt Papers, Franklin D. Roosevelt Library, Hyde Park.
³⁶ Steinhardt an Hull, 1. 9. 1939, FR 1939, I, S. 347–348; 9./11./15. 9. 1939, NA 861.20/481, 485, 488.
³⁷ Bullitt an Hull, 2. 9. 1939, FR 1939, I, S. 348–349. Vgl. Steinhardt an Hull, 27. 8. 1939, ibid., S. 311; *Llewellyn Woodward*, History of the Second World War, Bd. I (London, H. M. S. O., 1970), S. 11; *Langer/Gleason*, Challenge, S. 195–196, 239.
³⁸ New York Times, 4. 9. 1939, S. 5.

an attack by the Soviet Union on Poland an act of war against France and England". Bullitt empfahl, dem sowjetischen Geschäftsträger in Washington eine derartige Warnung zukommen zu lassen mit der Präzisierung, daß „if the Soviet Union at this moment should attack Poland the Government of the United States might no longer be interested in maintaining relations with a government so entirely dishonorable".[39]

In den Akten des State Department findet sich kein Hinweis dafür, daß auf Bullitts Vorschlag eine Antwort ergangen ist. Roosevelt und das State Department zogen es vor, ihre abwartende Haltung vorerst nicht aufzugeben. Zwar verdichteten sich seit dem 8. September die Meldungen über Truppenkonzentrationen an den sowjetischen Westgrenzen;[40] zwar wurde auch zur Gewißheit, daß die Sowjets sämtliche Materiallieferungen an Polen definitiv eingestellt hatten.[41] Aber dies mochte zum Beispiel auch bedeuten, daß die sowjetischen Führer angesichts der rasch in Richtung Ostpolen vordringenden deutschen Armeen für alle Fälle die eigenen Grenzen politisch und militärisch stärker absichern wollten; es bewies noch keineswegs, daß die Rote Armee ihrerseits in Polen einmarschieren werde.[42] „It remained to be seen how thoroughly she [the Soviet Union] had thrown in her lot with Hitler", so resümierte Cordell Hull in seinen Memoiren zutreffend die amerikanische Haltung gegenüber der Sowjetunion während der ersten dreieinhalb Wochen nach dem Abschluß des Hitler-Stalin-Pakts.[43]

Im Morgengrauen des 17. September 1939, einem Sonntag, überschritten sowjetische Truppen die polnische Ostgrenze auf ihrer ganzen Breite zwischen Polozk in Weißrußland und Kamenez-Podolsk in der Ukraine. Die sowjetische Regierung stellte am gleichen Tage allen in Moskau akkreditierten diplomatischen Vertretungen eine Abschrift der Note zu, mit der Molotow kurz zuvor den polnischen Botschafter Grzybowski über das Vorgehen der Roten Armee unterrichtet hatte. In dem Schriftstück hieß es, Polen und seine Regierung hätten infolge der Ereignisse der vorangegangenen Tage aufgehört zu existieren; das herrschaftslose polnische Gebiet vor der sowjetischen Westgrenze sei ein günstiger Nährboden für alle möglichen Umtriebe und unvorhersehbaren Entwicklungen und stelle daher eine Bedrohung der Sowjetunion dar. Außerdem könne die sowjetische Regierung gegenüber dem Schicksal der blutsverwandten Ukrainer und Weißrussen in diesem Gebiet nicht gleichgültig bleiben. Sie habe infolgedessen das Ober-

---

[39] Bullitt an Hull, 7. 9. 1939, FR 1939, I, S. 419–420.
[40] Steinhardt an Hull, 9./10./15./17. 9. 1939, FRSU, S. 779–782; New York Times, 9.–16. 9. 1939.
[41] *Langer/Gleason*, Challenge, S. 195–196.
[42] Siehe New York Times, 12. 9. 1939, S. 24.
[43] *Hull*, I, S. 657.

kommando der Roten Armee angewiesen, den Streitkräften den Befehl zur Überschreitung der sowjetischen Grenze zu erteilen, zum Schutze des Lebens und des Eigentums der Bevölkerung in der westlichen Ukraine und im westlichen Weißrußland. Die sowjetische Regierung habe unter diesen besonderen Umständen ihre neutrale Haltung aufgeben müssen, doch werde sie prinzipiell auch in Zukunft an ihrer Neutralitätspolitik festhalten.[44]

Die Regierungen in London und Paris, die nach dem ersten Schock über die sowjetische Annäherung an Deutschland bisher ebenso zurückhaltend taktiert hatten wie die Roosevelt-Administration, sahen sich nun unmittelbar mit der Frage konfrontiert, ob sie das sowjetische Vorgehen als *casus belli* betrachten und ihm eine Kriegserklärung folgen lassen sollten. Grundsätzlich waren sie in dieser Entscheidung frei, denn ein geheimes Zusatzprotokoll zu dem am 25. August in London unterzeichneten britisch-polnischen Beistandspakt hatte die Stoßrichtung auch der früheren Garantieerklärungen der Westmächte einseitig festgelegt: der Bündnisfall war nur bei einer Aggression von deutscher Seite bindend vorgesehen.[45] In britischen und französischen Regierungskreisen wurde das Problem vor allem unter dem Gesichtspunkt betrachtet, ob eine Kriegserklärung an die Sowjetunion die Chancen der Kriegführung gegen das Deutsche Reich vergrößern oder verringern würde. Es setzte sich die Ansicht durch, daß das Schicksal Polens ohnehin besiegelt sei; daß eine Kriegserklärung an die Sowjetunion daher keine andere Wirkung haben würde, als daß sich die sowjetische Regierung noch stärker an die Seite Deutschlands gedrängt fühlen müßte, mit allen Konsequenzen für die alliierte Blockadepolitik. Mögliche sowjetische Angriffe gegen die britische und die französische Position im Nahen Osten könnten außerdem die strategische Lage der Westmächte empfindlich komplizieren. Auf der anderen Seite winkte die Möglichkeit, daß die Sowjets tatsächlich daran interessiert sein könnten, sich auch künftig neutral zu verhalten und nicht definitiv die Partei Hitlers zu ergreifen.[46]

Unter diesen Umständen hielten die britische und die französische Regierung es für ratsam, weiter vorsichtige Zurückhaltung zu üben. Sie sprachen keine Kriegserklärung aus und entschieden sich gegen einen Abbruch der Beziehungen.[47] Sie vermieden auch einen offiziellen Protest. Die einzige

---

[44] Steinhardt an Hull, 17. 9. 1939, FR 1939, I, S. 428–429.

[45] Das Zusatzprotokoll wurde zuerst veröffentlicht als British White Paper, „Agreement between the Government of the United Kingdom and the Polish Government regarding Mutual Assistance [with Protocol]. London, August 25th, 1939", Cmd. 6616 Poland No. 1 (1945). Es ist gedruckt in *John W. Wheeler-Bennett*, Munich. Prologue to Tragedy (London, Macmillan, 1948), S. 486–487.

[46] Kennedy an Hull, 17. 9. 1939, FR 1939, I, S. 430–432; 18. 9., ibid., S. 437–438 und 439–440; Bullitt an Hull, 21. 9. 1939, ibid., S. 446; *Woodward*, I, S. 11–12; *W. T. Kowalski*, „La Pologne et les Alliés (1939–1945)", in: Revue d'histoire de la deuxième guerre mondiale, 78 (April 1970), S. 19.

[47] Steinhardt an Hull, 17. 9. 1939, FR 1939, I, S. 432–433; Aufzeichnung Dunns,

Reaktion der Franzosen war, von der sowjetischen Regierung eine nähere Erläuterung der Umstände ihrer Invasion in Polen zu verlangen.[48] Die britische Regierung veröffentlichte am 19. September die Erklärung, daß sie das sowjetische Vorgehen nicht für gerechtfertigt halte und daß sie unverändert zu ihren Verpflichtungen gegenüber Polen stehe.[49]

Als am 29. September die Bestimmungen des Grenz- und Freundschaftsvertrages bekannt wurden, mit dem Ribbentrop und Molotow tags zuvor im Kreml das deutsch-sowjetische Bündnis bekräftigt hatten,[50] da zeigte sich, daß die sowjetischen Truppen fast genau die Teile Polens besetzt hielten, die ethnisch, geographisch und historisch zu Weißrußland und zur sowjetischen Ukraine gehörten und den Russen 1919 in Paris und in der Note Lord Curzons vom 11. Juli 1920 zugesprochen worden waren.[51] Diese Tatsache entspannte die Atmosphäre in der britischen Hauptstadt weiter.[52] Stalins Umsicht bei der Festlegung der deutsch-sowjetischen Demarkationslinie trug zweifellos dazu bei, daß die britische Regierung, bei aller Betonung ihrer Verpflichtungen gegenüber Polen, vom ersten Augenblick der sowjetischen Besetzung Ostpolens im September 1939 an vermied, sich formell auf die Wiederherstellung des *status quo ante* der polnischen Ostgrenze festzulegen.[53]

Im Washingtoner State Department zeichnete am Tage des sowjetischen Einmarsches in Polen Adolf Berle in eine Mitteleuropa-Karte die mutmaßliche künftige deutsch-sowjetische Demarkationslinie ein und übersandte sie Präsident Roosevelt mit dem Kommentar:

> This means that the Russian mass is now in action. They have already forced the Turks to send an emissary to Moscow; Molotow will undoubtedly try to coerce the Turks into the Moscow orbit. If this is successful, the entire Danube Valley down to the Black Sea falls automatically to Germany; and the German-Russian domination from the Rhine to the Pacific is, as far as I can see, un-

---

18. 9., ibid., S. 437; Kennedy an Hull, 18. 9., ibid., S. 437–438; Steinhardt an Hull, 21. 9. 1939, ibid., S. 446.

[48] Steinhardt an Hull, 21. 9. 1939, FR 1939, I, S. 446.

[49] *Woodward*, I, S. 12.

[50] Siehe ADAP, D, VIII, Nr. 157 und 159 sowie die dort beiliegende Karte; Kirk an Hull, 29. 9. 1939, FR 1939, I, S. 481–482.

[51] Eine knappe Zusammenfassung der Geschichte der sog. Curzon-Linie findet sich in *Herbert Feis*, Churchill-Roosevelt-Stalin. The War They Waged and the Peace They Sought (Princeton, UP, 1957), S. 657–660.

[52] *W. P. and Zelda K. Coates*, A History of Anglo-Soviet Relations (London, Lawrence & Wishart, 1945), S. 624.

[53] Siehe *Wacław Jędrzejewicz* (Hrsg.), Poland in the British Parliament 1939–1945. Hrsg. vom Józef Piłsudski Institute of America for Research in the Modern History of Poland. Bd. I: British Guarantees to Poland to the Atlantic Charter (March 1939–August 1941) (Trenton, White Eagle, 1946), S. 296–357; *Romain Yakemtchouk*, La Ligne Curzon et la IIe Guerre Mondiale (Louvain–Paris, Nauwelaerts, 1957), S. 52; *Kowalski*, S. 19.

challenged. This looks to me as though it would be the new map of Europe and Asia within the next few months (if not few weeks); added to somewhat by the fruits of a Russian-Japanese ‚non-aggression' pact which really will divide China between them.[54]

Für Roosevelt und das State Department stellte sich die wesentliche Frage ähnlich wie für die britische und die französische Regierung. Sollte die Sowjetunion trotz ihrer beschwichtigenden Note als im Kriegszustand mit Polen angesehen werden oder nicht? Von der Beantwortung dieser Frage hing es ab, ob das Neutralitätsgesetz mit seinen Waffenembargo-Bestimmungen auch auf die Sowjetunion, in gleicher Weise wie seit Anfang September auf Deutschland anzuwenden war.

Zur Beratung über diese Frage rief Außenminister Hull am Morgen des 18. September im State Department seine wichtigsten Mitarbeiter zusammen. Übereinstimmend kamen die Teilnehmer an der Besprechung zu dem Ergebnis, daß sich eine Entscheidung darüber, ob die Sowjetunion künftig als kriegführend oder als neutral behandelt werden solle, gut ein paar Tage bis zur weiteren Klärung der Situation aufschieben lasse. Als eine wesentliche Schwierigkeit wurde angesehen, daß die Umstände der sowjetischen Invasion in Ostpolen dem Vorgehen Japans in China so frappierend ähnlich seien, daß es kaum möglich sein würde, verständlich zu machen, warum die amerikanische Regierung die eine Macht als kriegführend betrachtete und die andere – Japan – nicht.[55] Wenig später einigten sich Roosevelt und Hull offenbar darauf, den sowjetischen Einmarsch in Polen nicht als kriegerische Handlung einzustufen. Hull gibt in seinen Memoiren anläßlich dieser Entscheidung folgende Richtung für seine und Roosevelts Haltung gegenüber der mit dem Deutschen Reich verbündeten Sowjetunion an:

> We did not wish to place her [Russia] on the same belligerent footing as Germany, since to do so might thrust her further into Hitler's arms. We had the feeling that Russia and Germany would not become full allies, and that Hitler had not abandoned his ambitions with regard to Russia.[56]

Gegenüber der Presse gaben sich Roosevelt und Hull alle Mühe, die Frage der Anwendung des Neutralitätsgesetzes in der Schwebe zu lassen. Drängenden Fragen von Journalisten wichen sie mit nichtssagenden Antworten aus,[57] ehe die Frage mit dem raschen Zusammenbruch Polens an öffentlichem Interesse verlor.

---

[54] Aufzeichnung Berles für Roosevelt, 18. 9. 1939, Roosevelt Papers, PSF State Department: A. A. Berle, Box 36; *Alsop/Kintner*, S. 74.
[55] *Hooker*, S. 265–266. [56] *Hull*, I, S. 685.
[57] Roosevelt Press Conferences, Nr. 580 vom 19. 9. 1939, Bd. 14, S. 177; Pressekonferenzen des Department of State Nr. 166 vom 18. 9., Nr. 170 vom 25. 9. und Nr. 174 vom 29. 9. 1939, Hull Papers, Box 123; Roosevelt an Thomas, 28. 9. 1939, Roosevelt Papers, PPF 4840.

Die Möglichkeit des Abbruchs der diplomatischen Beziehungen zu Moskau scheint aufgrund der sowjetischen Invasion in Polen in Washington zu keinem Zeitpunkt ernsthaft erwogen worden zu sein. Und der polnische Botschafter Potocki traf selbst mit seinem Hinweis, die polnische Regierung erwarte ebenso wie von der britischen und der französischen auch von der amerikanischen Regierung einen angemessenen Protest gegen die flagrante Aggressionshandlung der Sowjetunion,[58] auf taube Ohren. Möglicherweise sahen Roosevelt und seine außenpolitischen Berater, die sowjetische Zusicherung fortwährender Neutralität in Händen und in der Hoffnung, daß die Rote Armee nur zur Sicherung des eigenen Territoriums gegen die vorrückenden deutschen Armeen aktiv geworden sei, wenig Sinn darin, die Sowjets ohne Aussicht auf eine Verbesserung der Lage für die Polen zu provozieren.[59] Nur bei Hull meldete sich nach Dienstschluß kurzzeitig das Gewissen. Moffat vermerkte in seinem Tagebuch unter dem Datum des 18. September, der Außenminister habe ihn im Laufe des Abends zu Hause angerufen und gesagt „that he felt he could not remain silent in the face of the Russian invasion of Poland. He asked me to prepare a short statement somewhat similar to that we had issued when Germany overran Czechoslovakia and when Italy overran Albania."[60] Doch nachdem Hull die Angelegenheit noch einmal überschlafen hatte, fühlte er sich offenbar weniger beunruhigt. Die amerikanische Regierung hatte seit Anfang September ihre Verurteilung des deutschen Angriffs auf Polen mehr als deutlich herausgestellt. Einen offiziellen Protest gegen die sowjetische Aggression in Ostpolen hat es indessen in Washington nie gegeben.

Es gab nur Sympathiebekundungen für die unglücklichen Polen. Demonstrativ setzte sich Roosevelt für den nach Rumänien geflüchteten polnischen Präsidenten Mościcki ein.[61] Und Anfang Oktober sprach das State Department die Anerkennung der polnischen Exilregierung in Paris unter Raczkiewicz aus, in einer Erklärung, in der nur von dem Opfer der Aggression, nicht aber von den Aggressoren die Rede war.[62] Botschafter Biddle blieb bei der polnischen Exilregierung akkreditiert.[63]

Die amerikanische Regierung anerkannte die gewaltsame Änderung des

---

[58] Aufzeichnung Dunns, 18. 9. 1939, FR 1939, I, S. 437.

[59] Vgl. *Langer/Gleason*, Challenge, S. 244-245.

[60] Tagebucheintragung Moffats vom 18. 9. 1939, Moffat Diaries, Bd. 43. Die amerikanischen Erklärungen im Falle der Tschechoslowakei und Albaniens sind abgedruckt in PPA 1939, S. 165-166 und U.S. Department of State, Peace and War. United States Foreign Policy, 1931-1941 (Washington, U.S.G.P.O., 1943), S. 455 (hinfort zitiert: PW).

[61] Siehe FR 1939, II, S. 689-706; *Hull*, I, S. 686; Tagebucheintragungen Moffats vom 27. und 28. 9. 1939, Moffat Diaries, Bd. 43.

[62] Text in The Department of State Bulletin, Bd. I, 1939 (Washington, U.S.G. P.O., 1940) (hinfort zitiert: Bulletin), S. 342.

[63] FR 1939, II, S. 669-689; Tagebucheintragung Moffats vom 28. 9. 1939, Moffat Diaries, Bd. 43.

territorialen Status Ostpolens nicht, vermied aber andererseits ebenfalls eine Festlegung auf die spätere Wiederherstellung der ehemaligen polnischen Ostgrenze. Moffat kommentierte am 2. Oktober in seinem Tagebuch die offizielle Polen-Erklärung, die er selbst entworfen hatte, mit der Feststellung: „The statement did not contain the phrase ‚we do not and never will recognize the fruits of aggression'; for the present it accomplishes quite the same purpose but does not bind our hands for the future."[64] Hull wich auf mehreren Pressekonferenzen der Frage nach dem völkerrechtlichen Status der von den Sowjets besetzten und nach einigen Wochen in die Union der Sozialistischen Sowjetrepubliken eingegliederten polnischen Territorien aus. Am 2. November 1939 antwortete er etwa den Journalisten auf die entsprechende Frage dunkel: „It is in a process of development or in the course of development and we have not yet reached any question that calls for decisions so far as our relations are concerned. We may at any time in connection with that and numerous other similar situations with shades of differences in conditions or questions presented but just at this stage we are awaiting the further and fuller developments."[65]

Doch Anfang Oktober 1939 wurde durch eine Entscheidung des State Department die völkerrechtliche Beurteilung der sowjetischen Anwesenheit auf den ostpolnischen Territorien durch die USA in gewisser Weise präjudiziert. Die Sowjets hatten in den letzten Septembertagen Unterhändler der drei baltischen Staaten nach Moskau zitiert und ultimativ deren Unterschrift unter bilaterale Nichtangriffspakte mit der Sowjetunion gefordert, die Estland, Lettland und Litauen *de facto* zu sowjetischen Protektoraten degradierten.[66] Molotow köderte die Litauer zusätzlich mit der Aussicht auf Rückgliederung des Wilna-Gebiets, das der polnische General Zeligowski 1920 im Handstreich für Polen in Besitz genommen hatte und das infolge des deutsch-sowjetischen Abkommens vom 28. September 1939[67] in die sowjetische Besatzungszone fiel. Am 2. Oktober erläuterte der litauische Gesandte Zadeikis im State Department Loy Henderson die historischen Ansprüche Litauens auf das Wilna-Gebiet und überraschte ihn mit der Frage „whether the acceptance by his [the Lithuanian] Government of the Vilna territory from the Soviet Union would be likely to lessen the feelings of friendliness which the American Government had always shown toward the Government of Lithuania".

---

[64] *Hooker*, S. 268–269.
[65] Pressekonferenz des Department of State Nr. 197 vom 2. 11. 1939, Hull Papers, Box 124. Ähnlich Pressekonferenzen Nr. 167 vom 19. 9. 1939 und Nr. 43 vom 20. 3. 1940, ibid., Box 123 bzw. 124.
[66] FRSU, S. 938–984; *David J. Dallin*, Soviet Russia's Foreign Policy 1939–1942 (New Haven, Yale UP, 1942), S. 80 ff.; *Boris Meissner*, Die Sowjetunion, die baltischen Staaten und das Völkerrecht (Köln, Verlag für Politik und Wissenschaft, 1956), S. 57 ff.
[67] Siehe Anm. 50.

Die Antwort mußte die völkerrechtliche Beurteilung der Anwesenheit der Sowjets auf bislang polnischem Gebiet und ihre Verfügung über dieses Territorium notwendig implizieren. Henderson erwiderte ausweichend, das Problem sei von den zuständigen amerikanischen Stellen noch nicht erörtert worden; kurz darauf meinte er, seine Regierung werde sich im Falle der Übernahme des Wilna-Gebiets durch Litauen vermutlich jeder offiziellen und inoffiziellen Stellungnahme enthalten; und wieder einige Minuten später flüchtete er sich schließlich zu der Erklärung, daß „the American Government continued to recognize the Polish Government and to recognize all of the territory which belonged to Poland as of August 31, 1939 as Polish territory"; er sei überzeugt, daß die amerikanische Regierung aus diesem Grunde eine *de-jure*-Anerkennung der Zugehörigkeit des Wilna-Gebiets zu Litauen nicht aussprechen werde.[68]

Doch zwei Tage später erhielt der litauische Botschafter von Adolf Berle eine erfreulichere Auskunft. Die amerikanische Regierung habe beschlossen, so erklärte Berle, daß sie die vorgesehene sowjetische Gebietsregelung gegenüber Litauen tolerieren werde. Die Vereinigten Staaten hielten zwar auch weiterhin an dem Grundsatz der Nichtanerkennung gewaltmäßig herbeigeführter territorialer Veränderungen fest; aber, so Berle, „we fully realized the peculiar circumstances attending the present situation in which the Vilna district found itself". Amerika habe sich stets in größter Freundschaft mit den baltischen Republiken verbunden gefühlt.[69] Am 19. Oktober informierte der polnische Botschafter Potocki Außenminister Hull über den polnischen Protest gegen die sowjetische Verfügung über das Wilna-Gebiet. Hull nahm die Mitteilung ebenso kommentarlos entgegen wie vier Tage später den Protest Potockis zu der von den Sowjets angesetzten Volksabstimmung in den besetzten Gebieten über deren künftige nationale Zugehörigkeit.[70]

In den letzten Septembertagen, als der Polenkrieg so gut wie beendet war, empfingen Stalin und Molotow den deutschen Außenminister Ribbentrop ein zweites Mal in Moskau und demonstrierten mit ihrem Einverständnis zu einem gemeinsamen Friedensangebot an die Westmächte nachdrücklich Freundschaft und Kooperationsbereitschaft der Sowjetunion gegenüber dem deutschen Bündnispartner.[71] In den westlichen Hauptstädten blieb man in-

---

[68] Aufzeichnung Hendersons, 2. 10. 1939, FRSU, S. 946–948. Moffat vermerkte am Rand des Dokuments: „I recommend that Mr. Zadeikis be told that the American Gov[ernment] could not give any advice nor express any views (even informally) on the question presented." Ibid., Anm. 23.
[69] FRSU, S. 948, Anm. 24.
[70] Potocki an Hull, 19. 10. 1939, FRSU S. 971; Hull an Potocki, 20. 10., ibid.; Potocki an Hull, 23. 10. 1939, FR 1941, I, S. 209–210, sowie dortige Anm. 15.
[71] ADAP, D, VIII, Nr. 157–159; Kirk an Hull, 29. 9. 1939, FR 1939, I, S. 481–482. Siehe auch *Beloff*, II, S. 287–288, 291–292.

dessen bemerkenswert gelassen, als die sowjetische Regierung in den gleichen Tagen die drei baltischen Staaten zur Einräumung von Besatzungsrechten und militärischen Stützpunkten zwang. Die ruhige Reaktion der Briten und Franzosen, die während des gesamten Verlaufs der Verhandlungen des vorangegangenen Sommers gegenüber den Sowjets kompromißlos auf der Aufrechterhaltung der Unabhängigkeit Estlands, Lettlands und Litauens bestanden hatten,[72] bekundete die Zunahme ihrer Hoffnung, daß Stalin nicht eine offensive Militärallianz mit Hitler, sondern defensiv eine strategische Absicherung der Sowjetunion für den Fall einer Auflösung des Bündnisses mit dem Deutschen Reich betrieb.[73] Da sie im übrigen kaum eine Möglichkeit zum Eingreifen besaßen, schienen britische und französische Politiker der sowjetischen Demonstration der „indirekten Aggression" nun sogar beinahe positive Aspekte abgewinnen zu können. Sie erwarteten von dem sowjetischen Vorrücken im Baltikum nicht nur keine negativen Auswirkungen auf den Krieg gegen Deutschland. Es würde im Gegenteil unter den veränderten Verhältnissen im Falle eines deutsch-sowjetischen Zerwürfnisses sogar von strategischem Vorteil sein können.[74]

In Washington verhielt man sich gegenüber den sowjetischen Aktivitäten im Baltikum ebenso passiv wie in London und Paris, zumal die baltischen Regierungen davon absahen, Hilferufe an die westlichen Demokratien zu richten, die ihre Lage nur hätten verschärfen können. „Since nominally Estonia, Latvia, and Lithuania retained their governments and independence, there was no step we felt called upon to take", rechtfertigte Hull nachträglich die amerikanische Zurückhaltung weiter[75]. Es gab im State Department Anzeichen dafür, daß in Berlin das sowjetische Eingreifen im Baltikum mit gemischten Gefühlen betrachtet wurde; es erschien daher auch Roosevelt und Hull nicht ausgeschlossen, daß es sich als Anfang vom Ende deutsch-sowjetischer Kooperation erweisen mochte[76]. Die Sowjetunion, so erläuterte Hull in seinen Memoiren, erwies sich hier zweifellos als „a catfish lying in the mud waiting for anything to come along"; aber „she was evidently seeking to increase her protection against foreign nations; ... an estimate of the military situation disproved that it could be the Allies, to whom the Baltic was forbidden by German might. Obviously Stalin was still preoccupied over Germany, placing no more trust in Hitler's word contained in the non-aggression agreement of August, 1939, than did the

---

[72] Siehe FR 1939, I, S. 282 ff., passim.
[73] Siehe *Winston S. Churchill*, The Second World War. Bd. I: The Gathering Storm (London, Cassell, 1948), S. 399–403.
[74] *Woodward*, I, S. 34.
[75] *Hull*, I, S. 701; *Langer/Gleason*, Challenge, S. 320–321.
[76] Wiley an Hull, 2./3./6./10. 10. 1939, FRSU, S. 946, 951–952, 957, 964; Leonard an Hull, 14. 10. 1939, ibid, S. 970.

Allies ... We could sympathize with Russia's efforts to protect herself against Germany."[77]

Auch das Verhalten der amerikanische Regierung gegenüber der in den Herbstmonaten zunehmend besorgniserregenden Finnlandpolitik der Sowjetunion war, ähnlich der britischen und französischen Politik[78], von vorsichtiger Zurückhaltung gekennzeichnet. Der finnische Gesandte in Washington, Hjalmar Procopé, hatte schon Anfang September begonnen, darauf hinzuweisen, daß die Sowjets infolge der deutsch-sowjetischen Annäherung möglicherweise ihre alten, seit dem Frühjahr 1938 in regelmäßigen Abständen vorgebrachten territorialen Forderungen gegenüber Finnland wieder aufnehmen könnten[79]. Seine Vorstellungen fanden indes in Washington zu der Zeit kaum Resonanz. Nach den im State Department vorliegenden Informationen war Finnland nicht Gegenstand der Abgrenzung von Interessensphären zwischen Deutschland und der Sowjetunion[80]. Außerdem bekräftigte die sowjetische Regierung bei Gelegenheit ihrer Polen-Invasion öffentlich die Absicht, die Neutralität Finnlands zu respektieren.[81] Mitte September antwortete Hull auf das Ersuchen Procopés um einen 50-Millionen-Dollar-Kredit zur Stützung des durch erhöhte Militärausgaben aus dem Gleichgewicht geratenen finnischen Budgets ausweichend[82]. In den ersten Oktobertagen bat der finnische Gesandte den Außenminister darum, daß die amerikanische Regierung „say something to the Soviet Government in case such pressure as the foregoing should be brought to bear on his Government". Hull lehnte rundweg ab.[83] Als die sowjetische Regierung am 5. Oktober tatsächlich eine finnische Delegation zu Verhandlungen nach Moskau zitierte, ersuchte Procopé den amerikanischen Außenminister konkret um eine Demarche im Kreml „with the view to discouraging any objectionable acts by the Soviet Government against Finland and to its detriment". Hull gab ihm die gleiche Antwort, die er ihm bereits einige Monate zuvor aus ähnlichem Anlaß erteilt hatte: „Regardless of our [the

---

[77] *Hull*, I, S. 701.   [78] *Woodward*, I, S. 34–38.
[79] Aufzeichnung Hulls, 15. 9. 1939, FR 1939, I, S. 956; *J.-J. Fol*, „A propos des conversations finno-soviétiques qui ont précédé la ‚Guerre d'hiver' (30 novembre 1939/12 mars 1940)" in: Revue d'histoire de la deuxième guerre mondiale, 20 (Jan. 1970), S. 25–32.
[80] Tagebucheintragung Moffats vom 4. 9. 1939, Moffat Diaries, Bd. 43; Steinhardt an Hull, 4. 10. 1939, FR 1939, I, S. 958. Vgl. auch oben S. 31.
[81] Shantz an Hull, 18. 9. 1939, FR 1939, I, S. 956.
[82] Aufzeichnungen Hulls, 15. 9. 1939, FR 1939, I, S. 956; 5. 10., ibid., S. 959. Vgl. auch Hull an Procopé, 4. 10. 1939, ibid., S. 957–958.
[83] Tagebucheintragung Moffats vom 4. 10. 1939, Moffat Diaries, Bd. 43; Aufzeichnung Hulls, 5. 10. 1939, FR 1939, I, S. 959.

United States Government] genuine friendship for his country [Finland] and his people, we were not in a position to project this Government into political controversies between two other countries, such as the Soviet and Finland ... Even if we were so disposed and should undertake to send a message to our Ambassador at Moscow for this purpose, it would probably become public and then the more harm would result both to Finland and to this country than any possible good, on account of the unfavorable reaction of the Soviet Government towards Finland in these circumstances."[84]

Am 9. Oktober trat eine finnische Delegation unter der Führung Paasikivis den schweren Gang nach Moskau an. Die Regierungen der übrigen skandinavischen Staaten, beunruhigt und in der Erkenntnis, daß ihre Zukunft stark mit der Finnlands verbunden sei, begannen nun ebenfalls auf eine amerikanische Intervention in Moskau zu drängen. Am Morgen des 11. Oktober sprach der schwedische Gesandte Boström Außenminister Hull darauf an. Hull wich erneut aus. Er bekräftigte seine Ansicht, daß eine amerikanische Demarche in Moskau „might do more harm than good".[85] Seine Sorge war, daß eine amerikanische Einmischung in den finnisch-sowjetischen Disput „might well aggravate rather than solve it".[86] Er argwöhnte zudem, eine amerikanische Intervention in Moskau zugunsten Finnlands „would create a precedent that would come home to plague us".[87] Und er fürchtete vor allem „to alienate Russia, feeling that at some future time she might veer away from her apparently close relationship to Germany".[88]

Diesmal allerdings sollte der Außenminister nicht das letzte Wort behalten. Präsident Roosevelt zeigte sich für das Anliegen des schwedischen Gesandten, der ihn unmittelbar nach der Unterredung mit Hull im Weißen Haus aufsuchte, aufgeschlossener. Boström überreichte dem Präsidenten zu Beginn der Unterredung ein Schreiben des schwedischen Kronprinzen Gustaf Adolf, in dem dieser die dringende Bitte äußerte, Roosevelt möge in einer persönlichen Botschaft an Stalin möglichen aggressiven Absichten der Sowjets gegen Finnland entgegenwirken. Roosevelt wandte unschlüssig ein, seine Einflußmöglichkeiten in Moskau seien „just about zero", woraufhin der schwedische Gesandte geschickt erwiderte, daß der Einfluß des Präsidenten der Vereinigten Staaten von Amerika „could not be zero anywhere in the world". Am Ende der Diskussion hatte sich Roosevelt dazu überreden lassen, nach Rücksprache mit dem State Department über die Botschaft in Moskau der sowjetischen Regierung ausrichten zu lassen, daß er

---

[84] Aufzeichnung Hulls vom 7. 10. 1939, FR 1939, I, S. 960–961. Vgl. Aufzeichnung Hulls, 10. 4. 1939, ibid., S. 953–954; *Hooker*, S. 238–239.
[85] Aufzeichnung Moffats, 11. 10. 1939, FR 1939, I, S. 965; *Hooker*, S. 270; *Hull*, I, S. 702.
[86] *Hull*, I, S. 702.
[87] *Hooker*, S. 271. Siehe hierzu Tagebucheintragung Moffats, 19. 10. 1939, Moffat Papers, Bd. 43.
[88] *Hull*, I, S. 702.

hoffe, sie werde keine Forderungen stellen, die die finnische Unabhängigkeit tangierten. [89]

Daß ein gekröntes Haupt die Bitte an ihn herantrug, mag Roosevelt diese Zusage ebenso erleichtert haben wie die Tatsache, daß sich in der amerikanischen Öffentlichkeit eine starke Sympathiewelle für die Finnen bemerkbar machte. Es ist indes auch bezeugt, daß der Präsident sich Anfang Oktober über das sowjetische Verhalten gegenüber den baltischen Staaten und nun gegenüber Finnland Sorgen zu machen begann. [90] Den endgültigen Ausschlag scheint ein fast gleichzeitig mit der Bitte des schwedischen Kronprinzen eintreffendes Hilfegesuch des finnischen Staatspräsidenten gegeben zu haben. [91] Roosevelt diktierte, während Außenminister Hull sich in New York aufhielt, den ersten Entwurf einer Botschaft an den sowjetischen Staatspräsidenten Kalinin. Hull, wenig glücklich über die von Roosevelt eingegangenen Verpflichtungen, gelang es nach seiner Rückkehr nur noch, einige Formulierungsänderungen durchzusetzen, und widerwillig stimmte er dem Plan des Präsidenten zu. [92] Am Abend des 11. Oktober, dem Tag, an dem in Moskau die sowjetischen Führer der finnischen Delegation erstmals ihre Forderungen unterbreiteten, wurde an Steinhardt eine streng vertrauliche, für Kalinin bestimmte Botschaft übermittelt, in der Roosevelt auf die „long-standing and deep friendship which exists between the United States and Finland" hinwies und der Hoffnung Ausdruck verlieh „that the Soviet Union will make no demands on Finland which are inconsistent with the maintenance and development of amicable and peaceful relations between the two countries, and the independence of each". [93]

Die sowjetische Regierung reagierte auf diese von Roosevelt als freundschaftlich bezeichnete Ermahnung äußerst unfreundlich. Als Steinhardt am 12. Oktober das Schreiben des Präsidenten zur Weiterleitung an Kalinin Molotow übergab, belustigte sich der sowjetische Außenkommissar über das „sentimentale Interesse Amerikas für Finnland" und erteilte dem Botschafter eine Geschichtslektion über die entscheidende Mitwirkung der Sowjetregierung bei der Entstehung des unabhängigen Finnland. Ironisch verwies er auf die kurz zuvor abgeschlossenen Nichtangriffspakte der Sowjetunion mit den baltischen Staaten zum Beweis dafür, daß es zur Zeit „nicht in Mode"

---

[89] Aufzeichnung Moffats, 11. 10. 1939, FR 1939, I, S. 965–966; Kronprinz Gustaf Adolf von Schweden an Roosevelt, ibid., S. 966; *Hooker*, S. 270.

[90] *Ickes*, III, S. 37.

[91] Aufzeichnung Moffats, 11. 10, 1939, FR 1939, I, S. 965; *Hooker*, S. 270–271. In Unkenntnis der Botschaft Roosevelts gingen am 11. und 12. Oktober weitere Hilfegesuche der norwegischen und der schwedischen Regierung im State Department ein. Siehe Tagebucheintragung Moffats, 12. 10. 1939, Moffat Papers, Bd. 43.

[92] *Hooker*, S. 270–271; *Hull*, I, S. 702–703. Einer Eintragung im Tagebuch Breckinridge Longs vom 12. Oktober zufolge wurde Roosevelt hingegen erst aktiv, nachdem er sich eingehend mit Hull besprochen hatte.

[93] Hull an Steinhardt, 11. 10. 1939, FR 1939, I, S. 967.

sei, daß ein Land sich des Territoriums eines anderen bemächtige; die Rückgabe Wilnas an Litauen zeige überdies, wie sehr die Sowjetunion die Rechte der kleineren Staaten respektiere. Die Verhandlungen mit Finnland sollten nach sowjetischen Vorstellungen unter gebührender Berücksichtigung der beiderseitigen Interessen das freundschaftliche sowjetisch-finnische Verhältnis neu bekräftigen, ohne die Unabhängigkeit Finnlands im geringsten zu beeinträchtigen.[94] Die offizielle Antwort Kalinins an Roosevelt vom 16. Oktober enthielt eine Wiederholung der Ausführungen Molotows in höflicherer Form.[95] In einer Rede vor dem Obersten Sowjet am 31. Oktober wies Molotow darüber hinaus den Schritt des amerikanischen Präsidenten als ungerechtfertigte Einmischung zurück und bezichtigte die Washingtoner Regierung des Bruchs ihrer Neutralität. Im übrigen, so warf Molotow sarkastisch in die Rede ein, sollten sich die USA lieber um die Unabhängigkeit der Philippinen und Kubas als um sowjetisch-finnische Angelegenheiten kümmern.[96]

In den gleichen Tagen führten die Sowjets der amerikanischen Regierung eindringlich vor Augen, daß sie unter den veränderten Umständen im Zweifelsfalle lieber eine amerikanische als eine deutsche Verstimmung in Kauf nahmen. Am 9. Oktober hatte ein deutsches Panzerschiff im Atlantik den amerikanischen Frachter *City of Flint* wegen Mitführens von Konterbande aufgebracht. Am 23. Oktober lief das Frachtschiff unter einem deutschen Prisenkommando und mit internierter amerikanischer Besatzung den sowjetischen Hafen Murmansk an. Sogleich wurde die amerikanische Diplomatie in ungewöhnlichem Maße in Moskau aktiv.[97] Unter Berufung auf die Völkerrechtsregel, nach der neutrale Mächte Prisen in ihren Häfen im Normalfall nicht tolerieren durften,[98] verlangte das State Department von den sowjetischen Behörden, daß sie unverzüglich das amerikanische Kommando über das Schiff wiederherstellten und die deutsche Prisenmannschaft internierten. Vor allem forderte die amerikanische Regierung unter Berufung auf das Roosevelt-Litwinow-Abkommen sofortige Auskunft über das Schicksal der amerikanischen Besatzungsmitglieder, und für Botschafter Steinhardt eine Gelegenheit, mit ihnen direkten Kontakt aufzunehmen. Als die Sowjets tagelang in allen Punkten jegliche Zusammenarbeit vermissen ließen, wurde

---

[94] Steinhardt an Hull, 12. 10. 1939, ibid., S. 968-970.
[95] Steinhardt an Hull, 16. 10. 1939, ibid., S. 975-976.
[96] *Degras*, III, S. 397; Steinhardt an Hull, 1. 11. 1939, FR 1939, I, S. 986-987.
[97] Die folgende Darstellung der City-of-Flint-Affaire stützt sich vor allem auf FRSU, S. 984-1013; *Hull*, I, S. 704-705; Tagebucheintragungen Moffats vom 24. bis 31. 10. 1939, Moffat Diaries, Bd. 43; Pressekonferenzen des Department of State Nr. 190 vom 24. 10. 1939, Nr. 192 vom 26. 10., Nr. 193 vom 27. 10., Nr. 195 vom 31. 10. und Nr. 205 vom 14. 11. 1939, in Hull Papers, Box 124.
[98] Die amerikanische Regierung berief sich auf Artikel 21 des Haager Abkommens betreffend die Rechte und Pflichten der Neutralen im Falle des Seekrieges, abgedruckt im Reichsgesetzblatt, 1910, S. 343 ff. Siehe Hull an Steinhardt, 24. 10. 1939, FRSU, S. 986; 25. 10. 1939, ibid., S. 987-988.

in Washington der Verdacht zur Gewißheit, daß die offizielle Begründung für die Tolerierung der Prise in Murmansk, das Schiff habe einen Maschinenschaden, eine fadenscheinige Ausrede war: Moskau deckte, während es sich mit der im Moment nicht kontrollierbaren Behauptung der Seeuntüchtigkeit des Schiffes nach außen hin auf den Boden des Völkerrechts stellte, deutsche Ungeschicklichkeiten. In Washington bestand kein Zweifel, daß der eigene diplomatische Druck auf die sowjetische Regierung durch entsprechenden deutschen Druck aufgewogen wurde. Steinhardt benutzte die Gelegenheit, das State Department darauf aufmerksam zu machen, daß seit nunmehr zwei Monaten „the Soviet Union has been, and is acting in fact, if not in law, as a silent partner of Germany in the existing conflict".[99]

Indes, in Washington war man sich dieses Sachverhalts offenkundig nicht so sicher. Hull und Roosevelt selbst war die starke Spannung, die unmittelbar nach dem Mäßigungsappell vom 11. Oktober in das amerikanisch-sowjetische Verhältnis Einzug hielt, sichtlich unwillkommen. In einem Brief an den schwedischen Kronprinzen bekundete der Präsident, hinter seinem Appell an Kalinin habe die Überzeugung gestanden „that peace-loving nations can and should apply their consistent influence to the settlement of international issues by peaceful means".[100] Es ist zu vermuten, daß Roosevelt, wäre er sich über die negative Auswirkung vorher im klaren gewesen, auf seine Botschaft an Kalinin verzichtet hätte. In den nachfolgenden Wochen, in denen die sowjetisch-finnischen Verhandlungen in ein kritisches Stadium traten, vermied er vorsichtig alles, was die Sowjets weiter hätte provozieren können. Als die Staatsoberhäupter Schwedens, Dänemarks, Norwegens und Finnlands am 18. Oktober in Stockholm zu einem Meinungsaustausch zusammenkamen, sandte Roosevelt dem schwedischen König eine unverbindliche Grußbotschaft.[101] Doch als die schwedische Regierung ihn Ende Oktober drängte, er möge im Kreml eine weitere Demarche zur Unterstützung Finnlands unternehmen, ließ er mitteilen, er habe „taken all steps that he usefully could in relation to the current Finnish-Russian negotiations".[102] Der finnische Gesandte Procopé traf bei seinen weiteren Bemühungen um einen Kredit sowohl im Außen- als auch im Schatzministerium auf wenig Verständnis.[103]

---

[99] Steinhardt an Hull, 29. 10. 1939, FRSU, S. 1003.
[100] Roosevelt an Kronprinz Gustaf Adolf von Schweden, 19. 10. 1939, Roosevelt Papers, PPF 5836.
[101] Roosevelts Grußbotschaft an König Gustaf Adolf von Schweden vom 18. 10. 1939 und die Antwort des Königs vom 19. 10. sind abgedruckt in Bulletin, I (1939), S. 403. Vgl. *Hull*, I, S. 703–704.
[102] Sterling an Hull, 20. 10. 1939, FR 1939, I, S. 977; 27. 10., ibid., S. 981–982; Hull an Sterling, 28. 10., ibid., S. 982–983. Vgl. Tagebucheintragung Moffats, 28./29. 10. 1939, Moffat Diaries, Bd. 43.
[103] Morgenthau Diaries, Bd. 218, S. 166 und Bd. 219, S. 84; *Langer/Gleason*, Challenge, S. 324.

Inzwischen schwelte die *City-of-Flint*-Affäre weiter. Sie warf zwangsläufig mit jedem neuen Tag stärker die grundsätzliche Frage auf, ob es sich noch länger rechtfertigen lasse, die Sowjetunion als neutrale Macht zu behandeln. Die amerikanische Regierung schob das Problem tagelang vor sich her [104] und ergriff dann eilig die erste sich bietende Gelegenheit, es unter den Tisch zu kehren. Die sowjetischen Behörden erlaubten der *City of Flint*, ungeachtet der amerikanischen Vorstellungen, am 28. Oktober Murmansk unter den gleichen Kommandoverhältnissen wieder zu verlassen, unter denen sie eingelaufen war; doch dann handhabten die neutralen norwegischen Behörden, als der Frachter am 4. November den Hafen Haugesund anlief, die Völkerrechtsbestimmungen korrekt, befreiten die amerikanische und internierten die deutsche Besatzung. Sofort verzichtete das State Department darauf, die Angelegenheit gegenüber den Sowjets zu vertiefen und den „somewhat specious explanations" [105] des Stellvertretenden sowjetischen Außenkommissars Potemkin weiter nachzugehen. „It would serve no purpose to press the matter further at the present time", so vermerkte Henderson in einer abschließenden Aufzeichnung. „Further inquiries and representations will probably result merely in the prolongation of an unprofitable argument and usuless recriminations. Statements already made to Moscow have undoubtedly made the feelings of this Government with respect to the matter abundantly clear." [106]

Zwar griff im November 1939 im Weißen Haus und im State Department das Unbehagen über die sowjetische Finnlandpolitik weiter um sich.[107] Doch während Roosevelt zum erstenmal seit 1933 darauf verzichtete, zum Jahrestag der Oktoberrevolution einen persönlichen Glückwunsch nach Moskau zu übermitteln, erhielt Steinhardt von Hull die Weisung: „There is no reason, however, why you should not convey customary felicitations." [108] Während der britische Außenminister Halifax den Sowjets immerhin für den Fall eines Angriffs auf Finnland den Abbruch der laufenden britisch-sowjetischen Handelsgespräche androhte,[109] verfolgte man in Washington völlig passiv, wie die sowjetische Führung ihre Forderungen an Finnland stetig weiter ausdehnte. Roosevelt und das State Department unterließen alle Maßnahmen, die das Klima der amerikanisch-sowjetischen Beziehungen weiter hätten verschlechtern müssen. Neben die Hoffnung auf eine Verschiebung des sowjetischen Verhältnisses zu Deutschland trat dabei die Erwartung, daß

---

[104] Roosevelt Press Conferences, Nr. 591 vom 25. 10. 1939, Nr. 592 vom 27. 10. und Nr. 593 vom 31. 10. 1939, Bd. 14, S. 245–247, 253, 266–268.
[105] *Hull*, I, S. 705; Steinhardt an Hull, 4. 11. 1939, FRSU, S. 1010–1011.
[106] Aufzeichnung Hendersons, 8. 11. 1939, FRSU, S. 1011–1012.
[107] Siehe z. B. Roosevelt an Hull, 30. 10. 1939, PL S. 950–951.
[108] Aufzeichnung Summerlins, 31. 10. 1939, NA 861.458/14; Hull an Steinhardt, 4. 11. 1939, FRSU, S. 790; Roosevelt Papers, OF 220-Russia, Box 1.
[109] *Woodward*, I, S. 34–38.

die Sowjets zur Erlangung ihrer Ziele auf keinen Fall bereit sein würden, das Risiko einer militärischen Auseinandersetzung und die damit verbundene Gefahr einer Verwicklung in den europäischen Krieg einzugehen.[110]

Am 13. November wurden die sowjetisch-finnischen Verhandlungen ergebnislos abgebrochen. Noch blieb zwar für einige Tage die Hoffnung, daß die sowjetische Regierung durch diplomatischen Druck und eine demonstrative Mobilisierung von Grenztruppen lediglich die finnische Konzessionsbereitschaft zu vergrößern suchte.[111] Diese Hoffnung schwand jedoch, als Moskau am 26. November die finnische Regierung provokativer Grenzübergriffe beschuldigte und zwei Tage später erklärte, sich nicht mehr an den sowjetisch-finnischen Nichtangriffsvertrag gebunden zu fühlen.[112] Am 29. November beschloß man schließlich im State Department, der finnischen und der sowjetischen Regierung zur Beilegung ihres Konflikts die guten Dienste der USA anzubieten, „without in any way becoming involved in the merits of the dispute, and limiting its interest to the solution of the dispute by peaceful processes only".[113] Roosevelt, auf dem Wege von seinem Urlaubsort Warm Springs nach Washington, gab telefonisch seine Zustimmung,[114] und Hull übergab die von Moffat vorbereitete Erklärung am Nachmittag der Presse. Der finnische Außenminister nahm den amerikanischen Vorschlag am folgenden Vormittag an.[115] Der Stellvertretende sowjetische Außenkommissar Potemkin ließ Steinhardt hingegen am Mittag des 30. November wissen, die sowjetische Regierung sehe „no occasion for the use of good offices".[116]

Der sowjetisch-finnische „Winterkrieg" war zu diesem Zeitpunkt bereits mehrere Stunden alt.

---

[110] Diese Ansicht vertrat vor allem Steinhardt. Siehe Steinhardt an Hull, 4. 10. 1939, NA 760d.61/218; 13./24. 10., 1./4. 11., FR 1939, I, S. 971–972, 979, 986–987, 993; 10. 11., NA 760d.61/430; Tagebucheintragung Moffats, 27. 10. 1939, Moffat Diaries, Bd. 43.
[111] Siehe *Mulvihill*, S. 7–8; *Andrew J. Schwartz*, America and the Russo-Finnish War (Washington, Public Affairs Press, 1960), S. 13–14; Schoenfeld an Hull, 15. 10. 1939, FR 1939, I, S. 974; *Langer/Gleason*, Challenge, S. 327, Anm. 53.
[112] Thurston an Hull, 27./29. 11. 1939, FR 1939, I, S. 999–1000, 1001–1002.
[113] *Hooker*, S. 279. Der Text des Angebots guter Dienste ist abgedruckt in Documents on American Foreign Relations, Bd. II: Juli 1939–Juni 1940. Hrsg. von S. Shepard Jones und Denys P. Myers (Boston, World Peace Foundation, 1940) (hinfort zitiert: DAFR), S. 384. Siehe auch Hull an Thurston, 29. 11. 1939, FR 1939, I, S. 1003–1004.
[114] *Hooker*, S. 279. Die Chicago Daily Tribune wußte am 30. November zu berichten, Roosevelt habe ursprünglich seine Dienste als Vermittler (mediator) anbieten wollen, sei jedoch durch das State Department von diesem Vorhaben abgebracht worden. Siehe *Mulvihill*, S. 8.
[115] Schoenfeld an Hull, 30. 11. 1939, FR 1939, I, S. 1007.
[116] Thurston an Hull, 30. 11. 1939, NA 760d.61/507.

3. DER „WINTERKRIEG"

Der Angriff sowjetischer Truppen auf das militärisch hoffnungslos unterlegene Finnland beschwor die größte Krise herauf, die das amerikanisch-sowjetische Verhältnis seit der Aufnahme der diplomatischen Beziehungen im Jahre 1933 zu bestehen hatte. Die Nachricht über dieses Ereignis löste in der amerikanischen Öffentlichkeit eine Flutwelle leidenschaftlicher Feindseligkeit gegen den kommunistischen Sowjetstaat und seine Regierung aus,[1] die alle vorangegangenen Verurteilungen der Aggressionen Hitlers, Mussolinis und der Japaner weit in den Schatten stellte und in ihrer plötzlichen Intensität am ehesten mit der amerikanischen Reaktion auf die deutsche Verletzung der Neutralität Belgiens im Sommer 1914 vergleichbar war.[2] Lang angestaute Ressentiments brachen sich Bahn. Die sowjetische Regierung, so befand die *New York Herald Tribune*, habe in der Geschichte „in bold, crude, barefaced mendacity" nicht ihresgleichen.[3] Andere Nachrichtenmedien übertrafen sich darin, die „ruthless savagery ... murderous and unprovoked attack ... sheer brutality of the Soviet Union ... peculiarly revolting lust of Stalin" zu geißeln.[4] Es war ein Punkt erreicht, an dem nur eine kleine Schar überzeugter Kommunisten Stalins Politik noch zu rechtfertigen suchte, an dem indessen „the last of the honest fellow-travelers ‚got off the train'".[5]

Andererseits rief die sowjetische Aggression in den USA ein starkes Mitgefühl für die bedrängten Finnen hervor, die bisher als einzige Nation der Welt regelmäßig und pünktlich ihre Kreditschulden an das amerikanische Schatzamt zurückgezahlt hatten.[6] Ihnen wandte sich die traditionelle Sym-

---

[1] Siehe hierzu besonders *Robert Sobel*, The Origins of Interventionism. The United States and the Russo-Finnish War (New York, Bookman, 1960), S. 109-121.
[2] *Langer/Gleason*, Challenge, S. 330.
[3] Zitiert in *Langer/Gleason*, Challenge, S. 330.
[4] Atlanta Constitution vom 1. 12. 1939; Dallas Morning News, 2. 12. 1939; Cleveland Plain Dealer, 1. 2. 1939; Washington Evening Star, 1. 12. 1939, zitiert in *Charles Callan Tansill*, Back Door To War (Chicago, Regnery, 1952), S. 573.
[5] Common Sense, IX, 1 (Jan. 1940), S. 16, zitiert in *Maddux*, S. 297.
[6] Dieser Tatsache wurde im Urteil der amerikanischen Öffentlichkeit zweifellos eine übertriebene Bedeutung beigemessen. Finnland hatte lediglich einen 1919 erhaltenen 9-Millionen-Dollar-Kredit zurückzuzahlen und darauf jährlich (bis 1984) 386.185 Dollar zu tilgen. Dies war eine verschwindende Summe gegenüber den Ver-

pathie der Amerikaner für den „underdog" zu; ihr Land wurde weithin zum letzten Vorposten westlicher Zivilisation gegenüber östlicher Barbarei ausgerufen; ihr Verteidigungskampf rückte vielerorts in die Größenordnung eines heiligen Kreuzzuges gegen den Bolschewismus.[7] Innerhalb weniger Tage schossen überall in den Vereinigten Staaten private Organisationen zur Unterstützung des finnischen Krieges aus dem Boden, die die großangelegten Hilfsprogramme ermöglichten, die das amerikanische Rote Kreuz und der von Herbert Hoover gegründete Finnish Relief Fund in den folgenden Wochen hinter der finnischen Front anlaufen ließen.[8] Am Ende des „Winterkrieges" konnte das Nachrichtenmagazin *Time* schreiben, daß „a U. S. citizen who had neither danced, knitted, orated, played bridge, bingo, banqueted or just shelled out for Finland was simply nowhere socially".[9] Der sowjetisch-finnische Konflikt war für die amerikanische Öffentlichkeit vor allem ein emotionales und moralisches Problem.

Auch bei Präsident Roosevelt und verantwortlichen Washingtoner Politikern stieß das neueste sowjetische Verhalten auf Bestürzung und Ablehnung. „The whole of the United States is not only horrified but thoroughly angry", so charakterisierte Roosevelt in einem Brief an Botschafter Joseph C. Grew am 30. November die Stimmung. „People are asking why one should have anything to do with the present Soviet leaders because their idea of civilization and human happiness is so totally different from ours."[10] Hull zeigte sich zutiefst schockiert.[11] Innenminister Ickes, der den ganzen Herbst über viel Verständnis für die sowjetische Europapolitik aufgebracht hatte, stellte grimmig fest: „Stalin is more than out-Hitlering Hitler... He [is] a ruthless and brutal man and what he is doing now fully confirms this feeling."[12] In einer öffentlichen Erklärung brandmarkte Roosevelt am 1. Dezember den sowjetischen Angriff, „this dreadful rape of Finland", als eine bewußte Mißachtung des Rechts und verurteilte scharf „this new resort to military force as the arbiter of international differences". Die sowjetische Aggression trage dazu bei, daß „the independent existence of small nations in every continent" und „the rights of mankind to self-government" mehr und mehr mit Füßen getreten würden.[13]

Diese harten Worte Roosevelts sind nicht allein mit Rücksichten auf die

---

bindlichkeiten anderer Schuldnerstaaten, etwa den 631 Millionen Dollar der sowjetischen Schulden. „A cheap price to pay for American friendship!" *(Sobel, S. 68).*

[7] Roosevelt Papers, OF 3910; *Mulvihill,* S. 72–74.
[8] *Mulvihill,* S. 71–102; *Sobel,* S. 109–111.
[9] Time, 11. 3. 1940, zitiert in *Mulvihill,* S. 72–73.
[10] Roosevelt an Grew, 30. 11. 1939, PL, S. 961.   [11] *Sobel,* S. 80.
[12] *Ickes,* III, S. 75, 134. – Bezeichnenderweise wird in *Davies,* Mission (siehe dort S. 298–299) der sowjetische Angriff auf Finnland überhaupt nicht erwähnt.
[13] PPA 1939, S. 587–588. Siehe auch Roosevelts Glückwunschtelegramm an den finnischen Staatspräsidenten zum 21. Jahrestag der Unabhängigkeit Finnlands, 6. 12. 1939, Bulletin, I (1939), S. 650.

öffentliche Meinung und den nächsten Wahlkampf zu erklären.[14] Zu zahlreich sind im Winter 1939/40 die Hinweise dafür, daß er sich durch das sowjetische Verhalten persönlich tief getroffen fühlte. Die irrationale Komponente in seiner Reaktion zeigte sich unter anderem in einer plötzlichen Empfindlichkeit für die von jeher mangelhafte Courtoisie der sowjetischen Regierung gegenüber ausländischen Diplomaten. Als das State Department ihn auf seinen eigenen Wunsch über die schikanösen sowjetischen Praktiken bei der Durchsuchung des Gepäcks ausreisender amerikanischer Diplomaten unterrichtete, explodierte er: „We should match every Soviet annoyance by a similar annoyance here against them."[15] Und als Steinhardt meldete, es sei ihm nicht mehr möglich, vom Moskauer Botschaftsgebäude aus Ferngespräche zu führen, gab Roosevelt jähzornig die Anweisung, auch Umanski die Fernleitung abzuschalten. „What is sauce for the goose might well be sauce for him too."[16]

Die Geduld Roosevelts und mancher seiner Mitarbeiter mit der sowjetischen Politik wurde offenkundig durch die Aggression gegen Finnland überstrapaziert. Mochten die sowjetischen Führer mit ihrem Vorgehen letztlich auch vielleicht immer noch defensive Ziele verfolgen: wer wie Roosevelt in den dreißiger Jahren eine kooperative Rußlandpolitik erwogen hatte, weil er davon ausging, daß die Sowjetunion eine friedliebende Macht und ein friedensstabilisierendes Element in der internationalen Politik darstellte, mußte sich hier in seinen Erwartungen kompromittiert sehen. „I wonder what the next Russian plan is", vertraute er resignierend einem befreundeten Diplomaten an.[17] Hatte sich das bisherige sowjetische Verhalten nach dem Abschluß des Hitler-Stalin-Pakts mit gutem Willen noch als von Hitler aufgezwungene aktive Sicherheitspolitik Moskaus rechtfertigen lassen, so trat Stalin mit dem Angriff auf Finnland unzweideutig als Aggressor eigenen Rechts auf, erweiterte den Krieg in Europa um einen gefährlichen neuen Schauplatz und rückte nachträglich die ganze sowjetische Europapolitik seit dem 22. August 1939 in ein problematisches Licht.

Roosevelt ließ Anfang Februar 1940 in einer Rede vor den Delegierten des American Youth Congress seine tiefe Enttäuschung über das sowjetische Vorgehen erkennen. Seit den frühen Tagen des kommunistischen Rußland, so bekannte er hier, habe er große Sympathien für das sowjetische Experiment gehegt. „I recognized that many leaders in Russia were bringing education and better health and, above all, better opportunity to millions

---

[14] So z. B. *George N. Crocker*, Roosevelt's Road to Russia (Chicago, Regnery, 1959), S. 48.
[15] Aufzeichnung Roosevelts für Hull und Welles, 22. 12. 1939, FRSU, S. 868. Vgl. ibid., S. 862–868.
[16] Steinhardt an Hull, 5. 1. 1940, FR 1940, III, S. 244–245; Aufzeichnung Roosevelts für Hull, 10. 1. 1940, ibid., S. 245.
[17] Roosevelt an MacVeagh, 1. 12. 1939, Roosevelt Papers, PPF 1192.

who had been kept in ignorance and serfdom under the imperial regime." Zwar habe er die dabei angewandten staatlichen Zwangsmaßnahmen, die Praxis der physischen Vernichtung des innenpolitischen Gegners und die Einschränkung der Religionsfreiheit immer abgelehnt, doch habe er nie die Zuversicht verloren „that some day Russia would return to religion". Roosevelt fuhr sodann fort:

> I, with many of you, hoped that Russia would work out its own problems, and that its government would eventually become a peace-loving, popular government with a free ballot, which would not interfere with the integrity of its neighbors.
> That hope is today either shattered or put away in storage against some better day. The Soviet Union, as everybody who has the courage to face the facts knows, is run by a dictatorship as absolute as any other dictatorship in the world. It has allied itself with another dictatorship, and it has invaded a neighbor so infinitesimally small that it could do no conceivable possible harm to the Soviet Union, a neighbor which seeks only to live at peace as a democracy, and a liberal, forward-looking democracy at that.[18]

Es blieb nicht bei verbalen Verurteilungen. Am 1. Dezember 1939, einen Tag nach Beginn der sowjetischen Invasion in Finnland, forderte Roosevelt die Regierungen in Moskau und Helsinki zu der öffentlichen Erklärung auf, daß sie ihre Streitkräfte unter allen Umständen von Luftangriffen auf unbefestigte Ortschaften und auf die Zivilbevölkerung zurückhalten würden.[19] Während die Regierung in Helsinki sich dazu, freilich unter dem Vorbehalt der Gegenseitigkeit, sogleich bereiterklärte,[20] wich die sowjetische Regierung einer direkten Antwort auf Roosevelts Aufforderung aus. Statt dessen stellte Molotow in einer Unterredung mit Steinhardt energisch in Abrede, daß sowjetische Flugzeuge Bomben auf die finnische Zivilbevölkerung abgeworfen hätten oder hierzu angewiesen würden. Die sowjetische Nachrichtenagentur Tass kommentierte ironisch, daß die amerikanische Regierung, 8000 Kilometer vom Ort des Geschehens entfernt, dies natürlich besser wissen müsse. Eine Tatsache bleibe jedoch eine Tatsache, und daher sei die Aufforderung des amerikanischen Präsidenten offenkundig gegenstandslos.[21]

Diese unfreundliche sowjetische Auskunft stand im Gegensatz zu diplomatischen und journalistischen Berichten über systematische Bombardierungen finnischer Siedlungsgebiete durch die sowjetische Luftwaffe.[22] Zwar kam Moffat, als er auf Anweisung Hulls daranging, zum Beweis für die moralische Verfehlung der Sowjets eine Liste aller nachweislichen zivilen Bombenopfer

---
[18] Rede Roosevelts vor den Delegierten des American Youth Congress, Washington D. C., 10. 2. 1940, PPA 1940, S. 92–93. Siehe hierzu *Range*, S. 179 ff.
[19] PPA 1939, S. 588. Einen gleichlautenden Appell hatte Roosevelt am 1. 9. 1939 an Deutschland, Frankreich, Großbritannien, Italien und Polen gerichtet, siehe ibid., S. 454.
[20] Schoenfeld an Hull, 3. 12. 1939, FR 1939, I, S. 1019.
[21] Steinhardt an Hull, 1. 12. 1939, FR 1939, I, S. 1014; 2. 12. 1939, ibid., S. 1016. Vgl. *Degras*, III, S. 409–410; Bulletin, I (1939), S. 650–651.
[22] Siehe z. B. Bulletin, I (1939), S. 610–611.

in Finnland zusammenzustellen, nach aufwendigen Nachforschungen nur auf 42 Personen.[23] Dieses Beweismaterial reichte Roosevelt jedoch als Rechtfertigung für den Appell aus, den er am 2. Dezember an die amerikanische Luftfahrtindustrie richtete: sie solle ab sofort freiwillig alle Aufträge für „airplanes, aeronautical equipment and materials essential to airplane manufacture" zur Auslieferung an „nations obviously guilty of ... the unprovoked bombing and machine gunning of civilian populations from the air" zurückweisen.[24]

Das sogenannte „Moralische Embargo" auf Flugzeuge und Flugzeugteile vom 2. Dezember 1939 richtete sich, da es nicht auf ein namentlich genanntes Land abgestellt war, per definitionem ebenso gegen Deutschland und Japan wie gegen die Sowjetunion.[25] Dieser Sachverhalt verweist darauf, daß der monokausale Bezug der Maßnahme auf die Empörung der amerikanischen Öffentlichkeit und Regierung über die sowjetische Aggression gegen Finnland zur Erklärung nicht ausreicht.[26] Die Roosevelt-Regierung konzipierte das Moralische Embargo zugleich allgemeiner als ein Mittel zur Neuakzentuierung der amerikanischen Außenwirtschaftspolitik unter dem Gesichtspunkt der nationalen Sicherheit, und der sowjetische Angriff auf Finnland bot für die Förderung dieses grundsätzlichen Zieles einen willkommenen weil rechtzeitigen Anlaß.[27]

Schon im Frühsommer 1939 hatte die amerikanische Regierung nach Wegen zu suchen begonnen, gewisse „strategische", d. h. kriegswirtschaftlich bedeutsame Rohstoffe und Maschinen des Landes vorrangig der anlaufenden eigenen Aufrüstung und industriellen Mobilisierung zuzuführen.[28] Daneben nahm in Washington das Interesse daran zu, auch eine ausreichende Versorgung Großbritanniens und Frankreichs mit solchen strategischen Gütern sicherzustellen; aus eben diesem Grunde boten das Weiße Haus und das State Department vor und nach dem Ausbruch des Krieges in Europa ihren ganzen Einfluß für eine Modifizierung der Embargo-Bestimmungen des Neutralitätsgesetzes auf, die schließlich Anfang November vom Kongreß

---

[23] Tagebucheintragung Moffats, 2. 12. 1939, Moffat Diaries, Bd. 43.
[24] PPA 1939, S. 589.
[25] Hull an Steinhardt, 24. 12. 1939, FRSU, S. 806–807; Aufzeichnung Youngs, 25. 4. 1940, Morgenthau Diaries, Bd. 257, S. 180–182; *Langer/Gleason*, Challenge, S. 331 und dortige Anm. 69.
[26] In der Forschung wird bisher nahezu ausschließlich die „moralische" Komponente des Moralischen Embargos hervorgehoben. Siehe z. B. *Langer/Gleason*, Challenge, S. 204–205, 330–331; *Mulvihill*, S. 16 ff., 198–201; *Schwartz*, S. 16; *Sobel*, S. 91 ff.; *Williams*, S. 255; *Thomas A. Bailey*, America Faces Russia. Russian-American Relations from Early Times to Our Day (Ithaca, Cornell UP, 1950), S. 282–283.
[27] Siehe hierzu auch *Blum*, II, S. 125 ff.
[28] Siehe hierzu FR 1939, I, S. 848–854; *Blum*, II, S. 44 ff.; *Watson*, Prewar Plans, S. 35; *Langer/Gleason*, Challenge, S. 130–131.

gebilligt wurde.[29] Die intendierte doppelte Zweckbindung ließ die meisten strategischen Güter auf dem amerikanischen Markt naturgemäß knapp werden,[30] und so wurde es, zumal nach dem Beginn des europäischen Krieges, für die amerikanische Regierung zu einer politischen Notwendigkeit, die Handelswünsche „dritter" Staaten für diese Güter zurückzudrängen. Allerdings fehlte es den amerikanischen Behörden im Herbst und Winter 1939/40 noch an dem hierzu erforderlichen dirigistischen Instrumentarium: Roosevelt suchte vorerst aus Furcht vor Dramatisierungen in der Öffentlichkeit jeden Anschein einer Abkehr von strikter Neutralität, wie er mit wirtschaftlichen Notmaßnahmen und der Schaffung eines zentralen Kontrollapparates verbunden sein mußte, ebenso zu vermeiden wie eine offene Parteinahme für Großbritannien und Frankreich. Bis zum Sommer 1940 scheute er sowohl vor gesetzlichen Exportkontrollen als auch vor einer offiziellen Festlegung auf Exportprioritäten zugunsten der beiden kriegführenden Westmächte zurück.[31] Mit dem unbestimmten Hinweis auf die nationale bzw. kontinentale Sicherheit allein wurde vorerst nach außen hin der Beginn dessen gerechtfertigt, was Henry Morgenthau schon Ende 1939 als die „wirtschaftliche Kriegführung" der Roosevelt-Administration bezeichnet hat.[32]

Unter den Umständen bot sich das außenwirtschaftliche Instrument des Moralischen Embargos, das seit dem italienischen Abessinienfeldzug bereits wiederholt erprobt worden war,[33] geradezu an. Es bestand in einem bloßen Appell der Regierung an die freiwillige Selbstbeschränkung der amerikanischen Exportfirmen, der weder eine Gesetzesvorlage noch eine Regierungsverordnung noch irgendeinen anderen offiziellen Regierungsakt erforderlich machte.[34] Ein solcher Appell war zwar unverbindlich, versprach aber nach den bisherigen Erfahrungen wegen des Interesses der betreffenden Industriezweige an künftigen Regierungsaufträgen gute Resultate.[35] Schon am 11. Oktober hatte das Army and Navy Munitions Board ein erstes Moralisches Embargo für die elf strategischen Rohstoffe Antimon, Chrom, Mangan, Manilafaser, Quarzkristall, Quecksilber, Chinin, Naturkautschuk, Seide, Zinn und Wolfram verkündet; diese besonders importabhängigen Güter, so war den Exporteuren bedeutet worden, sollten im Interesse der Sicherheit der USA nach Möglichkeit im Lande bleiben.[36]

---

[29] Siehe *Langer/Gleason*, Challenge, S. 45 ff., 218 ff., 280 ff.
[30] *Blum*, II, S. 110 ff.; *Langer/Gleason*, Challenge, S. 290–291.
[31] Siehe Civilian Production Administration, Industrial Mobilization for War. History of the War Production Board and Predecessor Agencies, 1940–1945, Bd. I: Program and Administration (Washington, U.S.G.P.O., 1947), S. 9–11; *Langer/Gleason*, Challenge, S. 131, 269 ff., 469 ff.
[32] Siehe *Blum*, II, S. 125.   [33] Siehe PW, S. 292–293, 421.
[34] Pressekonferenz des Department of State Nr. 11 vom 28. 1. 1941, in Hull Papers, Box 124.
[35] Aufzeichnung Youngs, 25. 4. 1940, Morgenthau Diaries, Bd. 257, S. 180–182.
[36] FR 1939, I, S. 855.

Das Moralische Embargo als Instrument der Exportkontrolle versprach gegenüber der Sowjetunion besonders wirksam zu sein, weil sie bis dahin von den größeren „dritten" Handelspartnern der USA am ungehindertsten Kriegsgeräte und Rohstoffe aus Amerika abtransportieren konnte.[37] Das Deutsche Reich war seit dem Ausbruch des Krieges in Europa durch die kombinierte Wirkung der amerikanischen Neutralitätserklärung und der blockadeähnlichen Maßnahmen der britischen Regierung ohnehin vom amerikanischen Markt so gut wie vollständig ausgeschlossen.[38] Gegen Japan war bereits am 1. Juli 1938 wegen der Bombardierung offener chinesischer Städte ein Moralisches Embargo für „aircraft, aircraft armament, aircraft engines, aircraft parts, aircraft accessories, aerial bombs or torpedoes" verhängt worden.[39] Außerdem hatte die amerikanische Regierung am 26. Juli 1939 den amerikanisch-japanischen Handels- und Schiffahrtsvertrag von 1911 aufgekündigt und sich damit die Möglichkeit geschaffen, nach Ablauf von sechs Monaten den Handel mit Japan nach eigenem Ermessen einzuschränken oder zu beenden.[40] Die Ausfuhren einiger strategischer Güter über den Pazifik in die Sowjetunion, gegen deren Vorgehen in Osteuropa Roosevelt das Neutralitätsgesetz nicht angewendet hatte, erreichten indessen im Herbst 1939 ohne erkennbare Grenze neue Rekordmarken.[41] Ausgerechnet am

---

[37] Nach dem Abschluß des Hitler-Stalin-Pakts waren allerdings sowjetische Aufträge für Kriegsschiffe und Schiffsausrüstungen zurückgegeben worden, siehe S. 16–17 und S. 95–96. Außerdem war die Sowjetunion von dem Moralischen Embargo für strategische Rohstoffe vom 11. Oktober 1939 mitbetroffen.
[38] PPA 1939, S. 473–478, 559–564; PW S. 355–365, 494–501; *Langer/Gleason*, Challenge, S. 201–206, 218–235, 280–291.
[39] Green an 148 Personen und Firmen der amerikanischen Flugzeugindustrie, 1. 7. 1938, FR Japan, II, S. 201–202. Vgl. PW, S. 421.
[40] *Hull*, I, S. 635–640; *Feis*, Road, S. 21–22; *Langer/Gleason*, Challenge, S. 157–159.
[41] Nach einer Statistik des amerikanischen Handelsministeriums entwickelten sich die Exporte einiger wichtiger Güter in die Sowjetunion im Herbst 1939 folgendermaßen (in tausend Dollar):

1939	Sept.	Oct.	Nov.	Dec.
Wheat	–	215	436	172
Gasoline	481	686	782	–
Molybdenum	192	1,945	732	1,906
Aluminium ingots	535	283	2	–
Refined copper and scrap	–	21	1,544	4,519
Brass and bronze	–	35	564	365
Metal-working machines	377	1,096	1,836	1,811
Electrical apparatus	22	311	437	758
Total selected items	1,608	4,592	6,333	9,531
Total all exports	1,785	5,455	7,027	10,528

Vorabend des sowjetischen Angriffs auf Finnland war im amerikanischen Außenministerium bekanntgeworden, daß sich sowjetische Einkäufer intensiv darum bemühten, bei amerikanischen Firmen in größerer Anzahl Flugzeuge der neuesten Bauart aufzukaufen, zur Beschleunigung des Geschäfts gegen Barzahlung.[42] Moffat hat in seinem Tagebuch die Entscheidung, das Moralische Embargo für Flugzeuge und Flugzeugteile vom 2. Dezember 1939 auch ohne restlos überzeugende Beweise für systematische sowjetische Luftangriffe auf die finnische Zivilbevölkerung zu verkünden, mit der Bemerkung erläutert: „The failure of the Soviet Government to answer the President's note made it ... easier. Public opinion requires some overt act, and this is one which not only responds to that public demand but is in our own best interest as well."[43]

Die amerikanische Regierung war Ende 1939 an der Einschränkung von Exporten strategischer Güter in die Sowjetunion im besonderen deshalb interessiert, weil die begründete Vermutung bestand, daß die Sowjetunion mit Deutschland wirtschaftlich zusammenarbeitete und so das Bestreben Washingtons unterlief, die Neutralitätspolitik der USA an der nationalen Sicherheit zu orientieren. Schon im Zusammenhang mit dem am 19. August 1939 unterzeichneten deutsch-sowjetischen Handelsabkommen[44] hatte sich für westliche Beobachter die Frage gestellt, inwieweit die sowjetische Regierung bereit und in der Lage sein würde, die deutsche Kriegspolitik wirtschaftlich abzustützen.[45] In den Herbstmonaten waren dem State Department mehrfach verläßliche Informationen zugegangen, nach denen die Sowjets Importe aus den USA direkt an das Deutsche Reich reexportierten oder mit diesen Importen Exporte eigener Produkte nach Deutschland ersetzten.[46] Wie sehr diese Besorgnisse bei der Verkündung des Moralischen

---

Während des gesamten Jahres 1939 belief sich der amerikanische Export in die Sowjetunion indessen nur auf 56,638,000 Dollar.

Im Jahre 1939 bezog die Sowjetunion auch die meisten Lizenzen für Waffenkäufe. Die gesamten amerikanischen Waffenexporte in die Sowjetunion beliefen sich auf 1,097,015 Dollar, davon 845,966 Dollar für Flugzeuge, 74,514 Dollar für Flugzeugteile und 176,536 Dollar für Flugzeugmotoren. Quelle: U.S.Congress. Congressional Record. Proceedings and Debates of the 76th Congress, Third Session, Appendix, Bd. 86, Teil 13 (Washington: U.S.G.P.O., 1940), S. 893–894. Ebenfalls benutzt wurde U.S. Department of Commerce, „Trade of the United States with Union of Soviet Socialist Republics in 1939", März 1940, in Roosevelt Papers, OF 3.

[42] Tagebucheintragungen Moffats vom 1. und 2. 12. 1939, Moffat Diaries, Bd. 43; Aufzeichnung Greens, 1. 12. 1939, FRSU, S. 902–903; Morgenthau an Roosevelt, 1. 12. 1939, Morgenthau Diaries, Bd. 226, S. 113 sowie ibid., Bd. 222, S. 44, 95.
[43] Tagebucheintragung Moffats, 2. 12. 1939, Moffat Diaries, Bd. 43.
[44] ADAP, D, VII, Nr. 131; Steinhardt an Hull, 21. 8. 1939, FR 1939, I, S. 335–336.
[45] Siehe hierzu Bruce C. Hopper, „How Much Can and Will Russia Aid Germany?" in Foreign Affairs, 18 (Jan. 1940), S. 229.
[46] Steinhardt an Hull, 23. 9. 1939, FRSU, S. 939; 26. 9., ibid., S. 940–941; Tagebucheintragung Moffats, 29. 9. 1939, Moffat Diaries, Bd. 43; FR 1939, I, S. 478 ff.,

Embargos vom 2. Dezember eine Rolle gespielt haben, wird besonders hinter der Tatsache sichtbar, daß Roosevelt während einer Kabinettssitzung am 4. Dezember Schatzminister Morgenthau die Anweisung erteilte, die in dem Moralischen Embargo erwähnten „materials essential to airplane manufacture" als Aluminium und Molybdän zu spezifizieren.[47] Die USA verfügten 1939 praktisch über ein Weltmonopol in der Produktion von Molybdän, das für die Stahlerzeugung von großer Bedeutung ist, weil es als Surrogat sowohl für Wolfram als auch für Nickel verwendet werden kann.[48] Seit dem vorangegangenen September hatte die Sowjetunion ihre üblichen Molybdänkäufe mit einem Schlage so sehr gesteigert, daß sich hier in besonderem Maße die Vermutung aufdrängen mußte, daß ein Teil der sowjetischen Importe aus den USA nach Deutschland reexportiert würde.[49]

Das Moralische Embargo auf Flugzeuge und Flugzeugteile vom 2. Dezember 1939 bildete, wie sich rasch herausstellte, nur den Auftakt zu einer Serie von restriktiven Exportmaßnahmen, die die amerikanische Regierung im Laufe des Winters 1939/40 gegenüber der Sowjetunion und mehreren anderen „dritten" Staaten ergriff, und die von Beamten des State Department gelegentlich zusammenfassend als „Politik des Moralischen Embargos" bezeichnet wurden.[50] Diese Maßnahmen standen nicht mehr in unmittelbarem Zusammenhang mit dem sowjetischen Angriff auf Finnland, sondern entsprangen der allgemeineren Politik der Roosevelt-Administration, strategische Güter in kriegswirtschaftlich erwünschte Richtungen zu lenken, sie entweder zum Ausbau der eigenen Rüstungsindustrie im Lande zu behalten oder sie vorrangig Großbritannien und Frankreich zukommen zu lassen. Hinsichtlich der Sowjetunion dokumentierten sie im besonderen den wachsenden Unwillen Washingtons über die wirtschaftliche Partnerschaft der sowjetischen Regierung mit der deutschen Regierung, die am 11. Februar 1940 mit einem neuen Wirtschaftsabkommen einen spektakulären Höhepunkt erreichte.[51]

---

besonders Steinhardt an Hull, 30. 10. 1939, ibid., S. 493; 31. 10., ibid., S. 494; Kirk an Hull, 21. 11. 1939, ibid., S. 495–496; Morgenthau Diaries, Bd. 219, S. 335–336. Vgl. *Andreas Hillgruber*, „Der Zweite Weltkrieg, 1939–1945", in *Dietrich Geyer* (Hrsg.), Sowjetunion. Außenpolitik 1917–1955 (Köln, Böhlau, 1972), S. 290.

[47] Protokoll einer Besprechung im Schatzministerium am 4. 12. 1939, Morgenthau Diaries, Bd. 226, S. 261, 266–267; Ickes, III, S. 75; Presseverlautbarung des Department of State vom 15. 12. 1939, Bulletin, I (1939), S. 685.

[48] Aufzeichnung Welles' für Roosevelt, 18. 11. 1939, Roosevelt Papers, OF 932 Salvage. Die amerikanische Regierung bemühte sich in den nachfolgenden Wochen mit Erfolg darum, auch die Lieferungen von Nickel und Wolfram aus den westlichen Ländern in die Sowjetunion zu unterbinden, *Blum*, II, S. 128.

[49] *Blum*, II, S. 126; Tagebucheintragung Moffats, 16. 11. 1939, Moffat Diaries, Bd. 43. Statistiken in einem Bericht Youngs an Jones, 28. 3. 1940, Roosevelt Papers, OF 220-Russia, Box 1. Siehe oben Anm. 41.

[50] Siehe z. B. S. 62.

[51] Siehe ADAP, D, VIII, Nr. 607; Thurston an Hull, 13. 2. 1940, FR 1940, I, S. 544–545; Steinhardt an Hull, 18. 2. 1940, ibid., S. 546–547.

Am 20. Dezember 1939 gab das State Department bekannt, den wichtigsten amerikanischen Ölfirmen sei mitgeteilt worden, daß die Lieferung von „plans, plants, manufacturing rights, or technical information required for the production of high quality aviation gasoline" an Deutschland, Japan und die Sowjetunion mit dem nationalen Interesse der Vereinigten Staaten nicht länger vereinbar sei.[52] Im Zusammenhang mit dieser Ermahnung forderte das Außenministerium die betreffenden Firmen auf, ihre zum Aufbau von Raffinerien in die Sowjetunion entsandten Ingenieure sofort zurückzuberufen, und zwar ohne Rücksicht auf bestehende Verträge.[53] Um dieser Forderung Nachdruck zu verleihen, lehnte das State Department es in der Folgezeit ab, die für den Aufenthalt der amerikanischen Ingenieure in der Sowjetunion erforderlichen Visa zu verlängern bzw. neue Visa auszustellen.[54] Moffat hielt in seinem Tagebuch fest, welche Bedenken sich bei ihm selbst sowie bei Henderson, Berle und Robert Walton Moore gegen dieses Vorgehen meldeten: „We took the ground that while we had great sympathy with the aim of the moral embargo policy, we felt that when we attached so much importance to the pledged word and the sanctity of contract, we were sacrificing something still bigger and opening a Pandora's box of troubles."[55]

Doch diese Stellungnahme hatte auf die amerikanische Politik keinen erkennbaren Einfluß. Ende Dezember wurden mehrere amerikanische Flugzeugfirmen vom Marineministerium aufgefordert, unverzüglich alle Sondergenehmigungen für den Aufenthalt ausländischer Ingenieure auf ihrem Werksgelände aufzuheben. Die Fortdauer dieser Genehmigungen, so belehrte die Behörde, würde Angehörigen fremder Staaten unnötig Gelegenheit geben, die Entwicklung und Herstellung der neuesten amerikanischen Fluggeräte zu verfolgen „at a time when it is particularly to the best interest of the United States Government to exercise the utmost vigilance to prevent such observation".[56] Diese allgemeine Anordnung traf praktisch allein sowjetische Ingenieure: nur für sie waren, im Zusammenhang mit Aufträgen, die nunmehr unter das Moralische Embargo fielen, entsprechende Aufenthaltsgenehmigungen ausgestellt worden.[57]

Im Januar 1940 erwog Roosevelt für kurze Zeit, sämtliche Ölexporte

---

[52] Presseverlautbarung des Department of State, 20. 12. 1939, Bulletin, I (1939), S. 714; Hull an Steinhardt, 24. 12. 1939, FRSU, S. 806–807.

[53] Aufzeichnung Greens, 15. 12. 1939, FR 1940, III, S. 179–180; Aufzeichnung Youngs, 25. 4. 1940, Morgenthau Diaries, Bd. 257, S. 180–182.

[54] Steinhardt an Hull, 1. 2. 1940, FR 1940, III, S. 252; Hull an Steinhardt, 13. 12. 1940, ibid., S. 417; Steinhardt an Hull, 15. 12. 1940, ibid., S. 418–419; Aufzeichnung Hendersons, 17. 12. 1940, ibid., S. 432–433.

[55] Tagebucheintragung Moffats vom 28. 12. 1939, Moffat Diaries, Bd. 43; vom 11. 1. 1940, ibid., Bd. 44.

[56] Aufzeichnung Moffats, 10. 1. 1940, FR 1940, III, S. 245–247, Aufzeichnung Yosts, 15. 1., ibid., S. 247–248; Hull an Steinhardt, 25. 1. 1940, ibid., S. 250.

[57] Aufzeichnung Moseleys, 24. 4. 1940, FR 1940, III, S. 290–292; *Blum*, II, S. 116.

sowie sämtliche Schrottexporte in die Sowjetunion unter ein uneingeschränktes gesetzliches Ausfuhrverbot zu stellen. Das State Department wandte sich, unter Hinweisen auf die amerikanische Neutralität und mögliche innenpolitische Komplikationen, gegen diesen Vorschlag. Ersatzweise einigte man sich auf die nicht minder wirkungsvolle Maßnahme, generell den Abtransport amerikanischer Exportgüter über den Pazifik nach Wladiwostok zu erschweren: die Maritime Commission erhielt die Anweisung, dafür Sorge zu tragen, daß den sowjetischen Einfuhrorganisationen kein Schiffsraum mehr zur Verfügung gestellt werde.[58] Ein Ölembargo, so schrieb Berle am 20. Februar dem Präsidenten, sei nun unnötig, denn „there will not be any ships chartered to Russia, for good and sufficient domestic reasons".[59]

Sowjetischen Protesten gegen diese Maßnahmen begegneten amerikanische Regierungsbeamte zum Teil mit allgemeinen Hinweisen auf die „moral embargo policy", häufiger jedoch mit recht vordergründigen Argumenten. Die Entscheidung, den Export des „Knowhow" der Flugzeugbenzin-Herstellung zu unterbinden, wurde so nach offizieller Lesart getroffen „with a view to conserving in this country certain technical information of strategic importance and as an extension of the announced policy of this Government in regard to the sale of airplanes, aeronautical equipment, and materials essential to the airplane manufacture to countries the armed forces of which are engaged in unprovoked bombing or machine-gunning of civilian populations from the air".[60]

Eine Mitwirkung der amerikanischen Regierung an der Rückzugsorder für die Öl-Ingenieure wurde indes in Washington abgestritten. Auf entsprechende Vorhaltungen der Sowjets verlautete aus dem State Department, man interessiere sich hier für diese Frage lediglich unter dem Aspekt, ob amerikanische Staatsbürger, die sich vorübergehend zu technischer Hilfeleistung in der Sowjetunion aufhielten, diese jederzeit wieder frei verlassen könnten oder nicht.[61] Als Botschafter Umanski Mitte Januar Moffat einen Beweis für die offizielle Rückzugsorder der Regierung an die Firmen vorlegte, nahm Moffat Zuflucht zu jesuitischer Kasuistik. Keineswegs, so bedeutete er Umanski, entsprächen dessen Informationen den Tatsachen. Die Fakten seien, daß die Techniker von ihren Firmen zurückbeordert würden, letztere handelten freilich in Übereinstimmung mit einer erklärten Politik der amerikanischen Regierung. Als Umanski unter Protest einwandte, daß

---

[58] Aufzeichnung Greens, 28. 12. 1939, FR 1939, I, S. 1035; Tagebucheintragungen Moffats, 23. 1. und 29. 1. 1940, Moffat Diaries, Bd. 44; Roosevelt an Berle, 27. 1./ 1. 2. 1940, Roosevelt Papers, OF 220-Russia, Box 1; Berle an Roosevelt, 30. 1. 1940, ibid.; *Blum*, II, S. 128–129.

[59] Berle an Roosevelt, 20. 2. 1940, Roosevelt Papers, PSF Berle Jr., 1938–1940.

[60] Presseverlautbarung des Department of State, 20. 12. 1939, Bulletin, I (1939), S. 714.

[61] Hull an Steinhardt, 24. 12. 1939, FRSU, S. 806–807. Vgl. ibid., S. 807–809.

das Ergebnis ein und dasselbe sei, nämlich eine Aufforderung der amerikanischen Regierung zum Bruch von Verträgen, entgegnete Moffat „that we had set forth our policy, and the firms in question without any pressure on our part were endeavoring to carry out this policy as they understood it".[62] Gegenüber erneuten Vorhaltungen Umanskis erhob Hull Anfang Februar die *tu-quoque*-Klage „how the Soviet Government had violated contracts and agreements with this Government. In particular, I mentioned the agreement entered into at the time of Russian recognition by this Government and enumerated a number of very indefensible acts and practices toward this Government and its citizens by the Soviet Government or under its authority."[63]

Den Ausschluß sowjetischer Techniker aus amerikanischen Flugzeugfabriken rechtfertigten die Sprecher des State Department mit Hinweisen auf die entsprechende Geheimniskrämerei in sowjetischen Produktionsanlagen; die sowjetischen Ingenieure besäßen keineswegs ein angeborenes Recht, amerikanische Werkstätten inspizieren zu dürfen; über Ausstellung und Entzug von Aufenthaltsgenehmigungen seien amerikanische Behörden und Firmen ihnen keinerlei Rechenschaft schuldig.[64] Als andererseits Umanski angesichts der plötzlichen Charterschwierigkeiten Hull ärgerlich vorwarf, die amerikanische Regierung sabotiere offenkundig „all trade relations between the two countries, even including refusal to lease American ships to the Soviet Government for commercial transportation", da verwies der amerikanische Außenminister ausweichend auf den unsicheren und ungesetzlichen Zustand in weiten Teilen der Welt: „Anything may happen with the result that this country is more or less on a day-to-day basis with regard to many of its methods and practices."[65] Am 14. März erfuhr der sowjetische Botschafter von Loy Henderson, der sorgfältig bemüht war, jeden Anschein einer Regierungsverantwortlichkeit für Maßnahmen der Maritime Commission zu vermeiden, daß sich die Maritime Commission bei der Vergabe von Charterschiffen ausschließlich von „considerations of American domestic policy" leiten lasse. Dazu gehörten: „the present employment of American shipping; the desirability of removing such shipping from the possibility of American use; the demands for tonnage in various parts of the world, and, as for example the relative transportation requirements in the Atlantic and Pacific; the possible need of certain kinds of vessels for naval reserve or national defense purposes, and the like".[66]

---

[62] Aufzeichnung Hendersons, 9. 4. 1940, FR 1940, III, S. 283–284.

[63] Aufzeichnung Hulls, 1. 2. 1940, FR 1940, III, S. 250–251. Siehe auch ibid., S. 180–181, 253–255.

[64] Aufzeichnung Moffats, 10. 1. 1940, FR 1940, III, S. 245–247; Steinhardt an Hull, 22. 1. 1940, ibid., S. 249.

[65] Aufzeichnung Hulls, 1. 2. 1940, FR 1940, III, S. 251.

[66] Aufzeichnung Hendersons, 14. 3. 1940, FR 1940, III, S. 253–255.

Nicht nur in Gesprächen mit sowjetischen Diplomaten zeigten die Washingtoner Außenpolitiker im Winter 1939/40 wenig Neigung, die mit dem Moralischen Embargo vom 2. Dezember 1939 eingeleiteten Exportkontrollen offen als das zu bezeichnen, was sie in Wirklichkeit waren: handelspolitischer Druck, oder seine Ursache hatte in der beginnenden, sicherheitspolitisch motivierten Parteinahme der amerikanischen Regierung im europäischen Krieg, bei gleichzeitiger technischer Aufrechterhaltung der Neutralität. Neben die während des vorangegangenen Sommers und Herbstes beobachtete Rücksichtnahme auf die strategisch-machtpolitische Rolle der Sowjetunion in Europa trat so im Winter 1939/40 in der Rußlandpolitik Washingtons konkurrierend das Interesse an der Kanalisierung strategischer Güter in weltpolitisch erwünschte Richtungen. Freilich zeigt eine Analyse des gesamten Verhaltens der Roosevelt-Regierung gegenüber dem sowjetisch-finnischen Krieg, daß das außenwirtschaftliche Interesse für die Rußlandpolitik Washingtons im Winter 1939/40 zwar von zunehmender, aber noch sekundärer Bedeutsamkeit war, von ebenso nachgeordneter Wichtigkeit wie die moralische Entrüstung über die sowjetische Aggression, die unzweifelhaft in dem Moralischen Embargo vom 2. Dezember 1939 ebenfalls zum Ausdruck kam.

Wenngleich der sowjetische Angriff auf Finnland Roosevelt und Hull zwang, die Tatsache der sowjetischen Aggressivität offen einzuräumen, verfolgten beide im Winter 1939/40 in der Rußlandpolitik weiter eine sehr zurückhaltende Linie. Der Präsident und der Außenminister erkannten klar, daß sie es sich bei aller persönlichen Verbitterung nicht leisten konnten, in den Beziehungen zur Sowjetunion Gefühlen und moralisierenden Erwägungen nachzugeben und gegenüber der Sowjetunion eine kompromißlose Konfrontationspolitik einzuschlagen. Denn die fatale Möglichkeit, daß der Hitler-Stalin-Pakt sich zu einem militärischen Bündnis verfestigte, konnte nach wie vor nicht von der Hand gewiesen werden. Anfang Dezember beurteilte Roosevelt die Chancen der deutschen Militärmacht, Westeuropa zu erobern, schon ohne sowjetische Unterstützung als „fifty-fifty".[67] Im Falle eines offensiven deutsch-sowjetischen Bündnisses aber, so schrieb er in den gleichen Tagen an William Allen White, „the situation of your civilization and mine is indeed in peril. Our world trade would be at the mercy of the combine and our increasingly better relations with our twenty neighbors to the south would end – unless we were willing to go to war in their behalf against a German-Russian dominated Europe".[68] Es war nach wie vor

---

[67] *Langer/Gleason*, Challenge, S. 346.
[68] Roosevelt an White, 14. 12. 1939, PL, S. 967–968. Vgl. Roosevelt an Sayre, 13. 12., ibid., S. 965; Roosevelt an Knox, 15. 12., Roosevelt Papers, PSF Navy Dept., Frank Knox; 29. 12. 1939, PL, S. 975–976.

wichtig, alles zu vermeiden, was die Sowjets noch näher an das nationalsozialistische Deutschland heranführen würde; zu versuchen, trotz des provokativen sowjetischen Verhaltens eine Plattform intakt zu erhalten, von der aus die westliche Welt von einem eventuellen Zerbrechen des deutschsowjetischen Bündnisses würde Nutzen ziehen können. Roosevelt und Hull versuchten, trotz verbaler Entrüstungsbekundungen und handelspolitischer Restriktionen, die Beziehungen zur Sowjetunion auch während des „Winterkrieges" soweit wie möglich von Belastungsproben freizuhalten.[69]

So gab die amerikanische Regierung starken Pressionen aus der Öffentlichkeit, die diplomatischen Beziehungen zu Moskau abzubrechen, im Winter 1939/40 nicht nach.[70] Der politische Gewinn dieser Maßnahme für die deutsche Politik war zu offenkundig, der finnischen Sache versprach sie andererseits in keiner Weise förderlich zu sein.[71] Hull hielt eine solch dramatische Geste für populär, aber unvernünftig, weil „the tide would recede and we would be left ‚holding the bag'".[72] Roosevelt, der gelegentlich aus Berechnung versteckt mit dem Abbruch der Beziehungen drohte, war überzeugt, es sich ernstlich nicht leisten zu können, den Sowjets für ihre „rudeness" mit der gleichen harten Münze heimzuzahlen.[73] Für ihn war der Aspekt wichtig, daß er bei der Aufrechterhaltung der diplomatischen Beziehungen möglicherweise gute Dienste zur Beilegung des Konflikts würde leisten können.[74] Moffat gab zu bedenken, daß der Abbruch der Beziehungen zur Sowjetunion ausgerechnet in diesem Augenblick dem weitverbreiteten Vorurteil Vorschub leisten müßte, daß die diplomatische Anerkennung der Sowjetunion im Jahre 1933 mit der moralischen Absolution des Kommunismus gleichbedeutend gewesen sei; weiter könne sich dieser Schritt als ein starkes Präjudiz für den Abbruch auch der Beziehungen zu Deutschland und Japan herausstellen; und schließlich würde mit der Schließung der Botschaft in Moskau eine wichtige Informationsquelle verstopft und wieder eine ähnliche Situation entstehen wie vor 1933, als „special pleaders, like Walter Duranty and others, had access to the White House and were able to give without fear of controversion a distorted picture of the situation".[75] Lediglich Sumner Welles hielt solche Rücksichtnahmen nicht für zwingend er-

---

[69] Siehe *Hull*, I, S. 709; *Hooker*, S. 280.

[70] NA 711.61/686–689, 691, 692, 704, 718; Roosevelt Papers, OF 220-A Russia Misc., 1939, Box 5; ibid., PPF 977.

[71] Tagebucheintragung Moffats vom 5. 12. 1939, Moffat Diaries, Bd. 43; Steinhardt an Hull, 30. 12. 1939, FR 1939, I, S. 477.

[72] *Hooker*, S. 280.

[73] Aufzeichnung Roosevelts für Hull und Welles, 22. 12. 1939, FRSU, S. 868–869; *Langer/Gleason*, Challenge, S. 332 und dortige Anm. 75.

[74] Tagebucheintragung Moffats vom 5. 12. 1939, Moffat Diaries, Bd. 43; *Mulvihill*, S. 31; *Joseph P. Lash*, Eleanor Roosevelt. A Friend's Memoir (New York, Random House, 1964), S. 11.

[75] *Hooker*, S. 280–281.

forderlich, denn Amerika habe im Augenblick von der Aufrechterhaltung der Beziehungen zur Sowjetunion nicht den geringsten Vorteil. Von der finnischen Frage ganz abgesehen, so argumentierte er, müsse man in absehbarer Zeit mit weiteren deutschen Aggressionen rechnen und darüber hinaus mit einer sowjetisch-japanischen Einigung auf Kosten Chinas. Eine so spektakuläre Maßnahme wie Amerikas Abbruch der Beziehungen zur Sowjetunion sei geeignet, auf potentielle Aggressoren einen abschreckenden Effekt auszuüben, „would show the German public where wo stood, and would give the extremists in Japan cause for a second thought". Welles drang indes mit seiner Ansicht nicht durch.[76]

Die amerikanische Regierung zeigte sich auch nicht daran interessiert, sich mit dramatischen antisowjetischen Demonstrationen anderer Staaten zu solidarisieren. Dem Vorschlag der Regierung Ekuadors, die 21 Staaten der amerikanischen Hemisphäre sollten, unter Berufung auf Artikel IV der Deklaration von Panama,[77] in einer gemeinsamen Erklärung den sowjetischen Einfall in Finnland verurteilen, konnte man sich zwar in Washington schwerlich versagen; im State Department war man aber sehr erleichtert, als die chilenische Regierung die vorausgesetzte Einmütigkeit aller amerikanischen Staaten torpedierte. Unter diesen Umständen, so informierte Hull Ende September den Geschäftsträger in Panama, sei es wesentlich besser, das Projekt zu begraben; im übrigen hätten die USA und einige andere amerikanische Staaten ihre ablehnende Haltung gegenüber der sowjetischen Aggression bereits angemessen genug zum Ausdruck gebracht.[78]

Diese reservierte Haltung Roosevelts und des State Department schon gegenüber einer Maßnahme, die innenpolitisch kaum Konfliktstoff barg, macht es wenig wahrscheinlich, daß die amerikanische Regierung in der problematischen Frage des Ausschlusses der Sowjetunion aus dem Völkerbund am 14. Dezember eine besonders aktive Rolle gespielt hat, wie dies in der sowjetischen Geschichtsschreibung unterstellt wird.[79] Hull glaubte nicht an

---

[76] *Hooker*, S. 280.
[77] Siehe Bulletin, I (1939), S. 326.
[78] Siehe hierzu FR 1939, V, S. 128–140.
[79] Die amerikanische Regierung wurde am 17. Dezember 1939 in der Prawda beschuldigt, die lateinamerikanischen Staaten zu ihrer Forderung nach Ausschluß der Sowjetunion aus dem Völkerbund veranlaßt zu haben. Dieser Vorwurf wird in der sowjetischen Historiographie zum Teil aufrechterhalten. Siehe *Allen Chew*, The Russo-Finnish War, 1939–1940. The Facts and the Communists' Version of Soviet Military Operations in Finland (Unveröffentl. Diss., Georgetown Univ., 1959), S. 159. Siehe auch *Mulvihill*, S. 44–45, 208–210.

Nach Kriegsende schrieb Bullitt, Roosevelt sei „so angered by Stalin's aggressions against Finland" gewesen, daß „he had used his influence to have the Soviet Union expelled from the League" (*William C. Bullitt*, „How We Won the War and Lost the Peace", in Life, XXV (30. Aug. 1948), S. 91. Die amerikanischen Akten geben für diese These keine Bestätigung und Hulls Erinnerungen sprechen ebenfalls dagegen. Siehe *Mulvihill*, S. 66; FRSU, S. 800–806; *Hull*, I, S. 709–710; *Farnsworth*, S. 229–230.

die Nützlichkeit einer Aktion des Völkerbundes.[80] Als Bullitt ihn und den Präsidenten am 1. Dezember aufforderte, sie sollten die britische und die französische Regierung in Genf zu einer harten antisowjetischen Linie drängen, erwiderte der Außenminister, er und Roosevelt seien der Ansicht, daß sie für ihre Empörung über das sowjetische Vorgehen schon ausreichend Beweise gegeben hätten; Amerika als Nichtmitglied des Völkerbundes könne in diesem Fall unmöglich Großbritannien und Frankreich Ratschläge erteilen wollen, außerdem sei es im Hinblick auf die zu erwartende Reaktion der Isolationisten für den Augenblick ratsam, jeder Verbindung mit Maßnahmen des Völkerbundes aus dem Wege zu gehen.[81] Amerikas Rolle beim Ausschluß der Sowjetunion aus dem Völkerbund beschränkte sich den bekanntgewordenen Akten zufolge auf die Entsendung zweier Beobachter nach Genf.[82]

Am 4. November 1939 hatte der amerikanische Kongreß zugunsten Großbritanniens und Frankreichs das im Neutralitätsgesetz von 1937 vorgesehene Waffenausfuhr-Verbot gegenüber kriegführenden Staaten in eine Cash-and-carry-Regelung umgewandelt.[83] Die Tatsache, daß weder die Sowjetunion noch Finnland eine offizielle Kriegserklärung aussprachen, erleichterte Roosevelt die Entscheidung, das modifizierte Neutralitätsgesetz nicht auf den sowjetisch-finnischen Konflikt anzuwenden.[84] Dahinter stand jedoch offenbar vor allem das Anliegen, die Sowjetunion nicht als kriegführende Macht abzustempeln und dadurch weiter in ein Kriegsbündnis mit dem Deutschen Reich hineinzudrängen.[85] Die Nichtanwendung des Neutralitätsgesetzes gab andererseits den Finnen, die im Gegensatz zu den Sowjets über keine eigene Handelsmarine verfügten und deshalb durch die Cash-and-carry-Regelung stark benachteiligt worden wären, Anlaß zu der Erwartung, aus den Vereinigten Staaten leichter die dringend benötigte Unterstützung mit Kriegsgeräten zu erhalten. Man war in Helsinki optimistisch, mit genügender ausländischer Materialhilfe die Auseinandersetzung mit der Roten Armee offen gestalten zu können.[86]

---

[80] *Mulvihill*, S. 67.
[81] *Hull*, I, S. 709–710; *Langer/Gleason*, Challenge, S. 333.
[82] *Schwartz*, S. 18; *Mulvihill*, S. 66. – Moffat vermerkte am 10. 12. 1939 in seinem Tagebuch, der Generalsekretär des Völkerbundes, Avenol, habe den amerikanischen Generalkonsul in Genf, Tittmann, gebeten, er möge sich nach Paris begeben und dort die Finnen darum bitten, den offiziellen Antrag auf Ausschluß der Sowjetunion aus dem Völkerbund zu stellen. „Tittmann very wisely refused, and to encourage him we sent off a brief telegram saying that his position was approved." Moffat Diaries, Bd. 43. Siehe auch *Dallin*, Soviet Russia's Foreign Policy, S. 148 ff.
[83] PW, S. 494–506.
[84] Roosevelt Press Conferences, Nr. 615 vom 16. 1. 1940, Bd. 15, S. 82.
[85] *Hull*, I, S. 707.
[86] Protokoll einer Besprechung im Schatzministerium, 30. 11. 1939, Morgenthau Diaries, Bd. 225, S. 178; Aufzeichnung Moffats für Welles, 5. 12. 1939, FR 1939, I, S. 1021–1023.

Aber die Finnen mußten rasch erfahren, daß der moralische Beistand ihrer überseeischen Freunde auf einem Blatt stand, effektive Materialhilfe hingegen auf einem anderen. Die Behandlung der Finnlandhilfe durch die amerikanische Regierung im Winter 1939/40 spiegelte die Furcht Roosevelts und Hulls vor dem Vorwurf der Isolationisten wider, mit der finanziellen und materiellen Hilfe an das quasi-kriegführende Finnland solle die Öffentlichkeit auf eine massivere Unterstützung Großbritanniens und Frankreichs vorbereitet werden.[87] Außerdem bestand das Problem, daß alle Sachlieferungen an Finnland durch eine Verringerung der Lieferungen nach Großbritannien und Frankreich ausgeglichen werden mußten.[88] Und schließlich war man sich im Weißen Haus und im State Department darüber im klaren, daß letzten Endes die amerikanischen Beziehungen zu Finnland dem Verhältnis zur Sowjetunion unterzuordnen waren.[89] Schatzminister Morgenthau gehörte zu den wenigen Regierungsmitgliedern, die sich vergeblich für eine rückhaltlose Unterstützung Finnlands einsetzten, weil „once the Russians break through ... we will curse ourselves for not having given the Finns some real help ... If we don't do it ... goodby Finland, goodby Sweden, goodby Norway." [90]

Was die Finnen zu Beginn der Kampfhandlungen mit der Roten Armee von den USA erwarteten, war einmal die Gewährung eines nicht zweckgebundenen Kredits in Höhe von etwa 60 Millionen Dollar; komplementär hierzu hofften sie, daß die amerikanische Regierung ihnen Waffen und Kriegsgeräte, insbesondere Jagdflugzeuge und Abwehrgeschütze aller Art, aus den Überschußbeständen des amerikanischen Heeres verkaufen oder aber zumindest eine vorrangige Belieferung der finnischen Truppen aus der laufenden Rüstungsproduktion ermöglichen werde. Sie bauten schließlich darauf, daß die bloße Tatsache amerikanischer Unterstützung ihre Wirkung auf die weiteren Absichten der sowjetischen Führung nicht verfehlen werde.[91]

---

[87] Tagebucheintragung Moffats, 5. 1. 1940, Moffat Diaries, Bd. 44; *Blum*, II, S. 130; *Maddux*, S. 301–302.

[88] Protokoll eines Telefongesprächs zwischen Morgenthau und General Watson, 7. 3. 1940, Morgenthau Diaries, Bd. 246, S. 53; *Langer/Gleason*, Challenge, S. 339–340.

[89] Siehe hierzu *Robert A. Divine*, Roosevelt and World War II (Baltimore, John Hopkins, 1969), S. 78.

[90] *Blum*, II, S. 131, 132; Protokoll einer Besprechung im Schatzministerium, 10. 1. 1940, Morgenthau Diaries, Bd. 234, S. 256–258; Aufzeichnung Morgenthaus vom 12. 1. 1940, ibid., S. 188; *Schwartz*, S. 20. Auch Steinhardt sprach sich für eine effektive Unterstützung Finnlands aus, siehe Steinhardt an Hull, 1. 12. 1939, FR 1939, I, S. 1015; 6. 12., NA 711.61/161; 18. 12. 1939, FR 1939, I, S. 1032–1033; *Maddux*, S. 305–306.

[91] Schoenfeld an Hull, 3. 12. 1939, FR 1939, I, S. 1019; Aufzeichnung Morgenthaus, 5. 12. 1939, Morgenthau Diaries, Bd. 235, S. 136; Aufzeichnung Moffats für

Was die Finnen bis zum Ende des „Winterkrieges" an Unterstützung von den Vereinigten Staaten tatsächlich erhielten, waren halbherzige Gesten nicht einmal symbolischen Charakters. Am 10. Dezember stellte die amerikanische Regierung Finnland über die Export-Import-Bank einen 10-Millionen-Dollar-Kredit zur Verfügung, der jedoch nur zum Kauf landwirtschaftlicher Überschüsse, nicht für die allein dringlichen Waffenkäufe verwendet werden durfte;[92] Roosevelt selbst hatte sich für diesen Kompromiß ausgesprochen.[93] Dem von ihm vorübergehend erwogenen Plan, überschüssige Ausrüstungsgegenstände des amerikanischen Heeres an die finnischen Truppen auszugeben, wurde von Hull, Kriegsminister Woodring und General Marshall, die den Plan als sachlich unmöglich und innenpolitisch viel zu brisant ablehnten, erfolgreich Widerstand entgegengesetzt.[94] Als im Januar der Kongreß wieder zusammentrat, beeilte sich der Präsident, mit einer auffällig schwunglosen Rede die weitere Verantwortung für die Finnlandhilfe zum Kapitol abzuschieben.[95] Nach wochenlangen Beratungen kam man dort Ende Februar, wenige Tage vor dem Ende des sowjetisch-finnischen Konflikts, zu dem Ergebnis, daß Finnland ein weiterer Kredit in Höhe von 20 Millionen Dollar gewährt werden solle; seine Verwendung für den Kauf von Rüstungsgegenständen wurde indessen wiederum ausdrücklich ausgeschlossen.[96]

Präsident Roosevelt war in der Zwischenzeit in Urlaub gefahren, nachdem er die etwas seltsame Empfehlung abgegeben hatte, er habe nichts dagegen, wenn amerikanische Staatsbürger als Freiwillige an der finnischen Front mitkämpften.[97] Diese Erklärung beleuchtete schlaglichtartig, was bei dem Wider-

---

Welles, 5. 12. 1939, FR 1939, I, S. 1021–1022; Aufzeichnung Feis', 15. 12. 1939, ibid., S. 1030–1031; Schoenfeld an Hull, 5. 1. 1940, FR 1940, I, S. 272; Aufzeichnung Hulls, 9. 1. 1940, ibid., S. 274; Schoenfeld an Hull, 25. 1. 1940, ibid., S. 280–281.

[92] Tagebucheintragungen Moffats vom 9. und 10. 12. 1939, Moffat Diaries, Bd. 43; New York Times, 11. 12. 1939; *Blum*, II, S. 130; *Mulvihill*, S. 23–24.

[93] *Mulvihill*, S. 24. – Die Finnen behielten freilich, durch kein Moralisches Embargo behindert, mit eigenen Geldmitteln uneingeschränkt Zugang zum amerikanischen Waffenmarkt. So wurden in dem Zeitraum des sowjetisch-finnischen Konflikts für Waffenexporte nach Finnland Lizenzen im Gesamtwert von 5½ Millionen Dollar erteilt, die im wesentlichen 44 Jagdflugzeuge, 176 Maschinengewehre, 60 Millionen Schuß Munition sowie Flugzeugersatzteile betrafen. Das meiste erreichte Finnland erst nach Beendigung der Feindseligkeiten. Siehe *Schwartz*, S. 25; Schoenfeld an Hull, 30. 12. 1939, FR 1939, I, S. 1038; Aufzeichnung Hulls, 22. 1. 1940, FR 1940, I, S. 279; Hull an Procopé, 8. 2. 1940, ibid., S. 278–288. Dieser Sachverhalt war der Angriffspunkt für Molotows Kritik am 29. 3. 1940, daß sogar die friedliebenden Vereinigten Staaten von Amerika Finnland militärisch unterstützt hätten, siehe *Degras*, III, S. 448.

[94] *Hooker*, S. 290–291; *Langer/Gleason*, Challenge, S. 339, 401; *Blum*, II, S. 130–131.

[95] PPA 1940, S. 49–51; Roosevelt an Hull, 2. 1. 1940, FR 1940, I, S. 269.

[96] *Sobel*, S. 123–134.

[97] New York Times, 26. 1. 1940. – Am Ende des Krieges kämpften an der finnischen Front ca. 300 amerikanische Freiwillige, siehe *Schwartz*, S. 25.

streit zwischen Isolationismus und aktiver Neutralität, zwischen Moralismus und Rücksichtnahme auf das weltpolitische Gewicht der Sowjetmacht, wie er im Winter 1939/40 für die amerikanische Politik kennzeichnend war, für die militärisch beachtlichen Gegner der Roten Armee an konkreter Unterstützung herausspringen konnte. „Wir sind daran erstickt", kommentierte der ehemalige finnische Außenminister Erkko die Frage eines Journalisten nach der amerikanischen Finnlandhilfe,[98] nachdem sein Land am 12. März 1940 das Friedensdiktat Moskaus hatte annehmen müssen.

In Paris und in London zog man aus der sowjetischen Aggression gegen Finnland radikalere Schlußfolgerungen als in Washington. Verglichen mit den im Weißen Haus und im State Department vorherrschenden Ansichten wurde in französischen und britischen Regierungskreisen die allgemeine Empörung stärker von der Sorge begleitet, daß die Möglichkeit eines Zerbrechens der deutsch-sowjetischen Verbindung nun, da Stalin so offensichtlich eine Komplizenschaft der Aggressivität und des Unrechts mit Hitler verband, in unabsehbare Ferne gerückt sei. Der französische Ministerpräsident Daladier und einige seiner Berater neigten dazu, das deutsch-sowjetische Bündnis jetzt als definitiv anzusehen, die Sowjetunion mit Deutschland auf eine Stufe zu stellen und offen als Kriegsgegner zu behandeln. Mitte Dezember 1939 unterbreitete die französische Regierung der britischen Regierung Pläne für eine gemeinsame militärische Intervention in Finnland sowie für die Bombardierung der russischen Ölfelder im Kaukasus-Gebiet. In London kamen Premierminister Chamberlain und seine außenpolitischen Berater ebenfalls zu der Ansicht, daß sich die bisher gehegte Hoffnung, die Sowjetunion und Deutschland wieder voneinander trennen zu können, vorerst kaum erfüllen werde; daher sei es nun angebracht, sich von beiden Staaten gleichermaßen zu distanzieren. Die britisch-sowjetischen Handelsbesprechungen wurden, wie von Halifax angedroht, nicht fortgeführt. Im Unterschied zu der in der französischen Regierung herrschenden Meinung betrachtete man allerdings in London die deutsch-sowjetische Koalition auf längere Sicht nicht völlig als unabänderlich und hatte daher Bedenken gegen Interventionspläne, die einer Kriegserklärung an Moskau gleichkommen und die Sowjets endgültig an der Seite Hitlers festlegen würden. Wenn die britische Regierung den französischen Plänen dennoch Anfang 1940 zustimmte, so geschah dies hinsichtlich der militärischen Intervention in Finnland in der Erwartung, gleichzeitig die deutsche Erzversorgung aus den nordschwedischen Gruben abschneiden und im skandinavischen Raum eine weitere Front gegen Hitler eröffnen zu können. Anfang März bereiteten die britischen und französischen Generalstäbe die Entsendung eines 50 000 Mann starken

---

[98] New York Times, 17. 3. 1940.

Expeditionskorps nach Finnland vor, und die alliierten Regierungen drängten die Regierung in Helsinki, um ein offizielles Hilfegesuch einzukommen; die Regierungen in Oslo und Stockholm wurden zur gleichen Zeit ersucht, die notwendigen Durchmarschgenehmigungen zu erteilen. Weder in London noch in Paris war man infolgedessen sonderlich erbaut, als sich eine sowjetisch-finnische Friedensregelung abzuzeichnen begann, die der Sowjetunion weiteren Machtzuwachs einbringen und zugleich der geplanten Intervention weitgehend den Boden entziehen würde.[99]

Die Regierung in Washington war über die französisch-britischen Pläne informiert,[100] doch sind in den amerikanischen Akten Stellungnahmen dazu kaum zu finden. Logischerweise konnten diese Pläne, bei aller Schlüssigkeit ihrer strategischen Zielsetzung, im Weißen Haus und im State Department nicht ohne Einschränkung gutgeheißen werden. Denn einmal förderten sie klar die von Roosevelt und Hull nach wie vor als durchaus ungewiß eingeschätzte deutsch-sowjetische Solidarität weiter.[101] Außerdem sorgten sich der amerikanische Präsident und sein Außenminister um jede Ausweitung des Kriegsgeschehens und standen der Aussicht auf eine Einmündung des sowjetisch-finnischen in den allgemeinen europäischen Krieg grundsätzlich ablehnend gegenüber.[102] Im Unterschied zur britischen und französischen Regierung war ihnen an einer raschen friedlichen Beilegung des finnischen Konflikts gelegen.

Vom ersten Tage der Feindseligkeiten zwischen der Sowjetunion und Finnland an war es Roosevelt darauf angekommen, sich bei der Reaktion auf die sowjetische Aggression die Möglichkeit offenzuhalten, im gegebenen Augenblick beiden Seiten zur Beilegung des Konflikts die guten Dienste der amerikanischen Regierung annehmbar machen zu können.[103] Das State Department ging aus diesem Grunde selbst einer Bitte aus Helsinki um Vertretung der diplomatischen Interessen Finnlands in Moskau behutsam aus dem Wege.[104] Als der finnische Ministerpräsident Ryti in den letzten Dezembertagen anregte, die Vereinigten Staaten möchten „initiate a general démarche for peace at Moscow by any government prepared to cooperate

---

[99] Siehe hierzu *Woodward*, I, S. 31–117; *Mulvihill*, S. 126–168; *Dallin*, Soviet Russia's Foreign Policy, S. 162–171; *Langer/Gleason*, Challenge, S. 376–385, 402–404.

[100] Chamberlain an Roosevelt, o. D. (1940), in Correspondence between Franklin D. Roosevelt and Winston S. Churchill, Roosevelt Papers (hinfort zitiert: Roosevelt-Churchill-Correspondence).

[101] Siehe z. B. Kirk an Hull, 6. 1. 1940, FR 1940, I, S. 539–540; Steinhardt an Hull, 17. 1. 1940, ibid., S. 540.

[102] *Hull*, I, S. 701, 740–741.   [103] Siehe oben, Anm. 74.

[104] Siehe Steinhardt an Hull, 1. 12. 1939, FR 1939, I, S. 1012; Hull an Steinhardt, 2. 12., ibid., S. 1017; Steinhardt an Hull, 2./3./5. 12., ibid., S. 1017–1018, 1020–1021, 1023–1024; Sterling an Hull, 7. 12., ibid., S. 1024–1025; Hull an Steinhardt, 7. 12., ibid., S. 1025; Steinhardt an Hull, 18. 12. 1939, ibid., S. 1025–1026.

in such action including not only belligerents, but also neutrals",[105] da erklärte Hull sogleich die amerikanische Bereitschaft zu einer solchen Friedensinitiative, gab jedoch zu bedenken, daß nach amerikanischen Informationen die sowjetische Regierung zum gegenwärtigen Zeitpunkt wenig friedensgeneigt zu sein scheine.[106]

Ende Januar 1940 glaubte man sich in Washington im Besitz ermutigenderer Nachrichten aus dem Kreml. Hull wies Steinhardt an, Molotow vorsichtig über die sowjetische Haltung im Falle einer amerikanischen Friedensinitiative auszuhorchen. „You should make it clear", so hieß es in der Instruktion des amerikanischen Außenministers, „that in instructing you to discuss this matter with him this Government is motivated solely by its desire to avoid the further shedding of the blood of two peoples for both of whom the American people have feelings of both friendliness and esteem."[107] Molotow erteilte Steinhardt eine so höfliche Antwort, daß der Botschafter den Eindruck erhielt, die sowjetische Regierung wünsche „not to impose by an abrupt rejection any further unnecessary strain on the relations between the United States and the Soviet Union". In der Sache ließ Molotow erkennen, daß die sowjetische Führung im Augenblick die Zeit für Friedensverhandlungen noch nicht gekommen sehe; doch stellte er in Aussicht, zu einem geeigneteren Zeitpunkt auf das amerikanische Angebot zurückzukommen.[108]

Während man im State Department auf weitere Anzeichen für eine sowjetische Friedensbereitschaft wartete,[109] entsandte Roosevelt Mitte Februar Unterstaatssekretär Sumner Welles mit dem Auftrag nach Europa, in London, Paris, Berlin und Rom Erkundigungen hinsichtlich der Möglichkeiten einer friedlichen Beilegung des deutsch-britisch-französischen Krieges einzuziehen.[110] Die Tatsache, daß Moskau aus dem Besuchsprogramm Welles' ausgespart blieb, hat unterschiedliche Interpretationen gefunden. Am Tage nach Roosevelts Ankündigung der Welles-Mission gab Außenminister Hull in einer Pressekonferenz zu verstehen, der Unterstaatssekretär werde ebensowenig in der Sowjetunion Station machen wie in Argentinien oder Brasilien

---

[105] Schoenfeld an Hull, 28. 12. 1939, FR 1939, I, S. 1035–1036; 5./9. 1. 1940, FR 1940, I, S. 271–272, 274–275.
[106] Hull an Steinhardt, 29. 12. 1939, NA 760d.61/878; Steinhardt an Hull, 31. 12. 1939, FR 1939, I, S. 1038–1039; Hull an Schoenfeld, 3. 1. 1940, ibid., S. 1039–1040.
[107] Hull an Steinhardt, 27. 1. 1940, FR 1940, I, S. 281–282.
[108] Steinhardt an Hull, 2. 2. 1940, ibid., S. 284–286.
[109] Ibid., S. 287–294, 360–361, 547–548.
[110] Siehe FR 1940, I, S. 1–117; *Langer/Gleason*, Challenge, S. 361–375. Die Welles-Mission wurde neuerdings behandelt von *Helmut Rochau*, Die europäische Mission des Unterstaatssekretärs Sumner Welles im Frühjahr 1940. Ein Beitrag zu den amerikanischen Friedensbemühungen und zur Außenpolitik F. D. Roosevelts während der Periode des sogenannten Scheinkrieges (Mschr. Diss., Tübingen 1969).

„or any other important country among the neutrals";[111] er erklärte jedoch nicht, warum Welles dann das technisch ebenfalls neutrale Italien besuchte. Sumner Welles selbst hat vier Jahre später sehr vage geschrieben, daß „under the conditions which had existed since the agreement of the previous August between Germany and the Soviet Union, he [Roosevelt] did not feel that a visit to Moscow would serve any useful purpose, at least for the time being".[112] Der Roosevelt-Biograph Robert E. Sherwood vermutete, daß die militärische Schwäche der Roten Armee, wie sie sich im Kampf gegen die finnischen Truppen zeigte, Roosevelt eine Konsultation der Sowjets als nicht sehr zweckdienlich erscheinen ließ.[113] Andere zuverlässige Erklärungen sind nicht zu finden, doch legen die vorstehenden Befunde folgende Schlüsse nahe: auf der hoffnungslosen Suche nach Möglichkeiten, das Desiderat des europäischen Friedens und die gleichzeitige Unannehmbarkeit eines deutschen Sieg-Friedens miteinander in Einklang zu bringen, vermied es der amerikanische Präsident einmal mehr, die sowjetische Regierung als *partie au jeu* des Hitlerkrieges festzulegen. Es lag ihm daran, den finnischen Krieg Stalins und den Krieg Hitlers scharf voneinander abgegrenzt zu halten. Im Hinblick auf den sowjetisch-finnischen Konflikt hatte darüber hinaus Molotows Reaktion auf Steinhardts jüngste Demarche soeben erst die Grenzen der augenblicklichen Ansprechbarkeit der Sowjets deutlich gemacht.

Im Laufe des Februar konnte Steinhardt erneut über Anzeichen für sowjetische Bemühungen berichten, im Verhältnis zu den USA zu einer Verbesserung zu gelangen.[114] Anfang März wurde in Washington erwogen, den Regierungen in Helsinki und in Moskau die guten Dienste der Vereinigten Staaten zur Beilegung des Konflikts anzubieten, doch überraschend erklärten sich die Sowjets in den gleichen Tagen von sich aus zur Einleitung direkter Friedensverhandlungen mit der von ihnen seit Beginn des Konflikts ignorierten „Ryti-Tanner-Mannerheim-Regierung" bereit. Eine finnische Bitte an das State Department, sich im Kreml für eine Mäßigung der sowjetischen Friedensbedingungen einzusetzen,[115] traf in Washington auf offene Ohren. Am 7. März wies Hull Botschafter Steinhardt an, sich um eine Unterredung mit Molotow zu bemühen, „putting the conference on as personal a basis as possible". Steinhardt möge dem sowjetischen Außenkommissar ausrichten, daß „this government has no purpose of intervening

---

[111] Pressekonferenz des Department of State Nr. 19 vom 10. 2. 1940, Hull Papers, Box 124.
[112] *Welles*, Time, S. 73–74.
[113] *Robert E. Sherwood*, Roosevelt und Hopkins (Hamburg, Krüger, 1950), S. 97.
[114] Steinhardt an Hull, 17. 2. 1940, FR 1940, III, S. 185; 28. 2. 1940, FR 1940, I, S. 295–296; 29. 2. 1940, NA 026 For. Relations/1454.
[115] Schoenfeld an Hull, 4. 3. 1940, FR 1940, I, S. 296; Steinhardt an Hull, 7. 3., ibid., S. 297–298; Sterling an Hull, 7. 3., ibid., S. 298–299; Schoenfeld an Hull, 7. 3., ibid., S. 299–300; Steinhardt an Hull, 8. 3. 1940, ibid., S. 302–303.

in the negotiations between Finland and the Soviet Union, but the American people are vividly interested". Die amerikanische Öffentlichkeit „would be deeply impressed were the Soviet government to take a generous attitude towards Finland". Sodann folgte in Hulls Instruktion die bemerkenswerte Passage:

> You might further intimate that you are informed that there has been increasing popular demand here for measures affecting economic relations with certain areas, and that some of such movements would be slowed down, depending on the degree of moderation and generosity arrived at in the Finnish settlement.[116]

Der wirtschaftliche Aspekt der Beziehungen zur Sowjetunion war dabei, stärker in das Zentrum der Washingtoner Interessen zu drängen.

Molotow schien zu wissen, warum er die kaum verhüllte Drohung am 8. März mit freundlichem Lächeln quittierte. Er gab Steinhardt in Beantwortung seiner Demarche zu verstehen, daß die sowjetische Regierung das sympathische Interesse, das Präsident Roosevelt seit dem Ausbruch des finnischen Konflikts an der Wiederherstellung eines friedlichen Verhältnisses zwischen der Sowjetunion und Finnland genommen habe, sehr zu schätzen wisse. Sodann informierte er den amerikanischen Botschafter vertraulich über die sowjetischen Friedensbedingungen und ließ sich, wenngleich nach einigem Zögern, zu der Erklärung herbei, daß die sowjetische Regierung auf die Zusammensetzung der künftigen finnischen Regierung in keiner Weise Einfluß nehmen wolle. Schließlich versprach er Steinhardt, er werde ihn im Falle irgendwelcher Schwierigkeiten in den Verhandlungen mit Finnland unverzüglich zu sich bitten.[117]

Obwohl die amerikanische Regierung während der weiteren sowjetisch-finnischen Verhandlungen in Moskau, die am 12. März zum Abschluß eines Friedensvertrages führten, keine neue Möglichkeit zur Einflußnahme auf die sowjetische Regierung erhielt, hat der finnische Ministerpräsident Ryti nachträglich die Ansicht vertreten, daß die Demarche Steinhardts vom 8. März „was the only influence to moderate the Russian terms".[118] Über diese These wird sich noch lange streiten lassen. Möglicherweise blieb die Ermahnung aus Washington bei den sowjetischen Führern angesichts ihres offenkundigen Interesses an besseren Beziehungen zu den USA in der Tat nicht ohne jegliche Resonanz. Indessen spricht die Wahrscheinlichkeit dafür, daß Stalins plötzlicher Entschluß, den Finnen Friedensofferten übermitteln zu lassen, vor allem unter dem Eindruck der drohenden britisch-französischen Intervention und auf deutsches Drängen hin zustande kam. Die territorialen Be-

---

[116] Hull an Steinhardt, 7. 3. 1940, FR 1940, I, S. 300–301. Siehe auch *Langer/Gleason*, Challenge, S. 402.
[117] Steinhardt an Hull, 8. 3. 1940, FR 1940, I, S. 305–306.
[118] Schoenfeld an Hull, 26. 4. 1940, NA 760d.61/1433; 28. 3. 1940, FR 1940, I, S. 322–323.

stimmungen des Friedens andererseits, denen Roosevelt gespannt und in dunkler Vorahnung entgegensah,[119] gingen über die sowjetischen Forderungen vom Herbst 1939 noch hinaus.[120]

Der amerikanische Präsident ging in seinem öffentlichen Epilog auf den „Winterkrieg", den er am 13. März 1940 sprach, nur am Rande auf die sowjetische Aggression und das Moskauer Friedensdiktat ein. Er konzentrierte sich auf tröstende Worte für die Finnen. „The people of Finland", so stellte er fest, „by their unexcelled valor and strong resistance in the face of overwhelming armed forces, have won the moral right to live in everlasting peace and independence in the land they have so bravely defended." [121]

„They already had that right", fand die *Washington Post* zu kommentieren.[122]

---

[119] Protokoll einer Besprechung im Schatzministerium am 11. 3. 1940, Morgenthau Diaries, Bd. 246, S. 218–219.
[120] Siehe Bulletin, II (1940), S. 453.   [121] PPA 1940, S. 101.
[122] Washington Post, 14. 3. 1940.

4. DER STALIN-HITLER-PAKT, FERNOST

Die sowjetische Politik im Fernen Osten hatte im Herbst und Winter 1939/40, im Gegensatz zur Europapolitik Moskaus, für die amerikanische Haltung gegenüber der UdSSR wenig Bedeutung.[1]

Die seit 1931, stärker noch seit 1937 neu aufgebrochene Aggressivität Japans in Ostasien richtete sich bis zum Frühjahr 1940 ausschließlich gegen China, wo die Diplomatie der USA seit dem Ausgang des 19. Jahrhunderts beständig stark interessiert, aber nicht vital engagiert war. Für die Erhaltung der „Offenen Tür", jener von Außenminister John Hay um die Jahrhundertwende postulierten Prinzipien der Chancengleichheit aller Staaten im Chinahandel und der territorialen und administrativen Integrität Chinas war kein amerikanischer Präsident von McKinley bis Hoover und Franklin Roosevelt bereit, Soldaten ins Feld zu stellen; dafür war, bei allem sonstigen idealistischen, wirtschaftlichen und missionarischen Interesse Amerikas für China, keine öffentliche Zustimmung zu bekommen; es fehlten auch die militärischen Voraussetzungen. Die Washingtoner Regierung begegnete dem japanischen Ausgreifen nach China in den dreißiger Jahren in traditioneller Weise mit ständigen moralisierenden Ermahnungen, daß Tokio die durch den Neunmächtevertrag von 1922 multilateral abgesicherten Prinzipien der „Offenen Tür", und damit den *status quo* in Ostasien, respektieren müsse.[2] Doch während die Japaner, die Diskrepanz zwischen Zielen und Mitteln der amerikanischen Chinapolitik durchschauend, die Washingtoner

---

[1] *Maddux*, S. 290–293, *Mulvihill*, S. 11–12, *Papachristou*, S. 392–397 vermuten, daß der zurückhaltenden Politik Washingtons gegenüber dem sowjetischen Vorgehen in Europa im Herbst und Winter 1939/40 auch Rücksichtnahmen auf die Rolle, die die Sowjetunion zur gleichen Zeit in Ostasien spielte, zugrundegelegen hätten; man habe in Washington befürchtet, daß durch eine kompromißlose Haltung der USA gegenüber Moskau ein sowjetisch-japanisches *rapprochement* gefördert werde. Diese These wird von keinen unmittelbaren Quellenbelegen gestützt.

[2] Siehe hierzu *Tang Tsou*, America's Failure in China, 1941–1950 (Chicago, UP, 1963), S. 3–30; *John King Fairbank*, The United States and China (Cambridge, Harvard UP, 1953), S. 310–331; *Jesse C. Kennedy*, American Foreign Policy in China, 1937–1950. An Analysis of Why It Failed (Unveröffentl. Diss., Univ. of Chicago, 1962), passim, besonders S. 159 ff., 497 ff.; FR Japan, I, S. 1 ff.; Hull an Grew, 28. 4. 1934, ibid., S. 231–232; Erklärung Hulls, 16. 7. 1937, PW, S. 370–371.

Postulate resolut beiseite schoben, war die Roosevelt-Regierung nicht im entferntesten bereit, für ihre chinesischen Interessen das Risiko eines Krieges einzugehen.[3] Washington reagierte auf japanische Übergriffe gegen amerikanische Staatsbürger und amerikanische Vertragsrechte in China mit papiernen Protesten, nicht mit effektiven Sanktionen und lange Zeit nicht einmal mit einer entschiedenen Unterstützung Chiang Kai-sheks.[4] In den Tagen der Brüsseler Konferenz im November 1937 ließ Cordell Hull seinen britischen Kollegen Anthony Eden wissen, in Washington sei man in keiner Weise an kriegsträchtigen Maßnahmen gegen Japan interessiert, sondern baue ausschließlich auf eine friedliche Lösung.[5] Als einen Monat später japanische Flugzeuge das im Jangtsekiang ankernde amerikanische Kanonenboot *Panay* bombardierten, gab Marinechef Admiral Leahy Präsident Roosevelt eine Blockade Japans zu erwägen, fand für seinen Vorschlag jedoch kein Echo.[6] Im Sommer 1938 wurde in Washington ein begrenztes Moralisches Embargo gegen Japan verhängt, am 26. Juli 1939 die Aufkündigung des amerikanisch-japanischen Handelsvertrages bekanntgegeben, aber auch letzteres war immer noch eine Maßnahme, die Herbert Feis zu Recht als „an act of separation ... but still not enmity" klassifiziert hat.[7] Erst in der zweiten Hälfte des Jahres 1940, nachdem die japanische Stoßrichtung sich auch dem südostasiatischen Raum zugewandt hatte und strategische Interessen der USA bedrohte, stimmten Roosevelt und Hull einschneidenden und kriegsträchtigen Wirtschaftsmaßnahmen gegen Japan zu.[8] Diese Maßnahmen signalisierten nicht ein entscheidend gestiegenes Interesse an der Unabhängigkeit und territorialen Integrität Chinas: am 5. November 1941 legten General Marshall und Admiral Stark Präsident Roosevelt in einer Aufzeichnung dar, selbst eine japanische Eroberung Kunmings, die nach Chiang Kai-sheks Prognose den endgültigen Zusammenbruch Chinas herbeiführen würde, „would not justify intervention by the United States against Japan". Roosevelt war der gleichen Ansicht.[9]

Die Sowjetunion hatte sich bis zur Mitte der dreißiger Jahre gegenüber der expansionistischen Politik Japans vorsichtig zurückgehalten. Offenkundig war man in Moskau angesichts der militärischen Übermacht Japans zunächst bemüht, den Besitzstand und Einflußbereich in Ostasien zu halten und einen bewaffneten Konflikt zu vermeiden. Doch etwa seit 1935 begannen die sich

---

[3] FR Japan, I, S. 224–225, 487–669, 757–851; *David J. Lu*, From The Marco Polo Bridge to Pearl Harbor (Washington, Public Affairs Press, 1961), passim; *Watson*, Prewar Plans, S. 85–86, 98–99, 103–104.
[4] Siehe *Young*, S. 3 ff.   [5] *Feis*, Road, S. 13–14.
[6] *William Leahy*, I Was There (New York, Whittlesey, 1950), S. 64, 128–129.
[7] *Feis*, Road, S. XI, 21–24; *Langer/Gleason*, Challenge, S. 147–159.
[8] *Feis*, Road, S. 30–109 et passim. Siehe unten, S. 138, 140.
[9] *Feis*, Road, S. 302. Vgl. Johnson an Hull, 15. 1. 1936, FR 1936, IV, S. 11; *Henry L. Stimson*, The Far Eastern Crisis (New York, Harper, 1936), S. 56; *Tsou*, S. 18 ff.

allmählich stärker fühlenden Sowjets, dem imperialistischen Streben Japans nach einer Neuordnung des Fernen Ostens im Rahmen einer Großostasiatischen Wohlstandssphäre ihrerseits eigene machtpolitische Ansprüche entgegenzusetzen. Auf Jahre hinaus entstand dadurch die Dauergefahr eines militärischen Zusammenstoßes zwischen den beiden Mächten, die durch den Abschluß des Antikominternpaktes im November 1936 noch verschärft wurde. Der sowjetisch-japanische Gegensatz entlud sich zwischen 1937 und 1939 in einer Reihe von Zwischenfällen an den mandschurisch-sowjetischen und den mandschurisch-mongolischen Grenzen, die sich gelegentlich zu ernsten und für beide Seiten verlustreichen Materialschlachten ausweiteten. Die Sowjets griffen auch störend in die Bewirtschaftung der japanischen Öl- und Kohlekonzessionen in Nordsachalin ein und provozierten die japanische Öffentlichkeit durch ihre destruktive Haltung bei den alljährlichen Verhandlungen über die japanischen Fischereirechte in den russischen Nordmeergewässern. Vor allem ließ die sowjetische Regierung seit August 1937 den Truppen Chiang Kai-sheks für ihren Widerstand gegen die japanischen Invasoren großzügige politische und materielle Unterstützung zukommen; wie Litwinow gelegentlich zu erkennen gab, wurde das Festbeißen der Japaner in China von der sowjetischen Regierung unter anderem als die beste Garantie für die sowjetische Sicherheit angesehen, weil es mit großer Wahrscheinlichkeit Japan an der Realisierung militärischer Absichten gegen die Sowjetunion hinderte.[10]

Die Tatsache, daß zu derselben Zeit, als die Verletzung amerikanischer Interessen in China größere Ausmaße annahm, die sowjetische Haltung gegenüber Japan sich wesentlich verhärtete, machte die Sowjetunion in den späten dreißiger Jahren zu einem machtpolitischen Faktor in der amerikanischen Fernostpolitik.[11] Denn der Antagonismus zwischen der Sowjetunion und Japan förderte ohne amerikanisches Zutun die Ziele der USA in China, und zwar wesentlich wirksamer als alle Washingtoner Appelle an Tokio. Der sowjetisch-japanische Gegensatz war geeignet, die Aggressivität Japans in zweifacher Weise abzuschwächen. Einmal fehlten die von den sowjetischen Fernostarmeen an den mandschurischen Grenzen gebundenen Kwantung-Streitkräfte den Japanern im Kampf gegen Chiang Kai-shek. „I am glad you confirm my impression that the Japanese are suffering far more casualties than are admitted", schrieb Roosevelt am 29. Juni 1939 an Joseph Fegan in Shanghai, als wieder einmal Berichte über bewaffnete sowjetisch-

---

[10] Siehe *Hubertus Lupke*, Japans Rußlandpolitik von 1939-1941 (Frankfurt a. M., Metzner, 1962), S. 5-6; *Jones*, S. 1 ff., 172 ff.; *Papachristou*, S. 176 ff. et passim; *Harriet L. Moore*, Soviet Far Eastern Policy 1931-1945 (Princeton, UP, 1945); *Beloff*, I, S. 70-88, 163-177; II, S. 167 ff.; Henderson an Hull, 26. 8. 1937, NA 761.93/1600; Bullitt an Hull, 23. 10. 1937, NA 793.94111/84; Davies an Hull, 23. 3. 1938, in *Davies*, Mission, S. 189-190.
[11] Vgl. oben, S. 14 ff.

japanische Zusammenstöße die Titelseiten der Presse füllten.[12] Zum anderen war die in ihrem Umfang nie genau bekannt gewordene, offenkundig aber substantielle sowjetische Militärhilfe an die chinesische Zentralregierung zur Führung eines hinhaltenden Verteidigungskrieges der Chinesen ausreichend und machte entschlossenere Anstrengungen der amerikanischen Regierung auf diesem Gebiet vorerst wenig dringlich.[13] Jede Schwierigkeit, in die die Japaner in China infolge der sowjetischen Politik gerieten, verminderte entsprechend für die Roosevelt-Administration die Notwendigkeit der fatalen Wahl, entweder zur Wahrung ihrer erklärten Interessen in China zu kriegsträchtigen Maßnahmen greifen oder den Bankrott der traditionellen amerikanischen Chinapolitik vor aller Welt offen eingestehen zu müssen.

Es ist hinzuzufügen, daß in Washington bis zum Sommer 1939, und darüber hinaus zum Teil noch bis weit in die vierziger Jahre hinein, grundsätzliche Bedenken gegen die mit der sowjetischen Politik verbundene Einflußnahme in China nicht sehr ausgeprägt waren.[14] Eine Beeinträchtigung der amerikanischen Interessen in China wurde davon kaum erwartet. Einmal bestätigten bis Mitte 1940 die meisten verfügbaren Informationen, daß die sowjetische Regierung ihre Militärhilfe nicht etwa im Interesse verborgener langfristiger Ziele den chinesischen Kommunisten in die Hände spielte, sondern die Lieferungen ausnahmslos an Chiang Kai-shek adressierte, dessen Persönlichkeit in amerikanischen Augen die Garantie zu bieten schien, daß China sich unter keinen Umständen allzusehr unter den Einfluß Moskaus begeben würde.[15] Zum anderen wurden die chinesischen Kommunisten – „the

---

[12] Roosevelt an Fegan, 29. 6. 1939, PL, S. 899. – Am 5. 8. 1938 stellte Außenminister Hull in einem Telegramm an Roosevelt, der sich zur Erholung auf See befand, anläßlich des sowjetisch-japanischen Zusammenstoßes bei Changkufeng folgende Überlegungen an: „Whatever the inspiration of the present incident, and no matter to what the incident may lead, it has created a military diversion which emphasizes to the Japanese the necessity for their continuing to maintain a very large standing armed force in Manchuria; and it contributes to the withholding of reenforcements which might otherwise be sent by the Japanese to assist in their military operations in the Yangtze Valley." Roosevelt Papers, OF 20. Ähnlich Aufzeichnung Vincents, 20. 1. 1939, NA 793.94/14694.

[13] Siehe u. a. *Young*, S. 18–22, 26, 28, 54–59, 72–83, 206–213; *Kennedy*, S. 173–175; *Papachristou*, S. 23–27, 264–266, 279–280. Schätzungen über den Umfang der sowjetischen Chinahilfe in Henderson an Hull, 7. 12. 1937, NA 761.94/1005; 21. 1. 1938, ibid., 1015; Welles an Roosevelt, 4. 3. 1938, Roosevelt Papers, PSF China 1938; Bullitt an Hull, 9. 5. 1938, NA 793.94/12985; Peck an Hull, 3.–12. 4. 1939, NA 893.51/6855, 6862; Aufzeichnung Penfields, 11. 7. 1939, NA 793.94/15174; Grummon an Hull, 27. 7. 1939, NA 761.93/1666.

[14] Eine Ausnahme bildeten einige Beamte der Moskauer Botschaft, siehe Davies an Hull, 4. 2. 1937, FR 1937, III, S. 22; Aufzeichnung Kennans, 30. 4. 1937, NA 761.94/965; Henderson an Kelley, 27. 4. 1937, NA 761.00/264.

[15] Bericht Yarnells, 7. 11. 1937, NA 793.94/15339; Davies an Hull, 1. 4. 1938, NA 761.93/1639; Bucknell an Hull, 19. 1. 1939, NA 793.94/14695; Division of Far Eastern Affairs, Wochenbericht vom 13. 4. 1939, NA 890.00/139; Johnson an Hull,

so-called Chinese communists" – den dürftigen Nachrichten zufolge, die über sie in die westliche Welt drangen, weithin als disziplinierte Agrarreformer betrachtet, die ein Bündnis mit den Kuomintang in erster Linie deshalb eingegangen waren, weil ihnen als Chinesen die nationale Einheit und Unabhängigkeit am Herzen lag, weniger irgendwelcher Ziele der „Vereinigte-Front"-Politik der Komintern wegen, wie dies die japanische Propaganda behauptete.[16] In Japan sei man über den Kommunismus in China unnötig besorgt, so versicherte Roosevelt dem japanischen Botschafter Nomura noch am 14. März 1941. China habe einen anderen Volkscharakter als Rußland. Die chinesischen Kommunisten seien „not really communistic in the same sense as Russia".[17]

Es wurde bereits dargelegt, wie in den Jahren 1936 bis 1939 die Parallelität der amerikanischen und sowjetischen Interessen im Fernen Osten in das Gesichtsfeld der Washingtoner Außenpolitiker rückte. Mehrere Erklärungen und Maßnahmen Roosevelts und Hulls ließen besonders seit Mitte 1937 die Neigung erkennen, diese Gleichgerichtetheit der beiderseitigen Interessen auch politisch auszuspielen. Es blieb jedoch bis zum Sommer 1939 bei vereinzelten vorsichtigen und folgenlosen Ansätzen hierfür, die nicht ausreichen, eine ausgeprägte fernöstliche „balance-of-power"-Mentalität der amerikanischen Regierung in ihrer Politik gegenüber der Sowjetunion zu dokumentieren.[18] Als die sowjetische Regierung den weitestgehenden Schritt in diese Richtung, Roosevelts Vorschlag zu einem Austausch militärischer Informationen, schließlich aufgriff, zeigte der amerikanische Präsident keine Eile mehr. Offenbar beurteilte er eine Assistenz der Sowjets bei der amerikanischen Politik gegenüber China und Japan bis auf weiteres als ebensowenig essentiell wie dies die traditionellen Ziele der amerikanischen Chinapolitik selbst waren. So sah die amerikanische Regierung in den Jahren von 1936 bis 1939 letzten Endes passiv zu, wie sich die konstante Gegebenheit des antagonistischen Verhältnisses zwischen der Sowjetunion und Japan für die

---

13. 8. 1939, FR 1939, III, S. 208; *Edgar Snow*, „Will Stalin Sell Out China?", in Foreign Affairs, 18 (April 1940), S. 450–463; *Papachristou*, S. 261 ff., 307–313, 532–533.

[16] *Edgar Snow*, Roter Stern über China (Frankfurt, März, 1970), vor allem S. 121 ff., 205 ff., 289 ff., 451 ff.; *Russell D. Buhite*, Nelson T. Johnson and American policy toward China, 1925–1941 (Unveröffentl. Diss., Michigan State Univ., 1965), S. 252–257; *Robert C. North*, Moscow and Chinese Communists (Stanford, UP, ²1963), S. 5; *Borg*, S. 196–234, 531; Peck an Hull, 1. 3. 1939, NA 893.00/14340; Johnson an Hull, 31. 10. 1939, FR 1939, III, S. 307–309; Aufzeichnung Hornbecks, 5. 1. 1940, NA 793.94/15613; Peck an Hull, 18. 1. 1940, ibid., 15663. Das Zitat ist aus Hull an Connery, 9. 3. 1940, NA 793.003/914.

[17] *Hull*, II, S. 990.

[18] Siehe oben, S. 14 ff. Die These, daß in den dreißiger Jahren im Fernen Osten „Roosevelt's policy can be described aptly as a traditional balance of power policy" (*Papachristou*, S. 6) besitzt wenig faktische Substanz. Mit Recht kommt *Tompkins*, S. 262, 286 et passim für die Jahre 1933–1940 zu dem entgegengesetzten Ergebnis.

eigenen Interessen im Fernen Osten förderlich auswirkte. Zugleich macht der aufgezeigte Mangel an grundsätzlicher Entschlossenheit auch der Roosevelt-Administration, sich rückhaltlos für die hehren Prinzipien der amerikanischen Chinapolitik zu engagieren, es wenig wahrscheinlich, daß man sich in Washington in den Jahren 1936–1939 etwa durch das Fehlen des virulenten sowjetischen Gegensatzes zu Japan hätte veranlaßt sehen können, zur Wahrung der amerikanischen Interessen im Fernen Osten selbst stärker aufzutreten.

Die Entwicklung der amerikanischen Haltung nach dem überraschenden Abschluß des Hitler-Stalin-Pakts bestätigt diese Vermutung.

Für die amerikanische Fernostpolitik war die wichtigste Auswirkung des deutsch-sowjetischen Nichtangriffspakts die Tatsache, daß nicht länger fest mit der Konstanten des sowjetisch-japanischen Gegensatzes gerechnet werden konnte. Im Gegenteil erstand nunmehr mit einem Schlage vor den Augen der amerikanischen wie auch der westeuropäischen Politiker der „Spuk" eines sowjetisch-japanischen *rapprochements*.[19] Diese Perspektive verscheuchte rasch die Genugtuung darüber, daß die japanische Regierung unmittelbar nach Bekanntwerden des Hitler-Stalin-Pakts, verbittert über den „gesinnungsmäßigen Vertragsbruch" des deutschen Partners, die Verhandlungen über ein engeres Bündnis mit den Achsenmächten für beendet erklärte.[20] Nach spontanen Mutmaßungen Eugene Doomans, der in Abwesenheit Joseph Grews die Geschäfte der amerikanischen Botschaft in Tokio führte, mochte die Tatsache der unvermittelten sowjetischen Handlungsfreiheit im Osten einerseits und der plötzlichen Isolierung Japans andererseits einem zu erwartenden neuen japanischen Kabinett nunmehr Veranlassung sein, das sowjetische Angebot eines Nichtangriffspakts vom 31. Dezember 1931 wieder aufzugreifen, das noch immer unerledigt auf dem Tisch liege; die Schwierigkeiten auf dem Wege zu einer japanisch-sowjetischen Annäherung seien sicher erheblich, aber keineswegs unüberwindlich.[21] Zwei Tage später hatte Dooman erfahren, in Moskau sei Molotow von sich aus wegen eines Nichtangriffspakts an den japanischen Botschafter Togo herangetreten.[22] Einigen diplomatischen Berichten zufolge war die deutsche Regierung nach ihrem Ausgleich mit der Sowjetunion ebenfalls stark an einer japanisch-

---

[19] *Hooker*, S. 265; *Papachristou*, S. 354 ff., 365 ff.
[20] Dooman an Hull, 23./24./25./26. 8. 1939, FR 1939, III, S. 51–56; *Langer/Gleason*, Challenge, S. 188. Das Zitat ist einer Aufzeichnung ohne Unterschrift aus dem Archiv des deutschen Auswärtigen Amts vom 23. 8. 1939 entnommen, gedruckt in ADAP, D, VII, Nr. 223.
[21] Dooman an Hull, 23. 8. 1939, FR 1939, III, S. 51–52. Zu dem sowjetischen Angebot von 1931 siehe *Moore*, S. 7–11.
[22] Dooman an Hull, 25. 8. 1939, FR 1939, III, S. 53.

sowjetischen Annäherung interessiert und bemühte sich mit sowjetischem Segen, in Tokio als Geburtshelfer eines solchen *rapprochements* tätig zu werden.[23] Zwar brachten Ende August und Anfang September unbestimmte Gerüchte über neue schwere Zusammenstöße zwischen japanischen und sowjetischen Truppen im Nomonhan-Gebiet in diese Spekulationen für einige Tage Verwirrung.[24] Aber am 8. September kabelte Steinhardt dem State Department, er sei nun trotz mancher gegenteiliger Anzeichen definitiv zu der Überzeugung gekommen, daß den Sowjets an einer Verbesserung ihres Verhältnisses zu Japan sehr gelegen sei.[25]

In den nachfolgenden Wochen gab es in den westlichen Hauptstädten zahlreiche Gerüchte und Spekulationen über die Möglichkeit und mutmaßliche Bedeutung einer sowjetisch-japanischen Annäherung. Das Interesse der Sowjets an einer solchen Entwicklung wurde allgemein als relativ hoch eingeschätzt, vor allem unter dem Gesichtspunkt, daß dem Kreml angesichts der Vorgänge in Europa an gesicherten Verhältnissen im Osten gelegen sein müsse.[26] Der Waffenstillstand im Nomonhan-Konflikt am 16. September, die Einrichtung einer Kommission zur Festlegung des mandschurisch-mongolischen Grenzverlaufs sowie die Aufnahme von Wirtschaftsverhandlungen konnten als erste sowjetische Vorleistungen zu einem allgemeinen Ausgleich mit Japan gedeutet werden.[27] Freilich schieden sich die Geister an der Frage, wie weit die sowjetische Regierung in ihrer Verständigungsbereitschaft gegenüber den Japanern gehen werde. Steinhardt etwa vertrat die Ansicht, daß die Sowjets eine Annäherung um den Preis einer Modifizierung ihrer Chinapolitik nicht ernsthaft in Betracht ziehen würden: „Any substantial improvement in Soviet-Japanese relations will depend upon whether the Japanese Government is willing to accept an agreement with Russia on Soviet terms."[28] Andere diplomatische Beobachter befürchteten hingegen,

---

[23] Dooman an Hull, 23./25. 8. 1939, FR 1939, III, S. 51–52, 54–55; Kirk an Hull, 24. 8., NA 761.6211/100; Lockhart an Hull, 25. 8., NA 793.94/15478; New York Times, 5. 9. 1939, S. 19.

[24] Lockhart an Hull, 29. 8. 1939, FR 1939, III, S. 59; New York Times, 2. 9., S. 2; Dooman an Hull, 8. 9., FR 1939, III, S. 63; Warner an Hull, 15. 9. 1939, ibid., S. 69. Zu dem sog. Nomonhan-Konflikt besonders *Georgi K. Schukow*, Erinnerungen und Gedanken (Moskau-Stuttgart, Deutsche Verlags-Anstalt, 1969), S. 150–172; *James Joseph Hagerty, Jr.*, The Soviet Share in the War with Japan (Unveröffentl. Diss., Georgetown Univ., 1966), S. 28–47.

[25] Steinhardt an Hull, 8. 9. 1939, FR 1939, III, S. 62–63. Vgl. Steinhardt an Hull, 28. 9., FR 1939, I, S. 481; 7. 10., NA 761.6211/240; 9. 11. 1939, zitiert in *Mulvihill*, S. 12, Anm. 5; 2. 1. 1940, FR 1940, I, S. 633–634.

[26] Siehe New York Times, 22. 8. 1939, S. 9, 18; 23. 8., S. 6; 26. 8., S. 3; 27. 8., S. 31, E; 31. 8. 1939; *Lovenstein*, S. 156.

[27] Steinhardt an Hull, 15./16. 9. 1939, FR 1939, III, S. 70–71; Dooman an Hull, 16. 9., NA 761.9315 Manchuria/167; New York Times, 16. 9., S. 1, 2, 16; Aufzeichnung Atchesons, 25. 10. 1939, NA 893.00/14465; *Maddux*, S. 290.

[28] Steinhardt an Hull, 8. 9. 1939, FR 1939, III, S. 62–63. Vgl. ibid., S. 249.

daß die Sowjetunion bereit sein könnte, im Interesse eines Ausgleichs mit Japan ihre Militärhilfe an China einzustellen oder zumindest stark einzuschränken.[29] Dem Umstand, daß Molotow in seiner Rede am 31. August vor dem Obersten Sowjet die Unterstützungsgarantie, die Stalin früher allen Opfern von Aggressionen zugesagt hatte, unterschlug, wurde in diesem Zusammenhang besondere Beachtung geschenkt.[30] In den nachfolgenden Herbstwochen mehrten sich zwar die Nachrichten, daß die sowjetische Chinahilfe seit dem Hitler-Stalin-Pakt eher zu- als abnehme;[31] doch Anfang November überraschte der neuernannte sowjetische Botschafter in Japan, Konstantin Smetanin, bei seiner Ankunft in Tokio mit der öffentlichen Erklärung, die Sowjetunion wünsche eine Verständigung mit Japan, und das Chinaproblem brauche einer Annäherung nicht im Wege zu stehen.[32] Wenige Tage später berichtete Steinhardts Stellvertreter Thurston, mehrere ausländische Missionschefs in Moskau seien zu dem Schluß gekommen „that Stalin desires such a pact and would be prepared to withdraw support from China in order to facilitate its conclusion".[33]

Schwarzseher prophezeiten, die Sowjets würden möglicherweise sogar so weit gehen, den Japanern eine Aufteilung Chinas in sowjetische und japanische Interessensphären vorzuschlagen. Im September und Oktober 1939 fanden im Weißen Haus starke Beachtung die Ansichten eines ehemaligen Mariners und passionierten Chinareisenden, Evans F. Carlson, dessen „splendid first hand knowledge" auch Stanley Hornbeck, lange Zeit Leiter der Fernostabteilung des State Department, zu rühmen wußte.[34] In mehreren Briefen und Zeitschriftenaufsätzen hat dieser Privatmann die Gedankengänge, die er in seinen Gesprächen mit Präsident Roosevelt entwickelte, festgehalten. Das sowjetische Interesse an einer umfassenden Verständigung mit Japan, so glaubte er, sei wesentlich größer als allgemein angenommen werde. Mit skeptischem Blick für die Verbindung zwischen Komintern und chinesischem Kommunismus argwöhnte er, daß, da der Kreml nach Ausweis seiner Politik gegenüber Europa offenkundig die Politik der „Vereinigten Front" aufgegeben habe, auch bald mit einem Auseinanderbrechen der Koalition von Kuomintang und Kommunisten gerechnet werden könne, möglicherweise dann auch mit einem Stop der sowjetischen Lieferungen an Chiang Kai-shek.

---

[29] Z. B. Bullitt an Hull, 14. 9. 1939, NA 761.94/1134.
[30] Siehe oben, S. 33 und Anm. 18 dazu.
[31] Bullitt an Hull, 1. 9. 1939, NA 793.94/15333; Johnson an Hull, 3. 9., NA 701.6093/172; 6. 9., FR 1939, III, S. 234–236; Hull an Bullitt, 12. 9., NA 793.94/15367; Bullitt an Hull, 15. 9., NA 761.94/1136; Hull an Roosevelt, 22. 9., Roosevelt Papers, PSF China 1939; Steinhardt an Hull 22. 9., FR 1939, III, S. 261; 23. 10., NA 761.93/1678; Hull an Johnson, 27. 10., FR 1939, III, S. 302–303; Grew an Hull, 4. 11. 1939, NA 761.94/1152.
[32] Grew an Hull, 31. 10. 1939, FR 1939, III, S. 75–76; 9. 11. 1939, ibid., S. 78.
[33] Thurston an Hull, 24. 11. 1939, FR 1939, III, S. 82.
[34] Roosevelt Papers, PPF 4951.

Bei japanischer Zustimmung stehe unter Umständen eine Abgrenzung sowjetischer und japanischer Einflußgebiete bevor, gegen die China sich in keiner Weise wehren könne. Japan werde dann gegen wirtschaftliche Garantien seitens der chinesischen Regierung und die Überlassung einiger Stützpunkte an der chinesischen Küste seine Truppen vom Festland zu anderweitiger Verwendung abziehen können. Moskau werde ohne Zweifel die bereits unter der Herrschaft der Kommunisten stehenden nordwestchinesischen Gebiete vollends sowjetisieren. Beide Staaten würden sich mit Sicherheit am Ende darauf einigen, sämtliche Positionen der westlichen Staaten in China zu liquidieren.[35]

Anfang Oktober fand sich in der *New York Times* die beunruhigende Nachricht, seit der Feuereinstellung im Nomonhan-Gebiet seien größere sowjetische Truppenmassen, japanischen Quellen zufolge 300 000 Mann, in Sinkiang einmarschiert; möglicherweise sollten sie die Reihen der chinesischen Kommunisten verstärken, wie übrigens auch sowjetische Kriegsgüter neuerdings angeblich statt an Chiang Kai-shek an Mao Tse-tung ausgeliefert würden.[36] Einen Monat später erfuhr in Paris Bullitt von dem französischen Moskaubotschafter Naggiar, es gebe sichere Nachrichten, daß „about a week ago the Soviet Government had proposed to the Japanese Government that the Soviet Union and Japan should settle their differences and should collaborate in the division of China".[37] Und am 27. November berichtete Botschafter Grew aus Tokio, seine britischen, französischen und polnischen Kollegen hätten ihre Regierungen in gleichlautenden Telegrammen alarmiert, daß „Soviet Russia, with a view to maintaining a free hand in Europe, has in contemplation a political and economic improvement of its relations with Japan possibly including an understanding concerning China at the expense of the latter country. The Soviet Union, seizing as a pretext the present dissensions between the Chinese Communists and the Kuomintang, would be prevailed upon temporarily to maintain an attitude of detachment toward Japanese action in China, it being understood however that the position and influence already acquired there by the Soviet Union and the Chinese Communists would remain safe and unimpaired".[38]

Das japanische Interesse an einer umfassenden Verständigung mit der

---

[35] Roosevelt Papers, PPF 4951. Benutzt wurden die Briefe Carlsons an Roosevelt vom 6. 9., 19. 9. und 21. 11. 1939 sowie sein Artikel „Whither China" in der Zeitschrift Amerasia, der Mitte November im Weißen Haus und im State Department diskutiert wurde.

[36] Hull an die Vertretungen in Shanghai, Chungking und Tokio, 3. 10. 1939, NA 761.93/1669; Dooman an Hull, 5. 10., ibid., 1670; Gauss an Hull, 6. 10., ibid., 1672; Steinhardt an Hull, 6. 10., ibid., 1673; Johnson (Chungking) an Hull, 7. 10. 1939, ibid., 1674.

[37] Bullitt an Hull, 10. 11. 1939, FR 1939, III, S. 79.

[38] Grew an Hull, 27. 11. 1939, FR 1939, III, S. 83. Vgl. New York Times, 2. 12. 1939, S. 6 und 11. 12. 1939, S. 12.

Sowjetunion wurde etwas zurückhaltender beurteilt, wenngleich von japanischer Seite zur Stärkung der eigenen Verhandlungsposition gegenüber Briten, Franzosen und Amerikanern immer wieder die Aussicht auf eine intensive sowjetisch-japanische Zusammenarbeit mit antiwestlicher Färbung beschworen wurde.[39] Amerikanische Beobachter maßen indessen den Informationen die größere Bedeutung bei, die Hinweise dafür enthielten, daß es in Tokio Widerstände gegen eine Annäherung an die Sowjetunion gab.[40] Hierzu gehörte etwa die Nachricht, daß das japanische Kabinett am 25. August deutsche Versuche, eine sowjetisch-japanische Annäherung zu vermitteln, ebenso heftig wie verachtungsvoll zurückgewiesen habe.[41] Anfang September erfuhr Steinhardt von Mitgliedern der japanischen Botschaft in Moskau, Japan habe lediglich wegen der Frage der Ölkonzessionen in Sachalin sowie wegen „certain other minor matters affecting Japanese shipping" mit der sowjetischen Regierung Kontakt aufgenommen.[42] Am 20. September hielt das Gaimusho es selbst für angezeigt, Gerüchten über eine weitergehende Bedeutung des Nomonhan-Waffenstillstandes entgegenzutreten. In einer Note an das amerikanische Außenamt wurde dazu ausgeführt, die Vereinbarung einer Feuereinstellung habe die Möglichkeit der friedlichen Regelung des Grenzverlaufs zwischen Mandschukuo und der Äußeren Mongolei sowie einer Reihe anderer Streitigkeiten geschaffen. „There is no reason", so hieß es in der Note weiter, „to regard it as preliminary to a non-aggression-pact or to any move towards a close association of Soviet Russia and Japan."[43]

Nach sorgfältiger Abwägung aller relevanten Faktoren kam die amerikanische Botschaft in Tokio zu dem Schluß, daß das neue japanische Kabinett Abe die Beseitigung spezieller Reibungsflächen im Verhältnis zur Sowjetunion „such as the Japanese fishing rights in Siberian waters, Japanese oil and coal mining rights in Northern Saghalien, the demarcation of the border between Siberia and Manchuria, and so on" anstrebe. Man sei in der japanischen Hauptstadt an einem Handelsabkommen mit der Sowjetunion interessiert, und offenbar sei für die Armeeführung auch die Aussicht, sich durch einen Nichtangriffspakt mit der Sowjetunion nach Norden militärisch abzusichern, sehr attraktiv. Eine entspannende Wirkung auf die japanisch-sowjetischen Beziehungen werde jedoch allein von Verständigungen auf Teilgebieten erwartet. Die Möglichkeit eines umfassenden Bündnisvertrages mit Moskau oder eine Aufteilung Chinas stünden in Tokio nicht zur Debatte. In der japanischen Hauptstadt herrsche die Meinung vor, daß gewichtige

---

[39] *Langer/Gleason*, Challenge, S 291 ff., 310; *Papachristou*, S. 375 ff.
[40] Dooman an Hull, 28. 8. 1939, FR 1939, III, S. 56–58; Steinhardt an Hull, 8. 9., ibid., S. 62–63; Dooman an Hull, 8. 9. 1939, ibid., S. 63.
[41] Dooman an Hull, 25./26. 8. 1939, FR 1939, III, S. 54–56; New York Times, 27. 8. 1939, S. 28.
[42] Steinhardt an Hull, 8. 9. 1939, FR 1939, III, S. 62–63.
[43] FR 1939, III, S. 73.

Gründe gegen eine politische Verständigung sprächen: eine Allianz mit der Sowjetunion würde Japan möglicherweise in den europäischen Krieg verwickeln; die Ziele der japanischen Kontinentalpolitik und die Interessen der Sowjetunion in Ostasien seien miteinander absolut unvereinbar; der ideologische Gegensatz zwischen Japan und der Sowjetunion sei schärfer und unüberbrückbarer als dies im deutsch-sowjetischen Verhältnis der Fall gewesen sei; schließlich hätten die jüngsten sowjetischen Vertragsbrüche gegenüber Frankreich und Polen den Japanern drastisch vor Augen geführt, daß dem Wort der Sowjets nicht zu trauen sei: „A non-aggression treaty with Russia would be useful to Japan at this time if it could enable Japan to divert to China its large forces in Manchuria, but the lack of confidence in Russian good faith would prevent Japan from placing any reliance on any such treaty." Das gleiche gelte für eine eventuelle Zusage der Sowjets, daß sie ihre Unterstützung Chiang Kai-sheks beenden würden.[44]

In der zweiten Novemberhälfte ließ sich Botschafter Grew allerdings von der Nervosität seiner britischen, französischen und polnischen Kollegen anstecken, die ihre Regierungen alarmierten, daß fortgesetzte deutsche und sowjetische Bemühungen Tokio für einen deutsch-sowjetisch-japanischen Dreierpakt reif machen könnten, „designed to increase the resistance of Japan to foreign pressure in China, at the same time in effect relinquishing the non-communist areas of China to Japan. The additional incentive is being held out that, once in the position of having safeguarded her northern flank through the reaching of an understanding with the Soviet Union, Japan would be in a better position at the opportune time to make an attack against the East Indian possessions of the Netherlands."[45] Er selbst, Grew, be-

---

[44] Siehe Dooman an Hull, 12. 9. 1939, FR 1939, III, S. 64–69; 16. 9., NA 761.9315 Manchuria/167; 18. 9., FR 1939, III, S. 71–73; Grew an Hull, 4. 11., NA 761.94/1152; Grew an Roosevelt, 6. 11., Roosevelt Papers, PSF Japan, Box 13; Grew an Hull, 24. 11. 1939, ibid., Box 11.
Wahrscheinlich war zu keinem Zeitpunkt im Herbst und Winter 1939/40 objektiv die Möglichkeit einer umfassenden politischen Verständigung zwischen Moskau und Tokio gegeben. Von den japanischen Kabinetten wurden mit dem Ziel der Entspannung der Beziehungen lediglich gleichzeitige Verhandlungen über alle offenen Friktionselemente sowie ein Handelsabkommen angestrebt. Ein politischer Vertrag stand in Tokio erst seit dem April 1940 ernsthaft zur Debatte, siehe *Lupke*, S. 7 ff.; *Jones*, S. 185 ff.; *Langer/Gleason*, Challenge, S. 293–294. Die Sowjets ihrerseits zeigten sich, abgesehen vom Monat September 1939, gegenüber den japanischen Bemühungen zunehmend uninteressierter, und für die Verbesserung der Beziehungen, die Molotow am 31. Oktober 1939 dem Obersten Sowjet zur Kenntnis brachte (siehe *Degras*, III, S. 398–399), sprach wenig mehr als die Tatsache, daß überhaupt Verhandlungen über Grenz- und Wirtschaftsfragen stattfanden. Die in den westlichen Hauptstädten verbreiteten alarmierenden Gerüchte über ein sowjetisch-japanisches *rapprochement* auf Kosten Chinas entsprangen dem Mangel an verläßlichen Informationen und entbehrten weitgehend der faktischen Basis.
[45] Grew an Hull, 27. 11. 1939, FR 1939, III, S. 83–84.

obachte ebenfalls starke Bestrebungen „which might perhaps lead to some working arrangement with regard to China".⁴⁶ Selbst Hornbeck, jetzt Adviser on Political Relations, blieb nicht unbeeindruckt. Den ganzen Herbst über hatte er im State Department die Ansicht verbreitet, daß „a Russian-Japanese sticker was an impossibility". Am 30. November zog er sich jedoch den Unmut Sumner Welles' zu, weil, so Moffat, „he [Hornbeck] had changed his mind without giving what Sumner thought were adequate reasons".⁴⁷

Im Weißen Haus und im State Department stand man der Flut der Berichte und Gerüchte eine Zeitlang etwas unsicher gegenüber. Wirklich verläßliche Informationen über die Entwicklung des japanisch-sowjetischen Verhältnisses waren auch in Washington kaum zu erhalten. Hull gab in den letzten Augusttagen unbehaglich zu, daß die durch den Hitler-Stalin-Pakt ausgelösten fernöstlichen Vorgänge sich für die amerikanische Regierung als „unvorhersehbar" und „obskur" darstellten.⁴⁸ Mitte September erteilte er Bullitt auf dessen Bitte um eine Sprachregelung die Auskunft, das State Department verfüge nur über sehr wenige zuverlässige Informationen über die Entwicklung der Beziehungen zwischen der Sowjetunion und Japan; möglicherweise entbehrten nicht alle Gerüchte und Spekulationen über eine Annäherung der beiden Mächte jeglicher Grundlage, doch könne sich das State Department kein Urteil über Nachrichten erlauben, deren Herkunft nicht eindeutig geklärt sei und die nicht auch anderweitig eine zweifelsfreie Bestätigung fänden.⁴⁹ Es ist indessen bemerkenswert, daß sich die amerikanische Regierung an keinem Punkt der Spekulationen aus ihrer Reserve herauslocken ließ. Nach einer mehrwöchigen Phase des Abwartens und der Klärung der Argumente setzte sich in der amerikanischen Hauptstadt allmählich die Ansicht durch, daß das Abwägen von Gründen für und wider die Wahrscheinlichkeit eines sowjetisch-japanischen *rapprochements* von untergeordneter Wichtigkeit sei, weil man nicht in den Fehler verfallen dürfe, die Bedeutung einer eventuellen Annäherung zwischen Moskau und Tokio für die westlichen Interessen im Fernen Osten zu überschätzen.⁵⁰
Ihren klarsten Ausdruck fand diese Sichtweise in einem Memorandum,

---

⁴⁶ Grew an Hull, 27./28. 11. 1939, FR 1939, III, S. 85–86, 602–604. Vgl. *Joseph C. Grew*, Ten Years in Japan. A Contemporary Record (New York, Simon & Schuster, 1944), S. 260–265.
⁴⁷ *Hooker*, S. 280. Division of Far Eastern Affairs, Wochenbericht vom 30. 11. 1939, NA 890.00/174.
⁴⁸ Hull an Dooman, 25./30. 8. 1939, FR 1939, III, S. 54, 60.
⁴⁹ Bullitt an Hull, 14. 9. 1939, FR 1939, III, S. 248–249; Hull an Bullitt, 15. 9. 1939, NA 711.94/1145.
⁵⁰ Aufzeichnungen Atchesons, 25. 10. 1939, NA 893.00/14465; 6. 11., FR 1939, III, S. 76–78; Aufzeichnungen Welles', 21. 11., ibid., S. 321–323; 24. 11. 1939, FR Japan, II, S. 38; *Hull*, I, S. 720–721.

das schließlich Anfang Dezember in enger Fühlungnahme zwischen dem Weißen Haus und dem State Department entworfen und den Regierungen in London und Paris zugestellt wurde, die sich durch Berichte vor allem ihrer diplomatischen Vertreter in Tokio alarmiert fühlten. Die beiden entscheidenden Fragen, die sich im Zusammenhang mit der Lage im Fernen Osten zur Zeit stellten, so hieß es in dem amerikanischen Memorandum, seien „(1) whether a fundamental and far-reaching *rapprochement* between Japan and the Soviet Union is likely to occur and (2) whether the effects of such a *rapprochement* would be ... seriously adverse to the interests in the Far East of the United States, Great Britain and France." Nach Prüfung aller vorliegenden Informationen und auch der „logic of fundamental facts in the situation" müsse man die erste Frage bejahen. Nicht nur könnten es beide Seiten für vorteilhaft halten, Vereinbarungen über den Grenzverlauf, die japanischen Fischereirechte und die Konzessionen in Nordsachalin zu treffen sowie ein Handelsabkommen miteinander abzuschließen; auch „a so-called non-aggression pact and even some kind of a vague political accord might be arrived at". Die zweite Frage könne man hingegen nur verneinen. Eine sowjetisch-japanische Annäherung würde nur von vorübergehender psychologischer Bedeutung sein, weil sie keiner der beiden Seiten substantielle und dauerhafte Vorteile einbringen würde. Denn ohne Zweifel würde eine ganze Reihe von grundsätzlichen Gegebenheiten der fernöstlichen Lage unverändert bestehen bleiben „whether or not Japan effects a rapprochement with the Soviet Union":

(1) Japan has a deep-rooted mistrust of the Soviet Union, a mistrust which has presumably been strengthened as a result of recent activities of the Soviet Union in Europe, and that mistrust will not be eliminated by the Soviet Union's participation in a *rapprochement*;
(2) Japan is maintaining large forces in Manchuria and it is not believed that Japan would feel warranted in materially reducing the number;
(3) Japan is maintaining several hundred thousand troops in China south of the Great Wall; that number cannot be materially reduced so long as China continues to resist; there is no indication that Chinese resistance will end in the near future; and, even though the National Government were to capitulate (of which there is no indication), widespread guerilla and bandit activities would continue for a considerable period on a scale sufficient to preclude material reduction of Japanese forces;
(4) Japan is pursuing a program of elimination of Western interests in the Far East and will continue to pursue that program, regardless of whether a *rapprochement* with the Soviet Union takes place, as long as the following by Japan of that program appears to the Japanese feasible; and
(5) Japan has in the past undertaken forward movements in aggression at those times when she felt that the movements could be undertaken without becoming involved in war with a Western power; it does not seem probable that Japan will reverse that policy and take aggressive military action against the possessions in

the Far East of Western powers until and unless Japan becomes convinced that the Allies will lose the present war; and
(6) It is difficult to conceive how it could be to the basic interests of the Soviet Union to contribute to the success of Japan's imperialistic program in the Far East. For this reason, it is greatly doubted whether, should the Soviet Union, for instance, promise Japan to stop the sending of Soviet supplies to China, the Soviet Union would respect any such promise.

Nachdem das Memorandum bereits in London und Paris überreicht worden war, machte ein Beamter des State Department in einem Addendum noch auf einen siebenten Punkt aufmerksam:

There is under present conditions little that either Japan or Russia could give or offer in the way of commercial or political concessions or assistance which would be of substantial benefit to the other party.[51]

Mit solchen Schlußfolgerungen konnte man in Washington einer Schwächung des sowjetischen Gegensatzes zu Japan gelassen entgegensehen. Der sowjetisch-japanische Antagonismus hatte vor dem 23. August 1939 sozusagen eine zusätzliche Verstrebung, nicht aber eine tragende Säule der amerikanischen Fernostpolitik dargestellt. Die mit einem möglichen sowjetisch-japanischen *rapprochement* verbundene Beeinträchtigung der amerikanisch-sowjetischen Interessenparallelität gegenüber China und Japan gab nun keinerlei Anlaß, die Fundamente dieser Politik neu zu verlegen. Es gab nach der offiziellen Washingtoner Beurteilung im Herbst und Winter 1939/40 keine durch den Hitler-Stalin-Pakt bedingte fernöstliche Krise, und infolgedessen kann es kaum überraschen, daß die amerikanische Regierung während dieses Zeitraums auch keinen Grund sah, in ihrer Haltung gegenüber Japan, China oder der fernöstlichen Sowjetunion „krisenhafte" Konsequenzen zu ziehen.

Dieser Sachverhalt tritt deutlicher in der unmittelbaren Auseinandersetzung der Roosevelt-Administration mit der Haltung der Regierungen in London und Paris gegenüber den fernöstlichen Ereignissen hervor. Zur Konzentration ihrer Kräfte auf den Krieg in Europa gezwungen, waren beide Regierungen sich schon seit längerem ihrer Ohnmacht gegenüber Angriffen auf ihre Niederlassungen in China und eventuell ihre südostasiatischen Kolonialgebiete bewußt, sofern die USA sich nicht zu einem aktiveren Engagement zur Verteidigung gemeinsamer Interessen im Pazifischen Raum entschlossen. Nachdem sie wiederholt die Unwilligkeit Amerikas zu einem solchen Engagement hatten zur Kenntnis nehmen müssen, neigten die verantwortlichen Politiker in London und Paris dazu, ihre Stellung im Fernen Osten durch

---

[51] Memorandum des Department of State, undatiert, FR 1939, III, S. 92–95. Das Memorandum wurde dem französischen Botschafter in Washington am 2. 12. und dem britischen Botschafter am 6. 12. 1939 übergeben. Es wurde am 8. 12. 1939 den amerikanischen Botschaften in London, Paris und Tokio übermittelt. Vgl. Hull an Bullitt, 30. 11. 1939, ibid., S. 89; *Hull*, I, S. 745.

rechtzeitige Kompromißbereitschaft gegenüber den japanischen Ansprüchen in China so gut wie möglich zu schützen. Sie drängten daher in Washington auf eine verständigungswillige Modifizierung der ehrwürdigen „open door"-Prinzipien. Gerade das starre Festhalten an diesen Prinzipien, die durch die mangelnde Fähigkeit und Bereitschaft zu ihrer Durchsetzung völlig unglaubwürdig geworden seien, stimuliere die japanische Aggressivität, so argumentierten sie gegenüber dem State Department. Hier freilich zeigte man sich in diesem Punkte vollkommen unzugänglich.[52]

Die plötzliche Aussicht auf ein sowjetisch-japanisches *rapprochement* löste Ende August 1939 bei Briten und Franzosen starke Besorgnisse aus. Man hielt in London und Paris Japan gegenüber attraktiven sowjetischen bzw. deutschen Bündnisofferten für sehr anfällig. Das erste Ziel der Westmächte in Ostasien müsse jetzt sein, so stellte der britische Botschafter in Tokio am 25. August 1939 seinem amerikanischen Kollegen vor, „to prevent Japan from yielding to the tempting offer when made of a non-aggression pact with the Soviet Union and thus linking up with Germany". Notwendig seien gemeinsame amerikanisch-britisch-französische Kompromisse in der Chinafrage „to reestablish on a friendly basis Japan's relations with our respective countries".[53] Der französische Außenminister Bonnet ersuchte am 29. August Bullitt um eine amerikanische Initiative „designed to settle the war in China and to draw Japan into the French-British orbit".[54] Doch in Washington sah man keinerlei Veranlassung für ein Appeasement Japans. Hull plädierte für Abwarten. Der Versuch, die japanische Politik in irgendeiner Weise zu beeinflussen, würde wahrscheinlich in Tokio nur mißverstanden werden. Den Interessen der westlichen Mächte in Ostasien sei vermutlich am besten gedient, wenn die japanische Regierung bei ihren nächsten Entschlüssen im Ungewissen und sich völlig selbst überlassen bliebe. Für die USA sei eine entgegenkommende Haltung nur denkbar, wenn die japanische Regierung vorab konkret ihren guten Willen unter Beweis stelle, die Rechte und Interessen der europäischen Staaten in China zu respektieren.[55] Dabei blieb es. Die amerikanische Regierung verharrte in den nachfolgenden Monaten gegenüber Japan unverändert auf ihrer schon vor dem deutsch-sowjetischen *rapprochement* eingeleiteten „firm but unaggressive policy of opposition". Sie bestand strikt auf der Beachtung der „open door"-Prinzipien und fuhr fort, gegen jedwede japanische Verletzung amerikanischer Interessen und Rechte in China geharnischt im Gaimusho Beschwerde einzulegen. Sie ließ Tokio auch bewußt über die Zukunft der amerikanisch-japanischen

---

[52] *Langer/Gleason*, Challenge, S. 147 ff., 193 ff., 291 ff.; *Feis*, Road, S. 43; Aufzeichnung Hamiltons, 12. 7. 1939, NA 793.94/15229.
[53] Dooman an Hull, 25. 8. 1939, FR 1939, IV, S. 237–238; 28. 8. 1939, FR 1939, III, S. 56–58.
[54] Bullitt an Hull, 29. 8. 1939, FR 1939, III, S. 58–59.
[55] Hull an Dooman, 30. 8. 1939, FR 1939, III, S. 59–60.

Handelsbeziehungen im unklaren. Andererseits vermied sie jedoch wie bisher alle auch nur annähernd kriegsträchtigen Wirtschaftsmaßnahmen. Sie wandte sich gegen alle britisch-französischen Ansätze zur Nachgiebigkeit gegenüber Japan, ohne andererseits London und Paris zum Widerstand gegen den japanischen Druck zu ermutigen.[56]

Ende November sprach der britische Botschafter Lord Lothian Unterstaatssekretär Sumner Welles auf britisch-französische Sorgen um die Zukunft der südostasiatischen Kolonialgebiete an. Man befürchte in London und Paris, daß Japan sich durch ein Abkommen mit der Sowjetunion ermutigt sehen könnte, über China hinaus nach Britisch-Malaya, Französisch-Indochina und Niederländisch-Indien auszugreifen. Welles vermochte keinen Grund zur Aufregung zu erkennen. Erstens, so legte er Lothian dar, sei ein Abkommen zwischen Moskau und Tokio, durch das Japan die Möglichkeit erhielte, in Südostasien offensiv zu werden, äußerst unwahrscheinlich. Selbst wenn es aber dazu kommen sollte, erschiene es ihm zweitens „fantastic to believe that the Japanese Government, from its own selfish standpoint, would undertake an adventure of this character, knowing perfectly well that Russian policy in the Far East was inevitably antagonistic to Japanese policy and knowing equally well that no reliance could be placed by Japan upon any agreement which might be proffered by the Soviet Government".[57] In den Punkten 3 und 5 des oben zitierten Memorandums war die tiefere Begründung nachzulesen: die amerikanische Regierung ging davon aus, daß Tokio so lange auf keinen Fall riskieren würde, die Hand nach Südostasien auszustrecken, wie Hunderttausende japanischer Soldaten in China festlagen und der Ausgang des Krieges in Europa ungewiß blieb.[58]

In den gleichen Tagen machten in dem bereits erwähnten Alarmtelegramm der britische, der französische und der polnische Vertreter in Tokio die ungedeckte Prinzipienhaftigkeit der amerikanischen Fernostpolitik direkt für die wachsende Gefahr einer japanisch-sowjetischen Annäherung verantwortlich. „Undue pressure from the democratic countries might result in driving Japan in that direction. After the expiration of the American Treaty and with the danger of the imposition of an American embargo – should no concessions satisfactory to the United States meanwhile be obtained from the Japanese Army in China – the difficulties of the situation will increase."[59] Das oben ausführlicher zitierte Memorandum des State Department, das der britischen und der französischen Regierung Anfang Dezember zugestellt wurde, war als grundsätzliche Antwort auf diesen Vorwurf kon-

---

[56] *Feis*, Road, S. 38–46; *Langer/Gleason*, Challenge, S. 291 ff.

[57] Aufzeichnung Welles', 21. 11. 1939, FR 1939, III, S. 321–322.

[58] Siehe oben, S. 89. Siehe auch Aufzeichnung Salisburys, 29. 11. 1939, FR 1939, III, S. 121–123.

[59] Grew an Hull, 27. 11. 1939, FR 1939, III, S. 83–84.

zipiert. Die dort gegebene detaillierte Begründung für die relative Unschädlichkeit eines sowjetisch-japanischen *rapprochements* lief unmittelbar auf die These hinaus, daß der Preis, den die westlichen Staaten entrichten müßten, um im Ernstfall den Japanern ein Zusammenrücken mit der Sowjetunion erfolgreich auszureden, unangemessen hoch sein würde. Denn aller Voraussicht nach würde Japan für sein Wohlverhalten von den westlichen Demokratien nicht weniger verlangen als „recognition of the right of Japan to a free hand in portions of China, which would necessarily involve (1) the abandonment by those powers to a large degree of their rights and interests in China and (2) cessation of acts on the part of those powers which might be interpreted by Japan as lending support to the National Government of China". Derartige Konzessionen würden indessen lediglich den Effekt haben, die aggressiven Pläne der Japaner weiter zu fördern und das Ansehen der westlichen Demokratien in unerträglicher Weise zu belasten. „It is this Government's view that we should not compromise in our principles or surrender any of our material interests in an attempt to dissuade Japan from reaching an accord with the Soviet Union. Japan is employing the idea of such an accord as a threat to wrest from the democracies concessions such as those outlined above." Eine Appeasement-Politik gegenüber Japan würde zudem die völkerrechtliche und moralische Basis der gegenwärtigen fernöstlichen Mächtekonstellation unterminieren. Wenn schließlich Japan tatsächlich eine Annäherung an die Sowjetunion anstrebe, so bedeute dies nichts anderes, als daß sich die Extremisten im japanischen Kabinett durchgesetzt hätten, und in diesem Falle würde ein *rapprochement* der beiden Mächte vermutlich ohnehin nur von kurzer Dauer sein. „In view of the considerations outlined above, this Government continues to believe that the principles of policy to which it adheres in regard to the Far Eastern situation are fundamentally sound and that they should not be deviated from."[60]

Die britischen und französischen Sorgen wurden durch das amerikanische Memorandum keineswegs völlig zerstreut.[61] Innerhalb der amerikanischen Regierung beendete es jedoch fürs erste die Diskussion über Möglichkeit und Bedeutsamkeit einer sowjetisch-japanischen Annäherung, zumal es seit Anfang Dezember Anzeichen dafür gab, daß sich das Verhältnis zwischen Moskau und Tokio wieder versteifte.[62] „Japan might be a little slow to go

---

[60] Memorandum des Department of State, undatiert, FR 1939, III, S. 92–95; Hull an Bullitt, 30. 11. 1939, ibid., S. 89.

[61] Bullitt an Hull, 13. 12. 1939, FR 1939, III, S. 771–772; Hull an Grew, 20. 12., ibid., S. 99; Aufzeichnung Welles', 21. 12. 1939, ibid., S. 99–100; Hull an Grew, 6. 1. 1940, FR 1940, I, S. 635–636; Grew an Hull, 11. 1. 1940, ibid., S. 637.

[62] Merrell an Hull, 30. 12. 1939, FR 1939, III, S. 102; Steinhardt an Hull, 2./4. 1. 1940, FR 1940, I, S. 633–635; Lockhart an Hull, 1./2. 2. 1940, ibid., S. 637–638; Grew an Hull, 8. 2., NA 761.94/1192; Division of Far Eastern Affairs, Wochenberichte vom 1./15. 2. 1940, NA 890.00/183, 185; Thurston an Hull, 29. 3. 1940, FR 1940, III, S. 191–192.

in with Russia at a time when all the nations of the world except Germany were so embittered against her on account of the attack on Finland", antwortete Hull Mitte Dezember dem britischen Botschafter Lord Lothian, als dieser von neuem auf die Notwendigkeit westlichen Entgegenkommens gegenüber der japanischen Ostasienpolitik hinwies.[63] Ende Dezember ließ die französische Regierung im State Department erkunden, ob die amerikanische Regierung ihren erklärten Standpunkt nicht wenigstens dann revidieren wolle, wenn das Kabinett Abe stürze und die Gefahr einer Radikalisierung der japanischen Außenpolitik drohe. Hull sah keinen Grund, für einen solchen Fall etwa die Kündigung des Handelsvertrages neu zu überdenken. „We are not greatly perturbed over the thought that there might follow a stronger demand for or even a consummation of a rapprochement between Japan and the Soviet Union."[64] Einige Wochen später erklärte Stanley Hornbeck dem französischen Botschafter Comte Saint-Quentin kurz und bündig, die Möglichkeit einer japanisch-sowjetischen Zusammenarbeit lasse die amerikanische Regierung völlig kalt. „I said", so Hornbeck in seiner Aufzeichnung über die Unterredung, „that we had given that question much consideration, had studied it from various angles, and do not find ground for being alarmed over that possibility."[65]

Auch die amerikanische Chinapolitik erfuhr unter der Perspektive einer möglichen Vereinbarung zwischen Japan und der Sowjetunion keine Veränderung. Während Washington für Chiang Kai-shek nach wie vor stete moralische Ermutigung bereithielt und es ablehnte, Chungking zu Friedensangeboten an Tokio zu drängen, floß die amerikanische Material- und Kredithilfe an China in den Herbst- und Wintermonaten 1939/40 ebenso spärlich und zähflüssig wie vor dem Abschluß des deutsch-sowjetischen Vertrages, und dies, obwohl die Japaner ihre Angriffe auf Nationalchina intensivierten und es mehr als einmal so aussah, als ob die Sowjetunion ihre Unterstützung des Generalissimo einstellte.[66] Roosevelt äußerte Mitte Dezember 1939 lediglich den Wunsch, daß „China ... continue to play with Russia, so keep Russia and Japan apart".[67]

Zwischen dem August 1939 und dem Frühjahr 1940 zog man in Washington indessen auch in keiner Weise in Erwägung, der möglichen sowjetisch-japanischen Annäherung durch eine kooperationsbereite Haltung gegenüber

---

[63] Aufzeichnung Hulls, 15. 12. 1939, FR 1939, III, S. 98–99.
[64] Bullitt an Hull, 21. 12. 1939, FR 1939, III, S. 100–101; Hull an Bullitt, 23. 12. 1939, ibid., S. 101.
[65] Aufzeichnung Hornbecks, 3. 2. 1940, NA 793.94/15777.
[66] Siehe *Langer/Gleason*, Challenge, S. 304; *Blum*, II, S. 123 ff.; *Young*, S. 206–214.
[67] Notiz Morgenthaus während der Kabinettssitzung vom 19. 12. 1939, Morgenthau Diaries, Bd. 230, S. 408; Roosevelt an Sayre, 13. 12. 1939, PL, S. 965.

der Sowjetunion in fernöstlichen Angelegenheiten zuvorzukommen.[68] Alarmiert über die plötzliche Möglichkeit einer Zusammenarbeit zwischen Moskau und Tokio und über die britisch-französische Beschwichtigungsneigung gegenüber Japan, beschwor Chiang Kai-shek Ende August 1939 die amerikanische Regierung, sie möchte die Sowjetunion für eine gemeinsame Politik zur Eindämmung der japanischen Aggression zu gewinnen suchen. In Washington winkte man ab. Die unverbindliche Antwort aus dem State Department lautete, nach Überzeugung der amerikanischen Regierung würden die Briten kaum gegen den erklärten Willen der USA ihre Ostasienpolitik in wesentlichen Punkten modifizieren. Die amerikanische Fernostpolitik indes bleibe auf jeden Fall unverändert.[69]

In den gleichen Tagen vergaßen der amerikanische Präsident und sein Außenminister zweckmäßigerweise, daß sie seit 1937 Pläne der Sowjets, in amerikanischen Werften zur Verstärkung der sowjetischen Fernostflotte Kriegsschiffe und Schiffsausrüstungen neuesten Datums herstellen zu lassen, persönlich stark protegiert hatten.[70] Anfang September 1939 entdeckte das Marineministerium, daß das erweiterte amerikanische Schiffsbauprogramm voraussichtlich erfordere, daß alle amerikanischen Werftplätze für Aufträge des Marineministeriums und der Maritime Commission zur Verfügung stünden. Jetzt fanden plötzlich auch die sowjetischen Aufträge keine Gnade mehr. Angesichts des neuen amerikanischen Bauprogramms, so teilte das State Department den beteiligten Firmen mit, „there would seem to be serious doubt as to the possibility of construction at this time of vessels of war which the Soviet Government desires to purchase"; auch die Herstellung von Ausrüstungsgegenständen für sowjetische Rechnung, so State und Navy Department, „may react unfavorably against the defense interests of the United States".[71] Die vom State Department ausgegebene Parole von den Erfordernissen des nationalen Schiffsbauprogramms gestattete es den betroffenen Firmen „to give the project a decent burial".[72] Doch die Begründung befriedigt wenig, wenn man berücksichtigt, daß Roosevelt und Hull noch im Sommer 1939, und nachdem der Kongreß die zusätzlichen Mittel für ein

---

[68] Es ist daher schwer einleuchtend, daß im Fernen Osten durch eine vorsichtige amerikanische Reaktion auf die sowjetische Europapolitik ein Ergebnis hätte gefördert werden sollen, das dem Verhalten der USA gegenüber den fernöstlichen Entwicklungen selbst nach nicht als besonders dringlich betrachtet wurde. Siehe Anm. 1, S. 77.
[69] *Langer/Gleason*, Challenge, S. 194-195. Vgl. Bullitt an Hull, 1. 9. 1939, NA 793.94/15333; Peck an Hull, 18. 11. 1939, NA 761.93/1682.
[70] Siehe oben, S. 16-17.
[71] Aufzeichnungen Greens vom 6./16. 9. und 9. 10. 1939, FRSU, S. 895-899; State Department an Gibbs & Cox, 3. 10., ibid., S. 898-899; State Department an International General Electric Company, 8. 11. 1939, ibid., S. 899-900; *Ickes*, II, S. 675.
[72] Carney an Green, 9. 11. 1939, NA 711.00111 Armament Control-Military Secrets/2285; Aufzeichnung Greens, 28. 11. 1939, FRSU, S. 901-902.

erweitertes Schiffsbauprogramm bereits bewilligt hatte,[73] durch erneute persönliche Intervention die Vergabe der wichtigsten Lizenzen an die Sowjets gegen den Widerstand des Marineministeriums durchgesetzt hatten.[74] Die letzten Augusttage bilden deutlich erkennbar die Zäsur zu der neuen Haltung der amerikanischen Regierung. Die Verstärkung der sowjetischen Fernostflotte erschien vielleicht im Hinblick auf die überraschende Möglichkeit eines sowjetisch-japanischen *rapprochements* nunmehr als eine zweischneidige Angelegenheit. Andererseits lag der Gedanke einer Annäherung an Moskau wegen ungünstiger fernöstlicher Entwicklungen dieser negativen und für die sowjetische Regierung wahrscheinlich sehr unangenehmen Entscheidung sichtlich nicht zugrunde.

Zu Beginn des Jahres 1940 machten die Sowjets, möglicherweise aufgrund der unerwarteten Schwierigkeiten in Finnland und ihres wachsenden Interesses an besseren Wirtschaftsbeziehungen zu den USA, einen überraschenden Annäherungsversuch. Molotow erklärte in Moskau bei einem Essen zu Ehren Steinhardts unvermittelt, Japan sei nicht nur der Feind Amerikas, sondern auch der Feind der Sowjetunion; er würde nicht überrascht sein, wenn sich die amerikanische Marine und die Rote Armee eines Tages zur Überwältigung des gemeinsamen Gegners die Hand reichen würden.[75] Steinhardt ließ sich keinen Kommentar entlocken. Und im State Department verfiel der Wink Molotows der vernichtenden Kritik Loy Hendersons. Der Leiter des Rußlandreferats des State Departments urteilte in einer Aufzeichnung, die Erklärung des sowjetischen Außenkommissars stelle nichts anderes dar als einen jener periodischen Versuche des Kreml, Japan und Amerika gegeneinander auszuspielen. Möglicherweise beabsichtigten die Sowjets, das geringste Anzeichen amerikanischer Zustimmung zu der Erklärung Molotows zu benutzen, um durch eine Mitteilung an Tokio, in Washington schmiede man ein amerikanisch-sowjetisches Bündnis gegen Japan, das amerikanisch-japanische Verhältnis vollends zu vergiften. Vielleicht hoffe die sowjetische Führung auch, in einem Augenblick, in dem sie sich offenkundig wieder für bessere Beziehungen zu den USA zu interessieren beginne, die durch die Aggression gegen Finnland aufgeladene antisowjetische Stimmung in der amerikanischen Öffentlichkeit wenden zu können, indem sie nun wieder mit dem kalten Kaffee einer Kooperation gegen Japan ankomme.[76] – Molotow erhielt auf seine Anregung keine Antwort.

---

[73] *Langer/Gleason*, Challenge, S. 130.
[74] Siehe FRSU, S. 869–895, besonders die Aufzeichnungen Greens vom 27. 5. und 21. 6. 1939, ibid., S. 882, 884–885; Hull an Umanski, 22. 6., ibid., S. 885–886. – Carney an Green, 1. 7., NA 711.00111 Armament Control-Military Secrets/1938; Memo Roosevelts für Callaghan, 7. 7. 1939, Roosevelt Papers, OF 220-Russia, Box 1; *Ickes*, II, S. 675.
[75] Steinhardt an Hull, 28. 2. 1940, FR 1940, I, S. 295.
[76] Aufzeichnung Hendersons, 2. 3. 1940, NA 760d.61/1184 Confidential File.

5. DIE SACKGASSE DER EXPORTKONTROLLEN

Während der ersten sechs Monate nach dem Abschluß des Hitler-Stalin-Pakts hatte sich in der Politik der amerikanischen Regierung gegenüber der Sowjetunion das Bestreben gezeigt, Stalin nicht unnötig noch näher an die Seite Hitlers zu drängen, ihn als potentiellen Rivalen Hitlerdeutschlands und möglichen späteren europäischen Verbündeten der Alliierten dem Westen so wenig wie möglich zu entfremden. Im Verlaufe des sowjetisch-finnischen Krieges war diesem Interesse ein zweites konkurrierend zur Seite getreten: In dem Bemühen, im Handel mit „strategischen" Gütern Prioritäten zu setzen, hatte man in Washington begonnen, die Ausfuhr bestimmter Produkte und Dienstleistungen in die Sowjetunion wie in einige andere Staaten zu erschweren oder zu verhindern. In diesen Exportrestriktionen wurde nach der Modifizierung der Neutralitätsgesetze im November 1939 ein weiteres Mal die Neigung der Roosevelt-Regierung erkennbar, zum Schutze der nationalen Sicherheit von den strengen Neutralitätsregeln des Völkerrechts abzuweichen.[1] In der Anwendung der Restriktionen gegenüber der Sowjetunion wurde im besonderen der Unwille des Weißen Hauses und des State Department über die offenkundige Tatsache manifest, daß die sowjetische Regierung wirtschaftlich eng mit dem kriegführenden Deutschen Reich zusammenarbeitete.[2]

Stalin war potentieller Partner des Westens und aktueller Erfüllungsgehilfe Hitlers zugleich. Diese beiden Aspekte spielten auch während der dem sowjetisch-finnischen Friedensschluß folgenden Frühjahrsmonate des Jahres 1940 für die amerikanische Rußlandpolitik eine maßgebliche Rolle. Nach den Worten Hulls ging es dem Präsidenten und dem State Department in den Wochen zwischen März und Juli 1940 im Verhältnis zur Sowjetunion darum „to do nothing that would drive her [Russia] further into the arms of Germany, but at the same time to keep our exports to her within such limits as not to afford her surpluses of strategic materials that could go on through to Germany".[3]

---

[1] Zur Problematik der amerikanischen Neutralität im Zweiten Weltkrieg siehe *Samuel Flagg Bemis*, A Diplomatic History of the United States (New York, Holt, [4]1955), S. 844–862; *Lothar Gruchmann*, „Völkerrecht und Moral. Ein Beitrag zur Problematik der amerikanischen Neutralitätspolitik 1939–1941", in Vierteljahrshefte für Zeitgeschichte, 8 (1960), S. 384–418.

[2] Vgl. oben, S. 60–61. [3] *Hull*, I, S. 743.

In Wirklichkeit drängten nach der Beilegung des finnischen Konflikts die außenwirtschaftlichen Erwägungen die politisch-strategischen Überlegungen der amerikanischen Rußlandpolitik vorübergehend fast gänzlich zurück. Ein erstes Zeichen dafür war, daß die amerikanische Regierung nicht daran dachte, nach dem sowjetisch-finnischen Friedensschluß die „Politik des Moralischen Embargos" zu revidieren, obwohl die erklärte Veranlassung für diese Art Politik erloschen war. „This sort of policy of our Government does not expire automatically", beschied Hull am 14. März undurchdringlich die Vertreter der Presse.[4] In den folgenden Wochen veranlaßten Washingtoner Regierungsbehörden, daß sich die Exportbeschränkungen im Handel zwischen amerikanischen Unternehmen und der Sowjetunion konsolidierten und noch ausweiteten. Ende März erinnerte das State Department eine größere Zahl von Firmen in einem Rundschreiben daran, daß die Politik des Moralischen Embargos gegenüber der Sowjetunion nach wie vor in Kraft sei.[5] Das amerikanische Außenamt ermunterte amerikanische Flugzeugfirmen nun auch, seit längerem laufende Lieferkontrakte rückwirkend zu brechen.[6] In State, War und Navy Department wurden komplizierte Regelungen ausgearbeitet, nach denen sowjetische Inspektoren nicht nur aus allen Flugzeugfabriken, sondern generell aus allen amerikanischen Produktionsanlagen ausgeschlossen werden konnten, ohne daß die Sowjets dabei eine Handhabe für den Vorwurf der Diskriminierung erhielten.[7] Die Maritime Commission unterband von einem bestimmten Zeitpunkt an nicht mehr nur das Chartern ganzer Schiffe, sondern auch das Chartern von Frachtraum für Stückgut auf amerikanischen Schiffen durch die sowjetische Einfuhrorganisation.[8]

Es ist aus den amerikanischen und deutschen Akten unschwer abzulesen, daß die sowjetische Führung die Entwicklung der amerikanischen Außenhandelspolitik im Winter 1939/40 mit Unbehagen verfolgte. Moskaus Interesse an uneingeschränktem Zugang zu den amerikanischen Märkten für Roh-

---

[4] Pressekonferenz des Department of State Nr. 39 vom 14. 3. 1940, Hull Papers, Box 124; Nr. 50 vom 2. 4. 1940, ibid. Vgl. Aufzeichnung Yosts, 14. 3. 1940, FR 1940, III, S. 255.

[5] Rundschreiben des Department of State vom 26. 3. 1940, NA 700.0016 M. E./148a.

[6] Aufzeichnung Hendersons, 9. 4. 1940, FR 1940, III, S. 284–285.

[7] Aufzeichnung Hendersons, 19. 3. 1940, FR 1940, III, S. 256–258.

[8] Aufzeichnung Henderson, 23. 5. 1940, FR 1940, III, S. 301; Pressekonferenz des Department of State Nr. 72 vom 2. 5. 1940, Hull Papers, Box 124.

Moffat notierte am 30. 4. 1940 in sein Tagebuch: „A long session in Berle's office about the extension of the moral embargo, particularly to Russia. The crusaders seem to be riding high, wide and handsome, desiring to substitute administrative measures for legal measures, etc. I found myself in the strange position of advocating decent commercial treatment with the USSR. In fact, at a given point the argument degenerated into a discussion of ethics with A. Berle, in which he, the ultra-Protestant, out-Jesuited the Jesuits, and I, an Anglo-Catholic, out-Calvined Calvin for a rigid respect for the signed word." Moffat Diaries, Bd. 44.

stoffe und verarbeitete Produkte und besonders für Maschinen stieg im gleichen Maße, in dem seine wirtschaftliche Kooperation mit dem Deutschen Reich zunahm. Die in den Wirtschaftsvereinbarungen mit Deutschland vom August und September 1939 und besonders vom Februar 1940 eingegangenen Lieferzusagen für Rohstoffe überstiegen vielfach die Erzeugungsmöglichkeiten der Sowjetunion, und der ersatzweise Import für den eigenen Mindestbedarf wurde lebensnotwendig.[9] Am 11. Februar 1940 ging die sowjetische Regierung gegenüber Berlin die zusätzliche Verpflichtung ein, für das blockadegehemmte Deutsche Reich „als Käufer von Metallen und Rohstoffen aus dem dritten Auslande aufzutreten".[10] Andererseits sahen sich die Sowjets bald mit der unangenehmen Tatsache konfrontiert, daß sich die deutsche Seite mit der erwarteten Gegenlieferung von Maschinen und Rüstungsgütern sehr viel Zeit ließ.[11] Reichsaußenminister von Ribbentrop bedeutete dem sowjetischen Botschafter in Berlin, man müsse in Moskau Verständnis dafür haben, „daß gewisse Dinge einfach nicht möglich seien" und „daß wir gewisses Material während des Krieges nicht liefern könnten".[12] Die gleichzeitige teilweise Schließung des wichtigen amerikanischen Marktes muß die sowjetischen Wirtschaftsplaner vor ernste Probleme gestellt haben. Für die „superior finish and quality" der amerikanischen Technologie konnten sie vielfach ohnehin kaum hoffen, anderenorts angemessenen Ersatz zu beschaffen.[13]

Bis Ende März 1940 wahrte die sowjetische Regierung indessen in ihren Reaktionen auf die zunehmend restriktive amerikanische Exportpolitik merkliche Zurückhaltung. Eine offizielle Stellungnahme Moskaus zu der Aufkündigung des Schiffsbauprojekts nach dem Hitler-Stalin-Pakt[14] oder zu dem allgemeinen Moralischen Rohstoffembargo vom Oktober 1939[15] wurde nicht bekannt. Der Abzug amerikanischer Öltechniker aus der Sowjetunion, der Ausschluß sowjetischer Aeronautiker aus amerikanischen Flugzeugfabriken und die Chartersperre der Maritime Commission bewirkten wäh-

---

[9] Siehe ADAP, D, VII, Nr. 131; VIII, Nr. 162, 163, 607, 636; *Gerhard L. Weinberg*, Germany and the Soviet Union 1939–1941 (Leiden, Brill, 1954), S. 66, 69, 71; Steinhardt an Hull, 24. 1. 1940, FR 1940, III, S. 181–183; 9. 2., FR 1940, I, S. 543–544; Thurston an Hull, 13. 2., ibid., S. 544–545; Steinhardt an Hull, 18. 2., ibid., S. 546–547; Steinhardt an Hull, 13. 4. 1940, FR 1940, III, S. 196–197.
Das Gesamtvolumen des amerikanisch-sowjetischen Handels, strategische sowohl wie nicht-strategische Güter, strebte im Frühjahr 1940 neuen Rekordmarken entgegen, siehe Aufzeichnung Lovells, 14. 6. 1940, FR 1940, III, S. 441–443.
[10] ADAP, D, VIII, Nr. 607, 636.
[11] Siehe *Weinberg*, S. 65 ff.
[12] Aufzeichnung Ribbentrops, 11. 12. 1939, ADAP, D, VIII, Nr. 438.
[13] Aufzeichnung Hulls, 29. 6. 1939, FRSU, S. 817; Aufzeichnung Hendersons, undatiert (Juli 1940), FR 1940, III, S. 331; *Maddux*, S. 244–246.
[14] Siehe oben, S. 95–96.
[15] Siehe oben, S. 58. Vgl. Aufzeichnung Hendersons, 4. 4. 1940, FR 1940, III, S. 271–273; Aide-mémoire des Department of State, 9. 4. 1940, ibid., S. 287–288.

rend der Wintermonate nur vereinzelte und vergleichsweise milde sowjetische Proteste.[16] Das Moralische Embargo vom 2. Dezember 1939 auch nur zu diskutieren lehnten sowjetische Politiker und Diplomaten während des Finnlandkonflikts mit der Begründung ab, die Sowjetunion betrachte sich als nicht zu den Nationen gehörig, die sich der Bombardierung von Zivilbevölkerungen schuldig gemacht hätten.[17] Über die Gründe für die Zurückhaltung Moskaus lassen sich nur Vermutungen anstellen. Wahrscheinlich wurde der sowjetischen Regierung dieses Verhalten erleichtert durch die Tatsache, daß keineswegs alle amerikanischen Exporteure davon erbaut waren, sich durch Appelle der Bundesregierung in Washington freiwillig ihre Geschäfte mit der Sowjetunion verderben zu lassen.[18] Zudem vermochten die Sowjets offensichtlich einen Teil der infolge der amerikanischen Restriktionen entstehenden Ausfälle durch Umwegeinfuhren über Mexiko, die Philippinen und Niederländisch-Indien wieder auszugleichen.[19]

Vor allem scheint man in der sowjetischen Hauptstadt, in Verkennung der wirtschaftlichen Motivationen der amerikanischen Regierung, im Winter 1939/40 eine Zeitlang von der Erwartung ausgegangen zu sein, daß die Politik des Moralischen Embargos mit dem Abschluß des sowjetisch-finnischen Konflikts ihr Ende finden werde. Der Sinn der Verbindlichkeit, die Molotow in der Endphase des Finnlandkrieges in mehreren Unterredungen mit Steinhardt herauskehrte, war unverkennbar: die sowjetische Regierung versuchte, in Washington ein günstiges Klima für die Revision der Exportrestriktionen herzustellen.[20] Die besonnene Haltung der amerikanischen Regierung gegenüber der sowjetisch-finnischen Auseinandersetzung mochte die sowjetische Führung in dieser Erwartung optimistisch stimmen. Noch in den letzten Märztagen hob Molotow in einer Rede vor dem Obersten Sowjet, in der er in feindseligem Ton die Politik Frankreichs und Großbritanniens gegenüber dem sowjetisch-finnischen Konflikt als „imperialistisch" brandmarkte, in versöhnlichem Ton die Entwicklung der Wirtschaftsbeziehungen zu den USA hervor; diese hätten sich in letzter Zeit weder verbessert noch verschlechtert, wenn man von dem sogenannten ‚Moralischen Embargo' gegen die UdSSR absehe, das, besonders seit dem Friedensschluß

---

[16] Siehe oben, S. 63–64.
[17] Steinhardt an Hull, 1. 12. 1939, FR 1939, I, S. 1014; Aufzeichnung Moffats, 10. 1. 1940, FR 1940, III, S. 246–247; Aufzeichnung Hulls, 1. 2. 1940, ibid., S. 251; Steinhardt an Hull, 28. 3., ibid., S. 262; Aufzeichnung Hulls, 2. 4., ibid., S. 267; Aufzeichnung Hendersons, 4. 4. 1940, ibid., S. 268.
[18] Aufzeichnung Youngs für Handelsminister Jones, 28. 3. 1940, Roosevelt Papers, OF 220-Russia, Box 1; *Sobel*, S. 92–93; *Mulvihill*, S. 198–201.
[19] Morgenthau Diaries, Bd. 237, S. 249, 369; Bd. 238, S. 25 ff., 40, 124 ff., 157, 191–194, 210–215, 231; Bd. 239, S. 132, 158, 188–189, 194, 226; Congressional Record, 76th Congress, Third Session, Bd. 86, Teil 2, S. 1973–1974; ibid., Appendix, Teil 13, S. 987–988; *Mulvihill*, S. 200.
[20] Steinhardt an Hull, 8. 3. 1940, FR 1940, I, S. 303. Vgl. oben, S. 73, 75, 96.

zwischen der UdSSR und Finnland, völlig ohne Bedeutung sei; die sowjetischen Importe aus den Vereinigten Staaten hätten, verglichen mit dem Vorjahr, weiter zugenommen, und sie könnten noch weiter zunehmen, wenn die amerikanischen Behörden ihnen nicht Hindernisse in den Weg legten.[21]

In den gleichen Tagen indes, als klar wurde, daß die amerikanische Regierung nach der Beendigung des „Winterkrieges" die Politik der Exportrestriktionen nicht aufzuheben, sondern vielmehr auszuweiten sich anschickte, änderte die sowjetische Regierung abrupt ihre Haltung und reklamierte ihre handelspolitischen Interessen auf dem amerikanischen Markt fortan mit wütenden Protesten und geharnischten Beschwerden an die Adresse des State Department. Unnachgiebigkeit auf amerikanischer und Kompromißlosigkeit in den Ansprüchen auf sowjetischer Seite erzeugten nun einen mehrmonatigen handelspolitischen Disput, über den das amerikanisch-sowjetische Verhältnis in seiner Gesamtheit rasch in eine Sackgasse abglitt – genau in jenen schicksalhaften Wochen, in denen Hitler seine großen Triumphe in Westeuropa feierte, als in Frankreich die Lichter verloschen, als Churchill sein Land nur noch auf den Weg von Blut, Schweiß und Tränen verweisen zu können glaubte, als schließlich Japan sich anschickte, die Kalamität der Westmächte in Europa für eine Offensive in Richtung Südostasien auszunutzen.

Am 28. März überreichte in Moskau der sowjetische Stellvertretende Außenkommissar Salomon Losowski Botschafter Steinhardt ein Memorandum, in dem die sowjetische Regierung eine vollständige Liste ihrer Gravamina in den Beziehungen zu den USA präsentierte. Darunter befanden sich auch eine Reihe geringfügigerer Beschwerden, wie etwa solche über die strafrechtliche Verfolgung sowjetischer Organisationen auf amerikanischem Boden, über sowjetfeindliche Reden amerikanischer Politiker und über allzu genaue Kontrollen sowjetischer Staatsbürger durch die amerikanischen Einreisebehörden. Die wesentlichen Beschwerden richteten sich jedoch gegen die jüngsten Exportrestriktionen der amerikanischen Regierung und gipfelten in dem Vorwurf, daß die Washingtoner Behörden in diskriminierender Weise den Bruch von Lieferverträgen zwischen amerikanischen Firmen und sowjetischen Handelsorganisationen begünstigten. Die Fortdauer von Maßnahmen wie das Moralische Embargo, die Zurückziehung der Ölingenieure aus der Sowjetunion, die Behinderung des Aufenthalts sowjetischer Techniker in amerikanischen Produktionsstätten sowie die Schiffschartersperre könnten, so gab Losowski Steinhardt bei der Übergabe des Papiers zu verstehen, von der sowjetischen Regierung nur als unfreundlicher Akt angesehen werden und würden die politischen und die wirtschaft-

---

[21] *Degras*, III, S. 448.

lichen Beziehungen zwischen den beiden Ländern notwendig beeinträchtigen.[22]

Einige Tage später trug Botschafter Umanski in mehreren Unterredungen im Washingtoner Department of State die Klagen seiner Regierung erneut vor und drängte auf befriedigende Zusicherungen der amerikanischen Gesprächspartner.[23] Eine unnötig zugespitzte Schärfe erhielten diese und spätere Unterredungen durch die provokative Verhandlungsführung des temperamentvollen Sowjetbotschafters, dem Roosevelt im Frühjahr 1939 nur zögernd das Agrément erteilt hatte[24] und über den Hull in seinen Memoiren den Stab brach: „In my opinion he did much harm to Russian-American relations."[25] Am 2. April richtete Umanski an den amerikanischen Außenminister nach einer Erläuterung der sowjetischen Gravamina die polemische Frage, ob die amerikanische Regierung mit ihren Obstruktionsmaßnahmen die handelspolitischen Beziehungen mit der UdSSR fortführen oder beenden wolle. Hull stellte die eisige Gegenfrage, welche Art von Neutralität die sowjetische Regierung ihrer Politik zugrundelege.[26] In den nachfolgenden langen und erregten Diskussionen zwischen Umanski und Moffat, Henderson und Feis über den sowjetischen Beschwerdekatalog schälten sich schließlich zwei wesentliche Anliegen der Sowjets deutlicher heraus: erstens müsse die amerikanische Regierung gegenüber der Sowjetunion unverzüglich die Politik des Moralischen Embargos für beendet erklären, weil diese Politik mit dem Ende ihrer Ursache, der angeblichen sowjetischen Luftangriffe auf die finnische Zivilbevölkerung, jede weitere Existenzberechtigung verloren habe; zweitens müsse die amerikanische Regierung dafür Sorge tragen, daß auch alle außerhalb des Rahmens des Moralischen Embargos fallenden Restriktionsmaßnahmen, zu denen amerikanische Regierungsbehörden offenkundig neuerdings zahlreiche Firmen zumindest indirekt in diskriminierender und vertragsbrüchiger Weise veranlaßt habe, sofort rückgängig gemacht würden.

Die erste Forderung wurde von den Beamten des State Department hinhaltend beantwortet. Umanski erfuhr, daß der Wunsch, das Moralische Embargo nicht sogleich aufzuheben, keineswegs von der amerikanischen Regierung ausgehe, sondern aus der Öffentlichkeit komme; in der amerika-

---

[22] Steinhardt an Hull, 28. 3. 1940, FR 1940, III, S. 259–263. Einen Tag zuvor hatte in London Botschafter Maiski gegenüber der britischen Regierung auf die Aufnahme von Handelsgesprächen gedrängt, siehe *Woodward*, I, S. 453 ff.
[23] Aufzeichnung Hulls, 2. 4. 1940, FR 1940, III, S. 266–268; Aufzeichnung Hendersons, 4./9. 4. 1940, ibid., S. 268–276, 277–278; Tagebucheintragungen Moffats vom 1. 4. und 9. 4. 1940, Moffat Diaries, Bd. 44; Aufzeichnung Moffats, 1. 4. 1940, FR 1940, III, S. 263–265.
[24] Roosevelt an Hull, 27. 4. 1939, PL, S. 880.
[25] *Hull*, I, S. 743, 807, 809, 971. Vgl. *Ickes*, III, S. 125, 201, 231, 437.
[26] Aufzeichnung Hulls, 2. 4. 1940, FR 1940, III, S. 266–267.

nischen öffentlichen Meinung halte die Erregung über die sowjetischen Luftangriffe auf finnische Zivilisten auch nach der Einstellung der Feindseligkeiten weiter an.[27] Hull selbst gab als Grund für die vorläufige Nichtaufhebung des Moralischen Embargos die in Washington eingezogene Unzufriedenheit mit der Entwicklung der sowjetischen Außenpolitik im allgemeinen an. In der Unterredung am 2. April führte er aus „that this [the United States] Government does not know what new policy or step Russia may take at any time; that, for example, she plunged into fighting with Finland to the surprise of all of us; that she may take any similar step with no greater surprise than this; and that in these circumstances we are naturally conserving our shipping, our strategic and other materials for the reason that we never know when fighting in the world may call for some kind of self-defense on our part and that we do propose to be ready". Auf die Frage, wie lange denn die amerikanische Regierung das Moralische Embargo noch aufrechtzuerhalten gedenke, erfuhr Umanski von Hull nur „that we do not know when his country [Russia] may embark upon another war".[28]

Das zweite Anliegen seiner Regierung faßte der sowjetische Botschafter am 4. April in einer Parabel zusammen: die Politik des Moralischen Embargos sei wie ein Schneeball, der einen Hügel hinabrolle; in kurzer Zeit erhalte er die Bedeutung und Größe einer Lawine.[29] Freilich traf der implizierte Vorwurf, die amerikanische Regierung veranlasse oder begünstige zumindest eine schleichende Ausweitung der Politik des Moralischen Embargos, auf ein entschiedenes Dementi des Department of State. Wenn sich die Schwierigkeiten der sowjetischen Einfuhrorganisation, Rohstoffe und Maschinen auf dem amerikanischen Markt zu kaufen, in jüngster Zeit vergrößerten, so bekam Umanski zu hören, dann sei dies nicht auf Anweisungen der Washingtoner Regierung zurückzuführen, sondern allein auf die nachhaltige Verstimmung vieler amerikanischer Unternehmer über die Ereignisse in Finnland; besonders im Rohstoffbereich äußerten immer häufiger amerikanische Geschäftsleute von sich aus die Bitte, die Regierung möge Moralische Embargos auch für ihre Produkte verkünden. Diese Neigung in der amerikanischen Industrie werde, vor allem in der Maschinenbaubranche, durch die ohnehin überquellenden Auftragsbücher noch verstärkt.[30]

Die Einzeldiskussion der sowjetischen Beschwerden erbrachte, verglichen mit den sporadischen Aussprachen, die in den vorangegangenen Wochen stattgefunden hatten, keine neuen Gesichtspunkte. Die Vertreter des Depart-

---

[27] Aufzeichnung Hendersons, 4. 4. 1940, FR 1940, III, S. 269–271; Aufzeichnung Moffats, 1. 4., ibid., S. 263–265; Aufzeichnung Hulls, 2. 4. 1940, ibid., S. 266–267.
[28] Aufzeichnung Hulls, 2. 4. 1940, FR 1940, III, S. 266–267.
[29] Aufzeichnung Hendersons, 4. 4. 1940, FR 1940, III, S. 270.
[30] Ibid., S. 269–271.

ment of State zeigten sich, auf den bereits bekannten Rechtfertigungen beharrend, für die sowjetischen Klagen wenig zugänglich. Hull, Welles, Moffat, Henderson und Feis wiesen energisch den Vorwurf zurück, daß die Sowjetunion durch die Politik des Moralischen Embargos sogar noch schlechter gestellt werde als Japan.[31] Sie bestritten auch nach wie vor, daß die amerikanische Regierung einheimische Ölfirmen veranlaßt habe, unter Bruch von früher geschlossenen Verträgen ihre Ingenieure aus der Sowjetunion abzuberufen.[32] Als Umanski klagte, die sowjetische Regierung müsse die Aussperrung ihrer Techniker aus amerikanischen Produktionsstätten als eine besonders empfindliche Diskriminierung betrachten, weil der Bezug technischen Wissens bekanntermaßen eines der wichtigsten Anliegen sowjetischer Handelspolitik darstelle, da konterte Henderson mit einem ironischen Hinweis auf die mangelnde Reziprozität, daß „it should be understood that the decision of American authorities not to permit an alien or several aliens to inspect an American plant did not justify the Government of the country of which such alien might be citizen to bring charges of discrimination.[33] Vorhaltungen über die offenkundig diskriminierende amerikanische Praxis bei der Gewährung von Schiffschartern wiesen die Beamten des State Department weiterhin mit dem Hinweis zurück, die alleinige Verantwortung für diese Fragen liege bei der Maritime Commission, diese prüfe jeden Antrag unabhängig und nach individuellen Gesichtspunkten und lasse sich dabei nur von den – bereits dargelegten – „considerations of domestic policy" leiten.[34] Der Unterschied zu früheren Unerredungen zwischen dem sowjetischen Botschafter und Beamten des amerikanischen Außenamts bestand in der wesentlich gereizter und polemischer gewordenen Atmosphäre. Umanski, irritiert durch die unverändert abweisende Haltung seiner Gesprächspartner, versah seine Vorwürfe bald mit der Drohung, seine Regierung werde ihre eigenen Schlüsse ziehen, wenn sich herausstellen sollte, daß hinter der die Sowjetunion diskriminierenden amerikanischen Exportpolitik System stecke; die Sowjetunion werde auch in anderen Ländern Handelspartner finden.[35] Seine amerikanischen Gesprächspartner entschuldigten sich schließlich nach dem 10. April von weiteren Unterredungen mit dem Hinweis, daß ihre Zeit von den jüngsten gravierenden Vorgängen in Westeuropa restlos absorbiert werde.[36]

---

[31] Aufzeichnung Hendersons, 9. 4. 1940, FR 1940, III, S. 279, 284; Aufzeichnung Hornbecks, 24. 5. 1940, NA 711.61/737.
[32] Aufzeichnung Hendersons, 9. 4. 1940, FR 1940, III, S. 283–285.
[33] Ibid., S. 279–283; Aufzeichnung Moseleys, 24. 4. 1940, ibid., S. 290–292.
[34] Aufzeichnung Hendersons, 9. 4. 1940, FR 1940, III, S. 277–279; Aufzeichnung Burkes, 13. 5., ibid., S. 295–296; Aufzeichnung Hendersons, 23. 5. 1940, ibid., S. 300–301. Vgl. oben, S. 64.
[35] Aufzeichnung Hendersons, 4. 4. 1940, FR 1940, III, S. 270–271.
[36] Aufzeichnung Hendersons, 22. 5. 1940, ibid., S. 298.

Die amerikanisch-sowjetische Handelskontroverse schwelte während der folgenden Wochen weiter und erfuhr Mitte Mai eine weitere Zuspitzung. Im Zusammenhang mit dem Programm zum verstärkten Ausbau der amerikanischen Rüstungswirtschaft, das am 16. Mai dem Kongreß zur Beratung unterbreitet wurde,[37] wies Präsident Roosevelt im Verlauf einer interministeriellen Konferenz im Weißen Haus am 14. Mai Marineminister Charles Edison an, dafür Sorge zu tragen, daß ein Teil der Werkzeugmaschinen, die von amerikanischen Firmen für ausländische Rechnung hergestellt würden, vor der Ausschiffung beschlagnahmt werde. Diese Aktion solle vor allem solche Werkzeugmaschinen erfassen, die zum Export in die Sowjetunion und nach Japan sowie nach Italien, Schweden, Norwegen, Holland und Belgien bestimmt seien; die zur Auslieferung nach Großbritannien und Frankreich vorgesehenen Maschinen sollten hingegen möglichst in vollem Umfange ausgeliefert werden. In Ausführung dieser Direktive setzte das Marineministerium in einem Rundschreiben vom 16. Mai die in Frage kommenden Exportfirmen davon in Kenntnis, daß mit sofortiger Wirkung exportbereite Werkzeugmaschinen im Gesamtwert von 3,5 Millionen Dollar beschlagnahmt würden; insgesamt sollten Werkzeugmaschinen im Werte von über 20 Millionen Dollar von der Ausfuhr ausgeschlossen werden.[38]

Nachdem sie erste Erfahrungen mit den Hafenkontrolleuren des Schatz- und Marineministeriums gemacht hatten, die gelegentlich auf mehr als die Hälfte der zur Ausschiffung in die Sowjetunion vorgesehenen Werkzeugmaschinen ihre Hand legten,[39] reagierten die Sowjets, als stünde das Ende sowjetisch-amerikanischer Beziehungen unmittelbar bevor. Sie protestierten insbesondere, da die für Großbritannien und Frankreich bestimmten Exporte erkennbar eine Sonderbehandlung genossen, gegen den diskriminierenden Charakter der Maßnahme.[40] Das State Department versuchte, einer direkten Stellungnahme auszuweichen: von Diskriminierung könne keine Rede sein; die amerikanischen Behörden beschlagnahmten exportbereite Werkzeugmaschinen „solely because the tools being taken over are indispensable to the production of armaments essential to the expanding needs of our national defense"; die Maßnahme richte sich nicht allein gegen die Sowjetunion und brauche daher für die amerikanisch-sowjetischen Beziehungen keines-

---

[37] Siehe PPA 1940, S. 198–205; *Blum*, II, S. 115–122, 133 ff.; *Whitney H. Shepardson* und *William O. Scroggs*, The United States in World Affairs. An Account of American Foreign Relations (hinfort zitiert: USWA) 1940 (New York, Harper, 1940), S. 88 ff.

[38] Aufzeichnung Yosts, 16. 5. 1940, FR 1940, III, S. 296–297.

[39] Aufzeichnungen Hendersons vom 22. 5., 10. 6., 1./7./12. 8. 1940, ibid., S. 297–298, 315, 341, 350, 365; Aufzeichnungen Pages, 15. 10. 1940, ibid., S. 394–396.

[40] Aufzeichnungen Hendersons vom 22. 5., 1./7. 6. 1940, ibid., S. 297–298, 305–308, 312; Thurston an Hull, 31. 5. 1940, ibid., S. 304–305; Memorandum der sowjetischen Regierung für die amerikanische Regierung, 12. 6. 1940, ibid., S. 321.

wegs die von sowjetischer Seite angedeuteten „katastrophalen" Auswirkungen zu haben.⁴¹ Intern freilich war man sich der Schwäche dieser Argumente bewußt, und eine interministerielle Beratergruppe sah sich Anfang Juni zu der Empfehlung veranlaßt „that at least a gesture should be made to prevent the charge of discrimination and that a few nonconsequential items such as grindstones might be requisitioned from shipments to the Allies".⁴²

Schwerer noch wog der von den Sowjets ebenfalls erhobene Vorwurf der Illegalität der Beschlagnahmungsaktion. Denn in der Tat bestand für diese Maßnahme eine rechtliche Handhabe der amerikanischen Regierung lediglich in den wenigen Fällen, in denen amerikanische Firmen in ihren Lieferverträgen mit den ausländischen Auftraggebern die Möglichkeit einer Intervention der Washingtoner Behörden ausdrücklich in Rechnung gestellt hatten. In den weitaus meisten Beschlagnahmungsfällen war diese Voraussetzung nicht gegeben, und die amerikanischen Firmen wurden auf Geheiß der Regierung in Washington schlicht vertragsbrüchig. Die Zusicherung angemessener Entschädigungen änderte an dieser Rechtslage nicht das Geringste.⁴³

Aus den Reaktionen der sowjetischen Regierung auf diese jüngste Exportkontrollmaßnahme sprach ohnmächtiger Zorn. Molotow verwarf alle von Steinhardt in Moskau vorgebrachten Rechtfertigungsversuche für die neuen Restriktionen und bezeichnete das amerikanische Verhalten als rechtswidrig, unfreundlich, diskriminierend, unerträglich. Die Regierung in Washington, so schäumte er, sei von niemandem bevollmächtigt, die üblichen zwischenstaatlichen Umgangsformen einseitig außer Kraft zu setzen, und sie habe für die Folgen ihres Vorgehens die alleinige Verantwortung zu tragen.⁴⁴ Den ganzen Mai, Juni und Juli über hagelte es im State Department Proteste des sowjetischen Botschafters, mit denen die scharfe Warnung verknüpft war, daß das amerikanische Verhalten nicht nur den gegenwärtigen, sondern auch den künftigen Handel zwischen beiden Ländern grundsätzlich in Frage stellen werde.⁴⁵ Umanski persönlich trug zur Vergiftung des Klimas ein gerüttelt Maß bei. Er versuchte schließlich, Beamte des State Department öffentlich bloßzustellen.⁴⁶ Privat resignierte er angesichts der Vergeblichkeit

---

⁴¹ Aufzeichnungen Hendersons vom 22./23. 5., 1./7. 6. 1940, ibid., S. 298, 302–303, 307–308, 313; Aufzeichnung Hulls, 12. 6. 1940, ibid., S. 315–319; Memorandum der amerikanischen für die sowjetische Regierung, 1. 7. 1940, ibid., S. 323–324.
⁴² Aufzeichnung Moseleys, 6. 6. 1940, ibid., S. 310–311.
⁴³ FR 1940, III, S. 296–327, besonders Aufzeichnung Yosts, 16. 5. 1940, ibid., S. 296–297; Aufzeichnung Hendersons, 26. 7. 1940, ibid., S. 324–327. Für die japanische Reaktion siehe *Feis*, Road, S. 72–75.
⁴⁴ Thurston an Hull, 31. 5. 1940, ibid., S. 304–305.
⁴⁵ Aufzeichnungen Hendersons vom 22./23. 5., 1./6./7. 6. 1940, ibid., S. 297–298, 302–303, 305–308, 309–310, 312–313; Thurston an Hull, 31. 5. 1940, ibid., S. 304–305; Memorandum der sowjetischen Regierung für die amerikanische Regierung, 12. 6. 1940, ibid., S. 321.
⁴⁶ Aufzeichnung Pages, 26. 4. 1940, FR 1940, III, S. 293–294; *Ickes*, III, S. 201.

seiner Demarchen: „There are in fact ... no relations. I am here. They ... are there, and there is absolutely no contact between us... Of course I can go over there and the Secretary will receive me, but we talk only the most aimless generalities... There are no cordial relations in fact, whatever the bases for those relations might be." [47]

Unter dem Eindruck des deutschen Vormarsches in Westeuropa und des Eintritts Italiens in den Krieg erhob Präsident Roosevelt am 10. Juni in einer Rede in Charlottesville erstmals die Versorgung Großbritanniens und Frankreichs mit Kriegsmaterial offiziell zu einem vorrangigen Ziel der amerikanischen Politik, das ebenso bedeutsam sei wie der Ausbau der eigenen Rüstungen.[48] Mit dieser öffentlichen Festlegung handelspolitischer Prioritäten wurde dem sowjetischen Vorwurf der Diskriminierung nachträglich formal der Boden entzogen. Eine Verbesserung der sowjetischen Stimmung ist allerdings für die folgenden Wochen nicht zu erkennen.

Am 2. Juli verabschiedete der amerikanische Kongreß den sogenannten Export Control Act, mit dem die Roosevelt-Administration erstmals gesetzliche Vollmachten erhielt, unerwünschte Ausfuhren zu unterbinden, und zwar auf dem Wege des Lizenzzwanges.[49] Auch dieser Vorgang hatte auf die verbitterte sowjetische Haltung gegenüber den amerikanischen Ausfuhrbeschränkungen keine sichtbaren Auswirkungen. Das Exportkontrollgesetz versprach den Sowjets ja auch höchstens, daß die stigmatisierende amerikanische Politik des Moralischen Embargos in absehbarer Zeit durch wertungsfreie amerikanische Exportkontrollmaßnahmen auf legaler Basis abgelöst werden könnte. Im Falle der inzwischen auf vollen Touren laufenden Beschlagnahmung von Werkzeugmaschinen lieferte das Gesetz ohnehin nur eine höchst unzureichende juristische Grundlage nach: zwar gab es den amerikanischen Behörden ein Vetorecht gegen unerwünschte Ausfuhren, nicht aber die Ermächtigung, Werkzeugmaschinen, die rechtlich bereits Eigentum ausländischer Käufer geworden waren, ohne deren Zustimmung eigener Verwendung zuzuführen. Natürlich verweigerten die Sowjets, die keine Möglichkeit hatten, die hochwertigen Maschinen ersatzweise anderswo zu beschaffen, die Abtretung der Eigentumstitel und die Annahme von Entschädigungen. Die Folge war, daß sich die beschlagnahmten Werkzeugmaschinen weiter mit ungeklärtem juristischen Status in Häfen und Lagerhallen stapelten, bis schließlich am 10. Oktober 1940 durch ein neues Gesetz die rechtliche Lücke geschlossen wurde – mit von den Sowjets heftig attackierter rückwirkender Gültigkeit.[50] Das unglückliche Beschlagnahmungs-

---

[47] Aufzeichnung Prof. Malbom Grahams vom 16. 5. 1940, in Aufzeichnung Hendersons vom 23. 5. 1940, NA 711.61/733.
[48] PPA 1940, S. 259–264. [49] Bulletin, III (1940), S. 11–13.
[50] Bulletin, III (1940), S. 313; Aufzeichnung Hendersons, 26. 7. 1940, FR 1940, III, S. 324–327; Aufzeichnung Pages, 15. 10. 1940, ibid., S. 394–396.

programm schürte auf sowjetischer Seite noch monatelang Verärgerung und Ressentiments und wurde bis in das Jahr 1941 hinein zu einem chronischen Reibungsherd in den amerikanisch-sowjetischen Beziehungen.

Wenn in Washington im Frühjahr 1940 selbst um den Preis einer allgemeinen Abkühlung des Verhältnisses zur Sowjetunion dem handelspolitischen Interesse der Vorrang vor dem strategisch-politischen Interesse eingeräumt wurde, so lag zweifellos ein wesentliches Agens dieser Entwicklung in der kontinuierlichen Verschärfung sämtlicher für die Exportkontrollpolitik gegenüber der Sowjetunion von Anfang an maßgebenden Motive. Die sich rasch ausweitenden Aufrüstungspläne der amerikanischen Regierung machten in zunehmendem Maße die vorrangige Nutzung der vorhandenen „strategischen" Rohstoffe und Maschinen durch die eigene Wirtschaft erforderlich.[51] Zur gleichen Zeit zeichnete sich, insbesondere nach dem Beginn der Frühjahrsfeldzüge Hitlers, die Notwendigkeit einer noch umfassenderen Versorgung Großbritanniens und Frankreichs mit eben diesen strategischen Gütern ab.[52] Und schließlich hatte man in Washington vor Augen, wie die wirtschaftliche Zusammenarbeit der Sowjetunion mit dem Deutschen Reich, besonders seit dem Abkommen vom 11. Februar 1940, sich ständig intensivierte.[53] Die Sowjetunion, so konterte Hull Anfang Juni einen Diskriminierungsvorwurf Umanskis, treibe in ihrem Außenhandel selbst eine diskriminierende Politik „in favor of certain countries", und „this includes immense war supplies to Germany". Auf den Einwand des Botschafters, es handele sich bei den sowjetisch-deutschen Wirtschaftsbeziehungen um ganz normalen, rechtlich unangreifbaren bilateralen Handel, antwortete Hull, daß „it comprised immense supplies urgently needed for war, which fact made it vastly different from normal trade".[54] Man wußte im Weißen Haus und im

---

[51] *Watson*, Prewar Plans, S. 164 ff.; Industrial Mobilization for War, S. 3–85; FR 1940, II, S. 250 ff., 261 ff., 288 ff., 300 ff.; *Shepardson/Scroggs*, USWA, 1940, S. 84 ff.

[52] *Blum*, II, S. 149 ff.; *Watson*, Prewar Plans, S. 304 ff.; Tagebucheintragung Moffats vom 15. 5. 1940, Moffat Diaries, Bd. 44.

[53] Steinhardt an Hull, 4./17. 1., 9./18./23. 2., 17. 4. 1940, FR 1940, I, S. 539, 540, 543–544, 546–547, 547–548, 551; Thurston an Hull, 13. 2. 1940, ibid., S. 544–545; Kirk an Hull, 9. 5. 1940, ibid., S. 552–553; Hopkins an Roosevelt, 9. 4. 1940, Roosevelt Papers, OF 220-Russia; Morgenthau Diaries, Bd. 233, S. 96; Bd. 254, S. 293; Bd. 255, S. 187–194; Bd. 256, S. 76 ff.
Am 12. 4. 1940 wurde Morgenthau von Harry Dexter White unterrichtet: „The SS *Kanfai Maru* (Japanese), scheduled to sail from pier No. 3, Brooklyn, New York, April 16, 1940, will carry a reexport item of 336 slabs of Straits tin, valued at $ 16.128, consigned to Vladivostok via Kobe. *This is the first report we have received of shipments of strategic materials via Japan to Russia.* (Hervorhebung des Verfassers)." Morgenthau Diaries, Bd. 254, S. 67. Vgl. unten, S. 197, 217–218.

[54] Aufzeichnung Hulls, 12. 6. 1940, FR 1940, III, S. 316–317.

State Department auch, daß die sowjetische Regierung sich in den im April mit der britischen Regierung aufgenommenen Handelsgesprächen weigerte, eine befriedigende Zusicherung hinsichtlich indirekter Reexporte an das Deutsche Reich abzugeben,[55] und es war ebenfalls bekannt, daß die sowjetische Einfuhrorganisation Amtorg immer wieder mit allen möglichen Tricks versuchte, die amerikanischen Exportkontrollmaßnahmen zu unterlaufen.[56]

Aber in der Rußlandpolitik Washingtons im Frühjahr 1940 schlug sich auch Enttäuschung über das bisherige sowjetische Verhalten nieder. Die moralische Entrüstung über die Aggression gegen Finnland hielt in Öffentlichkeit und Regierung der USA über den Tag des Moskauer Friedensschlusses hinaus an.[57] Roosevelts sympathisches Interesse für die Sowjetunion war für Monate deutlich abgesunken, und im gleichen Maße gewannen jene Stimmen im State Department an Resonanz, die eine Beendigung des Leisetretens gegenüber der sowjetischen Regierung für angezeigt hielten. Die Verhaltensweise der letzten Monate hatte nicht einmal zu einer entgegenkommenden Haltung der Sowjets gegenüber legitimen Ansprüchen der USA geführt. Die Schwierigkeiten der amerikanischen Botschaft in Moskau im Verkehr mit sowjetischen Behörden boten hierfür fast täglich Beispiele.[58] Den im September 1939 in Ostpolen von der sowjetischen Besetzung überraschten amerikanischen Staatsangehörigen war – in neuerlicher Verletzung des Roosevelt-Litwinow-Abkommens – noch immer nicht gestattet worden, mit der amerikanischen Botschaft in Moskau in Kontakt zu treten, um die Ausreiseformalitäten zu erledigen. Man hatte auch seit Monaten vergeblich um die sowjetische Anerkennung amerikanischer Eigentumsansprüche im östlichen Polen gerungen.[59] Einundfünfzigmal hatte das State Department zwischen September 1939 und Frühjahr 1940 die sowjetische Regierung vergeblich aufgefordert, die Besitztümer freizugeben, die Botschafter Biddle bei seinem Verlassen polnischen Territoriums hinter den Linien der Roten Armee zurückgelassen hatte.[60] Und die amerikanische Regierung wartete

---

[55] *Woodward*, I, S. 109 f., 453 ff.; Thurston an Hull, 23. 5. 1940, FR 1940, I, S. 601–603; Aufzeichnung Feis', 28. 5. 1940, ibid., S. 603–604.

[56] Aufzeichnung Hendersons, 4. 4. 1940, FR 1940, III, S. 272; Aufzeichnung Youngs, 25. 4. 1940, Morgenthau Diaries, Bd. 257, S. 180–182.

[57] *Maddux*, S. 316–317.

[58] Aufzeichnung Hendersons, undatiert (Juli 1940), FR 1940, III, S. 339–340; FRSU, S. 914–918; *Bishop*, S. 87 ff.

[59] Thurston an Hull, 8. 5. 1940, FR 1940, III, S. 197–198; Hull an Thurston, 16. 5., ibid., S. 201–202; Aufzeichnung Hendersons, undatiert (Juli 1940), ibid., S. 336–338; Thurston an Hull, 26. 7. 1940, FR 1940, II, S. 146–147; Memorandum der amerikanischen Regierung für die sowjetische Regierung, 12. 8. 1940, FR 1940, I, S. 414–416; *Bishop*, S. 108–109, 132–133.

[60] Tagebucheintragung Moffats vom 17. 10. 1939, Moffat Diaries, Bd. 43; Aufzeichnung Pages, 17. 5. 1940, NA 123, Biddle, Anthony J. D./216; *Bishop*, S. 229.

noch immer auf die zur Zeit der Anerkennung vereinbarte Einrichtung eines Konsulats in Wladiwostok.[61]

Fast unmerklich lebte das alte Argument wieder auf, daß nichts für die amerikanisch-sowjetischen Beziehungen so entscheidend sei wie die Ausfüllung des durch das Roosevelt-Litwinow-Abkommen abgesteckten Rahmens durch die sowjetische Regierung.[62] Nicht die amerikanische Behinderung gewisser Ausfuhren in die Sowjetunion stehe am Grunde der gegenwärtigen Verstimmung zwischen Moskau und Washington, so gab Hull Anfang April Umanski zu verstehen, sondern die enttäuschende Einstellung der sowjetischen Regierung zu ihrem anläßlich der Anerkennung im November 1933 feierlich gegebenen Wort.[63] Adolf Berle gab dieser Stimmung in einem Memorandum, das er Ende Mai auf Geheiß Hulls und Moffats für das weitere Verhalten des State Department in Unterredungen mit Umanski zum Thema „Exportkontrollen" anfertigte, den klarsten Ausdruck:

> It might be pointed out that we are sick and tired of the pretense that the Russian government has nothing to do with propaganda activities here; of her attempts to sabotage a defense program; of her carrying on undercover espionage and engaging in internal American politics; of her mixing in Latin American politics; of her mixing in labor matters; of her whole farce of Russia's insisting that she be treated in all respects as a friendly nation while she left-handedly carries on a campaign plainly hostile to the system of this country, both in Russia and in the United States.
> Until there is, in good faith, an actual carrying out of the terms of the Roosevelt-Litwinov agreement, we have, specifically:
> (1) no interest whatever in assisting the Soviet government with our ships and resources;
> (2) no reason to permit a Soviet engineer, or any other kind of Soviet visitor, to visit our plants;
> (3) in requisitioning machine tools or forbidding exports of materials, no particular reason to give special consideration to Soviet needs; and
> (4) every reason to take obvious measures for internal and external defense, exactly as the Soviet government has done, including defense against Soviet intrigues.
> The intimation might be made to Oumansky that Russia might initiate, if she cared to do so, a frank and decent policy of orderly relations, in which case she would be promtly and cordially met on the same terms.[64]

Zwei Wochen später bewegte sich Hull in einer längeren Unterredung mit Umanski genau auf dieser Marschlinie. Die gegenwärtigen sowjetischen Klagen, so Hull, seien im Vergleich zu den amerikanischen Beschwerden gegen die sowjetischen Verletzungen des Roosevelt-Litwinow-Abkommens

---

[61] Aufzeichnung Hendersons, undatiert (Juli 1940), FR 1940, III, S. 338–339.
[62] Vgl. oben, S. 9–10.
[63] Aufzeichnung Hulls, 2. 4. 1940, FR 1940, III, S. 266–267.
[64] Aufzeichnung Berles, 29. 5. 1940, NA 711.61/732 1/2. Siehe auch die bei *Bishop*, S. 230 auszugsweise wiedergegebene Aufzeichnung Welles' aus den gleichen Tagen.

von völlig untergeordneter Bedeutung. „I said that I was surprised, in the existing far-reaching exigencies, to see his Government engaging in such small topics of controversy", vermerkte der amerikanische Außenminister in einer Aufzeichnung über das Gespräch. Offenkundig lag ihm der Gedanke, daß die amerikanische Regierung angesichts der internationalen Entwicklung initiativ sein müsse, um unter kompromißbereiter Hintansetzung der handelspolitischen Kontroversen eine weltpolitische Kooperation mit der Sowjetunion anzustreben, im Augenblick ziemlich fern. „This Government", so schloß er die Unterredung, „would be glad whenever Russia should see fit to return to a set of policies that would make possible the fuller development of the relations of peace and mutually profitable cooperation in every practicable way."[65]

Vor allem neigte man in Washington im Frühjahr 1940 hinsichtlich der Erwartung, das deutsch-sowjetische Bündnis in absehbarer Zeit ernsthaft beeinflussen zu können, stärker als in den vorangegangenen Monaten zur Skepsis. Der Hitler-Stalin-Pakt hatte sogar die Bewährungsprobe des finnischen Konflikts gut überstanden.[66] Nach den deutschen Erfolgen in Westeuropa und der schwächlichen Vorstellung der Roten Armee im Winterkrieg wurde es im Weißen Haus und im State Department erst recht für unwahrscheinlich gehalten, daß Stalin an einen Wechsel der Koalition denken könnte.[67] Für Roosevelt war es Ende Mai eine feststehende Tatsache, daß „practically the whole of Europe is falling into the hands of a combination headed by the Nazi school of thought and school of government with a pretty close association and affiliation with the Communist school of thought and school of government".[68] Er meditierte zuweilen laut über mögliche deutsch-sowjetische Welteroberungspläne.[69] In maßgeblichen militärischen Kreisen glaubte man zeitweise eine bis Sibirien reichende militärische Zusammenarbeit zwischen der Sowjetunion und Deutschland zu erkennen und beeilte sich, sich auf einen sowjetischen Überraschungsschlag gegen Alaska vorzubereiten.[70]

Für den seit dem 10. Mai im Amt befindlichen neuen britischen Premier-

---

[65] Aufzeichnung Hulls, 12. 6. 1940, FR 1940, III, S. 315–319.
[66] Division of European Affairs, Wochenbericht vom 18. 1. 1940, NA 740.0011 E. W. 1939/1438.
[67] *Hull*, I, S. 806 ff., 811; *Langer/Gleason*, Challenge, S. 378–379.
[68] Roosevelt Press Conferences, Nr. 645 vom 23. 5. 1940, Bd. 15, S. 360. Siehe auch PL, S. 1041.
[69] Roosevelt Press Conferences, Nr. 647 vom 30. 5. 1940, Bd. 15, S. 414.
[70] Memorandum des Department of War für Roosevelt, 11. 4. 1940, Roosevelt Papers, OF 400-Alaska; *Watson*, Prewar Plans, S. 80–81, 165, 453–458; Morgenthau Diaries, Bd. 286, S. 89. Das Bekanntwerden der amerikanischen Besorgnisse löste zusätzliche sowjetische Verstimmung aus, siehe Aufzeichnung Hendersons, 7. 8. 1940, FR 1940, III, S. 359; Hull an Steinhardt, 3. 10. 1940, ibid., S. 390. Gerüchte über sowjetische Angriffsabsichten gegen Alaska machten bis zum

minister Winston Churchill, der, stark von optimistischen Lagebeurteilungen Sir Stafford Cripps' beeinflußt, darauf baute, daß das Unbehagen der Sowjets über die Zukunft ihres Verhältnisses zu Deutschland mit den Erfolgen Hitlers in Westeuropa zunehmen müsse, gab es ein ernüchterndes Erwachen. Die britische Rußlandpolitik vom Herbst 1939 wiederaufnehmend, hegte er im Gegensatz zu den amerikanischen Schätzungen die Hoffnung, in Moskau angesichts der schwerwiegenden Machtverschiebungen in Westeuropa für die Auffassung, eine Allianz der europäischen Flügelmächte gegen das übermächtig werdende Deutsche Reich sei das Gebot der Stunde, offenere Ohren zu finden als je zuvor. Er ordnete diesem Ziel vorübergehend die handelspolitischen Interessen Großbritanniens unter und hielt Ende Juni die Zeit für gekommen, Stalin ohne Umschweife einen kompletten Bündniswechsel vorzuschlagen. Der sowjetische Diktator zeigte sich indes, als der eilends zum Botschafter in Moskau ernannte Cripps am 5. Juli im Kreml dieses Anliegen zur Sprache brachte, gelassen. In der Tat, so gab er den Briten zu verstehen, bringe auch nach seiner Meinung ein vollständiger Sieg Hitlers in Westeuropa die Sowjetunion in eine gefährliche Lage. Daher beschränke die sowjetische Regierung schon aus eigenem Interesse ihre Materiallieferungen an Deutschland auf das Notwendigste, ohne jedoch, angesichts der militärischen Stärkeverhältnisse, einen Konflikt mit Deutschland in die Überlegungen einbeziehen zu können. Die sowjetische Regierung gehe bewußt das Risiko ein, den deutschen Armeen nach einem eventuellen Untergang Englands allein gegenüberzustehen, denn Deutschland würde zweifellos stark geschwächt aus dem westeuropäischen Kriege hervorgehen, es sei fraglich, ob Hitler das deutsche Volk dann von der Notwendigkeit noch eines weiteren Krieges überzeugen könne, und inzwischen habe die Sowjetunion auf jeden Fall Zeit, weiter aufzurüsten.[71]

Auf amerikanischer Seite beobachtete man die britischen Aktivitäten von Anfang an mit deutlicher Reserve. Steinhardt erblickte in jeder entgegenkommenden Geste der Sowjets gegenüber den Westmächten ein durchsichtiges Manöver, das den Zweck verfolgte, ohne Gegenleistungen handelspolitische Konzessionen zu erlangen; dahinter stecke nicht weniger, sondern mehr sowjetisch-deutsche Kooperation.[72] Als Ende Mai Botschafter Bullitt im Pariser Quai d'Orsay gefragt wurde, ob die amerikanische Regierung nicht zur Unterstützung der britischen Politik an die Sowjets mit dem Vorschlag

---

Vorabend des deutschen Angriffs auf die Sowjetunion gelegentlich die Runde, siehe Pressekonferenz des Department of State Nr. 15 vom 3. 2. 1941, Hull Papers, Box 124; Lyons an Roosevelt, 6. 6. 1941, Roosevelt Papers, OF 220-A Russia 1940/41, Box 6.

[71] *Churchill*, II, S. 119–120; *Woodward*, I, S. 453–471; *Eric Estorick*, Stafford Cripps. A Biography (Melbourne–London, Heinemann, 1949), S. 235 ff.; FR 1940, I, S. 601–607; *Langer/Gleason*, Challenge, S. 639 ff., 723 ff.

[72] Steinhardt an Hull, 17. 1., 28. 3. 1940, FR 1940, I, S. 540, 596; 20. 3., FR 1940, III, S. 188–189; 15. 4. 1940, NA 761.62/661; *Langer/Gleason*, Challenge, S. 641 ff.

herantreten könne, die neutrale Sowjetunion möge sich in ihrem eigenen Interesse ebenso wie die neutralen Vereinigten Staaten von Amerika jeglicher Materiallieferungen an das kriegführende Deutsche Reich enthalten, äußerte Bullitt spontan Zweifel über die Nützlichkeit eines solchen Schrittes.[73] Hull bestätigte ihm postwendend, daß in Washington die Meinung vorherrsche, „on the basis of such information as we possess regarding the present position of the Soviet Union, that a démarche such as that suggested would serve no useful purpose just now".[74] Auch Roosevelt hielt die britischen Bemühungen für völlig aussichtslos.[75] Größer als die Hoffnung auf eine grundsätzliche Änderung der sowjetischen Europapolitik war in Washington zu dieser Zeit das Vertrauen in die Fähigkeit der Westmächte, notfalls Großbritanniens allein, sich auch ohne sowjetische Schützenhilfe gegen die deutsche Militärmaschinerie behaupten zu können, sofern nur genügend amerikanische Materialhilfe zur Verfügung gestellt würde.[76] Die amerikanische Antwort auf den Vormarsch der Achsenmächte in Westeuropa war nicht ein Bemühen um Annäherung an die Sowjetunion, sondern Roosevelts Versprechen von Charlottesville.[77]

Am 18. Juni, einen Tag nachdem Marschall Pétain den deutschen Führer um einen Waffenstillstand ersucht hatte, legte Lord Lothian, der britische Botschafter in Washington, Unterstaatssekretär Welles dar, die britische Regierung habe den Eindruck, daß den Sowjets an einer Verbesserung ihrer Beziehungen zu den Vereinigten Staaten sehr gelegen sei; es wäre daher für die britische Annäherungspolitik sicher hilfreich, wenn die amerikanische Regierung der sowjetischen Führung die Mitteilung machen würde, sie habe alles Interesse an der Aufrechterhaltung des europäischen Mächtegleichgewichts und sehe engere sowjetisch-britische Beziehungen als eine wesentliche Voraussetzung dafür an. Welles erwiderte, nach Ansicht des State Department würde die amerikanische Regierung, wollte sie die Sowjets von der Ernsthaftigkeit ihres Verständigungswillens überzeugen, eine Reihe praktischer Vorleistungen erbringen müssen. Moskau würde zum Beispiel darauf bestehen, daß man in Washington sämtliche Exportkontrollen für den Rußlandhandel aufhebe, daß amerikanische Ölfirmen wieder ungestört Raffinerien in der Sowjetunion bauen könnten und daß sowjetische Techniker ohne jede Einschränkung Zugang zur amerikanischen Rüstungsproduktion bekämen. Die britische Regierung müsse verstehen, daß es augenblicklich nicht die Politik der amerikanischen Regierung sei, auf derartige Wünsche der Sowjets einzugehen.[78] – –

---

[73] Bullitt an Hull, 21./22. 5. 1940, FR 1940, I, S. 600, 601.
[74] Hull an Bullitt, 21. 5. 1940, ibid., S. 600–601; *Hull*, I, S. 806–807.
[75] *Ickes*, III, S. 200–201.
[76] Siehe *Divine*, Roosevelt and World War II, S. 31–32.
[77] Siehe oben, S. 107.
[78] Aufzeichnung Welles', 18. 6. 1940, FR 1940, III, S. 321–322.

Mit der militärischen Okkupation der drei baltischen Staaten sowie Bessarabiens und der nördlichen Bukowina durch die Rote Armee im Juni 1940 geriet das Verhältnis der USA zur Sowjetunion vollends in eine Sackgasse. Die Besetzung eines Teils Rumäniens drohte den Krieg in den Balkanraum hineinzutragen.[79] Und ebenso wie die Aggression gegen Finnland verstieß die sowjetische Okkupation und einen Monat später die Annexion Estlands, Lettlands, Litauens, Bessarabiens und besonders der nördlichen Bukowina, die historisch niemals zu Rußland gehörte hatte, gegen die moralische Tradition der amerikanischen Außenpolitik.[80] Die allgemeine Entrüstung über das sowjetische Vorgehen ließ in der amerikanischen Öffentlichkeit und Regierung wenig Raum für eine Würdigung der möglichen strategischen Motive der Kremlführung.[81]

In dieser vollends verfahrenen Situation des amerikanisch-sowjetischen Verhältnisses befand Loy Henderson, in einer Aufzeichnung über die möglichen amerikanischen Reaktionen auf das sowjetische Vorgehen im Baltikum, es für notwendig, eine grundsätzliche Frage aufzuwerfen:

> Is the Government of the United States to apply certain standards of judgment and conduct to aggression by Germany and Japan which it will not apply to aggression by the Soviet Union? In other words, is the Government of the United States to follow one policy with respect to, say Czechoslovakia, Denmark, and German-occupied Poland, and another policy with respect to Latvia, Estonia, Lithuania, and Finland ...? Is the United States to continue to refuse the fruits of aggression regardless of who the aggressor may be, or for reasons of expediency to close its eyes to the fact that certain nations are committing aggression upon their neighbors? If our Government at this juncture desires to take no step which might arouse the displeasure of the Soviet Union it would possibly be wise for it to overlook the present Soviet aggressive acts in the Baltic States ...[82]

---

[79] Am 31. 5. 1940 hatte in Moskau Thurston gegenüber Molotow Besorgnisse des State Department zum Ausdruck gebracht „at reports which it [the United States Government] has been receiving of the possibility of the extension of the war into the Balkans", und um Aufklärung über die sowjetischen Absichten gebeten. Siehe Gunther an Hull, 27. 5. 1940, FR 1940, I, S. 468; Hull an Thurston, 29. 5., ibid., S. 469–470; Thurston an Hull, 31. 5., FR 1940, III, S. 304–305; 1. 6., FR 1940, I, S. 470–472; Hull an Gunther, 7. 6. 1940, ibid., S. 473.
Hinsichtlich der sowjetischen Annexion Bessarabiens und der nördlichen Bukowina hielt man sich in Washington mit offiziellen Reaktionen merklich zurück. Die amerikanische Regierung hatte die Souveränität Rumäniens über Bessarabien niemals *de iure* anerkannt, jedoch, vor der Anerkennung der Sowjetunion im Frühjahr 1933, *de facto* durch konkludente Handlung. Siehe FR 1933, II, S. 656–682, besonders Hull an Roosevelt, 12. 4. 1933, ibid., S. 680–681.
[80] Zur sowjetischen Besetzung des Baltikums sowie Bessarabiens und der nördlichen Bukowina siehe FR 1940, I, S. 357 ff., 444 ff.
[81] *Maddux*, S. 324–325.
[82] Aufzeichnung Hendersons, 15. 7. 1940, FR 1940, I, S. 390.

Doch Roosevelt und Hull waren jetzt für Rücksichtnahmen auf eine mögliche sowjetische Verstimmung nicht zu haben. Unmittelbar nach der „Volksabstimmung" in den baltischen Staaten über deren künftige Zugehörigkeit zur Union der Sozialistischen Volksrepubliken bekam die sowjetische Regierung die unangenehme Wirkung der amerikanischen Nichtanerkennung voll zu spüren. Noch am 15. Juli sperrte das Schatzministerium die in den USA befindlichen Guthaben Estlands, Lettlands und Litauens und beschränkte ihre Verfügbarkeit auf den Unterhalt der baltischen Vertretungen in den USA und einigen anderen Staaten.[83] Wenig später wurden die in amerikanischen Häfen ankernden baltischen Schiffe beschlagnahmt, auf die die Sowjets wegen der bestehenden Charterschwierigkeiten offensichtlich ein besonderes Auge geworfen hatten.[84] Am 20. Juli überreichte Losowski im Kreml Steinhardt eine scharfe Protestnote der sowjetischen Regierung.[85] Während eine amerikanische Antwort darauf auf sich warten ließ,[86] machte Sumner Welles am 23. Juli dem Unmut Washingtons in einer Presseerklärung Luft:

> During these past few days the devious processes whereunder the political independence and territorial integrity of the three small Baltic Republics – Estonia, Latvia, and Lithuania – were to be deliberately annihilated by one of their more powerful neighbors, have been rapidly drawing to their conclusion ...
> The policy of this Government is universally known. The people of the United States are opposed to predatory activities no matter whether they are carried on by the use of force or by the threat of force. They are likewise opposed to any form of intervention on the part of one State, however powerful, in the domestic concerns of any other sovereign State, however weak ...[87]

Vier Tage später erklärte Welles dem sowjetischen Botschafter unzweideutig, die amerikanische Regierung könne einen prinzipiellen Unterschied zwischen deutscher und sowjetischer Aggressivität nicht erkennen.[88] Die amerikanischen Missionen in Reval, Riga und Kowno wurden unter Protest zurückgezogen.[89]

Am 1. August nahm Molotow das Wort. „Ich will mich nicht bei unseren Beziehungen zu den Vereinigten Staaten von Amerika aufhalten", so beendete er vor dem Obersten Sowjet eine Rede zur weltpolitischen Situation, „aus dem einfachen Grunde, weil es darüber nichts Gutes zu berichten gibt.

---

[83] Bulletin, III (1940), S. 33.
[84] Aufzeichnung Hendersons, 15. 7. 1940, FR 1940, I, S. 391–392. Siehe auch ibid., S. 392, Anm. 80.
[85] Thurston an Welles, 20. 7. 1940, FR 1940, I, S. 395–397.
[86] Eine ausführliche Antwortnote wurde der sowjetischen Regierung am 12. 8. in Moskau übergeben, siehe Welles an Thurston, 9. 8. 1940, FR 1940, I, S. 410–416.
[87] Bulletin, III (1940), S. 48.
[88] Aufzeichnung Welles', 27. 7. 1940, FR 1940, III, S. 329–330.
[89] Siehe FR 1940, I, S. 416 ff.

Wir haben erfahren, daß es in den USA gewisse Leute gibt, die über die Erfolge der sowjetischen Außenpolitik im Ostseeraum nicht glücklich sind. Aber dies kümmert uns offen gestanden wenig, denn wir werden unsere Aufgaben auch ohne die Hilfe dieser verärgerten Herrschaften bewältigen. Wir haben allerdings energisch dagegen protestiert, daß die amerikanischen Behörden in ungesetzlicher Weise eine Transfersperre über die Guthaben verhängt haben, die unsere Staatsbank kürzlich den Banken Litauens, Lettlands und Estlands abgekauft hat. Wir können die Regierung der Vereinigten Staaten und die britische Regierung, die zu derselben Maßnahme gegriffen hat, nur daran erinnern, daß sie für diese illegalen Handlungen die Verantwortung tragen." [90]

Es war ein kühles Frühjahr gewesen.

---

[90] *Degras*, III, S. 468; Übersetzung des Verfassers. Siehe auch die Ausführungen Mikoyans gegenüber Thurston am 30. 7. 1940, FR 1940, III, S. 446–449.

III. JULI 1940 – JUNI 1941

6. AUFTAKT DER WELLES-UMANSKI-GESPRÄCHE

Molotow sprach indessen seinen sarkastischen Kommentar zu den sowjetisch-amerikanischen Beziehungen am 1. August 1940 in einem Augenblick, als sich bereits ein Umschwung in der Haltung Washingtons gegenüber Moskau anbahnte. Das State Department hatte fünf Tage zuvor, als die scharfe Presseerklärung zur Annexion des Baltikums kaum verhallt war, versöhnliche Töne angeschlagen.

Unterstaatssekretär Welles, in Abwesenheit Hulls vertretungsweise die Geschäfte des amerikanischen Außenministeriums leitend, informierte am 27. Juli Botschafter Umanski über die Verordnung des Präsidenten vom Vortage, mit der im Hinblick auf die besorgniserregend anwachsenden Rohstoffkäufe Japans in den USA der Export von Flugzeugbenzin, Schmiermitteln und schwer schmelzbarem Eisen- und Stahlschrott einer allgemeinen Lizenzpflicht unterstellt worden war.[1] Umanski nahm diese Mitteilung zum Anlaß für erneute Klagen über die diskriminierende Behandlung, der sich die Sowjetunion in ihren Handelsbeziehungen mit den Vereinigten Staaten ausgesetzt sehe. Welles antwortete wie üblich mit Hinweisen auf das Sicherheitsinteresse der USA, auf die jüngst bekanntgemachte Politik der vorrangigen Belieferung Großbritanniens und auf die fortwirkende Empörung der amerikanischen Öffentlichkeit über die sowjetische Bombardierung der finnischen Zivilbevölkerung. Doch dann gab der Unterstaatssekretär dem Gespräch eine unerwartete Wendung. Auch die amerikanische Regierung, so führte er aus, könne ihrerseits eine Reihe von Beschwerden vorbringen, etwa über die diskriminierende Behandlung amerikanischer Staatsbürger durch sowjetische Behörden. Es scheine ihm daher sinnvoll zu sein, daß der Botschafter und er selbst sich möglichst bald einmal zusammensetzten, um gemeinsam in aller Ruhe die von beiden Seiten erhobenen Vorwürfe Punkt für Punkt durchzusprechen, „in order that we might thresh the whole question out". Es sei doch sehr bedauerlich, daß sich ausgerechnet an dem kritischen Punkt, an dem die Weltgeschichte nun angekommen sei, die Beziehungen zwischen zwei so bedeutenden Mächten wie den USA und der Sowjetunion ständig weiter verschlechterten. Wäre es nicht zukunftweisender und im höheren Interesse des amerikanischen und des russischen Volkes, wenn sich die beiden

---
[1] Bulletin, III (1940), S. 49.

Regierungen in freundschaftlicher Weise über ihre Differenzen zu einigen versuchten, damit sie dann gemeinsam ihre Anstrengungen gegen die Anarchie richten könnten, die die zivilisierte Welt zugrunde zu richten drohe, und damit sie sich gemeinsam bemühen könnten, die Ordnung der Welt und die Freizügigkeit des Handels wiederherzustellen?

Der Unterstaatssekretär wurde noch deutlicher. Mit großem Bedauern, so fuhr er fort, habe seine Regierung zur Kenntnis genommen, daß die sowjetische Regierung seit einem Jahr von ihrer früheren Politik „to maintain the cause of world peace, to uphold the principle of the right of free and independent peoples to have their independence and territorial integrity held inviolate" so vollständig abgewichen sei. Unzweifelhaft würden in den kommenden Monaten und Jahren auf die Sowjetunion vielfache Gefahren zukommen. Es scheine ihm daher, daß es für die sowjetische Regierung logisch sein müßte „to desire to obtain more friendly relations with a government like the United States from which it never had and never would have anything to fear, rather than to pursue a policy which necessarily must result in a deterioration of the relations between the United States and Russia".

An dieser Stelle wurde Welles von Umanski unterbrochen, der darum bat, für einen Augenblick inoffiziell reden zu dürfen. Die Erklärung des State Department vom 23. Juli über das sowjetische Vorgehen gegen die baltischen Staaten sei von Volk und Regierung der UdSSR mit großem Unwillen aufgenommen und als sehr verletzend empfunden worden; vor allem seien in ihr die Tatsachen nicht richtig wiedergegeben worden. Die sowjetische Aktion hätte eigentlich in Amerika eher auf Beifall stoßen müssen, da sie die Gefahr des Faschismus in den baltischen Staaten beseitigt habe. Erkenne denn die amerikanische Regierung nicht einen grundsätzlichen Unterschied zwischen der freien Willensbekundung der baltischen Völker, sich angesichts der Gefahr des Faschismus in die schützende Obhut der Sowjetunion zu begeben, „as a result of which they would obtain the blessings of liberal and social government", und andererseits den militärischen Invasionen und Okkupationen deutscher Prägung? Welles stellte sofort klar, daß er in diesem Punkte allerdings nicht bereit sei, mit sich handeln zu lassen. Seine Erklärung vom 23. Juli gebe die wohlerwogene Meinung der amerikanischen Regierung wieder, deren Sympathie für die Freiheit und die Unabhängigkeit aller Völker, und deren Gegnerschaft gegen jede Art von politischem und militärischem Zwang von jeher aller Welt bekannt sei. Sie werde fortfahren, gegen jede Aggression, von welcher Seite auch immer sie ausgelöst werde, zu protestieren. Welles schlug vor „to regard the question as one upon which we agreed to disagree".

Mißmutig ließ Umanski das Thema fallen. Er glaube, so erklärte er schließlich, daß er für seine Regierung das Angebot, in dem von Welles abgesteckten Rahmen klärende Unterredungen über die beiderseitigen

Schwierigkeiten zu führen, annehmen könne. Freilich wollte er zwei Voraussetzungen geklärt wissen. Erstens müsse der amerikanisch-sowjetische Handel wieder auf eine für die Sowjetunion erträglichere Basis zurückgeführt werden. Zweitens könnten amerikanisch-sowjetische Gespräche zur Verbesserung der beiderseitigen Beziehungen nur dann erfolgversprechend sein, wenn sie von vornherein unabhängig von der Politik einer der beiden Regierungen dritten Mächten gegenüber geführt würden. Welles stimmte sofort zu: die besonderen Beziehungen Moskaus zu Berlin und Washingtons zu London sollten nicht Gegenstand amerikanisch-sowjetischer Gespräche sein. Beide Bedingungen seien für die amerikanische Regierung akzeptabel.

Bevor Sumner Welles den sowjetischen Botschafter entließ, erinnerte er ihn an die siebenjährige Geschichte der diplomatischen Beziehungen zwischen den Vereinigten Staaten und der Sowjetunion. Nach amerikanischer Überzeugung habe sich die sowjetische Regierung an die Zusagen, die Litwinow Präsident Roosevelt im November 1933 gemacht habe, nicht gehalten. Nur wenn bei dem ins Auge gefaßten Meinungsaustausch beide Seiten volles Vertrauen in die redlichen Absichten des Gesprächspartners haben könnten, dürfe man auf befriedigende Ergebnisse hoffen. Abschließend bat Welles den Botschafter, sich darauf einzustellen, daß er ihn bereits in wenigen Tagen zu einer ersten gründlichen Prüfung der von beiden Seiten erhobenen Beschwerden wieder ins State Department bitten werde.[2]

Mit diesem Gespräch begann eine Episode der amerikanisch-sowjetischen Beziehungen, die in besonderem Maße durch häufige, in unregelmäßigen Abständen stattfindende Aussprachen zwischen Unterstaatssekretär Welles und Botschafter Umanski gekennzeichnet war. Zwischen August 1940 und April 1941 trafen beide etwa zwei Dutzend Mal zu langen Unterredungen zusammen, um in zäher Kleinarbeit ein Problem der beiderseitigen Beziehungen nach dem anderen aufzugreifen und Lösungen zu erarbeiten.[3] Besonders intensiv gestaltete sich die Gesprächsrunde, die unmittelbar nach Welles' Anregung im August 1940 zustande kam.[4] Am 1. August fand eine erste mehrstündige Unterredung statt, zu der auf den Wunsch des Unterstaatssekretärs auch James Dunn und Loy Henderson hinzugezogen wurden. In dieser und in den beiden folgenden Unterredungen am 7. und 12. August entwickelte sich zunächst ein ungewöhnlich freundliches Verhandlungsklima. Das Eis schmolz auf beiden Seiten mit erstaunlicher Geschwindigkeit, und es

---

[2] Aufzeichnung Welles', 27. 7. 1940, FR 1940, III, S. 327–331.
[3] In den Akten des State Department befindet sich eine Zusammenstellung aller im Zusammenhang mit den sogenannten „Welles-Umanski-Gesprächen" entstandenen Schriftstücke, NA, Record Group 59, Office of Eastern European Affairs, USSR Section, 1917–1940: „Welles-Oumansky Conversations and Related Memoranda, June 1940–April 1941". Zahlreiche Aufzeichnungen sind abgedruckt in FR 1940, III, S. 331 ff. und in FR 1941, I, S. 667 ff.
[4] Aufzeichnungen Hendersons vom 1./7./12./15. 8. 1940, FR 1940, III, S. 340–348, 348–362, 362–369, 371–379. Siehe Anm. 3.

schien für einen Moment, als wollten sich die Beamten des State Department und der Botschafter der UdSSR gegenseitig an Verständigungswilligkeit überbieten. Welles griff in der ersten Unterredung eine frühere sowjetische Forderung auf, derzufolge die für die Sowjetunion und Osteuropa bestimmten Postsendungen aus Amerika statt wie üblich über den Atlantik und Westeuropa via Pazifik und Wladiwostok befördert werden sollten; die amerikanischen Postbehörden seien nunmehr angewiesen worden, so teilte er Umanski mit, die Pazifik-Route zu benutzen, „regardless of the fact that it would probably cost the American Government much more". Umanski zierte sich. Er sei überrascht, wie reibungslos in jüngster Zeit der Postverkehr zwischen Washington und Moskau funktioniert habe; gegebenenfalls würde sich die sowjetische Regierung daher auch mit der Fortsetzung des bisherigen amerikanischen Verfahrens einverstanden erklären können.[5] Nach dem zweiten Gespräch am 7. August erklärte der sowjetische Botschafter, er sei so erfreut über den Geist, in dem sich die beiderseitige Aussprache entwickle, daß er es nun für richtig halte, seinen Beschwerdekatalog von 15 auf 9 Punkte zusammenzustreichen.[6] Welles revanchierte sich, indem er Umanski bei der Besprechung unerfüllbarer sowjetischer Forderungen tröstete „that in his [Welles'] opinion it would be wise, during the course of these discussions, not to consider anything as a closed book".[7]

Aber diese erste Phase der Gespräche erbrachte nur eine Scheinblüte. Die langen, von Loy Henderson niedergeschriebenen Verhandlungsprotokolle lassen erkennen, wie in den weiteren vier Unterredungen, die während des August 1940 im State Department stattfanden, die Euphorie des Anfangs bei dem sowjetischen Botschafter bald einem nüchternen Geschäftston wich. Im gleichen Maße tritt in den Protokollen die Grundstruktur der sogenannten „Welles-Umanski-Gespräche" klarer hervor: die amerikanische Seite war daran interessiert, den Sowjets entgegenzukommen, nicht umgekehrt. Der Motor der Unterredungen war das einseitige Bemühen Sumner Welles', die Friktionselemente im amerikanisch-sowjetischen Verhältnis abzubauen. Die von ihm angeregte Aussprache über beiderseitige Beschwerden lief in der Praxis darauf hinaus, daß fast ausschließlich dem sowjetischen Botschafter Gelegenheit gegeben wurde, die Gravamina seiner Regierung und die damit verbundenen Forderungen vorzutragen. Die Beamten des State Department unternahmen in allen Fällen ernsthafte Anstrengungen, den sowjetischen Postulaten zu entsprechen, und ermöglichten durch bemerkenswerte Konzessionen Teillösungen selbst in Fragen, die wesentliche Interessen der USA tangierten.

Dies bedeutete nicht, daß das State Department seine bisherigen Positionen

---

[5] FR 1940, III, S. 334–335, 345, 348–349, 363, 389.
[6] Aufzeichnung Hendersons, 7. 8. 1940, ibid., S. 361–362.
[7] Ibid., S. 351.

völlig preisgab. Aber es war bereit, eine Reihe von Fragen insbesondere wirtschaftlicher und handelspolitischer Natur unter einem neuen Licht zu betrachten. So setzte es sich zum Beispiel nun gegenüber dem Marineministerium dafür ein, daß in der Frage des Aufenthalts sowjetischer Ingenieure in amerikanischen Flugzeugfabriken „some kind of a friendly gesture" erfolgte: mit gewissen Einschränkungen erhielten die sowjetischen Techniker wieder Zutritt zu den Montagehallen.[8] Auch für die Entscheidungen der Maritime Commission hatte der Wunsch des Department of State mit einem Male wieder Gewicht: während Anfang August sämtliche japanischen Anträge auf amerikanische Charterschiffe abgelehnt wurden, teilte Welles auf Umanskis Klagen nunmehr mit, daß „Soviet agencies would probably not encounter any more difficulties with respect to tankers since for the present, at least, tankers seemed to be available for the run between American and Soviet Pacific ports".[9] Bereitwillig stellte das State Department nach Rücksprache mit dem Schatzministerium auch in Aussicht, in einem von den Sowjets gewünschten Notenwechsel zu erklären, daß die amerikanische Regierung nicht beabsichtige, gegen vermehrte Goldimporte aus der UdSSR, die zum Ausgleich der sowjetisch-amerikanischen Handels- und Zahlungsbilanz notwendig geworden waren, diskriminierende Maßnahmen zu ergreifen.[10] Und während es zwar grundsätzlich die Politik Washingtons blieb, die Tätigkeit amerikanischer Ölingenieure in der Sowjetunion zu unterbinden, suchte man im State Department nach Möglichkeiten, wie amerikanische Firmen sich weiter an der Projektierung sowjetischer Raffinerien beteiligen könnten, ohne daß es notwendig würde, eigene Fachleute in die Sowjetunion zu entsenden.[11]

Zu längeren Diskussionen kam es demgegenüber in der Frage der Exportrestriktionen im Werkzeugmaschinen-Sektor. Der sowjetische Botschafter beharrte auf Maximalforderungen. Er verlangte von der amerikanischen Regierung eine hundertprozentige Auslieferung der beschlagnahmten Werkzeugmaschinen und weigerte sich, Rückkaufsangeboten der amerikanischen Behörden näherzutreten. Er forderte die völlige Gleichbehandlung der sowjetischen und der britischen Bestellungen, Verzicht auf rückwirkende Anwendung des Exportkontrollgesetzes und unkündbare Liefergarantien für neue sowjetische Aufträge. Welles entschuldigte die Unmöglichkeit, solchen Forderungen zu entsprechen, mit der unabdingbaren Notwendigkeit der amerikanischen Aufrüstung. Doch im Rahmen ihrer Zuständigkeiten taten

---

[8] Ibid., S. 353–354, 370–371, 377, 389.
[9] Ibid., S. 332–333, 344–345, 349, 389. Vgl. Thomsen an das Auswärtige Amt, 11. 8. 1940, ADAP, D, X, Nr. 327.
[10] FR 1940, III, S. 352–353, 369, 376–377, 389; Morgenthau Diaries, Bd. 291, S. 57–69; Bd. 304, S. 17–19; Bd. 305, S. 16 ff.
[11] Aufzeichnung Hendersons, undatiert (Juli 1940), FR 1940, III, S. 333–334; Hull an Steinhardt, 3. 10. 1940, ibid., S. 390.

der Unterstaatssekretär und seine Mitarbeiter alles, um auch diese Kontroverse zu entspannen. In Zukunft werde es die Politik der amerikanischen Regierung sein, so versicherte Welles dem Botschafter am 15. August, „in administering the export license law and regulations, to cause a minimum amount of inconvenience to Soviet purchasing agencies". Das State Department sorgte dafür, daß eine größere Zahl der bereits beschlagnahmten Werkzeugmaschinen wieder zur Ausschiffung in die Sowjetunion freigegeben wurde. War Anfang August 1940 aufgrund der amerikanischen Beschlagnahmungs- und Lizenzierungspolitik die Ausfuhr von Werkzeugmaschinen in die Sowjetunion fast völlig zum Erliegen gekommen, so wurde am Ende des Monats nur noch etwa jede vierte Maschine von den Kontrolleuren des Marine- und des Schatzministeriums requiriert.[12]

Auch in die Frage der Aufhebung des Moralischen Embargos kam Bewegung. Umanski drängte, der Ausfall der technischen Hilfe beim Aufbau von Raffinerien sowie der Exportstop für Flugzeuge und Flugzeugteile habe die sowjetische Rüstungswirtschaft nachhaltig getroffen; schwerer noch wiege, daß infolge des Fortbestehens des Moralischen Embargos in den Augen amerikanischer Geschäftsleute nun anscheinend jeglicher Handel mit der Sowjetunion das Stigma der Unmoral erhalte. Welles nahm den Standpunkt ein, die Verkündigung des Moralischen Embargos habe seinerzeit eine einseitige Reaktion der amerikanischen Regierung auf ein bestimmtes Verhalten gewisser anderer Regierungen dargestellt, daher könne diese Maßnahme auch nur durch eine einseitige Willenserklärung der amerikanischen Regierung wieder aufgehoben werden. Sie könne nicht Gegenstand bilateraler Verhandlungen und somit nicht Inhalt der gegenwärtigen Aussprache sein. Aber, so stellte der Unterstaatssekretär nun in Aussicht, sollten sich für die übrigen zur Diskussion stehenden Probleme befriedigende Lösungen finden lassen, so werde sich die amerikanische Regierung möglicherweise bereitfinden, das Moralische Embargo öffentlich für nichtig zu erklären, vorausgesetzt freilich, daß „the conditions which were responsible for the decision to declare it should no longer obtain".[13]

Schließlich versuchte Umanski mehrfach, die baltische Frage doch noch auf die Tagesordnung zu bringen. Welles lehnte dies jedesmal mit dem Bemerken ab, die USA könnten die Eingliederung Estlands, Lettlands und Litauens in die UdSSR auf keinen Fall anerkennen und daher der sowjetischen Regierung auch nicht die Verfügung über die in den Vereinigten Staaten befindlichen baltischen Guthaben, Schiffe und diplomatischen und

---

[12] Siehe die Aufzeichnungen Hendersons vom 26. 7. 1940, o. D. (Juli 1940), 1./7./12./15. 8. 1940, FR 1940, III, S. 324–327, 331, 340–343, 350–351, 363–367, 372–376; Hull an Steinhardt, 3. 10. 1940, ibid., S. 390.

[13] Aufzeichnungen Hendersons, 1./7./12./15. 8. 1940, ibid., S. 345–346, 352, 367–368, 376; Hull an Steinhardt, 3. 10. 1940,. ibid., S. 390.

konsularischen Vertretungen zugestehen.¹⁴ In eben diesen Tagen jedoch verlegte das amerikanische Department of State allen Bestrebungen den Weg, in den USA baltische Exilregierungen einzurichten.¹⁵

Als die erste Gesprächsserie zwischen Sumner Welles und Botschafter Umanski in den letzten Augusttagen zu Ende ging, hatte das State Department gegenüber der sowjetischen Regierung zahlreiche Gesten und Zugeständnisse gemacht, ohne von Moskau dafür irgendeine Gegenleistung erhalten zu haben.¹⁶ Im Gegenteil: im gleichen Maße, in dem der sowjetische Botschafter hatte erkennen müssen, daß die amerikanische Konzessionsbereitschaft ihre Grenzen hatte, war er in seinen bekannten polemischen und unwirschen Verhandlungsstil zurückgefallen. Schon am 15. August drohte er, als die Vertreter des State Department kein unmittelbares Entgegenkommen in der baltischen Frage zeigten, daß „differences between the two governments at higher levels might well sag down into the economic level and add to the difficulties of improving even economic relations between the two countries".¹⁷ Ein paar Tage später klagte er dem deutschen Geschäftsträger in Washington, daß er sehr enttäuscht sei über den schleppenden Fortgang seiner Besprechungen im State Department, die sich wegen des mangelnden guten Willens der Amerikaner an der Oberfläche hielten und stets um die gleichen Argumente drehten.¹⁸ Im State Department ließ man sich indessen durch Umanskis Sauertöpfigkeit nicht beeindrucken und blieb weiter daran interessiert, mit den Sowjets in konstruktiver Weise zu verhandeln. Anfang Oktober übermittelte das amerikanische Außenministerium Botschafter Steinhardt eine Übersicht über die Ergebnisse der August-Gespräche zwischen Welles und Umanski sowie über die noch offen gebliebenen Fragen, mit der Instruktion, daß man an einer Fortsetzung der Gespräche interessiert sei. Vielleicht sei allerdings die Verlegung eines Teils der Verhandlungen nach Moskau angezeigt, „in view of the ... non-cooperative aggressiveness, in spite of the concrete results attained, which Oumansky

---

¹⁴ Aufzeichnungen Hendersons vom 1./7./15. 8. 1940, ibid., S. 347, 358-360, 377-379; Hull an Steinhardt, 3. 10. 1940, ibid., S. 390-391.
¹⁵ *Dallin*, Soviet Russia's Foreign Policy, S. 330; *Donald F. Drummond*, The Passing of American Neutrality, 1937-1941 (Ann Arbor, UP Michigan, 1955), S. 173-174.
¹⁶ Der Sekt, mit dem am 6. August im Kreml die Verlängerung des amerikanisch-sowjetischen Handelsabkommens um ein weiteres Jahr gefeiert wurde, wäre angesichts des großen Interesses der Sowjets am Amerikahandel zweifellos den Diplomaten der US-Botschaft in Moskau auch ohne Welles' Initiativen kredenzt worden, trotz Mikoyans gegenteiliger Darstellung. Siehe FR 1940, III, S. 441-463; besonders Thurston an Welles, 30. 6., 7. 8. 1940, ibid., S. 447-448, 458. Vgl. oben, S. 11.
¹⁷ Aufzeichnung Hendersons, 15. 8. 1940, FR 1940, III, S. 379.
¹⁸ Thomsen an das Auswärtige Amt, 23. 8. 1940, ADAP, D, X, Nr. 379.

continues to display here". Man gewinne in Washington mehr und mehr den Eindruck, daß Umanski, um seine persönliche Stellung zu stärken, in der Berichterstattung nach Moskau das Schwergewicht auf die Punkte gelegt habe, in denen die amerikanische Regierung von ihrem früheren Standpunkt nicht oder nur wenig abgewichen sei, daß er hingegen den Kreml über die Kompromißfreudigkeit des State Department in einer Reihe von Fragen nicht genügend informiert habe. „It is, of course, difficult for the Department to judge how extensive the instructions received by Oumansky have been, and also whether he interprets them in the way intended by his Government." [19]

Ein wiedererwachendes Interesse der amerikanischen Regierung an einer Verbesserung des Verhältnisses zur Sowjetunion läßt sich schon für Anfang Juni 1940 quellenmäßig belegen,[20] doch offenbar verzögerte das sowjetische Vorgehen im Baltikum und im Balkan die Initiative des State Department bis Ende Juli. Die endgültige Entscheidung für den neuen Kurs scheint in den Tagen zwischen dem 23. Juli, als Welles die scharfe Erklärung zur sowjetischen Annexion des Baltikums abgab, und dem 27. Juli, dem Tage seines ersten versöhnlichen Gesprächs mit Umanski, gefallen zu sein. Es spricht einiges dafür, daß Welles selbst, der noch wenige Monate zuvor für einen energisch antisowjetischen Kurs plädiert hatte,[21] zusammen mit einigen seiner Mitarbeiter, etwa Loy Henderson, nun zur treibenden Kraft für eine verständigungsbereite Politik gegenüber Moskau wurde.[22] Nach eigenem Bekunden holte der Unterstaatssekretär vor der Unterredung mit dem sowjetischen Botschafter am 27. Juli die Zustimmung des Präsidenten ein.[23] Ein sehr militanter Vorschlag Roosevelts vom 15. August läßt allerdings erkennen, daß zu dieser Zeit im Weißen Haus ein besseres Verhältnis zur Sowjetunion mit weniger Nachdruck angestrebt wurde als im State Department. Unter dem Eindruck der erzwungenen Schließung der amerikanischen Konsulate in den baltischen Hauptstädten bat Roosevelt seinen Geschäftsführenden Außenminister um Rat für mögliche Vergeltungsmaßnahmen: „Please give me a recommendation in regard to the closing of equivalent

---

[19] Hull an Steinhardt, 3. 10. 1940, FR 1940, III, S. 388–392. Vgl. Steinhardt an Hull, 30. 10., ibid., S. 401; Aufzeichnung Welles', 31. 10. 1940, ibid., S. 404.
[20] Aufzeichnungen Hendersons, 7. 6. 1940, FR 1940, III, S. 314; 24. 6., NA 711.61/740; Morgenthau Diaries, 20. 6., Bd. 274, S. 262–263; Welles an Thurston, 9. 8. 1940, FR 1940, I, S. 416; *Maddux*, S. 321–326.
[21] Siehe oben, S. 66–67.
[22] Aufzeichnungen Hendersons vom 7. 6., 26. 7., o. D. (Juli 1940), 15. 8. 1940, FR 1940, III, S. 314, 324–327, 331–340, 370–371; vom 24. 6. 1940, NA 711.61/740; *Langer/Gleason*, Challenge, S. 725.
[23] *Welles*, Time, S. 169–170.

Consulates in this country, together with additional restrictions on Russian Consulates."[24]

Fraglich ist, ob Hull im Juli 1940 zu der neuen Rußlandpolitik gehört worden ist, wenngleich er selbst und auch Welles diese Frage in ihren Memoiren bejaht haben.[25] Hull verließ Washington am 19. Juli 1940 für mehrere Wochen, um zunächst an der Außenministerkonferenz der amerikanischen Staaten in Havanna teilzunehmen und unmittelbar danach einen Urlaub in White Sulphur Springs (West Virginia) anzutreten.[26] Auch die Verärgerung, die er nach seiner Rückkehr im September an den Tag legte,[27] spricht – vor allem im Hinblick auf seine bisher verhältnismäßig positive Haltung gegenüber der Sowjetunion – dagegen, daß er vorab konsultiert worden ist.

Eigentümlicherweise wurde Botschafter Steinhardt, der sich Ende Juli 1940 in den Vereinigten Staaten auf Heimaturlaub befand und Washington erst am 9. August wieder verließ, zu dieser Zeit mit keinem Wort von den Bemühungen Sumner Welles', geschweige denn ihrer Motivation, unterrichtet. Erst Anfang Oktober 1940 erhielt die Botschaft in Moskau ausführliche Informationen über Inhalt und Ergebnisse der Welles-Umanski-Gespräche.[28] Möglicherweise befürchtete Welles, bei dem bekannten Eintreten Steinhardts für eine feste Haltung gegenüber der sowjetischen Regierung, eine starke Opposition des Botschafters gegen Vorleistungen jeglicher Art.[29] Steinhardts spätere Reaktion auf die kompromißfreudige Rußlandpolitik des State Department zeigte, daß diese Einschätzung wohlbegründet war.[30]

Auch die anderen Kabinettsmitglieder, so etwa Morgenthau und Stimson, der im Juni 1940 von Roosevelt mit der Führung des Kriegsministeriums beauftragt worden war, erfuhren im übrigen nur zufällig im Laufe des August und September, daß man im State Department auf eine rußlandfreundlichere Linie eingeschwenkt war.[31] Die Öffentlichkeit blieb so gut wie

---

[24] Roosevelt an Welles, 15. 8. 1940, Roosevelt Papers, OF 220-Russia, Box 1. Welles hielt Roosevelt mit Erfolg entgegen, daß mit einer solchen Maßnahme „no useful purpose would be served at the present time"; sie würde unter anderem „render futile the efforts which we are making just now in a continuing series of negotiations that are going on with the Soviet Ambassador to remove some of the obstacles that might permit an improvement of relations between the United States and the Soviet Union". Welles an Roosevelt, 19. 8. 1940, FR 1940, I, S. 424-425. Vgl. ibid., S. 403 ff.   [25] *Hull*, I, S. 812; *Welles*, Time, S. 169.
[26] Protokoll eines Telefongesprächs zwischen Morgenthau und Hull, 19. 9. 1940, Morgenthau Diaries, Bd. 307, S. 141-143; *Feis*, Road, S. 89.
[27] Siehe unten, S. 141-142. Vgl. Morgenthau Diaries, Bd. 307, S. 69, 141.
[28] Hull an Steinhardt, 3. 10. 1940, FR 1940, III, S. 388-391. Vgl. Welles an Thurston, 9. 8. 1940, FR 1940, I, S. 416.
[29] *O'Connor*, S. 119-120.   [30] Siehe unten, S. 161-166.
[31] Siehe unten, S. 133, 137, 138. Protokoll über ein Telefongespräch zwischen Morgenthau und Jones, 2. 10. 1940, Morgenthau Diaries, Bd. 318, S. 73 ff.

völlig uninformiert. Pressevertreter, die durch gelegentliche Indiskretionen Umanskis aufmerksam wurden, erhielten auf ihre diesbezüglichen Fragen von Welles und Hull monatelang nur allgemeine und nichtssagende Antworten.[32] Die Verantwortlichen im State Department und im Weißen Haus waren sich zweifellos darüber im klaren, daß nach dem sowjetischen Verhalten der letzten Monate öffentliche Zustimmung zu einer verständigungsbereiten Rußlandpolitik nicht ohne weiteres zu erwarten war. Und schließlich standen im November 1940 Wahlen bevor.[33]

Die Absichten, die hinter der von Sumner Welles eingeleiteten Initiative standen, waren keineswegs auf die Ausräumung der diversen Streitpunkte in den amerikanisch-sowjetischen Beziehungen beschränkt. Mit der Verständigungsbereitschaft gegenüber dem sowjetischen Botschafter, so erläuterte der Unterstaatssekretär am 14. August in einem Telefongespräch Schatzminister Morgenthau, verfolge er weitergehende Ziele:

> What I'm trying to do is to smooth out the various differences that have arisen so that we can talk about other matters ...
> At the present time we have these problems which have arisen during the past twelve months, refusal of export licenses and that kind of thing here, so far as they are concerned, and the treatment of our nationals in the Soviet Union and the taking of our citizens' properties, and so on, from our side.
> My thought was if I can work out a satisfactory agreement on these matters, relations would be much better and we then can talk about political questions ...[34]

Die Art der politischen Fragen, um deren Erörterung mit den Sowjets das State Department sich auf dem Wege über die Lösung der handelspolitischen Unstimmigkeiten bemühte, geht aus einem späteren Brief Hendersons an Steinhardt hervor. Welles versuche, so Henderson, „to get on a friendly basis with the Soviet Union so that we can be able more frankly to discuss with the Soviet Union matters relating to Germany ... and to Japan".[35]

Welles selbst hat in seinen Memoiren die Betonung auf die infolge der siegreichen deutschen Frühjahrsfeldzüge veränderte Lage in Europa gelegt. Das sowjetische Verhalten nach dem Abschluß des Hitler-Stalin-Pakts, insbesondere der sowjetische Angriff auf Finnland, habe in Amerika „a strong

---

[32] Pressekonferenzen des Department of State Nr. 139, 143, 146, 160, 184, 186, 188, 192, 205 vom 2./8./13./30. 8., 4./8./10./15. 10., 2. 11. 1940, Hull Papers, Box 124.

[33] Eine gute Dokumentation über den Wahlkampf 1940 und das Wahlkampfthema „Kommunistenfreundlichkeit" findet sich in den Harry L. Hopkins Papers, Franklin D. Roosevelt Library, Hyde Park, N. Y., Sherwood Collection, Box „The 1940 Election, 1". Vgl. oben, S. 23 ff.

[34] Protokoll eines Telefongesprächs zwischen Morgenthau und Welles, 14. 8. 1940, Morgenthau Diaries, Bd. 293, S. 194–196.

[35] Henderson an Steinhardt, 13. 12. 1940, Steinhardt Papers, Box 29.

feeling of antagonism and, in fact, of extreme suspicion with regard to all features of Soviet policy" hervorgerufen:

> Restrictions of every kind were imposed upon imports from the Soviet Union. To an even greater degree exports from the United States to Russia were cut off. By the spring of 1940 official relations between the two countries were only nominal.
> I began to wonder whether some change in this situation could not be brought about. It seemed to me obvious that, granted the essential nature of Hitlerism, any agreement between Germany and the Soviet Union could only be one of sheer expediency and of a relatively short duration. The shorter the duration the less disadvantageous to the United States, since under the terms of the arrangement Germany was to obtain from Russia many vitally needed commodities, including oil, which would make it just so much easier for her to carry on a successful war against the Western powers.[36]

Nach dieser Darstellung regte die Tatsache der Beherrschung Europas durch Hitler in Washington im Frühsommer 1940 offenbar dazu an, die Skepsis der vorangegangenen Wochen wieder abzustreifen und auf die Möglichkeit zu setzen, das deutsch-sowjetische Bündnis durch Kompromißbereitschaft gegenüber Moskau in allen strittigen Fragen allmählich etwas aufzulockern und vielleicht, schließlich, zu sprengen.[37] Die Perspektive einer potentiellen Partnerschaft mit der Sowjetunion drängte demnach die mit der deutsch-sowjetischen Wirtschaftskooperation verknüpften Sorgen um ein langfristiges deutsch-sowjetisches Zusammenspiel zurück. In den vorangegangenen Wochen hatte die amerikanische Regierung den Export strategischer Güter in die Sowjetunion behindert, um Hitler zu schwächen; jetzt machte sie in den Exportfragen Zugeständnisse, um den Hitler-Stalin-Pakt zu schwächen.

Auch Cordell Hull bestätigte Anfang Februar 1941 in einem Gespräch mit dem britischen Botschafter, daß man im State Department im Sommer 1940 in der Rußlandpolitik wieder zu ähnlichen Erwartungen zurückkehrte, wie sie im Herbst und Winter 1939/40 vorgeherrscht hatten. Der Sinn der seit dem vorangegangenen August gegenüber der Sowjetunion an den Tag gelegten Verständigungsbereitschaft sei, so Hull, sicherzustellen, „that in any event there would be less occasion for Soviet officials to feel unkindly toward this Government, especially in the event of some pivotal development where the very slightest influence might tip the scales at Moscow against us in a most damaging and far-reaching way".[38]

---

[36] *Welles*, Time, S. 169.

[37] In einer Aufzeichnung ohne Unterschrift aus dem State Department vom 4. 7. 1940 findet sich folgende Bemerkung: „Russia is in a sense a not disinterested and not unbiased bystander, temporarily associated with but not very actively the three active aggressors, and capable of becoming a liability or even a belligerent enemy to them." Roosevelt Papers, OF 150. Siehe auch *Papachristou*, S. 447-448; *Maddux*, S. 322.

[38] Aufzeichnung Hulls, 5. 2. 1941. FR 1941, I, S. 604.

Die Akten des State Department bieten allerdings wenig Anhaltspunkte dafür, daß man sich hier im Juli und August 1940 von Fühlungnahmen mit der sowjetischen Regierung in dieser Grundfrage europäischer Politik einen aktuellen Erfolg erhoffte. Wenngleich seit Ende Juni in Washington vereinzelt Nachrichten eintrafen, die von Spannungen im deutsch-sowjetischen Verhältnis wissen wollten, schätzten die amerikanischen Politiker und Diplomaten überwiegend die Möglichkeit einer Auflösung des Bündnisses zwischen Berlin und Moskau in absehbarer Zeit nach wie vor als gering ein.[39] Es kann daher davon ausgegangen werden, daß man im Sommer 1940 in Washington hinsichtlich der Entwicklung des deutsch-sowjetischen Verhältnisses optimistischer in die Zukunft schaute, keineswegs aber einen Koalitionswechsel Stalins schon als eine akute Frage verstand. Als der britische Botschafter Lord Lothian Anfang September Henderson und Atherton, die bis dahin regelmäßig an den Welles-Umanski-Gesprächen teilgenommen hatten, auf die unveränderten Bemühungen seiner Regierung um einen Bündniswechsel der Sowjetunion hinwies, erklärten die beiden Amerikaner, daß sie die britische Politik gegenwärtig für sinnlos hielten. Die sowjetische Regierung werde vermutlich auf absehbare Zeit alle erreichbaren Zugeständnisse einstecken, um alsbald danach neue Vorbedingungen für ein europäisches *rapprochement* auf den Tisch zu legen, wie dies soeben am Beispiel der gesperrten baltischen Guthaben und Schiffe demonstriert werde.[40]

Mehr noch als die europäische Situation war die Entwicklung der Lage im Fernen Osten im Sommer 1940 für die Regierung der USA Anlaß, das „politische" Gespräch mit der sowjetischen Führung zu suchen. Durch die erfolgreiche Kriegführung der Achsenmächte in Europa änderte sich im Frühsommer 1940 die Situation im Pazifischen Raum in einer wesentlichen Hinsicht: es wurden wichtige Dämme gegen eine Expansion Japans nach Südostasien eingerissen. Erstens konnte nach den spektakulären Niederlagen der Franzosen und Briten nicht mehr wie bisher mit japanischen Rücksichten auf die Ungewißheit des europäischen Kriegsverlaufs gerechnet werden. Zweitens wurde die abschreckende Wirkung der militärischen Präsenz der Sowjetunion an den mandschurischen Grenzen auf Japan fragwürdig, weil sich Moskau wegen der notwendigen Konzentration auf die alarmierenden Ereignisse in Europa offenkundig ernsthaft für friedliche Beziehungen zu seinem östlichen Nachbarn zu interessieren begann.[41] Somit standen für die

---

[39] Kirk an Welles, 24.7.1940, FR 1940, I, S. 558–560; Thurston an Welles, 14./21./27. 8. 1940, ibid., S. 560–562, 610; *Hull*, I, S. 811; PL, S. 1041; *Langer/Gleason*, Challenge, S. 643–644, 723–724; *Forrest Davies* and *Ernest K. Lindley*, How War Came to America. From the Fall of France to Pearl Harbor (London, Allen & Unwin, 1943), S. 139–140; *Hanson*, S. 145 ff.

[40] *Woodward*, I, S. 485–486.

[41] Damit hatten zwei wichtige Prämissen der bisherigen fernöstlichen Lagebeurteilung Washingtons ihre Gültigkeit verloren, die Punkte 3 und 5 des Memorandums des Department of State vom Dezember 1939, siehe oben, S. 88 ff.

Japaner plötzlich nur noch wenige durchaus überwindbare Hürden auf dem Wege nach Süden: das Engagement in China, das Ausstehen des uneingeschränkten deutschen Placets zur Besetzung der Kolonialgebiete und das Fehlen einer vertraglichen Stillhalteverpflichtung der Sowjetunion.[42]

In Tokio dachte man keineswegs daran, bis zu einer Klärung dieser Punkte zuzuwarten. Mehrmals seit Anfang 1940, endgültig in einer Erklärung Außenminister Aritas vom 15. April hatte die japanische Regierung ihr starkes Interesse an der Kontrolle der militärisch ungenügend gesicherten, rohstoffreichen Kolonialländer Französisch-Indochina, Niederländisch-Indien und Britisch-Malaya zum Ausdruck gebracht.[43] Der südostasiatische Reichtum an Erdöl, Kautschuk und Zinn bot Japan die Aussicht, sich weitgehend aus seiner wirtschaftlichen Abhängigkeit von den Vereinigten Staaten von Amerika zu befreien; außerdem konnte Chiang Kai-shek von Süden her noch effektiver als bisher von ausländischen Unterstützungsmaßnahmen abgeschnitten werden. Nach den Niederlagen der westeuropäischen Mutterländer machten die Japaner Ernst. Ende Juni forderte das Kabinett Yonai die Regierung in Vichy ultimativ auf, alle Gütertransporte auf der indochinesischen Eisenbahn in Richtung China einzustellen und zur Überwachung eine japanische Militärkommission in Tongking zuzulassen; von der Kolonialverwaltung Niederländisch-Indiens wurden feste Garantien für den ungehinderten Zugang Japans zu den wichtigsten Rohstoffvorkommen verlangt; und die britische Regierung wurde in massiver Form zum Abzug aller ihrer Truppen aus Shanghai sowie zur Schließung der Grenze zwischen Hongkong und China und zur Sperrung der Burma-Straße gedrängt.[44] Mitte Juli übernahm in Tokio mit einem noch weitergehenden Aktionsprogramm das Kabinett Konoye die Regierungsgeschäfte, in das Gaimusho zog der in Washington nicht allzu gut beleumundete Yosuke Matsuoka ein.[45] In den westlichen Hauptstädten wurde außerdem bekannt, daß auf der Insel Hainan gegenüber Indochina japanische Invasionstruppen ausgebildet wurden.[46]

Die Aussicht auf ein Ausgreifen Japans nach Südostasien rief im Weißen Haus und im State Department die größte Besorgnis hervor, weil eine solche Entwicklung, im Gegensatz zu den Vorgängen in China, die Grundlagen der amerikanischen Fernostpolitik, ja der amerikanischen Sicherheit berührte.[47] Im Falle einer Beherrschung Südostasiens durch die Japaner würde die Wirtschaftswaffe der amerikanischen Japanpolitik völlig unbrauchbar,

---

[42] Vgl. *Feis*, Road, S. 49 ff., 84 ff.   [43] *Feis*, Road, S. 51–55.
[44] *Feis*, Road, S. 49–75; *Langer/Gleason*, Challenge, S. 587 ff.; *Jones*, S. 221 ff.; *Theo Sommer*, Deutschland und Japan zwischen den Mächten 1935–1940. Vom Antikominternpakt zum Dreimächtepakt. Eine Stunde zur diplomatischen Vorgeschichte des Zweiten Weltkriegs. (Tübingen, Mohr/Siebeck, 1962), S. 324 ff.
[45] *Feis*, Road, S. 76–87; *William L. Langer* und *S. Everett Gleason*, The Undeclared War 1940–1941 (New York, Harper, 1953), S. 3 ff.; *Papachristou*, S. 441.
[46] *Watson*, Prewar Plans, S. 107; Southard an Hull, 1. 6. 1940, FR 1940, IV, S. 22–23.   [47] Vgl. oben, S. 77 ff.

würden darüber hinaus die USA von einem Teil ihrer eigenen Rohstoffquellen abgeschnitten werden. Außerdem rückten die Philippinen und andere Territorien amerikanischen Interesses, wie Australien und Neuseeland, in den Kreis der unmittelbar bedrohten Gebiete. Am schwersten wog indessen die Aussicht, daß Japan die Möglichkeit erhalten würde, die Handelswege, die für das Überleben Großbritanniens in Europa von ausschlaggebender Bedeutung waren, abzuschneiden und damit die Prämissen der Sicherheit der USA und des amerikanischen Kontinents zu unterminieren.[48] In einem kritischen Moment erklärte Hull seinen Mitarbeitern unzweideutig, daß sich mit der japanischen Expansion nach Südostasien für die USA die Frage nach dem *casus belli* stelle: „It was plain ... that if Japan did move in that quarter [Southeast Asia] the United States could not afford to see the Singapore base fall into the hands of Japan." [49]

Unter diesen Umständen gab es für die amerikanische Regierung nunmehr zwei wichtige Gründe, eine politische Fühlungnahme mit der Sowjetunion zu suchen.

Einmal schien nach dem Ausfall Frankreichs und Großbritanniens im Pazifischen Raum allein eine amerikanisch-sowjetische Annäherung noch eine erfolgversprechende Möglichkeit zu bieten, die japanischen Aktionspläne wirksam zu behindern und damit die Verlegenheit zu beseitigen, die in Washington in der Frage herrschte, wie der Expansion Japans zu begegnen sei. Denn im Grunde hatte die amerikanische Regierung in jenen Wochen für den Fall einer japanischen Eroberung Südostasiens keine Entscheidungsfreiheit zwischen Tolerierung und Kriegserklärung. Die strategischen Planungen hatten der atlantischen Seite der amerikanischen Sicherheit die Priorität vor der pazifischen Seite zuerkannt. Der Ausgang der Schlacht um England und das Schicksal der französischen Flotte waren ungewiß, und für einen „Zwei-Ozean-Krieg" war die US Navy keineswegs gerüstet.[50] Roosevelt hatte zwar nach der Beendigung von Frühjahrsmanövern das Gros der Flotte in Pearl Harbor belassen, im Grunde jedoch nur auf Abruf, für den Fall einer ungünstigen Entwicklung im Atlantik; für taktische Manöver und ein militärisches Engagement stand sie westlich des 180. Längenkreises nicht

---

[48] *Feis*, Road, S. 33; *Langer/Gleason*, Challenge, S. 587–588; *Tsou*, S. 9, 20; Papachristou, S. 423; *Maurice Matloff* und *Edwin M. Snell*, „Strategische Planungen der USA 1940/41", in *Andreas Hillgruber* (Hrsg.), Probleme des Zweiten Weltkrieges (Köln–Berlin, Kiepenheuer & Witsch, 1967), S. 66 ff.

[49] *Feis*, Road, S. 111–112.

[50] *Watson*, Prewar Plans, S. 98–99, 103 ff., 116–117, et passim; *Dwan*, S. 55 ff.; *Matloff/Snell* in *Hillgruber*, Probleme, S. 52 ff.; *Louis Morton*, „Germany First: The Basic Concept of Allied Strategy in World War II", in: Command Decisions. Prepared by the Office of the Chief of Military History, Department of the Army (New York, Harcourt Brace, 1959), S. 3–38; *Samuel Eliot Morison*, The Rising Sun in the Pacific Ocean (Boston, Little Brown, 1956), S. 19–30; derselbe, The Battle of the Atlantic (Boston, Little Brown, 1947), S. 227–228.

zur Verfügung. Höchste Gefährdung vitaler Interessen stieß mit dem Gebot zusammen, alles vermeiden zu müssen, was eine militärische Auseinandersetzung bewirken könnte.[51] Auch die Überlegungen hinsichtlich einer Verschärfung der wirtschaftlichen Sanktionen gegenüber Tokio wurden gelähmt durch die Ungewißheit darüber, ob Japan als Antwort eine vorsichtigere Gangart einschlagen oder aber versuchen werde, durch entschlossenes Vorgehen in Südostasien die Rohstoffbasis seiner Wirtschaft ersatzweise zu sichern. Die Lizenzpflicht für den Export von Flugzeugbenzin, Schmiermitteln und schwer schmelzbarem Eisen- und Stahlschrott glaubte man im Juli 1940 im Weißen Haus und im State Department mit dem Ziel, eine kriegsträchtige Zuspitzung im Pazifik zu vermeiden, gerade noch vereinbaren zu können, ein totales Schrottembargo oder gar ein Ölembargo hingegen nicht mehr.[52] Aus den gleichen Erwägungen heraus sprach sich das State Department zwar scharf gegen jede Nachgiebigkeit der britischen Regierung und der Kolonialverwaltungen in Indochina und Niederländisch-Indien gegenüber japanischen Forderungen und Drohungen aus, lehnte es aber ab, ihnen für eine feste Haltung den Rücken zu stärken.[53] So erfuhren die Japaner auf ihrer ersten Etappe zur Beherrschung Südostasiens, daß sie das fernöstliche Dilemma der USA richtig berechnet hatten und daß von keiner Seite Widerstand zu befürchten war: in den ersten Julitagen trafen japanische Kontrolleure in Tongking ein, um die Stillegung der indochinesischen Eisenbahn zu überwachen; am 18. Juli gab die britische Regierung bekannt, die Burmastraße sei ab sofort für drei Monate geschlossen, und zur gleichen Zeit ließ sie auch die Verbindungen zwischen Hongkong und China unterbrechen.[54]

Zum zweiten stellte sich der amerikanischen Regierung im Sommer 1940 eine Annäherung an die Sowjetunion als das geeignetste Mittel dar, neuerlich grassierenden Gerüchten über ein japanisch-sowjetisches *rapprochement*, das nun als eine wichtige Voraussetzung für die weitergehenden japanischen Pläne erschien, den Boden zu entziehen.[55] Schon Ende Mai hatte Botschafter Umanski, mit Blick auf die amerikanischen Exportrestriktionen, wiederholt

---

[51] *Watson*, Prewar Plans, S. 105–106, 116–117; *Matloff/Snell* in *Hillgruber*, Probleme, S. 57, 73; *Langer/Gleason*, Challenge, S. 483 ff., 588 ff., 720 ff.; dieselben, Undeclared War, S. 10 ff.; *Tsou*, S. 21–23; *Feis*, Road, S. 59–60.
[52] *Feis*, Road, S. 88–94; *Langer/Gleason*, Challenge, S. 720–723.
[53] Aufzeichnungen Hornbecks, 19./20. 6. 1940, NA 793.94/16011, 16012; die britische Botschaft in Washington an das Department of State, 27. 6. 1940, FR 1940, IV, S. 365–367; Aufzeichnung Hulls, 28. 6. 1940, ibid., S. 369–372; Hull, I, S. 896 ff.
[54] *Langer/Gleason*, Undeclared War, S. 3 ff.; Woodward, II, S. 92 ff.
[55] Grew an Hull, 18. 4. 1940, NA 761.94/1201; 4. 6., NA 711.94/1517; Division of Far Eastern Affairs, Wochenbericht vom 8. 8. 1940, NA 890.00/212; Grew an Hull, 26. 8., FR 1940, I, S. 643; 11. 9. 1940, NA 761.94/1213; Hull, I, S. 811; *Jones*, S. 185 ff.; *Papachristou*, S. 429–430; *Maddux*, S. 322; *Snow* in Foreign Affairs, 18 (April 1940), S. 450–463.

im State Department angedroht, daß die sowjetische Regierung sich gezwungen sehen könne, sich mit Gegenaktionen zu revanchieren, „especially in the Far East".[56] Molotow machte gelegentlich gegenüber Tokio bemerkenswert verständigungsbereite Gesten.[57] Vor allem ließ das am 9. Juni in Moskau von ihm und Botschafter Togo unterzeichnete Abkommen über den mandschurisch-sowjetischen Grenzverlauf aufhorchen, das die Japaner der Sorge enthob, so wie in den Sommermonaten der vorangegangenen Jahre mit Grenzscharmützeln im Norden rechnen zu müssen.[58] Einer japanisch-sowjetischen Annäherung kam für die amerikanische Fernostpolitik infolge der jüngsten Entwicklungen ein ganz anderer Stellenwert zu als dies im Herbst und Winter 1939/40 der Fall gewesen war; sie drohte nun die Gefährdung amerikanischer Interessen zu potenzieren und den Ausbruch eines amerikanisch-japanischen Krieges zu fördern. Der amerikanische Stabschef General Marshall wies in alarmierendem Ton auf die drohende Gefahr hin, daß Japan eine Rückenabsicherung im Norden als das entscheidende Signal für eine Generaloffensive nach Südostasien betrachten und dann bereit sein könnte, auch einen Krieg gegen die USA in Kauf zu nehmen.[59] Am 17. Juni warnte er: „We may suddenly find Japan and Russia appear as a team operating to hold our ships in the Pacific. If the French navy goes to Germany und Italy, we will have a very serious situation in the South Atlantic. Germany may rush the South American situation to a head in a few weeks..."[60] Einige Tage später kam die Gemischte Planungskommission des Heeres- und Marineministeriums sogar zu dem Schluß, daß ab sofort bei allen strategischen Planungen die Annahme eines gemeinsamen Vorgehens Japans und der Sowjetunion im Pazifischen Raum zugrunde gelegt werden müsse.[61]

Zwei Gewährsmänner bestätigen, daß Sumner Welles, als er von Ende Juli 1940 an den sowjetischen Botschafter mit einer Reihe handelspolitischer Vorleistungen überraschte, die weitergehende Absicht verfolgte, mit den Russen vor allem über fernöstliche Fragen ins Gespräch zu kommen. Einer von ihnen ist der damalige britische Botschafter in Washington, Lord Lothian, der am 28. August 1940 nach London berichtete, er habe aus sicherer Quelle erfahren, daß der Unterstaatssekretär des amerikanischen Außenministeriums mit dem sowjetischen Botschafter Umanski in Unterredungen eingetreten sei, die die amerikanisch-sowjetischen Beziehungen verbessern

---

[56] Aufzeichnung Hornbecks, 24. 5. 1940, NA 711.61/737; *Langer/Gleason*, Challenge, S. 642.
[57] Siehe *Degras*, III, S. 467–468.
[58] Thurston an Hull, 10. 6. 1940, FR 1940, I, S. 641; Grew an Hull, 11. 6., ibid., S. 641–642; Division of Far Eastern Affairs, Wochenbericht vom 13. 6. 1940, 890.00/206; *Hull*, I, S. 811; *Papachristou*, S. 430–431.
[59] *Watson*, Prewar Plans, S. 468.   [60] Ibid., S. 108.
[61] *Matloff/Snell*, in *Hillgruber*, Probleme, S. 56.

sollten, und zwar „with a view to common pressure on Japan".[62] Der zweite Gewährsmann ist Henry Stimson. Der Kriegsminister vermerkte in seinem Tagebuch unter dem Datum des 11. September 1940, er habe mit Stanley Hornbeck eine Unterredung über die amerikanische Fernostpolitik geführt. Dabei habe er die Aktivierung dieser Politik durch eine vorsichtige Annäherung an die Sowjetunion befürwortet. Zu seiner Überraschung habe Hornbeck ihn daraufhin darüber informiert, daß eben dies zur Zeit im State Department versucht werde, „to the extent that we are seeking not to irritate Russia or to annoy her in regard to trade matters".[63]

Die ersten Welles-Umanski-Gespräche im August 1940 signalisieren somit, über ihren unmittelbaren Gegenstand hinaus, vor allem ein unter der Einwirkung südostasiatischer Expansionspläne Japans wiedererwachtes Interesse der amerikanischen Regierung an der Aktivierung paralleler amerikanisch-sowjetischer Interessen im Fernen Osten. Im State Department war man freilich realistisch genug, die Chancen eines pazifischen *rapprochements* zurückhaltend einzuschätzen und, nach der starken Verstimmung Moskaus über die amerikanische Exportkontrollpolitik, zunächst im handelspolitischen Vorfeld wieder eine tragfähige Grundlage für „politische" Gespräche herzustellen zu versuchen. Ein vorsichtiger Versuchsballon bestätigte Sumner Welles die Notwendigkeit dieses Umwegs. Als er Umanski im Verlaufe der August-Besprechungen im State Department fragte, ob die sowjetische Regierung nicht gestatten könne, daß amerikanische Transportflugzeuge auf dem Wege von Alaska nach China Sibirien überflögen, lehnte der sowjetische Botschafter spontan ab. Angesichts des noch immer unbefriedigenden Zustands der amerikanisch-sowjetischen Beziehungen, und insbesondere wegen amerikanischer Presseberichte über eine angebliche Befestigung der sowjetischen Diomedes-Inseln,[64] könne die sowjetische Regierung der Bitte des State Department nicht entsprechen. Als Welles entschlossen weiterfragte, ob die sowjetische Regierung denn nicht wünsche, China zu unterstützen und zu diesem Zweck im Pazifischen Raum mit den Vereinigten Staaten zusammenzuarbeiten, wich Umanski aus, er besitze keine ausreichenden Instruktionen aus Moskau, um hierauf antworten zu können.[65]

Weder Welles noch Umanski kamen auf die Frage zurück. Die nächste Auskunft über das Interesse Moskaus an fernöstlicher Zusammenarbeit erreichte das State Department einen Monat später aus dem nahegelegenen Schatzministerium. – –

---

[62] *Woodward*, I, S. 485.

[63] Tagebucheintragung Stimsons, 11. 9. 1940, in Henry L. Stimson Diaries and Papers, Sterling Memorial Library, Yale University, New Haven/Conn., Bd. 30.

[64] Eine Inselgruppe in der Bering-Straße zwischen Alaska und Sibirien. Siehe oben, S. 111, Anm. 70.

[65] Hull an Steinhardt, 3. 10. 1940, FR 1940, III, S. 390.

Schon ehe Ende Juli und Anfang August 1940 in den ersten Gesprächen zwischen Sumner Welles und Konstantin Umanski das Eis brach, waren in Washington auch außerhalb des Department of State Überlegungen über eine fernöstliche Absprache zwischen der amerikanischen und der sowjetischen Regierung angestellt worden. Sie wurden angeregt durch ein Hilfegesuch Chiang Kai-sheks, das Mitte Juni von dessen Schwager T. V. Soong, dem Präsidenten der Bank von China, überbracht wurde. Der Generalissimo drängte die Regierung der USA zur Gewährung einer – schon seit mehr als einem Jahr erbetenen – Dollaranleihe zur Stützung des schwindsüchtigen Yüan und verlangte darüber hinaus einen Kredit zum Kauf von Rüstungsgütern. Schatzminister Henry Morgenthau hatte die Gesuche zu begutachten. Nach eingehender Prüfung empfahl er, sie beide abzulehnen: Die Chinesen machten sich offenkundig Illusionen über die Auswirkungen einer amerikanischen Anleihe auf die Stabilität der chinesischen Währung; eine Dollarspritze könne erst von 100 Millionen Dollar aufwärts an überhaupt Wirkung zeitigen und sei daher indiskutabel. Die Gewährung eines Kredits an China zum Kauf von Rüstungsgütern durch die Export-Import-Bank sei andererseits nach den geltenden Gesetzen nicht möglich; vor allem sei im Falle einer Sperrung der beiden großen chinesischen Versorgungsrouten ein kontinuierlicher Warenverkehr zwischen den Vereinigten Staaten und China ohnehin so gut wie ausgeschlossen.[66]

Morgenthau pflegte sich in allen wichtigen außenpolitischen Fragen leidenschaftlich zu engagieren. Im Schatzministerium, so erinnerte sich Herbert Feis, „of all places in the American government, the sense of crisis was most alive; the feeling that Hitler must not be allowed to win, the most ardent; and the will to act upon feeling, the most bold".[67] Für Morgenthau war die Angelegenheit mit der Ablehnung der beiden speziellen chinesischen Gesuche nicht erledigt, weil er als erklärter Gegner Japans die Bedeutung der amerikanischen Chinahilfe im Prinzip sehr hoch veranschlagte. Die Beschäftigung mit den Anträgen T. V. Soongs ließ ihn über Ersatzmaßnahmen nachdenken und schärfte seine Aufmerksamkeit für die infolge der neuen japanischen Stoßrichtung drohende völlige Abschnürung Nationalchinas von westlicher Unterstützung, ein Aspekt der pazifischen Entwicklung, der zu dieser Zeit im State Department offenbar erst allmählich stärkere Aufmerksamkeit fand.

Der Schatzminister trug seine Sorgen bei der nächsten Gelegenheit Präsident Roosevelt vor, der ebenfalls den Wunsch zu erkennen gab, den Chinesen in irgendeiner Weise zu helfen.[68] In den ersten Julitagen konferierten

---

[66] Cochran an Morgenthau, 27. 6. 1940, Morgenthau Diaries, Bd. 276, S. 190; Protokoll einer Unterredung zwischen Morgenthau und Soong, 28. 6. 1940, ibid., Bd. 277, S. 146-A; *Blum*, II, S. 345-347; *Langer/Gleason*, Challenge, S. 599.

[67] *Feis*, Road, S. 73.

[68] Aufzeichnung Cochrans für Morgenthau, 2. 7. 1940, Morgenthau Diaries, Bd. 279, S. 55; *Blum*, II, S. 347.

Roosevelt und Morgenthau ohne Hinzuziehung und Wissen des State Department im Weißen Haus über Möglichkeiten der Unterstützung Chiang Kai-sheks im Falle einer japanischen Sperrung der Indochinesischen Eisenbahn und der Burmastraße. Beide erwärmten sich dabei für den Gedanken, die gemeinsamen Interessen der USA und der Sowjetunion gegenüber China zu aktivieren. Nur die sowjetischen Transportwege nach China, die beiden Überlandstraßen, die von Alma Ata und Ulan Bator ihren Ausgang nahmen,[69] waren für die absehbare Zukunft völlig gesichert. Sollte die amerikanische Regierung nach der zu erwartenden Schließung der südostasiatischen Zulieferstraßen nicht versuchen, die Zustimmung der sowjetischen Regierung zum Transport amerikanischer Hilfsgüter nach China via die russischen Routen einzuholen? Auch die finanzielle Abwicklung eines solchen Projekts erschien lösbar: die Sowjets würden zusätzliche Waffenlieferungen an Chiang Kai-shek finanzieren können mit sofortigen Vorschußzahlungen Washingtons auf später an die Vereinigten Staaten zu liefernde sowjetische Rohstoffe.

In der weiteren Bearbeitung durch Beamte des Schatzministeriums nahm das Modell einer Handelsvereinbarung zwischen den drei Mächten USA, Sowjetunion und China konkretere Gestalt an: die Vereinigten Staaten könnten der Sowjetunion auf Vorrat für einige hundert Millionen Dollar Rohstoffe abkaufen, an deren Export die Sowjets erklärtermaßen brennend interessiert waren, wie zum Beispiel Mangan, Glimmer, Platin, Quecksilber, Asbest und Chromerze; die amerikanische Regierung würde für die sich über einen längeren Zeitraum erstreckenden Rohstofflieferungen aus der Sowjetunion sofortige Vorauszahlungen an Moskau leisten, die von der sowjetischen Regierung direkt, in Form von Krediten zum Kauf zusätzlicher sowjetischer Rüstungsgüter, an die chinesische Regierung weiterzureichen wären. Die Chance dieses Plans wurde darin gesehen, daß seine Durchführung auch den Interessen der Sowjets zweifach zum Vorteil gereichen würde: erstens würde der chinesische Widerstand gegen die Japaner weiter gestärkt werden, und zweitens würden die Sowjets Devisen für den Amerikahandel in die Hand bekommen.[70]

Die Entstehung dieses Planes gestattet einen interessanten Einblick in die Überlegungen des amerikanischen Präsidenten, der sich, wie die vorstehende Darstellung gezeigt hat, während der Verständigungsbemühungen Sumner Welles' im August und September 1940 im Hintergrund hielt. Morgenthau

---

[69] Hierzu Kirk an Hull, 4. 1. 1939, NA 761.94/1101.
[70] Aufzeichnung Morgenthaus, 9. 7. 1940, Morgenthau Diaries, Bd. 281, S. 130; Aufzeichnung Morgenthaus für Roosevelt, 15. 7., ibid., Bd. 282, S. 290–300; Aufzeichnung Whites, 15. 7., ibid., S. 533 ff.; Aufzeichnung Morgenthaus, 23. 7., ibid., Bd. 285, S. 295; Protokoll einer Besprechung im Schatzministerium, 20. 9., ibid., Bd. 307, S. 148–158; Protokoll einer Besprechung im Schatzministerium, 25. 9. 1940, ibid., Bd. 308, S. 156–167.

beleuchtete einige Monate später seine und Roosevelts Motivation mit der Bemerkung, daß er selbst, der Schatzminister, sich für den Plan eines Dreiwegehandels eingesetzt habe, „because I wanted some place, somewhere in the whole government, some person who would carry out the President's mandate, do something to keep Russia on the fence so we can keep peace in the Pacific... I wasn't carrying out my own personal wishes. It was what the President wanted."[71] Wenn es auch nicht angebracht erscheint, aus dieser Bemerkung allzu weitreichende Schlüsse zur Urheberschaftsfrage zu ziehen, so macht sie doch klar, daß Roosevelt sich Anfang Juli 1940 Sorgen über ein sowjetisch-japanisches *rapprochement* machte und die Realisierung des Dreiwegehandels unter anderem als eine Möglichkeit zu seiner Behinderung begriff.

Nachdem der Emissär Chiang Kai-sheks dem amerikanischen Schatzminister sein völliges Einverständnis mit dem Plan des Dreiwegehandels erklärt hatte,[72] wies Roosevelt am 9. Juli Morgenthau definitiv an „to go ahead with T. V. Soong on a Chinese-Russian-US deal to keep China going".[73] Am 15. Juli übersandte Morgenthau dem Präsidenten einen detaillierten Entwurf des Projekts mit dem Kommentar: „If this proposal is along the lines you had in mind, the next step should be for me to contact the Russian Ambassador to ascertain his government's reaction to the proposal."[74] Doch dies waren die Tage der „Volksabstimmungen" im Baltikum und in Bessarabien über die Frage der Eingliederung dieser Gebiete in die UdSSR. Roosevelt hatte es plötzlich mit dem Dreiwegehandel nicht mehr ganz so eilig. Als Morgenthau nach einer Woche noch immer nichts über die Aufnahme seines Entwurfs im Weißen Haus gehört hatte, setzte er ungeduldig Sumner Welles ins Bild und bat ihn, die weiteren Absichten des Präsidenten auszukundschaften. Welles machte, als er die für ihn völlig überraschenden Ausführungen des Schatzministers zu Ende gehört hatte, ein bedenkliches Gesicht. Die Sowjets, so antwortete er, seien im Augenblick wegen der Einfrierung der estischen, lettischen und litauischen Guthaben in den USA äußerst verstimmt, und daher erscheine ihm der Zeitpunkt für einen derart weitreichenden Vorstoß beim sowjetischen Botschafter sehr ungünstig zu sein. Am nächsten Morgen – es war der 23. Juli – gab Welles vor der Presse seine scharfe Erklärung zur sowjetischen Annexion des Baltikums ab, und am Mittag informierte er Morgenthau telefonisch, er habe mit dem Präsidenten über den Plan des Dreiwegehandels gesprochen. Roosevelt sei wie er selbst der Mei-

---

[71] Zitiert in *Blum*, II, S. 347.
[72] Aufzeichnung Morgenthaus, 9. 7. 1940, Morgenthau Diaries, Bd. 281, S. 130.
[73] Aufzeichnung Morgenthaus, 9. 7. 1940, ibid., Bd. 281, S. 130; Protokoll einer Besprechung im Schatzministerium, 19. 7. 1940, ibid., Bd. 284, S. 214; *Blum*, II, S. 350.
[74] Aufzeichnung Morgenthaus für Roosevelt, 15. 7. 1940, Morgenthau Diaries, Bd. 282, S. 290–300.

nung, daß die Angelegenheit „ought to be postponed for a week or ten days".[75]

Vier Tage später setzte indessen der Unterstaatssekretär des State Department seinerseits die Ansicht in die Tat um, daß es ratsam sei, mit den Sowjets Unterredungen über aktuelle Fragen der amerikanisch-sowjetischen Beziehungen zu führen. In Ermangelung ausreichender Quellenbelege lassen sich nur Spekulationen über die Frage anstellen, ob und inwieweit der Anfang Juli von Morgenthau und Roosevelt konzipierte und am 22. Juli im State Department bekanntgewordene Plan des Dreiwegehandels Einfluß auf die Verständigungsoffensive Sumner Welles' hatte. Sicher ist, daß beide Initiativen unabhängig voneinander weiter verfolgt wurden, und daß Morgenthau von den Welles-Umanski-Gesprächen zunächst nicht unterrichtet war. Unter dem Eindruck des verschärften Aktionsprogramms des neuen japanischen Kabinetts Konoye und des vorläufigen Scheiterns seiner Bemühungen um ein Ölembargo besann sich der Schatzminister Anfang August wieder auf die Vorzüge des projektierten Dreiwegehandels, von dem sich seiner Meinung nach, aufgrund der damit demonstrierten amerikanisch-sowjetischen Zusammenarbeit, eine abschreckende Wirkung auf die Tokioter Regierung erwarten ließ.[76] Am 14. August rief Morgenthau erneut Welles an und begehrte Auskunft, ob man im State Department nicht auch der Meinung sei, daß die Umstände für einen Versuch, die Russen für den Dreiwegehandel zu gewinnen, sich inzwischen gebessert hätten. Der Unterstaatssekretär, diesmal erkennbar ungehalten über die außenpolitischen Aktivitäten des Schatzministers, war dieser Meinung ganz und gar nicht. Er befinde sich gerade mitten in verheißungsvollen Gesprächen mit dem sowjetischen Botschafter, so verriet er Morgenthau bei dieser Gelegenheit, und er halte es für schlecht, im augenblicklichen Stadium ein derart heikles Thema aufzubringen. „On this Russian thing", so schloß Welles mit Nachdruck, „I don't want to move at all until I am satisfied that we've worked out the other side."[77]

Daraufhin ruhte der Plan des Dreiwegehandels bis zum 19. September. An diesem Tage fand im Weißen Haus eine Kabinettssitzung statt, auf der Roosevelt und seine Minister über die Situation berieten, die durch die – unmittelbar bevorstehende – japanische Invasion Indochinas entstehen würde. Schon in den vorangegangenen Tagen hatten, unter dem Eindruck des zunehmend aggressiven Verhaltens der Japaner gegenüber Südostasien sowie gegenüber den westlichen Niederlassungen in China, in Washington die Befürworter einer kompromißloseren Japanpolitik an Boden gewonnen. Die bemerkenswerten Erfolge der Royal Air Force in der Schlacht um England

---

[75] Aufzeichnung Morgenthaus, 23. 7. 1940, ibid., Bd. 285, S. 295.
[76] *Blum*, II, S. 348–356.
[77] Protokoll eines Telefongesprächs zwischen Morgenthau und Welles, 14. 8. 1940, Morgenthau Diaries, Bd. 293, S. 194-196. Vgl. Aufzeichnung Hornbecks, 15. 8. 1940, FR 1940, IV, S. 664.

ließen einige Bedenken schwächer werden.[78] Grew hatte am 12. September sein berühmt gewordenes „Grünes-Licht"-Telegramm aus Tokio gekabelt.[79] Der amerikanische Präsident und sein Außenminister waren am 13. September übereingekommen, Chiang Kai-shek mit einer 20-Millionen-Dollar-Anleihe zu Hilfe zu eilen.[80] Schließlich hatte Roosevelt Morgenthau angewiesen, ein totales Embargo für Eisen- und Stahlschrott vorzubereiten.[81] Als nun das Kabinett am 19. September zusammentrat, war rasch der einmütige Beschluß gefaßt, daß im gleichen Augenblick, in dem der Einmarsch japanischer Truppen in Indochina bekannt würde, in Washington die neue China-Anleihe und das Embargo für Eisen- und Stahlschrott bekanntgegeben werden sollten. Die Geister schieden sich allerdings an der Frage, ob es richtig sei, darüber hinaus ein Ölembargo gegen Japan zu verhängen. Während Stimson und Morgenthau sich dafür aussprachen, warnten Hull und Marineminister Frank Knox, daß der vollständige Entzug dieses für Japan wichtigsten Rohstoffes zwangsläufig eine Kriegserklärung Tokios provozieren müsse.

Während die Diskussion über diese Frage hin- und herging, gab Schatzminister Morgenthau, in der Erkenntnis, daß ein Ölembargo gegen den erklärten Willen des Außenministers nicht durchzusetzen sein würde, eine andere Maßnahme zu erwägen. Der Präsident selbst, so warf er in die Debatte, habe doch vor einigen Wochen die Anregung zu einem Dreiwegehandel zwischen den Vereinigten Staaten, der Sowjetunion und China gegeben; warum greife man nicht darauf zurück? Die Japaner würden möglicherweise durch eine solche Demonstration, daß sie mit ihrem Vorgehen in Südostasien Amerika und die Sowjetunion zu gemeinsamem Handeln veranlaßten, wirkungsvoller als durch irgend etwas anderes abgeschreckt werden und sich zu einer Änderung ihrer Politik veranlaßt sehen. Fragende Blicke richteten sich auf den Sprecher, denn wie sich herausstellte hatte außer Roosevelt und Morgenthau niemand aus der Kabinettsrunde, auch nicht der im Juli und August von Washington abwesende Außenminister, jemals etwas von einem solchen Plan gehört. Morgenthau erläuterte ihn und verursachte eine längere Diskussion, in der der völlig überfahrene Hull sich durch verbissenes Schweigen auszeichnete. Überraschend beendete der Präsident schließlich die Debatte, indem er sich zu dem Schatzminister mit den Worten herüberwandte: „Henry, I guess you had better get hold of the Russians and start your talk."[82]

---

[78] *Feis*, Road, S. 95 ff.; *Langer/Gleason*, Undeclared War, S. 3 ff., 17–19; *Blum*, II, S. 357–359.   [79] PW, S. 569–572.
[80] *Blum*, II, S. 356–357; *Langer/Gleason*, Undeclared War, S. 17; FR 1940, IV, S. 663–668.   [81] *Blum*, II, S. 357.
[82] Protokoll einer Besprechung im Schatzministerium, 19. 9. 1940, Morgenthau Diaries, Bd. 307, S. 65–67; *Ickes*, III, S. 340; Tagebucheintragung Stimsons vom 19. 9. 1940, Stimson Diaries, Bd. 30.

Hocherfreut über das ihm erteilte Mandat trommelte Morgenthau im Anschluß an die Kabinettssitzung seine engsten Mitarbeiter im Schatzministerium zusammen und verkündete, er habe soeben die „größte Schlacht des Jahres" geschlagen. Just in diesem Augenblick rief aus dem State Department der von Hull alarmierte Welles an, um dem Schatzminister von einer Fühlungnahme mit dem sowjetischen Botschafter abzuraten.[83] Höflich hörte sich Morgenthau die Einwände des Unterstaatssekretärs an, um nach Auflegen des Hörers seinen Mitarbeitern zu eröffnen, er werde sich um den Rat des State Department den Teufel scheren. „Mr. Welles and the rest of them have made a complete failure with our negotiations from the day we recognized Russia... And the whole peace of the Pacific is at stake, and it is worth my taking on a fight with Mr. Welles... And this damned nonsense of Cordell Hull saying he is going to tell them he is going to make a loan to China and that way slow them up – the minute the word leaks out that the United States is talking with Russia and China, that is something, and I hope it leaks. I can take on Mr. Welles as long as I have got the President with me."[84] Unverzüglich bestellte er auf den folgenden Vormittag für 11 Uhr 30 den sowjetischen Botschafter ins Schatzministerium.[85]

Fünfundzwanzig Minuten vor dem mit Umanski vereinbarten Gesprächstermin meldete sich an Morgenthaus Telefon Außenminister Hull, dem, nachdem er sich von der unliebsamen Überraschung des Vortages erholt hatte, eine Reihe von Bedenken gegen die Weisheit des Roosevelt-Morgenthauschen Projekts gekommen waren. Er hielt die Erwartung, Amerika könne die Sowjetunion veranlassen, auch nur eine einzige Tonne Material mehr oder weniger an die Chinesen zu liefern als in Moskaus eigenem Interesse liege, für unrealistisch; vor allem sei ja keine Kontrolle über die sowjetischen Lieferungen möglich! Am frühen Morgen hatte er zudem aus Tokio erfahren, daß offenbar die Würfel für ein Militärbündnis Japans mit Deutschland und Italien gefallen seien und befürchtete, daß eine japanische Invasion in Indochina nun eine Sache von Stunden sei. Wenn die amerikanische Regierung auf diese neue Aggression der Japaner nicht nur mit dem vorbereiteten Schrottembargo und einem Kredit an China reagiere, sondern darüber hinaus auch noch die Keule eines amerikanisch-sowjetischen *rapprochements* schwinge, setze sie sich dann nicht in unvertretbarem Maße dem Risiko einer japanischen Kriegserklärung aus? Höflich bot Morgenthau an, daß er, sofern Hull die Kontaktnahme mit dem sowjetischen Botschafter definitiv ablehne, den Präsidenten ersuchen wolle, die ganze Sache abzublasen. Doch nun scheute der Außenminister plötzlich vor der Verantwortung dafür, einen

---

[83] Protokoll einer Besprechung im Schatzministerium, 19. 9. 1940, Morgenthau Diaries, Bd. 307, S. 65–67.
[84] *Blum*, II, S. 359.
[85] Protokoll einer Besprechung im Schatzministerium, 19. 9. 1940, Morgenthau Diaries, Bd. 307, S. 67.

Test der sowjetischen Kooperationsbereitschaft im Fernen Osten torpediert zu haben, zurück. Sein Anliegen sei nur, so lenkte er mißmutig ein, die Überlegungen des State Department zu einer Angelegenheit mitzuteilen, die im übrigen ja ganz der Regie des Schatzministers unterstellt sei.[86]

Wenige Augenblicke später saßen Morgenthau und Jones sowie der aus dem State Department herbeigeeilte Henderson Botschafter Umanski gegenüber. Der Schatzminister legte dar, auf welche Weise nach seiner und Soongs Meinung die Vereinigten Staaten und die Sowjetunion gemeinsam eine effektivere Unterstützung des chinesischen Widerstandes gegen die japanischen Invasoren in die Wege leiten könnten. Umanski hörte aufmerksam zu, gab jedoch sofort zu bedenken, der vorgeschlagene Dreieckshandel setze voraus, daß zwischen allen Punkten des Dreiecks gleich gute politische Beziehungen bestünden. Die Beziehungen der Sowjetunion zu China seien sehr eng und sehr freundschaftlich, ebenso wie sich offenkundig auch das amerikanisch-chinesische Verhältnis sehr positiv gestalte; im Verhältnis zwischen den Vereinigten Staaten und der Sowjetunion fehle es jedoch zur Zeit an dieser für eine engere Zusammenarbeit erforderlichen Grundlage. Zwar räumte Umanski ein, daß sich aufgrund der beiderseitigen Sympathien für China und des beiderseitigen Interesses an der Erhaltung des Friedens im Pazifischen Raum möglicherweise eine gemeinsame Basis für ein Hilfsprogramm finden lassen könnte. Aber andererseits fand er an dem Vorschlag des Schatzministers auszusetzen, daß er davon ausgehe, daß die sowjetische Chinahilfe ihre Grenzen an den finanziellen Möglichkeiten der Sowjetunion finde; seines Wissens handele es sich hier vielmehr um eine Frage des in der Sowjetunion verfügbaren Rüstungsmaterials. Schließlich wies der sowjetische Botschafter noch auf die großen Schwierigkeiten hin, die einem Transport der von der amerikanischen Regierung unter dem Dreiwegehandel in der Sowjetunion gekauften Rohstoffe angesichts der augenblicklichen geopolitischen Lage im Wege stehen würden. Er versprach jedoch, seine Regierung unverzüglich von dem amerikanischen Plan in Kenntnis zu setzen.[87]

Die Antwort aus Moskau traf am 25. September im Schatzministerium ein, einen Tag, nachdem japanische Truppen in Indochina einmarschiert waren und in Washington die Gewährung des neuen Kredits an China und das totale Embargo für Eisen- und Stahlschrott zur Verkündigung vorbereitet worden waren.[88] Als Umanski die gespannt auf sein Eintreffen wartenden Morgenthau, White und Jones sowie vom State Department Henderson und Atherton erblickte, erklärte er grinsend, er fürchte, die Größe der Versammlung stehe in einem Mißverhältnis zu dem Inhalt der Nachrichten, die

---

[86] Protokoll eines Telefongesprächs zwischen Morgenthau und Hull, 20. 9. 1940, ibid., Bd. 307, S. 141–143.

[87] Protokoll einer Besprechung im Schatzministerium am 20. 9. 1940, ibid., Bd. 307, S. 148–158.

[88] *Feis*, Road, S. 105 ff.

er zu überbringen habe. Seine Regierung erkläre sich grundsätzlich bereit, der amerikanischen Regierung eine größere Menge Rohstoffe, wie etwa Mangan, Asbest, Platin und Chrom, zu verkaufen; sie könne sich indessen unter keinen Umständen dazu verstehen, Lieferungen an die Vereinigten Staaten von Amerika in irgendeiner Weise mit dem sowjetisch-chinesischen Handel zu verknüpfen.[89]

Losgelöst von der Aussicht auf politische Kooperation im Fernen Osten bestand in Washington nur geringes Interesse für zusätzliche Rohstoff-Importe aus der Sowjetunion.[90] Und so war das einzige Ergebnis von Morgenthaus mißglücktem Ausflug in die Außenpolitik eine starke Verärgerung des amerikanischen Außenamts über die Verletzung seiner Zuständigkeiten, in die sich freilich unverkennbar auch ein Gefühl der Enttäuschung über die sowjetische Absage mischte. Als Umanski nach der Überbringung der Antwort seiner Regierung das Schatzministerium wieder verlassen hatte, bestätigten die beiden anwesenden Beamten des State Department Morgenthau auf dessen Frage, daß einfache Rohstoffimporte aus der Sowjetunion für die amerikanische Regierung natürlich nicht nachteiliger seien als Einfuhren aus anderen Ländern. Als der Schatzminister daraufhin noch weiterfragte, „just as the man in the street, and this is what is going on in my head", ob eine Vereinbarung über sowjetische Rohstofflieferungen an die USA nicht schon für sich geeignet wäre, den Japanern in abschreckender Weise amerikanisch-sowjetische Kooperation zu demonstrieren, winkten Henderson und Atherton indessen ab: „In the present state of the world when undoubtedly both Tokyo and Berlin would have full knowledge of any conversations of the Soviet Ambassador in Washington, there [is] no basis for considering purchases from Soviet Russia in any light other than the advantages to be derived by the United States in securing such raw materials as it may need."[91]

In der am 27. September stattfindenden Kabinettssitzung ließ Cordell Hull seinem aufgestauten Ärger freien Lauf.[92] In Gegenwart Roosevelts

---

[89] Protokoll einer Besprechung im Schatzministerium, 25. 9. 1940, Morgenthau Diaries, Bd. 308, S. 156–167; Aufzeichnung Athertons, 25. 9. 1940, FR 1940, III, S. 221–222.

[90] *Blum*, II, S. 361–362.

[91] Protokoll einer Besprechung im Schatzministerium, 25. 9. 1940, Morgenthau Diaries, Bd. 308, S. 156–167; Aufzeichnung Athertons, 25. 9. 1940, FR 1940, III, S. 221–222.

[92] Stimson vermerkte am 24. September 1940 in seinem Tagebuch, Morgenthau habe ihm erzählt, er habe am Morgen ein Gespräch mit Hull gehabt „in which Hull had dressed him [Morgenthau] down because he had had a conference with a representative of the Russian Government at the request of the President. This in itself is somewhat of an example of the haphazard way in which things are going". Stimson Diaries, Bd. 30.

attackierte er die Demarche Morgenthaus und nebenbei auch die Initiativen Sumner Welles'. Er habe keine Lust mehr, so brach es aus ihm hervor, letzten Endes die Verantwortung für Avancen gegenüber der Sowjetunion tragen zu sollen, zu denen er nicht zuvor gehört worden sei und seine Zustimmung gegeben habe. Diese Avancen widersprächen im übrigen auch seiner besseren Einsicht. Wenn die Verhandlungen mit den Sowjets fortgeführt werden sollten, so möge der Präsident sich hierfür jemand anderen suchen. „Hull had a very strong bias against any negotiations with Russia apparently", notierte Stimson in seinem Tagebuch über die Sitzung, „saying in the strongest language that they couldn't be trusted for a minute." Stimson unternahm es, vor den anderen Kabinettsmitgliedern die jüngsten Ansätze zu einer rußlandfreundlicheren Politik zu verteidigen. Hull habe zweifellos recht, wenn er sage, daß man den Sowjets im Grunde nicht über den Weg trauen könne. Man müsse aber berücksichtigen, daß die Interessenlage der Sowjetunion im Fernen Osten eine andere sei als in Europa, daß im Fernen Osten die sowjetischen mit den amerikanischen Zielen weitgehend parallel liefen. Die amerikanische Regierung dürfe wohl den Sowjets so weit trauen, wie deren eigene Interessen verlangten, auf amerikanische Avancen einzugehen, „and that was all we need ask".[93]

Manches in dieser Auseinandersetzung war indessen nicht mehr als Primadonnengezänk, das den Tag nicht überdauerte. Am gleichen 27. September unterzeichneten in Berlin der deutsche Außenminister Ribbentrop, der italienische Außenminister Ciano und der japanische Botschafter Kurusu einen Beistandspakt, dessen Analyse auch Hull wieder zu anderen Schlußfolgerungen über die Bedeutung des amerikanischen Verhältnisses zur Sowjetunion führte.

---

[93] Tagebucheintragung Stimsons vom 27. 9. 1940, Stimson Diaries. Bd. 30; *Ickes*, III, S. 338.

7. DER DREIMÄCHTEPAKT

Der zwischen den Regierungen Deutschlands, Japans und Italiens am 27. September 1940 abgeschlossene sogenannte „Dreimächtepakt" sollte dem Wortlaut seiner Präambel nach die Bemühungen der drei vertragschließenden Teile um einen „dauerhaften Frieden" in Europa und Ostasien sowie um „Gedeihen und Wohlfahrt der dortigen Völker" miteinander verbinden. In seinen fünf Artikeln präsentierte er sich formell als ein Defensivbündnis zur Verhütung einer Ausweitung des Kriegsgeschehens. Den tatsächlichen Intentionen der Regierungen der drei Mächte entsprechend sollte er ihnen allerdings zuvorderst als Instrument zur Sicherung ihrer durch aggressive Expansion erworbenen Positionen in Europa und im Fernen Osten dienen. Eines seiner Hauptziele war, die Vereinigten Staaten von Amerika von einer stärkeren Einmischung in die europäischen und fernöstlichen Vorgänge auf der Seite Großbritanniens und Chinas abzuschrecken.[1]

Dieses Ziel wurde durchaus nicht völlig verfehlt. Zwar reagierte man in Washington Ende September und Anfang Oktober 1940 auf den einigermaßen überraschend kommenden Vertragsschluß[2] nach außen hin mit betonter Gelassenheit. Cordell Hull erklärte, der Pakt bringe keine wesentliche Veränderung einer seit Jahren bestehenden Situation; er komme der amerikanischen Regierung keineswegs als Überraschung und sei bei der Festlegung der amerikanischen Außenpolitik längst voll in Ansatz gebracht worden.[3] In anderen Stellungnahmen amerikanischer Politiker hieß es, der Vertrag stelle nur eine kraftlose Grimasse dar, „an international squeeze play".[4] Und die Roosevelt-Administration demonstrierte auch nicht nur verbal unbeeindruckte Stärke. Postwendend wurde das beschlossene Vollembargo für Eisen-

---

[1] *Sommer*, S. 426–429; *Langer/Gleason*, Undeclared War, S. 21–32; *Jones*, S. 191 ff. Der Text des Dreimächtepakts ist gedruckt in ADAP, D, XI, 1, Nr. 118. Siehe auch ibid., Nr. 119–121.

[2] Grew an Hamilton, 28. 9. 1940, FR 1940, I, S. 652–653; Hamilton an Grew, 2. 11. 1940, ibid., S. 672. Vgl. *Sommer*, S. 452, Anm. 14.

[3] Presseerklärung des Department of State, 27. 9. 1940, FR Japan, II, S. 169; DAFR, III, S. 309. Vgl. Aufzeichnung Hulls, 30. 9. 1940, FR 1940, IV, S. 159; *Hull*, I, S. 908 ff.

[4] Tagebucheintragung Stimsons, 27. 9. 1940, Stimson Diaries, Bd. 30; *Langer/Gleason*, Undeclared War, S. 33–35.

und Stahlschrott gegen Japan verhängt und die Gewährung des neuen Kredits an Chiang Kai-shek bekanntgegeben.[5] Roosevelt entschied außerdem, daß die in Pearl Harbor ankernde Flotte nunmehr auf unbestimmte Zeit dort stationiert bleiben solle.[6] Auf der atlantischen Seite wurden die Materiallieferungen an Großbritannien konsequent ausgeweitet, unter der bald erklärten Zielsetzung, Amerika zu einem großen „Arsenal der Demokratie" auszubauen.[7]

Aber nichtsdestoweniger wurde das Zusammenrücken der drei „Havenot"-Mächte zu einem aggressiven Militärblock im Weißen Haus und im State Department mit erheblicher Sorge registriert.[8] Der wichtigste Grund hierfür war, daß mit dem Dreimächtepakt für die USA die Gefahr eines Krieges im Pazifik, und damit eines strategisch höchst unwillkommenen Zwei-Ozean-Krieges, in doppelter Weise näherrückte. Dies war eine Folge der Tatsache, daß der atlantische und der pazifische Schauplatz durch den Text des Paktes aufs engste miteinander verbunden wurden. Einerseits mochte ein Krieg mit Japan nun nicht mehr nur wegen aggressiver japanischer Expansionsbestrebungen in Südostasien ausbrechen, sondern auch wegen der amerikanischen Unterstützung Großbritanniens, falls sich daraus eine bewaffnete Auseinandersetzung mit Deutschland ergeben sollte. Umgekehrt steigerte der Dreimächtepakt die Gefahr einer Verwicklung Amerikas in den europäischen Krieg, indem er die Wahrscheinlichkeit des pazifischen Krieges vergrößerte: die Japaner hatten hier offiziell die nachdrückliche Zustimmung Hitlers zu einer Generaloffensive gegen die südostasiatischen Kolonialgebiete erhalten, und im State Department wurde geargwöhnt, daß die europäischen Vertragspartner ihnen in geheimen Zusatzabkommen noch speziellere Rückendeckung für die Eroberung Indochinas, Niederländisch-Indiens und Britisch-Malayas gewährt hätten.[9] Am 28. September gab Außenminister Hull Präsident Roosevelt gegenüber der Befürchtung Ausdruck, daß die Japaner nun unverzüglich zu neuen aggressiven Aktionen nach Süden aufbrechen könnten, die die Regierung der USA seiner Meinung nach zu einer Kriegserklärung zwingen müßten.[10] Roosevelt selbst scheint Anfang Oktober vorübergehend entschlossen gewesen zu sein, eine so kriegsträchtige Maßnahme wie den totalen Abbruch des amerikanisch-japanischen Handelsverkehr nicht zu scheuen, sollten die Japaner nach der von der britischen Regierung für den

---

[5] *Bulletin*, III (1940), S. 250, 280; FR Japan, II, S. 222; *Young*, S. 134, 172–173.

[6] *Langer/Gleason*, Undeclared War, S. 40–42.

[7] Siehe *Blum*, II, S. 177 ff.; Fireside Chat Roosevelts vom 29. 12. 1940, PPA 1940, S. 633–644.

[8] *Langer/Gleason*, Undeclared War, S. 34 ff.; *Sommer*, S. 452 ff.

[9] Division of Far Eastern Affairs, Wochenbericht vom 3. 10. 1940, NA 890.00/220; Morishima an Hamilton, 5. 10., FR 1940, I, S. 662; Grew an Hull, 9. 10. 1940, ibid., S. 666; *Feis*, Road, S. 122.

[10] *Feis*, Road, S. 123; *Papachristou*, S. 442 ff.

17. Oktober beabsichtigten Wiedereröffnung der Burmastraße gegen die wichtige Nachschubroute militärisch vorgehen.[11]

Doch rasch gewannen nüchternere Kalkulationen die Oberhand. Die strategische Ausgangslage der USA hatte sich gegenüber den vorangegangenen Wochen keineswegs verbessert.[12] Der unzulängliche Stand der amerikanischen Flotten- und Heeresstärke gebot den militärischen Planern in Washington weiterhin, einem Krieg im Pazifik nach Möglichkeit aus dem Wege zu gehen, um im Notfall vorrangig auf der atlantischen Seite präsent sein zu können und einen Zwei-Ozean-Krieg zu vermeiden. Die vorerst erfolgreiche Verteidigung der britischen Inseln durch die Royal Air Force änderte grundsätzlich nichts an diesen Prioritäten.[13] Hinter einer Fassade demonstrativer Gelassenheit nahm infolgedessen im Weißen Haus und im State Department nach dem Abschluß des Dreimächtepakts die Scheu vor allen Schritten, die einen Krieg gegen Japan heraufbeschwören mochten, eher noch weiter zu. Eine wirtschaftliche Strangulierung Japans etwa durch ein Ölembargo blieb für Roosevelt und Hull bis weit in das Jahr 1941 hinein indiskutabel.[14] Britische Anregungen zu einer festeren Haltung oder zu militärischen Absprachen im Fernen Osten wurden vorerst ausweichend behandelt.[15] Für ein gutes Jahr avancierten Sorgen um die Bündnisautomatik des Dreimächtepakts zu einem zentralen Motiv der Japanpolitik Washingtons.[16]

Mit der durch den Dreimächtepakt bewirkten Vergrößerung des strategischen Dilemmas der USA im Pazifischen Raum wurde der „Faktor Sowjetunion" für die amerikanische Fernostpolitik quasi automatisch weiter aufgewertet – mit einer Logik, der sich auch der verärgerte Cordell Hull nicht lange entziehen mochte.[17] Die in den Berichten aus Tokio erkennbar werdende Rücksichtnahme der japanischen Expansionisten auf die Haltung Moskaus erweckte in der amerikanischen Hauptstadt zwangsläufig den Anschein, daß die sowjetische Regierung in der Lage sei, durch ihr Verhalten eine stimulierende oder eine hemmende Wirkung auf die japanischen Südostasienpläne auszuüben und dadurch die Politik der Vereinigten Staaten im Pazifischen Raum und ihren Erfolg in gewissem Maße zu präjudizieren.

---

[11] Siehe hierzu Pearl Harbor Attack. Hearings before the Joint Committee on the Investigation of the Pearl Harbor Attack. 79th Congress, 1st Session (Washington, U.S.G.P.O., 1946), Testimony of Admiral James Otto Richardson, 20./21. 11. 1945, Bd. 1, S. 305 ff., 318–319; *Feis*, Road, S. 123–125.

[12] Vgl. oben, S. 128 ff.

[13] *Watson*, Prewar Plans, S. 117 ff.; *Hull*, I, S. 911–912; *Matloff/Snell* in *Hillgruber*, Probleme, S. 65 ff.

[14] *Langer/Gleason*, Undeclared War, S. 34 ff.

[15] Aufzeichnung Welles', 18. 10. 1940, FR 1940, IV, S. 187; *Langer/Gleason*, Undeclared War, S. 38–48, 307 ff.

[16] *Feis*, Road, S. 122 et passim; *Sommer*, S. 446–447, 450 ff.

[17] Siehe *Hull*, I, S. 865.

Die Entdeckung dieser möglichen Gleichgewichtsrolle der Sowjetunion im Fernen Osten war keineswegs neu. Schon vor Franklin D. Roosevelts Amtsantritt hatten fernöstliche „balance-of-power"-Überlegungen in der amerikanischen Rußlandpolitik eine lange Tradition.[18] Roosevelt selbst, Hull und die Asienexperten des State Department hatten den pazifischen Gleichgewichtsfaktor „Sowjetunion" auch schon während früherer Jahre und während des Herbstes und Winters 1939/40 durchaus im Auge behalten.[19] Freilich war dieser Aspekt der amerikanisch-sowjetischen Beziehungen bis zum Frühjahr 1940 letztlich als von untergeordneter Bedeutung erachtet worden, weil die Interessen der USA, die durch die sowjetische Ostasienpolitik hätten gefördert oder beeinträchtigt werden können, nicht als essentiell angesehen wurden.[20] Seit Hitlers Siegen in Westeuropa indessen, verstärkt nach dem Abschluß des deutsch-italienisch-japanischen Beistandspakts, hing in der Sicht des Weißen Hauses und des State Department die vitale Frage, ob die Vereinigten Staaten gegen ihren Willen in einen pazifischen Krieg mit all seinen unerwünschten Konsequenzen hineingezogen würden, in nicht unerheblichem Maße davon ab, in welchem Sinne Moskau seine Einflußmöglichkeiten auf die Südostasienpolitik Tokios geltend machen würde. In ebendem Maße, in dem das Verhalten der Sowjets die Gewichtsverteilung der Mächte im Fernen Osten zu beeinflussen schien, wuchs im Herbst 1940 das Interesse der Roosevelt-Administration an einer fernöstlichen Abstimmung mit der sowjetischen Regierung weiter.

Unter den Umständen wirkte auch die Zunahme von Gerüchten über eine bevorstehende sowjetisch-japanische Annäherung noch beunruhigender als früher. Nach dem Abschluß des Dreimächtepakts schlugen die amerikanischen Diplomaten in Berlin, Moskau und Tokio Alarm, daß die deutsche und die japanische Regierung sich verstärkt bemühten, zur Absicherung einer japanischen Südostasien-Offensive nach Norden hin endlich die politische Verständigung zwischen Tokio und Moskau zu realisieren.[21] Zwar hielt man es in der amerikanischen Hauptstadt für unwahrscheinlich, daß die Sowjetunion dem Dreimächtepakt als vierte Macht beitreten, sich damit förmlich mit den außenpolitischen Zielen Deutschlands, Italiens und Japans identifizieren und auch für die Zukunft der Option auf einen Bündniswechsel be-

---

[18] Siehe hierzu *E. H. Zabriskie*, American-Russian Rivalry in the Far East. A Study in Diplomacy and Power Politics 1895–1914 (Philadelphia, Pennsylvania UP, 1946), besonders Kapitel V und VII; *A. Whitney Griswold*, The Far Eastern Policy of the United States (New York, Harcourt Brace, 1938), passim; *Tompkins*, passim.
[19] Siehe oben, S. 11 ff., 79 ff., 128 ff.
[20] Siehe oben, S. 77 ff.
[21] Johnson (Chungking) an Hull, 28. 9. 1940, FR 1940, IV, S. 669; Steinhardt an Hull, 2./17. 10., FR 1940, I, S. 614, 568–569; Grew an Hull, 5. 10., ibid., S. 661–662; Matthews an Hull, 4. 11. 1940, NA 751g.94/239; Division of Far Eastern Affairs, Wochenberichte vom 10. 10., 24. 10. und 31. 10. 1940, NA 890.00/222, 224, 225.

geben würde.[22] Es konnte jedoch nicht ausgeschlossen werden, daß geheime Zusatzabkommen zum Dreimächtepakt sich mit dem japanisch-sowjetischen Verhältnis befaßten und daß die sowjetische Regierung ihrerseits einem bilateralen Abkommen mit Tokio zugeneigt sei, etwa um sich stärker auf die europäischen Entwicklungen konzentrieren zu können.[23] Über den materiellen Gehalt eines möglichen japanisch-sowjetischen Vertrages wurden die üblichen, bereits früher ausführlich wiedergegebenen[24] Spekulationen angestellt. Die Sowjetunion und Japan könnten sich womöglich über eine Abgrenzung von Einflußgebieten im nördlichen beziehungsweise im südlichen Pazifik einigen; Japan könnte die Mongolische Volksrepublik anerkennen und das besondere sowjetische Interesse in Sinkiang, könnte sich vielleicht auch bereitfinden, die Kwantung-Armee von den mandschurischen Grenzen zurückzuziehen; die Sowjetunion hingegen könnte unter Umständen Mandschukuo anerkennen und seine Fernostarmee von den Grenzen ebenfalls zurückverlegen. Besonders beunruhigend erschien die Möglichkeit, daß die Sowjets sich bereitfinden könnten, ihre Hilfslieferungen an Chiang Kai-shek einzustellen und ihn zu drängen, mit den Japanern unter weitgehend japanischen Bedingungen Frieden zu schließen. Dies würde bedeuten, daß die japanische Regierung mit einem Zuge eine sowjetische Stillhalteverpflichtung erlangt und den Chinakonflikt gelöst, mithin die beiden letzten noch übriggebliebenen Stolpersteine aus dem Wege nach Südostasien fortgeräumt hätte.[25]

Neben diesen fernöstlichen Erwägungen erhielt in den Wochen nach dem Abschluß des Dreimächtepakts aber noch ein anderes Motiv für die amerikanische Haltung gegenüber der Sowjetunion zunehmend Gewicht. Im September und Oktober 1940 setzte sich in Washington endgültig wieder eine optimistischere Einschätzung hinsichtlich der weiteren Entwicklung des deutsch-sowjetischen Verhältnisses durch. Im Laufe des Spätsommers bestätigte sich, was nach der sowjetischen Annexion des Baltikums, Bessarabiens und der Bukowina in ersten Ansätzen sichtbar geworden war: in den deutschsowjetischen Beziehungen sammelte sich Explosionsstoff an. Die amerikanische Botschaft in Berlin hatte im Juli über die in deutschen Regierungskreisen zu beobachtende Verstimmung über die jüngsten sowjetischen Vorstöße und die Verlegung starker Truppenkontingente an die über das ehe-

---

[22] Prawda-Leitartikel vom 30. 9. 1940, wiedergegeben in New York Times, 30.9. 1940; Steinhardt an Hull, 2./17. 10. 1940, FR 1940, I, S. 617, 568–569.
[23] Steinhardt an Hull, 1./9. 10. 1940, NA 761.94/1219, 1221; 9./24./31. 10., FR 1940, I, S. 664, 571–573; Grew an Hull, 2. 10., ibid., S. 657–659; Johnson an Hull, 3. 10., ibid., S. 660; Hull an Grew, 7. 11. 1940, ibid., S. 672.
[24] Siehe oben, S. 83 ff.
[25] Steinhardt an Hull, 30. 9., 17. 10. 1940, FR 1940, I, S. 654–655, 569; Grew an Hull, 21. 10., NA 761.94/1228; Matthews an Hull, 23. 10., ibid., 1231; Division of Far Eastern Affairs, Wochenberichte vom 24./31. 10. 1940, NA 890.00/224, 225; *Papachristou*, S. 432–434, 445.

mals polnische Territorium verlaufende Demarkationslinie berichtet.[26] Die sowjetische Regierung hatte ihrerseits den ersten Jahrestag des Hitler-Stalin-Pakts noch mit allen Zeichen guten Willens für eine weitere positive Ausgestaltung ihres Bündnisses mit dem Deutschen Reich gefeiert.[27] Mit vernehmlichem Groll hatten die Sowjets dann jedoch registriert, daß sie von der Donaukonferenz ausgeschlossen werden sollten,[28] und daß Hitler am 30. August mit der territorialen Garantie Rumäniens[29] und am 22. September mit dem deutsch-finnischen Abkommen über den Transfer von Truppen und Kriegsmaterial[30] auf Gebiete übergriff, die die sowjetische Regierung der eigenen Interessensphäre zurechnete. In beiden Fällen, so erfuhr man im State Department, hatte eine vorherige Konsultation zwischen Berlin und Moskau nicht stattgefunden.[31]

Der Dreimächtepakt enthielt nun in seinem Artikel 5 die ausdrückliche Versicherung Deutschlands, Italiens und Japans, „daß die vorstehenden Abmachungen in keiner Weise den politischen Status berühren, der gegenwärtig zwischen jedem der drei vertragschließenden Teile und Sowjet-Rußland besteht". Westliche Beobachter glaubten aber dennoch Grund zu der Annahme zu haben, daß der Vertrag auch gegen die Sowjetunion gerichtet sei.[32] Mitglieder der deutschen Botschaft in Moskau räumten ein, daß der Pakt zumindest gegen den Geist des Hitler-Stalin-Pakts verstoße, da die sowjetische Regierung erst 24 Stunden vor der Unterzeichnung „konsultiert" worden sei.[33] Es war auch nicht zu übersehen, daß in der Rußlandklausel nur der „zwischen *jedem* der drei vertragschließenden Teile und Sowjet-Rußland" bestehende Status als durch den neuen Vertrag nicht berührt bezeichnet wurde; der zwischen ihnen *gemeinsam* bestehende Zustand gegenüber der UdSSR war von der Klausel nicht gedeckt, der Antikominternpakt also zum Beispiel nicht für ungültig erklärt worden.[34]

---

[26] Siehe hierzu FR 1940, I, S. 382–383, 388, 478–493, 516–517, 556–560; *Hull*, II, S. 967–968; *Langer/Gleason*, Undeclared War, S. 130; *Fabry*, Hitler-Stalin-Pakt, S. 247 ff.

[27] Steinhardt an Hull, 2. 10. 1940, FR 1940, I, S. 615.

[28] Siehe FR 1940, I, S. 490, 500–511, 514, 517; *Degras*, III, S. 470; *Coates*, S. 648 ff.

[29] Siehe FR 1940, I, S. 500–510, 517, 562–564; ADAP, D, X, Nr. 413, Thurston an Hull, 10. 9. 1940, NA 740.0011 E. W. 1939/5456.

[30] Siehe FR 1940, I, S. 342–343, 346–351. Für das deutsch-finnische Abkommen siehe ADAP, D, XI, 1, Nr. 86.

[31] Thurston an Hull, 10. 9. 1940, FR 1940, I, S. 562–563; *Langer/Gleason*, Undeclared War, S. 131–132.

[32] Steinhardt an Hull, 28. 9. 1940, FR 1940, I, S. 565; MacMurray an Hull, 13. 11. 1940, ibid., S. 528–529; *Langer/Gleason*, Undeclared War, S. 44.

[33] Steinhardt an Hull, 28. 9. 1940, NA 762.9411/36; ADAP, D, XI, 1, Nr. 109, 113, 142; *F. W. Deakin* und *G. R. Storry*, Richard Sorge. Die Geschichte eines großen Doppelspiels (München, Piper, 1965), S. 248–249.

[34] Hervorhebung des Verfassers. Steinhardt an Hull, 30. 9. 1940, FR 1940, I,

Der Dreimächtepakt

In den Wochen nach dem Abschluß des Dreimächtepakts erfuhr der deutsch-sowjetische Gegensatz im Balkanraum weitere Verschärfungen: einerseits wurde bekannt, daß eine deutsche Militärmission in Rumänien eingerückt sei,[35] andererseits nahmen die Sowjetunion und die Türkei demonstrativ wieder Fühlung miteinander auf.[36] Außerdem gab es neue Berichte über deutsche, aber auch sowjetische Truppenkonzentrationen an der polnischen Demarkationslinie,[37] die Hand in Hand gingen mit Gerüchten, nach denen die deutsche Führung das Ziel einer Invasion der britischen Inseln vorerst zurückgestellt habe.[38] Bewegte sich das deutsch-sowjetische Verhältnis auf einen Bruch zu? Daß die sowjetische Regierung von sich aus eine militärische Konfrontation mit den überlegenen deutschen Armeen suchen und das Bündnis mit dem Deutschen Reich aufkündigen würde, erschien in Washington nach wie vor als wenig wahrscheinlich.[39] Aber hatte für Hitler das Bündnis mit Stalin seine Schuldigkeit getan? War man in Berlin dabei, in der Rußlandpolitik eine grundlegende Änderung herbeizuführen, unter vorübergehender Aufgabe des Krieges gegen England einen Feldzug im Osten vorzubereiten?[40] Führende amerikanische Politiker mochten im Oktober 1940 die Möglichkeit aggressiver Absichten Deutschlands, vielleicht gar der Dreierpaktmächte gegen die Sowjetunion nicht mehr von der Hand weisen.[41] Wenn die Sowjets zu ähnlichen Schlußfolgerungen kamen, durfte vielleicht erwartet werden, daß sie dem Gedanken einer vorsorglichen Öffnung ihrer Außenpolitik in Richtung auf die beiden angelsächsischen Staaten zu jetzt positiver gegenüberstanden als zuvor.[42]

S. 654–655; Kennedy an Hull, 4. 10. 1940, Roosevelt-Churchill-Correspondence, Roosevelt Papers.

[35] Gunther an Hull, 7./9. 10. 1940, FR 1940, I, S. 519–520; Steinhardt an Hull, 16./17. 10., ibid., S. 567, 520–521; Morris an Hull, 21. 10. 1940, NA 740.0011 E. W. 1939/6178.

[36] Aufzeichnung Berles, 9. 10. 1940, FR 1940, III, S. 957–961; Steinhardt an Hull, 17. 10., FR 1940, I, S. 520–522; MacMurray an Hull, 18. 10., ibid., S. 523–524; Gunther an Hull, 1. 11. 1940, NA 740.0011 E. W. 1939/6409; *Langer/Gleason*, Undeclared War, S. 112 ff.

[37] Sterling an Hull, 9. 9. 1940, NA 740.0011 E. W. 1939/5429; Steinhardt an Hull, 26. 9., ibid., 5738; 2. 10., 3. 11. 1940, FR 1940, I, S. 565–566, 352–353; Schoenfeld an Hull, 3. 10., ibid., S. 349–350; Morgenthau Diaries, Bd. 323, S. 11.

[38] Steinhardt an Hull, 2./17. 10. 1940, FR 1940, I, S. 565–566, 568–569.

[39] Kirk an Hull, 28. 9. 1940, FR 1940, I, S. 564–565; Steinhardt an Hull, 31. 10. 1940, ibid., S. 572–573.

[40] Sterling an Hull, 1. 6. 1940, FR 1940, I, S. 555; Steinhardt an Hull, 28. 9., 2./17. 10., ibid., S. 565–566, 615–617, 568–569; Gunther an Hull, 7. 11. 1940, ibid., S. 526–528.

[41] Steinhardt an Hull, 2. 10. 1940, FR 1940, I, S. 615–617; Aufzeichnung Berles, 9. 10. 1940, FR 1940, III, S. 959; *Hull*, I, S. 865; II, S. 967; *Nelson*, S. 114.

[42] Lane an Hull, 17. 10. 1940, NA 740.0011 E. W. 1939/6129; Aufzeichnung über eine Unterredung zwischen Morgenthau und Berle, 1. 10., Morgenthau Diaries, Bd. 317, S. 22; Aufzeichnung Morgenthaus, 23. 10. 1940, ibid., Bd. 324, S. 202.

Sah man somit in Washington in den Wochen nach dem Abschluß des Dreimächtepakts stärker noch als vorher die Sowjetunion als Zünglein an der Waage von Krieg und Frieden im Pazifik, so näherte man im Hinblick auf die Lage in Europa neue Hoffnung, daß das Ende der deutsch-sowjetischen Zusammenarbeit, damit einer angelsächsischen Orientierung der Politik des Kreml, eher gekommen sein könnte als dies noch vor wenigen Wochen möglich schien. Der Sowjetunion schien mehr und mehr eine Schlüsselrolle für die weitere Entwicklung der politischen Lage sowohl in Europa als auch im Fernen Osten zuzukommen. Sie stellte sich in amerikanischen Augen mehr noch als früher – eine quasi negative Folge der vertraglichen Verknüpfung der Aktionen der „Havenots" in West und Ost – nicht nur als ein potentielles Gegengewicht gegenüber den Achsenmächten oder gegenüber Japan dar, sondern gleichzeitig gegenüber allen drei Aggressoren, die den Frieden und die Sicherheit der USA gefährdeten. Bewegt von der Hoffnung, daß es möglich sein könnte, auf die weitere sowjetische Politik durch eigenes Verhalten Einfluß zu nehmen, wirkten in Washington die europäischen wie die fernöstlichen Perspektiven in die gleiche Richtung. Die Regierung der Vereinigten Staaten von Amerika bemühte sich im Oktober 1940 neuerlich, im Gleichschritt mit britischen Bemühungen, die Beziehungen zur sowjetischen Regierung auf eine kooperative Grundlage zu stellen.

Ermutigend wirkte hierbei zweifellos, daß auch aus Moskau freundlichere Töne herüberklangen. Als Botschafter Steinhardt Ende September nach mehrmonatiger Abwesenheit in die sowjetische Hauptstadt zurückkehrte, stellte er dort überrascht eine sehr viel positivere Einstellung gegenüber den beiden angelsächsischen Demokratien fest als vor seiner Abreise. Presse und Rundfunk hätten offenbar Anweisung erhalten, so meldete er, sich aller antiamerikanischen Stellungnahmen zu enthalten.[43] Sowjetischen Kommentaren zur amerikanischen Außenpolitik glaubte er entnehmen zu können „that the Soviet Government is not displeased with the recent negotiations with England nor to what is characterized as the ‚intensification' of American policy in the Far East in opposition to Japan".[44] Am 26. September hatte Steinhardt eine lange Unterredung mit Molotow über strittige Fragen des amerikanisch-sowjetischen Verhältnisses, in der er unter anderem auf den langjährigen amerikanischen Wunsch hinwies, ein Konsulat in Wladiwostok zu eröffnen, weiter die Schwierigkeiten bei der Auflösung der amerikanischen Vertretungen im Baltikum[45] darlegte und sich über die Unannehmlichkeiten beklagte, denen amerikanische Staatsbürger in der Sowjetunion und in dem von sowjetischen Truppen besetzten Teil Polens ausgesetzt seien. Molotow zeigte sich äußerst entgegenkommend und versicherte, sich persönlich um eine befriedigende Regelung der von Steinhardt angesproche-

---

[43] Steinhardt an Hull, 25. 9. 1940, FR 1940, III, S. 222.
[44] Ibid., S. 223.   [45] Siehe hierzu FR 1940, I, S. 393 ff.

nen Probleme kümmern zu wollen. Vor allem stellte der sowjetische Außenkommissar eine baldige positive Entscheidung hinsichtlich des Konsulats in Wladiwostok in Aussicht. Bei der Erörterung der Beschlagnahmung exportbereiter Werkzeugmaschinen in den USA stieß der amerikanische Diplomat auf unerwartetes Verständnis für seine Argumentation „that the Soviet Union already had considerable armament whereas the United States ... was only beginning to rearm and that as events moved rather rapidly these days it seemed more desirable that the United States should have some armaments quickly than that the Soviet Government should increase its armaments further". Molotow habe erkennen lassen, so faßte Steinhardt seine Eindrücke für das State Department zusammen, daß die sowjetische Regierung das amerikanische Rüstungsprogramm mit einiger Sympathie betrachte. „He gave every indication of a desire to see an improvement in our relations and indicated clearly that if the American Government should show a desire to improve relations his Government would be glad to cooperate."[46]

In Washington erklärte Botschafter Umanski zur angenehmen Überraschung Hulls am 9. Oktober, er sei angewiesen worden, seine bisherige unnachgiebige Haltung in der Frage der Werkzeugmaschinenkäufe zu modifizieren; mit Befriedigung habe die sowjetische Regierung auch zur Kenntnis genommen, daß die amerikanische Regierung zu der verlangten Zusicherung hinsichtlich der Goldimporte aus der Sowjetunion bereit sei; außerdem sei man in Moskau sehr befriedigt über die von der Maritime Commission neuerdings eingeschlagene Politik bei der Vergabe von Schiffschartern.[47] Im State Department, wo sich angesichts dieser atmosphärischen Erwärmung vorübergehend neue Hoffnung regte, daß die Sowjets doch noch ihre Zustimmung zum Dreiwegehandel und zum Überfliegen Sibiriens durch amerikanische Flugzeuge geben könnten,[48] fand man sich seinerseits zu neuen Beiträgen für einen günstigen Fortgang der Welles-Umanski-Gespräche und eine Verbesserung der Beziehungen bereit. Am 12. Oktober entschied das State Department, in Abänderung eines früheren Beschlusses, einen großen Teil von bisher aus prophylaktischen Gründen zurückgehaltenen Werkzeugmaschinen mit sofortiger Wirkung für den Abtransport in die Sowjetunion freizugeben.[49] In den gleichen Tagen wurde, unter stillschweigender Ignorie-

---

[46] Steinhardt an Hull, 27. 9. 1940, FR 1940, III, S. 386–388. Zu der Frage des Konsulats in Wladiwostok siehe die Aufzeichnungen Hendersons vom Juli 1940 (undatiert), FR 1940, III, S. 338–339; vom 12. 8. 1940, ibid., S. 369.

[47] Hull an Steinhardt, 9. 10. 1940, FR 1940, III, S. 392–393. Zur Frage der Importe sowjetischen Goldes siehe die Aufzeichnung Welles' für Atherton, 23. 10. 1940, ibid., S. 398.

[48] Aufzeichnung Pages, 5. 10. 1940, NA 711.61/758; Hull an Steinhardt, 9. 10. 1940, FR 1940, III, S. 392–393; Blum, II, S. 362.

[49] Aufzeichnung Gastons für Morgenthau, 12. 10. 1940, Morgenthau Diaries, Bd. 321, S. 196.

rung des Moralischen Embargos, mehreren amerikanischen Tankern gestattet, mit Flugzeugbenzin nach Wladiwostok auszulaufen.[50] Die Sowjets revanchierten sich, indem sie Entgegenkommen in der Frage der amerikanischen Staatsbürger in der Sowjetunion erkennen ließen[51] und am 24. Oktober gegen alle Gewohnheit den militärischen Mitgliedern der amerikanischen Botschaft in Moskau eine Sondererlaubnis zur Inspektion sowjetischer Einrichtungen erteilten.[52]

Dies waren die Aspekte, unter denen sich die Roosevelt-Administration im Oktober 1940 entschloß, die sowjetische Regierung ohne Umschweife direkt auf gemeinsame weltpolitische Interessen anzusprechen.

Der amerikanische Vorstoß lief parallel zu gleichzeitigen Bemühungen der Briten um eine Kursänderung des Kreml. Auf britischer Seite waren mit dem Bekanntwerden des Dreimächtepakts die Hoffnungen auf ein Ausscheren der Sowjets aus dem Bündnis mit Hitler, die seit den Tagen der Moskauer Sondierungen Sir Stafford Cripps' im Juni und Juli stark gesunken waren, ebenfalls neu belebt worden. Botschafter Cripps wurde nun neuerlich zur treibenden Kraft für eine Politik der Annäherung an die Sowjetunion. Mit dem Dreimächtepakt sei der psychologische Augenblick gekommen, so legte er seiner Regierung, aber auch seinem Kollegen Steinhardt in den letzten Septembertagen ans Herz, in dem die britische und die amerikanische Regierung einen energischen Versuch unternehmen müßten, die sowjetische Regierung aus ihrer Verbindung mit Hitlerdeutschland herauszulösen. Die zunehmende Spannung im deutsch-sowjetischen Verhältnis lasse einen solchen Versuch erfolgversprechend erscheinen und die Gefahr eines sowjetisch-japanischen *rapprochements* mache ihn zur Notwendigkeit. Cripps prognostizierte, daß die sowjetische Regierung sich binnen kurzem vor die Alternative gestellt sehen würde, entweder dem Dreimächtepakt als vierte Macht beizutreten oder eine Politik einzuschlagen, die mit dem Hitler-Stalin-Pakt nicht länger vereinbar sei. Er stellte dem britischen Foreign Office anheim, den Sowjets die Wahl durch die Wiedereröffnung der Burmastraße und die Freigabe der gesperrten baltischen Guthaben in Großbritannien zu erleichtern.[53]

Botschafter Steinhardt diskutierte die Vorstellungen seines britischen Kollegen auf telegraphischem Wege mit dem State Department. Die Wieder-

---

[50] *Drummond*, Passing, S. 175.
[51] Steinhardt an Hull, 10. 10. 1940, FR 1940, III, S. 393.
[52] Steinhardt an Hull, 24. 10. 1940, FR 1940, III, S. 233–234. – Verärgerung in handelspolitischen Fragen blieb freilich auch im Oktober 1940 nicht aus, siehe ibid., S. 394 ff.
[53] Steinhardt an Hull, 2. 10. 1940, FR 1940, I, S. 614–615. Vgl. 22. 9. 1940, ibid., S. 613; *Langer/Gleason*, Undeclared War, S. 122.

eröffnung der Burma-Straße oder eine ähnliche fernöstliche „Konzession" beurteilte er als ein völlig untaugliches Mittel, um die außenpolitische Orientierung der sowjetischen Regierung in wünschenswerter Weise beeinflussen zu können.[54] Auch Hull, von Botschafter Lothian über die für den 17. Oktober vorgesehene Wiedereröffnung der Nachschubroute informiert, beschränkte sich darauf, die amerikanischen Sympathien für den erhofften mäßigenden Effekt des Schrittes auf die japanischen Pläne zum Ausdruck zu bringen.[55] In der Tat zeigte sich Molotow, als Cripps ihm am 5. Oktober die gleiche Nachricht überbrachte, uninteressiert. Er ließ sich lediglich zu der Erklärung herbei, daß die sowjetische Regierung an dem fortgesetzten Widerstand Chinas gegen die japanische Aggression das gleiche Interesse habe wie die britische Regierung. Auf die Aufforderung Cripps', die Sowjetunion möge künftig zusätzliche Lieferungen an China über Rangun leiten, antwortete er mit einem schroffen „Njet".[56]

Cripps ließ sich allerdings durch die Zurückhaltung Molotows in diesem Punkte nicht beirren, sondern nutzte die Gelegenheit des Gesprächs, um dem sowjetischen Außenkommissar eindringlich die generelle Notwendigkeit einer britisch-amerikanisch-sowjetischen Zusammenarbeit im Fernen Osten vor Augen zu führen. Steinhardt meldete, Cripps habe sich hierbei, wenngleich in keiner Weise autorisiert, zum Sachwalter auch der amerikanischen Außenpolitik aufgeworfen. Die britische Regierung, so habe Cripps gegenüber Molotow ausgeführt, habe die Absicht, auf den Dreimächtepakt mit einer festen antijapanischen Haltung zu antworten, „but only provided the British Government was assured of the wholehearted support of the United States in the Far East which in turn would be affected by the position of the Soviet Union". Wenn die sowjetische Regierung jetzt einen Pakt mit Japan abschlösse, um die japanische Stoßrichtung nach Süden abzulenken, dann gewänne sie keineswegs eine Garantie dafür, daß Japan nicht eines Tages trotzdem die Sowjetunion angreifen werde, sie verspiele jedoch ohne Not den möglichen Beistand der Vereinigten Staaten in einem solchen Falle. Die sowjetische Regierung sei daher gut beraten, wenn sie ihre Fernostpolitik unverzüglich mit der britischen und mit der amerikanischen Regierung abstimme. Molotow habe Cripps hierauf erwidert, Großbritannien und die Vereinigten Staaten einerseits und die Sowjetunion andererseits seien bisher nicht einmal imstande gewesen, sich über kleine und unbedeutende Probleme zu einigen; wie solle man also erwarten können, daß sie jetzt eine gemeinsame Basis in den wesentlichen Fragen der fernöstlichen Politik finden würden? Trotz dieser wenig ermutigenden Antwort Molotows habe Cripps aber

---

[54] Steinhardt an Hull, 2. 10. 1940, FR 1940, I, S. 616.
[55] Aufzeichnung Hulls, 30. 9. 1940, FR 1940, IV, S. 160; Feis, Road, S. 125–126.
[56] Steinhardt an Hull, 5. 10. 1940, FR 1940, I, S. 617–619.

den Eindruck gewonnen, daß die Sowjets ansprechbar sein würden, sofern die USA „would clear the way for the policies in the Far East".[57]

Als indessen aus Anlaß der Unterredung zwischen Molotow und Cripps in der internationalen Presse Spekulationen über eine mögliche amerikanisch-britisch-sowjetische Entente auftauchten,[58] reagierte das sowjetische Außenkommissariat äußerst empfindlich. Wochenlang wurden weder Cripps noch Steinhardt zu Molotow vorgelassen und bekamen nur seine Stellvertreter zu Gesicht. „The Soviet Union", so vermutete Steinhardt, „being uncertain and apprehensive as to the future German policy resulting from the German-Japanese-Italian alliance, desires to avoid even the appearance of any negotiations with England and the United States pending the clarification of German intentions."[59]

Auch in London teilte man kaum die Ansicht Botschafter Cripps', daß die Öffnung der Burmastraße für die Entwicklung der sowjetischen Außenpolitik von Bedeutung sein könnte. Hingegen war man hier seit August 1940 zu der Überzeugung gekommen, daß die von sowjetischer Seite unablässig attackierte Sperrung der baltischen Guthaben in Großbritannien und den USA ein schwerwiegendes Hindernis für eine Annäherung des Westens an die Sowjetunion darstelle, das im Zuge einer Neuordnung der angelsächsisch-sowjetischen Beziehungen liquidiert werden müsse.[60] Anfang Oktober sondierte die britische Regierung die Einstellung der Roosevelt-Administration zu einer Freigabe der baltischen Guthaben in Verbindung mit der *de-facto*-Anerkennung der sowjetischen Annexion Estlands, Lettlands und Litauens. Bei vorangegangenen britischen Fühlungnahmen im August und September hatte das State Department jegliche Konzessionsbereitschaft in dieser Frage prinzipiell abgelehnt.[61] Jetzt jedoch konnte der britische Botschaftsrat Butler nach Fühlungnahmen mit mehreren verantwortlichen Washingtoner Politikern zu seiner Überraschung feststellen, daß von seinen Gesprächspartnern nur Schatzminister Morgenthau, möglicherweise noch verstimmt über die ablehnende sowjetische Haltung in der Frage des Dreiwegehandels, die Ansicht vertrat, daß „the Baltic case is the best instance of duress".[62] Im State Department sah man hingegen plötzlich „no reasons for objections on the part of our Government to the British proposal".[63] Solchermaßen er-

---

[57] Ibid.
[58] Steinhardt an Hull, 13. 10. 1940, NA 711.61/760; Morris an Hull, 18. 10., ibid., 761; Steinhardt an Hull, 22. 10. 1940, FR 1940, I, S. 668–669.
[59] Steinhardt an Hull, 15./19. 10. 1940, NA 740.0011 E. W. 1939/6063, 6156; 8./20. 10., FR 1940, III, S. 232, 397–398; 22./23. 10. 1940, FR 1940, I, S. 668, 621.
[60] *Woodward*, I, S. 475 ff. [61] Ibid., S. 484–487.
[62] *Langer/Gleason*, Undeclared War, S. 122–123; Aufzeichnung Cochrans, 1. 10. 1940, Morgenthau Diaries, Bd. 317, S. 226.
[63] Aufzeichnung Dunns, 1. 10. 1940, NA 711.61/751; Aufzeichnung über eine Besprechung im Schatzministerium, 2. 10. 1940, Morgenthau Diaries, Bd. 318, S. 15 ff.; Aufzeichnung Cochrans, ibid., S. 172.

mutigt, legte Lord Lothian am 14. Oktober, unmittelbar vor Antritt einer Dienstreise nach London, Hull die direkte Frage vor, ob die amerikanische Regierung bereit sei, parallel zu geplanten britischen Schritten eine Modifizierung ihrer Baltikumspolitik in Erwägung zu ziehen. Hulls erstaunliche Antwort lautete, „that, of course, we have a definite non-recognition policy, which we pursue steadfastly; that I had suggested to my associates, however, that if Russia should show a real disposition to move in our common direction with respect to the axis countries, then I would be disposed to deal with the Baltic assets and ships on a sort of *quid pro quo* basis rather than to adhere inflexibly to our non-recognition policy in this case".[64]

In Kenntnis dieser Stellungnahme des amerikanischen Außenministers beschloß die britische Regierung am 15. Oktober, einen Versuch zu unternehmen, die Sowjets durch ein konkretes und umfassendes Angebot zumindest zu einer wirklich neutralen Haltung nach beiden kriegführenden Seiten hin zu bewegen. Seinen eigenen Vorschlägen entsprechend erhielt Botschafter Cripps am 16. Oktober aus London den Auftrag, Molotows Meinung zu einem umfassenden *quid pro quo* folgender Art einzuholen: Die britische Regierung könnte sich bereiterklären, sich zu verpflichten, 1) nicht ohne vorhergehende Konsultation mit der sowjetischen Regierung Frieden zu schließen; 2) keinem antisowjetischen Abkommen mit dritten Staaten beizutreten, auch nicht nach Kriegsende; 3) keinerlei militärische Maßnahmen gegen Baku oder Batum zu unternehmen; 4) ein Handelsabkommen abzuschließen, in welchem ausreichende britische Lieferungen von Kautschuk, Zinn und anderen von der Sowjetunion dringend benötigten Gütern vorgesehen sein würden; und 5) die sowjetische Erwerbung („acquisition") der baltischen Staaten, Ostpolens, Bessarabiens und der Bukowina vorläufig, d. h. bis zu einer endgültigen Regelung nach Kriegsende, *de facto* anzuerkennen. Als Gegenleistung würde die britische Regierung erwarten, daß die Sowjetunion 1) im deutsch-britischen Krieg eine echt („genuine") neutrale

---

[64] Aufzeichnung Hulls, 14. 10. 1940, FR 1940, I, S. 439–440. – Am 23. Oktober führte Hull gegenüber Knox und Stimson aus: „Russia is trembling in the balance under pressure from Germany who can give her ample quid pro quo which we can't answer." Tagebucheintragung Stimsons, 23. 10. 1940, Stimson Diaries, Bd. 31. Aufschlußreich in diesem Zusammenhang die Korrespondenz zwischen Hull und dem Kongreßabgeordneten William B. Barry vom 21./30. 10. 1940, NA 711.61/763. Siehe auch *Hull*, I, S. 865.

Ob Roosevelt die kompromißbereite Haltung seines Außenministers Mitte Oktober 1940 teilte, ist fraglich. Jedenfalls erklärte der Präsident am 15. Oktober beim Empfang einer Delegation des Lithuanian American Council im Weißen Haus uneingeschränkt: „The independence of Lithuania is not lost but only put temporarily aside. The time will come when Lithuania will be free again. This may happen sooner than you may expect. It was a mistake on behalf of one of the speakers to say that Lithuania is a small country. In Latin America there are states even smaller than Lithuania, but they live a free and happy life. Even the smallest nation has the same right to enjoy independence as the largest one." Zitiert in *Meissner*, S. 95.

Haltung einnehme; 2) im Falle eines Krieges der Achsenmächte gegen die Türkei oder den Iran sich gegenüber den beiden letztgenannten Staaten wohlwollend neutral verhalte; 3) ihre materielle Unterstützung Chinas auch im Falle eines sowjetisch-japanischen Abkommens nicht einstelle; und 4) sich nach dem Abschluß eines Handelsabkommens zu einem günstigen Zeitpunkt zu einem Nichtangriffspakt mit Großbritannien bereitfinde. Wenn die sowjetische Regierung diesen Vorschlag insgesamt akzeptiere, dann könne die britische Regierung auf eine Garantieerklärung der sowjetischen Regierung, daß sie Importe aus dem United Kingdom nicht direkt oder indirekt nach Deutschland weiterleiten werde, verzichten.[65]

Die britische Regierung sah davon ab, die amerikanische Regierung um Zustimmung zu dem vorgesehenen Schritt anzugehen, weil in London nicht erwartet wurde, daß die Roosevelt-Administration sich wenige Tage vor den Präsidentschaftswahlen auf eine derartige Festlegung einlassen werde. Außenminister Halifax wies jedoch die Botschaft in Washington an, das State Department zu informieren. Bei dieser Gelegenheit sollte der britische Botschafter die amerikanische Regierung auffordern, sie möge ihrerseits über Steinhardt den Sowjets zu verstehen geben, daß sie auf keinen Fall eine Überraschung im Fernen Osten zu befürchten brauchten, da die USA entschlossen seien, allen weiteren Aggressionsplänen Japans fest entgegenzutreten.[66] In Ausführung dieser Weisung führte Botschaftsrat Butler am 18. Oktober eine Unterredung mit Welles, in der dieser keinerlei Einwände gegen die britischen Pläne erhob, aber andererseits jeder Festlegung der amerikanischen Regierung auswich.[67] Drei Tage später informierte in Moskau Cripps seinen Kollegen Steinhardt über die britischen Vorschläge.[68]

Zu diesem Zeitpunkt hatte sich Cripps bereits tagelang vergeblich bemüht, einen Termin bei Molotow zu bekommen. Am 22. Oktober entschloß er sich, die Vorschläge seiner Regierung dem Stellvertretenden Außenkommissar Wyschinski zu übergeben. Dabei führte er aus, Großbritannien sei jetzt sicher, den Endsieg zu erringen, insbesondere, da die stärkste Industriemacht der Erde in zunehmendem Maße an seine Seite trete. Cripps verhehlte allerdings nicht seine Sorge, daß der Abschluß eines sowjetisch-japanischen Vertrages, in dem die Einstellung der sowjetischen Chinahilfe vorgesehen sei, zum Zusammenbruch des chinesischen Widerstandes führen könne, und in diesem Falle würden die japanischen Armeen „free for other purposes" sein. Wyschinski ließ sich nicht aus der Reserve locken. Er beschwichtigte, die umlaufenden Gerüchte über einen sowjetisch-japanischen Pakt enthielten

---

[65] *Woodward*, I, S. 489–492; Steinhardt an Hull, 22./23./28. 10. 1940, FR 1940, I, S. 667–668, 619–620, 623–624.

[66] *Woodward*, I, S. 490, 492; *Langer/Gleason*, Undeclared War, S. 123; Aufzeichnung Hulls, 14. 10. 1940, NA 761.67/325.

[67] FR 1940, I, S. 620, Anm. 34; *Woodward*, I, S. 490, Anm. 2.

[68] Steinhardt an Hull, 22. 10. 1940, FR 1940, I, S. 667–669.

eine Menge Übertreibungen; er verneinte allerdings nicht grundsätzlich die Möglichkeit einer Vereinbarung mit Japan. Im übrigen beschränkte er sich darauf, die britischen Vorschläge zur Kenntnis zu nehmen und zu versprechen, sie an seine Regierung weiterzuleiten. Seine einzige konkrete Frage war, ob die britische Regierung die amerikanische Regierung im voraus über ihre Vorschläge informiert habe, was Cripps wahrheitsgemäß bejahte.[69]

Am 26. Oktober empfing Wyschinski den britischen Botschafter noch einmal, bezeichnete die britischen Vorschläge als „fundamental" und stellte einige Fragen, um sich zu vergewissern, daß die Anregungen tatsächlich aus London stammten und nicht lediglich vom Schreibtisch ihres Überbringers. Cripps zeigte sich nach dieser Unterredung gegenüber Steinhardt vorsichtig optimistisch ob der Tatsache, daß die sowjetische Regierung die britischen Vorschläge offenbar einer ernsthaften Prüfung unterzog; wenn auch zuzugeben sei, daß die Sowjets es sich im Augenblick vielleicht nur schwer würden leisten können, ihren Abkommen mit dem Deutschen Reich in direkter Weise zuwiderzuhandeln, so sehe er doch Hoffnung „to establish an understanding with the Soviet Government which could perhaps be made effective at some time in the future".[70]

Am gleichen Tage – dem 26. Oktober 1940 – entschloß sich die amerikanische Regierung ihrerseits, einen Vorstoß in Moskau zu unternehmen. Hull wies Steinhardt an, er solle aufgrund der jüngsten Entwicklungen („recent developments") so bald wie möglich Molotow aufsuchen und ihm mündlich folgende offizielle Mitteilung der amerikanischen Regierung überbringen: die wirtschafts- und handelspolitischen Gespräche, die in den letzten Wochen in Washington zwischen Unterstaatssekretär Welles und Botschafter Umanski stattgefunden hätten, seien Ausdruck des aufrichtigen amerikanischen Wunsches „to see a spirit of greater cooperativeness"; die amerikanische Regierung sei besonders erfreut über die bisherigen positiven Resultate und hoffe, daß beide Seiten in dem gleichen Geiste konstruktive Ergebnisse auch auf größeren und wichtigeren Gebieten erzielen möchten, „thus preparing the way for a closer and more friendly association which ... will be a valuable factor in preventing a further spread of warfare".

Steinhardt sollte sodann auf das eigentliche Anliegen der amerikanischen Regierung zu sprechen kommen. Der Dreimächtepakt, so sollte er darlegen, unterstreiche nachdrücklich die gemeinsame Gefahr, in der friedliebende und friedfertige Staaten sich aufgrund der Politik der Aggressornationen befänden; daher hege die amerikanische Regierung die große Hoffnung „that peace-loving nations will continue to resist pressure for commitments incompatible with their own national integrity". Die Aggressivität der nunmehr auch nach außen hin als Block auftretenden Aggressor-Staaten werde

---

[69] Steinhardt an Hull, 23. 10. 1940, ibid., S. 619–621.
[70] Steinhardt an Hull, 28. 10. 1940, FR 1940, I, S. 623–624; *Woodward*, I, S. 494; *Langer/Gleason*, Undeclared War, S. 124.

keine Grenzen kennen, und daher dürften auch jene großen Mächte sie nicht ignorieren, die sich für den Augenblick außerhalb der Gefahrenzone befänden oder zu befinden glaubten. „These great Powers, furthermore", so gipfelte die Instruktion an Steinhardt, „must not be unmindful of the fact that any undertakings limiting freedom of action given by them to the signatories of this Tripartite Pact not only tend to isolate these powers from other free nations but also amount in reality to the granting of a mortgage on their future in favor of those powers which seem bent on world domination through conquest." [71]

Diese Botschaft enthielt nicht die von den Briten angeregte einseitig verpflichtende Erklärung der amerikanischen Regierung, daß sie durch eine feste antijapanische Politik das Risiko einer militärischen Verwicklung der Sowjetunion im Fernen Osten vermindern helfen wolle. Aber sie enthielt eine unmißverständliche Aufforderung an die sowjetische Regierung, nicht einen Pakt mit Japan abzuschließen, und sie enthielt darüber hinaus ein verklausuliertes Angebot zur politischen Zusammenarbeit in Ostasien. Die Botschaft entsprang nicht, wie Hull unter Absetzung von den britischen Vorstellungen Steinhardt schon tags zuvor mitgeteilt hatte, der Furcht, daß eine japanisch-sowjetische Verständigung den Zusammenbruch des chinesischen Widerstandes gegen Japan nach sich ziehen könnte.[72] Nicht Sorgen um die Zukunft Chinas, so ist einmal mehr hervorzuheben, ließen Washington in erster Linie eine fernöstliche Kooperation mit Moskau suchen. Die amerikanischen Befürchtungen richteten sich vielmehr vor allem auf die Möglichkeit eines sowjetisch-japanischen Abkommens als eines „undertaking limiting [Soviet] freedom of action", das den Extremisten in Tokio die Unsicherheit über das Verhalten der Sowjets bei einer japanischen Generaloffensive im südostasiatischen Raum weitgehend nehmen und im gleichen Maße die Gefahr eines japanisch-amerikanischen Zusammenstoßes vergrößern würde. In dieser amerikanischen Botschaft an den Kreml wurden zum guten Teil die tieferen politischen Absichten aktenkundig, die Sumner Welles von Anfang an in seinen Gesprächen mit Botschafter Umanski verfolgt hatte. Hier wurde die seit Juli 1940 erkennbar zunehmende Neigung der Washingtoner Regierung konkret, das amerikanisch-sowjetische Verhältnis unter dem Gesichtspunkt einer fernöstlichen „balance-of-power"-Politik zu betrachten. Bei solch realpolitischen Überlegungen traten, wie dies schon Hulls überraschende Ausführungen zur baltischen Frage andeuteten, Rücksichten auf moralische Prinzipien wenigstens zeitweise zurück: Erstmals seit dem sowjetischen Angriff auf Finnland wurde die Sowjetunion hier von der amerikanischen Regierung wieder offiziell den friedliebenden Mächten zugerech-

---

[71] Hull an Steinhardt, 26. 10. 1940, FR 1940, III, S. 399–400.
[72] Hull an Steinhardt, 25. 10. 1940, ibid., S. 622–623. Vgl. Aufzeichnung Hulls, 24. 10. 1940, NA 761.94/1230; Division of Far Eastern Affairs, Wochenbericht vom 31. 10. 1940, NA 890.00/225.

net. Ein paar Tage zuvor hatte Roosevelt während einer Pressekonferenz in einem bemerkenswerten Versprecher die Sowjetunion als eine befreundete Nation bezeichnet.[73]

Steinhardt gelang es ebensowenig wie seinem britischen Kollegen, sich Zutritt zu Molotow persönlich zu verschaffen; auch er mußte, um die Instruktion seiner Regierung auszuführen, am 29. Oktober mit Wyschinski vorliebnehmen. Als der Botschafter dem Stellvertretenden sowjetischen Außenkommissar zu Beginn der Unterredung aufrechnete, welche Vorleistungen die amerikanische Regierung im Interesse eines besseren amerikanisch-sowjetischen Verhältnisses bereits erbracht habe, gab Wyschinski sich ahnungslos;[74] unabhängig indessen von ihm unbekannten amerikanischen Konzessionen habe die sowjetische Regierung beschlossen, der Einrichtung eines amerikanischen Konsulats in Wladiwostok sowie zum 15. November einer Erweiterung der Räumlichkeiten der amerikanischen Botschaft zuzustimmen. Einer Anfrage Steinhardts zur Behandlung der im sowjetisch-besetzten Teil Polens lebenden amerikanischen Staatsbürger wich der Russe allerdings mit unverbindlichen Worten aus.

Aufmerksam hörte Wyschinski zu, als Steinhardt ihm sodann die Botschaft des State Department vortrug. Ohne zu zögern antwortete er mit einer von ihm als offiziell bezeichneten Erklärung, die er offensichtlich vorbereitet hatte; in Steinhardts Augen stellte sie nicht mehr dar als eine Zusammenfassung der üblichen stereotypen Erklärungen des Kreml zur sowjetischen Außenpolitik, die kaum Aussagewert für die tatsächlichen gegenwärtigen Absichten der Sowjets besitze: die sowjetische Regierung, so Wyschinski, sei sich über die Existenz der Aggression in der Welt stets im klaren gewesen und wisse, daß diese manchmal keine Grenzen kenne; die Sowjetunion verfolge in ihren auswärtigen Beziehungen eine konsequente Friedenspolitik und sei daran interessiert, ein freundschaftliches Verhältnis

---

[73] In der Pressekonferenz am 15. Oktober hatte ein Journalist den Präsidenten auf mögliche Erleichterungen für den Export von Werkzeugmaschinen in die Sowjetunion angesprochen, und es entspann sich folgender Dialog:
„Questioner: I know those conversations [die Welles-Umanski-Gespräche] are going on, and Russia wants the tools.
The President: Yes.
Questioner: They will then be available for Russia?
The President: In other words, the general idea is, if we don't need them for ourselves we turn them over to a friendly power.
Questioner: And Russia is a friendly power?
The President: I don't think Russia is the mainspring in that.
Questioner: Just incidental?
The President: Yes."
Roosevelt Press Conferences, Nr. 689 vom 15. 10. 1940. Bd. 16, S. 266–267. Vgl. Pressekonferenz des Department of State Nr. 204 vom 31. 10. 1940, Hull Papers, Box 124.
[74] Vgl. oben, S. 124 und dortige Anm. 19.

zu allen Ländern zu pflegen; sie sei in der Lage, sich jeder Aggression zu erwehren.

Als Steinhardt den Kommissar daraufhin rundheraus fragte, ob die Sowjetunion in absehbarer Zeit ein Abkommen mit Japan anstrebe, erklärte sich Wyschinski außerstande, direkt zu antworten. Statt dessen griff er die Erklärung des State Department auf, nach der jede Verpflichtung, mit der eine große Macht gegenüber den Unterzeichnern des Dreimächtepakts ihren eigenen Handlungsspielraum einenge, diese Macht von anderen freien Mächten isolieren müsse. Seiner Meinung nach würde eine solche Entwicklung von der Art der eingegangenen Verpflichtungen abhängig sein; zum Beispiel hätten die bestehenden Abkommen zwischen der Sowjetunion und Deutschland die Sowjetunion weder von anderen Mächten isoliert noch einem Meinungsaustausch mit ihnen im Wege gestanden, wie die gegenwärtige Unterredung beweise. Steinhardt glaubte diesen kryptischen Andeutungen entnehmen zu können, daß die sowjetische Regierung den Abschluß eines Abkommens mit Japan erwäge, sich über dessen Inhalt jedoch selbst noch nicht völlig im klaren sei; Wyschinski habe ihm offenbar indirekt zu verstehen geben wollen, daß ein solches Abkommen nicht mit einer wesentlichen Verschlechterung der sowjetischen Beziehungen zu anderen Staaten, wie zum Beispiel den USA erkauft werden solle.[75]

In Washington zeigte man sich über diese sowjetische Antwort ebensowenig entmutigt wie in London über die Reaktion des Kreml auf die Demarche Botschafter Cripps'; die optimistischen Erwartungen verantwortlicher britischer und amerikanischer Politiker gegenüber der sowjetischen Politik pendelten sich in den Wochen nach dem Abschluß des Dreimächtepakts in parallelen Bahnen ein. Am 31. Oktober hatte Sumner Welles eine beinahe freundschaftlich zu nennende Unterredung mit Umanski, in der beide übereinstimmend feststellten, daß die Zeit gekommen sei „when a certain amount of drafting could be undertaken to cover agreements in principle already reached".[76] Der Unterstaatssekretär zeigte sich erfreut über die in Aussicht stehende Zustimmung der sowjetischen Regierung zur Einrichtung eines amerikanischen Konsulats in Wladiwostok.[77] Steinhardts Bericht über das Gespräch mit Wyschinski regte Welles sogar dazu an, Umanski zu ersuchen, seine Regierung um eine Erklärung über die Grundsätze und Ziele ihrer Außenpolitik zu bitten, ausschließlich zur streng vertraulichen Information des State Department.[78] Beruhigend wirkte auch ein Bericht Steinhardts vom 1. November über eine Aussprache mit dem neuen japanischen Moskaubotschafter Tatekawa. Darin wurde deutlich, daß zwar die japanische Regierung neuerdings ein starkes Interesse an einem politi-

---

[75] Steinhardt an Hull, 30. 10. 1940, FR 1940, III, S. 400–403.
[76] Aufzeichnung Welles', 31. 10. 1940, ibid., S. 403–404.
[77] Ibid. – Siehe auch ibid., S. 460–463.
[78] *Langer/Gleason*, Undeclared War, S. 143.

schen Vertrag zwischen Moskau und Tokio bekundete, die sowjetische Regierung hingegen kaum.[79] Und wie auf Befehl schienen sich Ende Oktober plötzlich sowjetische Diplomaten in dritten Ländern zu bemühen, die Kontakte zu ihren amerikanischen Kollegen zu verbessern.[80]

Amerikas Mann in Moskau freilich mochte sich dem aufkommenden Optimismus nicht anschließen. Er zog aus der Reaktion Wyschinskis auf die britischen Vorschläge und auf die Botschaft aus Washington den Schluß, daß die sowjetische Regierung im Augenblick wünsche, ein politisches Gespräch mit Großbritannien und den Vereinigten Staaten in jeglicher Form zu vermeiden. Botschafter Steinhardt leitete aus dieser Diagnose für die weitere amerikanische Rußlandpolitik den Rat ab, „that any concessions made to the Soviet Union in administrative and commercial fields should be effected on the basis of strict reciprocity and with no expectation that they will in the slightest degree affect the political policy of the Soviet Government".[81]

Hinter dieser Empfehlung Steinhardts verbarg sich ein prinzipieller Gegensatz zwischen der offiziellen Rußlandpolitik Washingtons und den Ansichten des Botschafters über die Grundlagen der amerikanisch-sowjetischen Beziehungen; ein Gegensatz, der im Oktober und November 1940 aufbrach, sich in den folgenden Monaten als unüberbrückbar erweisen und nach Ablauf eines Jahres für das State Department die Rückberufung Steinhardts aus Moskau ratsam machen sollte. Dieser Gegensatz war seit dem Amtsantritt Steinhardts in der sowjetischen Hauptstadt im August 1939 schon immer latent vorhanden gewesen. In all den Monaten im Herbst und Winter 1939/40, als sich nicht nur im Weißen Haus, sondern auch im State Department die Bereitschaft etablierte, bei der Reaktion auf die sowjetische Europapolitik politisch-strategische Rücksichten walten zu lassen, hatte Steinhardt, vor allem unter dem Eindruck täglicher unerfreulicher Erfahrungen im Umgang mit den sowjetischen Behörden, für eine feste Haltung gegenüber den Sowjets plädiert, auf der Grundlage strikter Gegenseitigkeit.[82] Die Kontroverse zwischen State Department und Botschaft Moskau war freilich so lange unausgetragen geblieben, wie sich das Washingtoner Bemühen um die Aufrechterhaltung einer wenigstens minimalen Basis in den Beziehungen zu Moskau lediglich passiv, in vorsichtiger Zurückhaltung und dem Vermeiden

---

[79] Steinhardt an Hull, 1. 11. 1940, FR 1940, I, S. 670–671; Aufzeichnung Hornbecks, 7. 11. 1940, NA 890.00/231.
[80] Sterling an Hull, 28. 10. 1940, NA 711.61/766. – Präsident Roosevelt sandte wie 1939 auch 1940 zum Jahrestag der Oktoberrevolution – der diesmal mit dem amerikanischen Wahltag zusammenfiel – keinen persönlichen Glückwunsch nach Moskau, ließ jedoch der sowjetischen Botschaft in Washington Glückwünsche überbringen, NA 861.458/14, 17.
[81] Steinhardt an Hull, 30. 10. 1940, FR 1940, III, S. 402–403.
[82] Siehe hierzu *O'Connor*, S. 16–47 et passim.

provokativer Akte geäußert hatte. Unter dem Eindruck der sowjetischen Aggressivität in Osteuropa hatte das State Department, wo die Bedenken gegen eine nachsichtige Haltung gegenüber der Sowjetunion nie völlig verstummten, Steinhardt sogar gelegentlich Rückendeckung für eine festere Linie gewährt.[83] Doch mit dem Moment, in dem Sumner Welles die Rußlandpolitik des State Department in einer Weise aktivierte, die auf einseitige amerikanische Verständigungs- und Kooperationswilligkeit hinauslief, wurde der offene Zusammenstoß unausweichlich.

Welles hatte, vermutlich in Sorge um einen entschiedenen Einspruch des für sein Eintreten für die Ausgewogenheit von Leistungen und Gegenleistungen bekannten Moskau-Botschafters, diesen Anfang August 1940 über die Art der Initiative gegenüber Umanski nicht unterrichtet, obwohl Steinhardt gerade in jenen Tagen in Washington weilte.[84] Am 9. August hatte Steinhardt die USA ohne Kenntnis der Welles-Initiative wieder verlassen. Erst Ende September traf er in der sowjetischen Hauptstadt ein, nachdem er sich unterwegs zu Informationszwecken längere Zeit in Japan und Sibirien aufgehalten hatte.[85] Bei seiner Ankunft lagen der Botschaft in Moskau nur allgemein gehaltene Nachrichten vor, daß im State Department mehrere Unterredungen zwischen Welles und Umanski stattgefunden hätten.[86] Erst am 3. Oktober erfuhr Steinhardt aus einem längeren Telegramm Hulls Einzelheiten über den Verlauf und die Ergebnisse der bisherigen Washingtoner Besprechungen.[87] Er distanzierte sich sofort mit Entschiedenheit von der Politik einseitiger Vorleistungen. Wenngleich er sich über die tieferen Absichten der Welles-Initiative nicht sofort ganz im klaren gewesen zu sein scheint,[88] war er sicher, daß diese Politik nur von – in seinen Augen – falschen Prämissen ausgehen konnte. In mehreren langen Telegrammen und Privatbriefen an seine Kollegen und Vorgesetzten in Washington begründete er im Oktober und November 1940 und in den folgenden Monaten seine Kritik im einzelnen.[89]

Dem aufbrechenden Richtungsstreit lag im wesentlichen eine unterschied-

---

[83] Ibid., S. 68–69, 88–90, 103–104, 106–107 et passim. Vgl. oben, S. 36.
[84] Siehe oben, S. 125.   [85] Siehe hierzu *Stackman*, S. 237–239.
[86] Siehe etwa Welles an Thurston, 9. 8. 1940, FR 1940, I, S. 416.
[87] Hull an Steinhardt, 3. 10. 1940, FR 1940, III, S. 388–392.
[88] Auf Steinhardts Rückfrage bestätigte ihm Henderson allerdings die eigenen Vermutungen: „I believe that there ... [is] the particular hope here that through making certain concessions to the Soviet Government it might be possible to persuade the Soviet Government from entering into certain commitments with Japan and Germany which would result in strengthening the latter two countries and in rendering more difficult the carrying out of our policies." Henderson an Steinhardt, 13. 12. 1940, Steinhardt Papers.
[89] Die folgende Darstellung stützt sich vor allem auf Steinhardt an Hull, 2. 10. 1940, FR 1940, I, S. 615–617; 30. 10. 1940, NA 711.61/771; Aufzeichnung Athertons für Welles, 26. 11. 1940, FR 1940, III, S. 406–408; *O'Connor*, S. 136–144, 202 ff.; *Papachristou*, S. 428–438; *Maddux*, S. 330.

liche Interpretation der sowjetischen Politik zugrunde. Die Kontroverse entzündete sich an der Frage, ob es in der Situation des Herbstes 1940 für die amerikanische Außenpolitik eine realistische Annahme sei, in Europa beziehungsweise im Fernen Osten mit der Kooperationswilligkeit der sowjetischen Regierung zu rechnen. Der von Sumner Welles eingeleitete Kurs setzte für beide Weltregionen eine bejahende Antwort voraus. Steinhardts Antwort war, sowohl im Hinblick auf Europa wie im Hinblick auf Ostasien, ein uneingeschränktes Nein.

Die Ansicht, die sich im Sommer 1940 in der amerikanischen Hauptstadt hinsichtlich der Entwicklung in Europa wieder durchsetzte, ging dahin, daß das Bündnis zwischen Deutschland und der Sowjetunion wegen der gegensätzlichen Interessen der Partner in Ost- und Südosteuropa einer Krise zusteure. Der Washingtoner Verständigungspolitik lag unter anderem – ebenso wie den britischen Vorstellungen – die unausgesprochene Annahme zugrunde, daß die sichtlich zunehmende Entfremdung zwischen Hitler und Stalin die Möglichkeit eröffne, einer Auflösung des deutsch-sowjetischen Verhältnisses und einem Koalitionswechsel der Sowjetunion durch eigenes Verhalten vorzuarbeiten; daß sowjetische Neigungen zu einer Annäherung an den Westen durch eine entgegenkommende, betont konzessionsbereite Haltung der USA verstärkt werden könnten.

Steinhardt vermutete ebenfalls, daß die Beziehungen zwischen Moskau und Berlin in eine schwierige Phase geraten seien. Aber er wandte sich gegen die Schlußfolgerungen, die die Washingtoner Verantwortlichen aus dieser Vermutung zogen. Einseitige Bemühungen um eine Zusammenarbeit mit Moskau hatten unter den gegenwärtigen Umständen nach seiner Meinung den Denkfehler zur Wurzel, daß für die sowjetische Führung nicht die Interessen der Sowjetunion, sondern britisch-amerikanische Wunschvorstellungen die ausschlaggebenden außenpolitischen Beweggründe darstellten.[90] Steinhardt war überzeugt, daß die außenpolitischen Interessen der Sowjets sich vielmehr nach wie vor ausschließlich an dem Ziel orientierten, die Sicherheit und den Frieden der Sowjetunion zu erhalten. Hieraus folgte nach seiner Ansicht logisch, daß alle britisch-amerikanischen Versuche, die Sowjetunion zu einer Abkehr von Hitlerdeutschland zu veranlassen, solange ohne jede Aussicht auf Erfolg waren, wie die unbesiegten Armeen Hitlers beschäftigungslos auf dem europäischen Kontinent standen und weder Engländer noch Amerikaner noch beide zusammen den Sowjets Sicherheit gegen einen deutschen Angriff garantieren konnten. Spannungen zwischen Berlin und

---

[90] Einige Wochen zuvor hatte Molotow dem französischen Botschafter Labonne ironisch zu verstehen gegeben, die sowjetische Regierung sei nicht an der Aufrechterhaltung eines „französischen Gleichgewichts" interessiert. Cripps bekam in den gleichen Tagen von Molotow zu hören, die sowjetische Regierung brauche keinen Nachhilfeunterricht in der Festlegung ihrer außenpolitischen Interessen. Siehe Thurston an Hull, 22. 6. 1940, FR 1940, I, S. 607.

Moskau führten demnach im Rahmen der sowjetischen Neutralitätspolitik zwangsläufig zu einer noch stärkeren sowjetischen Identifizierung mit der deutschen Politik, nicht aber zu vorsorglichen Fühlungnahmen mit den westlichen Demokratien. Steinhardt verwies in diesem Zusammenhang auf die offenkundige Tatsache, daß die Verschlechterung der deutsch-sowjetischen Beziehungen fast ausschließlich auf deutsches Verhalten zurückzuführen sei; auch die empfindliche Reaktion des Kreml auf die Anfang Oktober umlaufenden Gerüchte über angebliche amerikanisch-britisch-sowjetische Kontakte zeige, daß die Sowjets jeden Anlaß für weiteren deutschen Unmut vermeiden wollten. Es sei ein fundamentaler Irrtum, wenn man in Washington und in London die Verschlechterung des deutsch-sowjetischen Verhältnisses als möglichen Ausgangspunkt für Versuche betrachte, die Sowjets mit Hilfe einer Art *appeasement policy* aus ihrer besonderen Verbindung zum Deutschen Reich herauszulösen. Einseitige Konzessionen an die sowjetische Regierung unter diesem Gesichtspunkt seien völlig verfehlt.

Hinsichtlich der weiteren Entwicklung der Situation im Fernen Osten maß man in Washington im Herbst 1940, wie dargestellt wurde, dem Verhalten der Sowjetunion eine zunehmend wichtige Bedeutung bei. Man versprach sich im State Department von einer festen Haltung Moskaus gegenüber Tokio eine Behinderung der japanischen Südostasien-Pläne. Andererseits fürchtete man, daß eine mögliche Verständigung zwischen der Sowjetunion und Japan für die Japaner das Signal für die Eroberung Südostasiens darstellen könne, die den Krieg im Pazifik auf die Türschwelle des Weißen Hauses tragen würde. Die Annahme gemeinsamer amerikanisch-sowjetischer Interessen im Fernen Osten und die Unsicherheit über die tatsächlichen sowjetischen Absichten nährten in der amerikanischen Hauptstadt die Hoffnung, daß die amerikanische Regierung in der Lage sei, durch ihr Verhalten gegenüber Moskau die sowjetische Fernostpolitik im Sinne der eigenen Interessen zu beeinflussen. Vor allem auf diese Erwartung gründete sich die aktive Verständigungsbereitschaft der amerikanischen Rußlandpolitik seit dem Juli 1940.

Steinhardt glaubte auch in diesen pazifischen Gleichgewichts-Überlegungen Wunschdenken zu erkennen. Auch seiner Meinung nach kam zwar der sowjetischen Fernostpolitik für die amerikanische Fernostpolitik eine wichtige Funktion zu. Aber gleiche Interessen mochte er allenfalls im Hinblick auf China gelten lassen. Hinsichtlich der japanischen Absichten gegenüber Südostasien könne man indessen hierauf nicht zählen. Natürlich könne man zwar theoretisieren, daß die sowjetische Regierung in der Lage wäre, die japanische Südostasienpolitik zu behindern; entscheidend sei indessen, daß sie hieran in Wirklichkeit überhaupt nicht interessiert sei. Einmal könne die sowjetische Regierung in Ostasien nicht mehr an den Wünschen der Dreierpaktmächte vorbeisehen. Vor allem aber liege ihr ohnehin weit weniger daran, die fernöstlichen Probleme der Amerikaner und Briten lösen zu helfen, als daran, den Ausbruch eines Krieges zwischen Japan und den Vereinigten Staaten zu fördern. Steinhardt glaubte, daß die sowjetische Regierung jetzt einen Nichtangriffspakt mit Japan auch als einen Hebel zur Auslösung eines solchen Pazifischen Krieges betrachte, auf den sich die sowjetische Außenpolitik schon immer eingestellt habe.[91] Man wisse in Moskau, daß Japan einen solchen Krieg nur verlieren könne und daß die Früchte eines – möglicherweise durch sowjetische Embargos beschleunigten – japanischen Zusammenbruchs der Sowjetunion als der dann stärksten fernöstlichen Macht schließlich wie von selbst in den Schoß fallen würden. Nach der sowjetischen Interessenlage war daher in Steinhardts Augen keine echte Chance dafür gegeben, daß britisch-amerikanische Verständigungsbemühungen gegenüber Moskau die Richtung der sowjetischen Japanpolitik beeinflussen mochten. Einseitige Vorleistungen waren demnach auch unter dieser Zielsetzung völlig sinnlos.

Sie ließen sich nach Steinhardts Ansicht nicht einmal mit der Begründung rechtfertigen, daß sich vielleicht wider Erwarten alles Wohlverhalten der Sowjets gegenüber dem Deutschen Reich und seinen Verbündeten als zwecklos herausstellen könnte, weil Hitler ganz unabhängig davon auf alle Fälle, unter Umständen im Zusammenwirken mit seinen Dreimächtepakt-Partnern, einen unprovozierten Angriff auf die Sowjetunion plane. Die Sowjets konnten nach seiner Meinung von der sicheren Erwartung ausgehen, daß in einem solchen Notfall immer noch genügend Zeit sein werde, sich mit den Angelsachsen zu verbünden. „The Soviet Union would automatically become an ally of Great Britain even without prior understanding." Der einzige Vorteil, den ein präventives Bündnis mit den Briten der sowjetischen Regierung einbringen könnte, die Gewißheit nämlich, daß Großbritannien keinen separaten Frieden mit Deutschland auf Kosten der Sowjetunion abschließen werde, besaß nach Steinhardts Schätzung zur Zeit in Moskau keinen besonderen Kurswert.

Botschafter Steinhardt zog aus seiner Analyse der sowjetischen Interessenlage jedoch nicht nur den Schluß, daß alle einseitigen Vorleistungen an die Moskauer Adresse nach Art der Welles-Umanski-Gespräche sinnlos seien; er hielt diese Vorleistungen auch für schädlich. Die sowjetische Regierung faßte sie nach seiner Ansicht nicht anders denn als ein Zeichen von Nervosität und Schwäche auf. Sein täglicher Umgang mit den sowjetischen Behörden bewies ihm dies mehr als genug. Solange sich die amerikanische Regierung gegenüber der Sowjetunion reserviert oder gar unfreundlich verhalten habe, so klagte er, solange habe die Botschaft ihre Anliegen bei den Sowjets in der Regel erfolgreich durchsetzen können. Seit dem Beginn der Welles-Umanski-Gespräche seien sie indes zunehmend sturer und widerborstiger geworden. „The moment these people here get it into their heads that we are ‚appeasing

---

[91] Vgl. oben, S. 26.

them, making up to them, or need them', they immediately stop being cooperative... I am sure that Oumansky has been gloating and the impression has been created here that the Embassy can be ignored because of the ‚jitters' in Washington."

Steinhardt empfahl daher seiner Regierung eindringlich Zurückhaltung im weiteren Umgang mit den Russen. „The best policy to pursue is one of aloofness, indicating strength, rather than an approach which can have no prospect of success as long as the German military force remains intact and there is no sign of a weakening of German moral." Konzessionen und Gefälligkeiten, so drängte er, dürften auch künftig nur auf der Basis strikter Gegenseitigkeit gemacht werden. Ein Auszug aus einem Brief an Loy Henderson zeigt eindrucksvoll, wie er dies verstanden wissen wollte:

> It would, of course, have been far better to have specifically conditioned the conditions to be made by our Government on the complete removal of our grievances here and to have layed down as a condition precedent to any concessions that the Vladivostok Consulate be granted and some two hundred Americans released from the Lwow area, not to speak of our own difficulties in connection with living conditions, space, etc., but I assume that the ‚higher-ups' regarded international ‚policies' as more important than profitable results and are still fooling themselves into believing that the Soviet Government responds to kindness or evidences of good will. My experience has been that they respond only to straight oriental bartering or trading methods and that they would have valued the concessions made in Washington much more had they been on a bargaining basis, such as the charter of a tanker in exchange for a Consulate in Vladivostok or five hundred tons of marine tankers for each American now over a year in the clutches of the local authorities at Lwow. That, in my opinion, is the only language they understand and the only language productive of results. It also has the advantage of gaining their respect...

Doch Laurence A. Steinhardt vermochte im Herbst 1940 mit seinen Bedenken im State Department nicht durchzudringen; selbst in dem Augenblick nicht, als überraschend ein Ereignis eintrat, das den einen Teil seiner Lagebeurteilung schlagend zu bestätigen schien.

8. WARTEN AUF „BARBAROSSA"

Am Morgen des 12. November 1940 traf der sowjetische Außenminister Molotow überraschend zu Gesprächen mit der deutschen Regierung in Berlin ein. Hitler, Ribbentrop und andere hohe nationalsozialistische Führer schlossen sich sofort mit ihrem Moskauer Gast zu intensiven Unterredungen von der Außenwelt ab, wo das Ergebnis der Besprechungen währenddessen mit angehaltenem Atem erwartet wurde. Wir wissen aus den deutschen Akten, daß die Aussprache, die sich fast ohne Unterbrechung bis in die späten Abendstunden des 13. November hinzog,[1] keineswegs in der in dem abschließend veröffentlichten Kommuniqué gepriesenen „Atmosphäre gegenseitigen Vertrauens" verlief und auch alles andere erbrachte als „beiderseitiges Einvernehmen in allen wichtigen Fragen, die Deutschland und die Sowjetunion interessieren".[2] Sie ließ vielmehr den bislang mühsam überdeckten unversöhnlichen deutsch-sowjetischen Interessengegensatz in Ost- und Südosteuropa in voller Schärfe aufbrechen; sie machte die geringe Bereitschaft der Sowjets sichtbar, auf Ribbentrops grandiosen Viermächtepakt-Plan zur Aufteilung der eurasiatisch-afrikanischen Welt einzugehen; sie ließ auch deutlich werden, daß man im Kreml keineswegs um jeden Preis an einer sowohl von Berlin als auch von Tokio angestrebten Verständigung mit Japan interessiert war. Der Besuch Molotows in Berlin war die entscheidende Zäsur in der Entwicklung des deutsch-sowjetischen Bündnisses.[3]

Der tatsächliche Verlauf und das Ergebnis der Besprechungen Molotows in Berlin blieben indessen den westlichen Regierungen in jenen Novembertagen des Jahres 1940 weitgehend unbekannt. Bemerkenswerterweise versagte diesmal selbst der gewohnte vertrauliche Draht zwischen der deutschen und der amerikanischen Botschaft in Moskau.[4] Den amerikanischen Diplo-

---

[1] Aufzeichnungen von deutscher Seite über die wichtigsten Unterredungen sind gedruckt in ADAP, D, XI, 1, Nr. 325–329. Vgl. *Fabry*, Hitler-Stalin-Pakt, S. 343–364; Steinhardt an Hull, 10. 11. 1940, FR 1940, I, S. 573–574.
[2] ADAP, D, XI, 2, Nr. 339; Morris an Hull, 14. 11. 1940, FR 1940, I, S. 581–582.
[3] Noch während der Besprechungen gab Hitler am 12. November die Weisung, daß die Planungsarbeiten für einen Feldzug im Osten fortzuführen seien, siehe Weisung Nr. 18 vom 12. 11. 1940, abgedruckt in Der Prozeß gegen die Hauptkriegsverbrecher vor dem Internationalen Militärgerichtshof, Nürnberg 1947, Dokument 444-PS, Bd. XXVI, S. 45–46.
[4] Siehe oben, S. 29, Anm. 3. Vgl. *O'Connor*, S. 152–154.

maten und dem State Department blieben das Mißtrauen und die Dramatik, die die Unterredungen zwischen der deutschen Führungsspitze und dem sowjetischen Außenkommissar beherrscht hatten, vorerst ebenso verborgen wie den britischen Politikern. Auch in Washington konnte man Informationen nur aus den umlaufenden unbestätigten Berichten und Vermutungen gewinnen. Und die führten für einige Wochen stark in die Irre. Denn es spiegelte sich zwar in den Gerüchten zutreffend die Tatsache wider, daß sich Molotow und seine Gastgeber über die Abgrenzung der territorialen Interessen Deutschlands und der Sowjetunion sowohl in Osteuropa als auch in globalem Maßstab unterhalten hätten; die vorliegenden Informationen erweckten jedoch durchweg den falschen Anschein, daß dies in eben der Harmonie geschehen sei, die in dem abschließenden gemeinsamen Kommuniqué beschworen wurde.[5]

Der Besuch Molotows in Berlin brachte infolgedessen diejenigen Politiker in London und in Washington, die während der vorangegangenen Wochen einer Verständigungspolitik gegenüber dem Kreml das Wort geredet hatten, in einige Verlegenheit. Schien es doch, als sei mit der Berliner Konferenz eine umfassende Wiederversöhnung zwischen den beiden europäischen Diktatoren eingeleitet, als sei somit allen Spekulationen über eine beginnende Auflösung der deutsch-sowjetischen Verbindung für die absehbare Zukunft der Boden entzogen worden. Außerdem herrschte zunächst auch einige Unsicherheit darüber, ob nicht in Berlin einer sowjetischen Annäherung an den ostasiatischen Signatar des Dreimächtepakts der Weg bereitet worden sei. Es stellte sich notwendig die Frage, ob die letztens von britischer und amerikanischer Seite eingeleitete verständigungsbereite Rußlandpolitik auf realistischen Prämissen basierte. Hatte man in den vergangenen Wochen übertrieben zuversichtliche Erwartungen hinsichtlich der künftigen weltpolitischen Position der Sowjetunion gehegt?

Auf britischer Seite zog man ziemlich abrupt den Schluß, daß der Kreml nach der anscheinenden Festigung seines Verhältnisses zum Deutschen Reich als der militärischen Vormacht auf dem Kontinent eine entgegenkommende Politik Großbritanniens kaum noch zu schätzen wissen werde. Enttäuschung verbreitete sich, am sichtbarsten bei Botschafter Cripps in Moskau, dessen Verbitterung über die sowjetische Politik der Reaktion Bullitts im Sommer 1935 vergleichbar war und an den August 1939 erinnerte.[6] Churchill zog sich nach Molotows Berlin-Besuch bis weit in das Frühjahr 1941 hinein auf den Standpunkt zurück, daß „Hitler and Stalin would make a bargain at our expense rather than a war upon each other".[7] Entsprechend negativ war

---

[5] Siehe z. B. Reed an Hull, 14. 11. 1940, NA 740.0011 E. W. 1939/6678; Engert an Hull, 19. 11. 1940, ibid., 6789; Steinhardt an Hull, 17./19. 11. 1940, FR 1940, I, S. 630, 584–586; *Crocker*, S. 25; *Kennan*, Memoiren, S. 137–138.
[6] Siehe FR 1940, I, S. 573 ff., 627 ff.; FR 1941, I, S. 155 ff.; *Estorick*, S. 266–268.
[7] *Churchill*, III, S. 317.

das weitere Verhalten der britischen Regierung. Sie ließ die Vorschläge vom 22. Oktober auf sich beruhen.[8] Man wurde den Winter 1940/41 über in London harthörig gegenüber der sowjetischen Forderung nach Freigabe der in britischer Hand befindlichen baltischen Guthaben und Schiffe.[9] Und man scheute sich auch nicht mehr, gegen die fortschreitende Durchlöcherung der Blockade Deutschlands durch sowjetische Reexporte konsequente handelspolitische Maßnahmen zu ergreifen.[10] Die Regierung Seiner Majestät, so kabelte Mitte Februar 1941 der seit zwei Monaten im Amt befindliche Außenminister Eden an Cripps, habe es in keiner Weise nötig, den Russen nachzulaufen.[11]

In der Beurteilung der deutsch-sowjetischen Novembergespräche zeigte man sich fürs erste auf amerikanischer Seite mit den Briten durchaus einig. Die diplomatischen Vertreter Washingtons in Berlin und Moskau kamen übereinstimmend zu dem Schluß, daß von vornherein keine der beiden Seiten als Ergebnis des Besuchs Molotows in Berlin neue vertragliche Vereinbarungen angestrebt habe; daher sei es in jedem Falle unangebracht, von einem Fehlschlag der Mission des sowjetischen Außenkommissars zu sprechen. Offenbar habe die deutsche Führung das Treffen gewünscht, um nach der in jüngster Zeit sichtbar gewordenen Krise des deutsch-sowjetischen Verhältnisses und den angelsächsischen Versuchen einer Annäherung an die Sowjetunion spektakulär die fortdauernde Solidarität zwischen Moskau und Berlin zu demonstrieren; um sich außerdem für den Fall eines deutschen Engagements im Nahen Osten sowjetischen Flankenschutzes zu versichern.[12] Die Sowjets ihrerseits seien offenkundig an der Weiterführung und dem Ausbau ihrer engen Beziehungen zu Deutschland interessiert, solange das Deutsche Reich die militärische Hegemonialmacht Europas bleibe und Hitler nicht offen die Aufgabe der sowjetischen Neutralität verlange. Wahrscheinlich hätten Hitler und Ribbentrop mit Molotow für die nahe Zukunft weiterreichende Abmachungen vorbereitet, die womöglich auch die Beziehungen der Sowjetunion zu den Dreierpaktmächten bzw. zu Japan regeln würden. Auf jeden Fall müsse für die absehbare Zukunft „a greater rather than a lesser degree of Soviet-German collaboration" in das politische Kalkül einbezogen werden.[13] Auch im State Department wurden Analysen, die hinter

---

[8] *Woodward*, I, S. 496–498, 594 ff.
[9] *Woodward*, I, S. 596–600; Steinhardt an Hull, 23. 11. 1940, FR 1940, I, S. 630–631; Johnson (London) an Hull, 23. 1., 8. 2. 1941, FR 1941, I, S. 156, 160–161.
[10] *Langer/Gleason*, Undeclared War, S. 335–336 und dortige Anm. 14; Steinhardt an Hull, 16. 12. 1940, FR 1940, I, S. 632. Vgl. unten, S. 187 ff.
[11] *Woodward*, I, S. 601.
[12] Steinhardt an Hull, 11./14./16. 11. 1940, FR 1940, I, S. 574–575, 580–581, 583; Morris an Hull, 13. 11. 1940, ibid., S. 579–580. Vgl. MacMurray an Hull, 13. 12. 1940, ibid., S. 535–536.
[13] Siehe Steinhardt an Hull, 19. 11. 1940, FR 1940, I, S. 584–586; Welles an

der Reise Molotows einen Mißerfolg erkennen wollten, für einige Wochen als Wunschdenken abgetan. Hull hielt es für eine realistische Annahme, daß die deutsche und die sowjetische Regierung in Berlin ihre politischen und territorialen Ziele nach dem neuesten Stand aufeinander abgestimmt hätten, daß vor allem der Balkanraum und der Nahe Osten in beiderseitigem Einvernehmen als aktuelle und potentielle Reibungsherde neutralisiert worden seien.[14] Vermutlich hätten Hitler und Ribbentrop wohl außerdem die kürzlich aufgetretenen Mißhelligkeiten in einer für die Sowjets befriedigenden Weise auszuräumen gewußt, und demnach sei der Weg also frei für eine Intensivierung der deutsch-sowjetischen Zusammenarbeit.[15] Welles erwartete, daß den Berliner Besprechungen bald weitere Arbeitskonferenzen zwischen deutschen und sowjetischen Politikern folgen würden.[16] Eine Reihe von Nachrichten, die im November und Dezember 1940 aus Europa das State Department erreichten, waren geeignet, den Eindruck zu verstärken, daß sich die diplomatische, politische und wirtschaftliche Zusammenarbeit zwischen der Sowjetunion und ihrem kriegführenden westlichen Nachbarn nach der kritischen Phase im September und Oktober wieder konsolidiert hatte.[17]

Botschafter Steinhardt wertete Molotows Besprechungen in Berlin als eine Bestätigung zumindest seiner Thesen zur sowjetischen Europapolitik. In einem Bericht nach Washington wiederholte er seine Ansicht, daß das Hauptziel der sowjetischen Politik nach wie vor die Vermeidung eines Krieges sei. Die jüngste Entwicklung sei ein neuerlicher Beweis dafür, daß eine grundsätzliche Änderung der Deutschland-Politik des Kreml solange nicht erwartet werden könne, wie die deutsche Wehrmacht in Höchststärke und unbeschäftigt auf dem europäischen Kontinent stehe und mögliche britisch-amerikanische Unterstützungszusagen notwendigerweise substanzlose Wechsel auf die Zukunft bleiben müßten. Man dürfe sich auch durch die Tatsache, daß die sowjetische Führung gelegentlich eine vorsichtige Bereitschaft zu Kontakten mit London und Washington zu erkennen gebe, nicht bluffen lassen; dahinter stehe nichts anderes als das sowjetische Bemühen, von britischer und amerikanischer Seite Vorleistungen zu erpressen „by holding out the hope that such concessions will result in driving a wedge between the Soviet Union and Germany without any real intention at the present time

---

Johnson (Chungking), 23. 11., ibid., S. 675; Division of Far Eastern Affairs, Wochenbericht vom 14. 11. 1940, NA 890.00/228; *Hanson*, S. 151–153; *Stackman*, S. 254.

[14] Hull an Johnson (Chungking), 12. 12. 1940, NA 761.62/832 A; Tagebucheintragung Stimsons vom 12. 11. 1940, Stimson Diaries, Bd. 31.

[15] Hull an Grew, 5. 12. 1940, FR 1940, I, S. 677–678; Welles an Johnson (Chungking), 12. 12., NA 761.62/825 A; Hull an Johnson (London), 12. 12. 1940, NA 761. 62/832 A.

[16] Welles an Johnson (Chungking), 23. 11. 1940, FR 1940, I, S. 675.

[17] Steinhardt an Hull, 22./24. 11., 11./23. 12. 1940, FR 1940, I, S. 587–589; Thurston an Hull, 4. 12., ibid., S. 588; Gunther an Hull, 23. 12. 1940, ibid., S. 536–537.

on the part of the Soviet Government to depart from its policy of cooperation with Germany".[18] Steinhardts unveränderte Quintessenz aus diesen Überlegungen lautete: „Any attempt to change the existing Soviet-German relationship through proposals such as those put forward by the British Government, or by means of unilateral concessions, not only would be futile but would tend to impair in Soviet eyes the prestige of the government making such proposals."[19]

In der zweiten Novemberhälfte schien es für einige Tage, als könnte der Botschafter in Moskau jetzt für seine Empfehlungen mit mehr Resonanz im State Department rechnen als in den Wochen vor der Reise des sowjetischen Außenkommissars in die deutsche Hauptstadt. Edward Page warnte, daß „no action or policy should be based upon the word of the Kremlin however solemnly pledged".[20] Loy Henderson schrieb Steinhardt Anfang Dezember, daß er selbst mehr und mehr an der Richtigkeit der seit dem Juli eingeschlagenen Rußlandpolitik zweifle. „I must tell you frankly that I personally have some grave doubts that our policy of so-called appeasement will get us any place."[21] In der Europa-Abteilung des amerikanischen Außenamts wurde eine Bestandsaufnahme der bisherigen Welles-Umanski-Gespräche vorgenommen, deren Resultat in der mahnenden Feststellung bestand, daß bisher ausschließlich die Sowjets Vorteile aus den Gesprächen gezogen hätten. „It will be observed that under the heading of American complaints or requests we have thus far gained nothing..."; die sowjetische Zustimmung zur Einrichtung eines amerikanischen Konsulats in Wladiwostok gehe auf eine lange vor Beginn der Gespräche geäußerte Bitte zurück, nicht auf die Gespräche selbst; auch „the difficulties encountered by our Embassy in Moscow have *not* been appreciably lightened as a result of the conversations".[22] Steinhardt beschloß in eben diesen Tagen, die Schwierigkeiten seiner Mission auf eigene Faust im Kreml zur Sprache zu bringen. Als der Stellvertretende Außenkommissar Losowski auszuweichen suchte, drohte der Botschafter grimmig an, er werde ab sofort jedes weitere Entgegenkommen des State Department gegenüber sowjetischen Beschwerden zu verhindern wissen, sofern die sowjetische Regierung nicht unverzüglich durch ihr Verhalten zu erkennen gebe, daß sie die bisherigen amerikanischen Zugeständ-

---

[18] Steinhardt an Hull, 6. 1. 1941, FR 1941, I, S. 117–118. Vgl. 10./14./19. 11., 15. 12. 1940, FR 1940, I, S. 573–574, 580–581, 584–586, 443–444; New York Times, 5. 3. 1941, S. 20.
[19] Steinhardt an Hull, 10. 11. 1940, FR 1940, I, S. 574.
[20] Aufzeichnungen Pages, 3./17. 10. 1940, FR 1940, III, S. 224–230, 396–397. Vgl. Aufzeichnung Berles, 9. 10. 1940, ibid., S. 960.
[21] Henderson an Steinhardt, 13. 12. 1940. Steinhardt Papers. Vgl. Aufzeichnung Athertons für Welles, 26. 11. 1940, FR 1940, III, S. 406.
[22] „Memorandum Prepared in the Division of European Affairs", ohne Unterschrift, 26. 11. 1940, ibid., S. 409–413. Hervorhebung in der Vorlage.

nisse zu würdigen verstehe.[23] Als diese barsche Sprache schon nach wenigen Tagen erstaunliche Resultate zeitigte, billigte Hull ausdrücklich das Vorgehen des Botschafters und versicherte ihm, er könne künftig auf die volle Rückendeckung des State Department zählen.[24] Auch Welles blieb offenbar nicht ganz unbeeindruckt. Am 27. November legte er erstmals Botschafter Umanski eine vollständige Liste amerikanischer Gravamina vor.[25]

Aber dennoch erwies sich, verglichen mit der britischen Reaktion, der Schock über die Berlin-Reise Molotows in der amerikanischen Hauptstadt als nicht sehr nachhaltig. Schon in den ersten Dezembertagen mußte Steinhardt konstatieren, daß von einer Änderung der verständigungswilligen Rußlandpolitik der Roosevelt-Administration nicht ernsthaft die Rede sein konnte. Man zeigte sich in Washington weiter verständigungswillig. Die Welles-Umanski-Gespräche pendelten sich rasch wieder auf die alte Linie einseitiger amerikanischer Konzessionen ein. Schon als Sumner Welles am 27. November Umanski seine Zusammenfassung amerikanischer Beschwerden vorlegte, tat er dies nur mit halbem Herzen, denn er verzichtete darauf, weitere eigene Verständigungsschritte von einer befriedigenden sowjetischen Antwort abhängig zu machen. Anstatt für die weiteren Verhandlungen das Prinzip der Gegenseitigkeit zu postulieren, gab sich der Unterstaatssekretär mit der Absichtserklärung Umanskis zufrieden, er werde die amerikanischen Beschwerden, die er übrigens als vergleichsweise geringfügig betrachte, seiner Regierung zur Kenntnis bringen.[26] Am 14. Dezember genehmigte das amerikanische Außenministerium den Export von einer halben Million Tonnen Benzin nach Wladiwostok.[27] Am 16. Dezember machte Welles dem sowjetischen Botschafter die Mitteilung, daß das State Department seine frühere Entscheidung, nach der seit Februar 1940 für Reisen amerikanischer Ingenieure in die Sowjetunion keine Pässe mehr ausgestellt worden seien,[28] revidiert habe; ab sofort werde wieder amerikanischen Technikern und Ingenieuren der Aufenthalt in der Sowjetunion gestattet „in case the Department should be convinced that their visits to the Soviet Union would be advantageous to the United States or helpful to the promotion of Soviet-American economic relations"; spezielle Wünsche der sowjetischen Regierung könnten einer sympathischen Prüfung durch das Department of State sicher sein.[29] – –

---

[23] Steinhardt an Hull, 19. 11. 1940, ibid., S. 405–406.
[24] Steinhardt an Hull, 29. 11. 1940, ibid., S. 416; Hull an Steinhardt, 3. 12. 1940, ibid., S. 416–417.
[25] Aufzeichnung Welles', 27. 11. 1940, ibid., S. 413–414.
[26] Ibid.
[27] Aufzeichnung Pages, 14. 12. 1940, FR 1940, III, S. 418.
[28] Siehe oben, S. 62 und dortige Anm. 54.
[29] Aufzeichnung Hendersons, 17. 12. 1940, FR 1940, III, S. 432–433. Siehe auch Hull an Steinhardt, 13. 12., ibid., S. 417; Steinhardt an Hull, 15. 12. 1940, ibid., S. 418–419.

Die amerikanische Regierung hielt auch in den Wintermonaten 1940/41 im Prinzip an dem Ende Juli 1940 eingeschlagenen verständigungsbereiten Kurs gegenüber der Sowjetunion fest. Wenngleich es im November und Dezember 1940 schien, als sei eine der Prämissen dieser Politik, die Erwartung fortschreitender Erosion des deutsch-sowjetischen Verhältnisses, hinfällig geworden, sah man in Washington, im Unterschied zu London, genügend Gründe, in der Rußlandpolitik das Steuer nicht herumzuwerfen.

Hierzu gehörte die Tatsache, daß die Sowjets, anders als in ihrem Verhalten gegenüber den Briten, unmittelbar nach dem Besuch Molotows in Berlin sich erdenkliche Mühe gaben, übereilte Schlußfolgerungen der amerikanischen Regierung zu verhindern. Überraschend gab die amerikanische Kommunistische Partei am 16. November bekannt, daß sie alle Verbindungen zur Komintern mit sofortiger Wirkung abbreche.[30] In den gleichen Tagen stimmte der Kreml der Eröffnung eines amerikanischen Konsulats in Wladiwostok definitiv zu.[31] Am 27. November zeigte sich der sowjetische Botschafter gegenüber Sumner Welles von seiner angenehmsten Seite und legte dem Unterstaatssekretär eine offizielle Erklärung zur sowjetischen Außenpolitik vor, wie Welles sie vier Wochen zuvor angeregt hatte.[32] Die umlaufenden Gerüchte über den Inhalt der Gespräche Molotows mit Hitler und Ribbentrop, so deutete Umanski bei dieser Gelegenheit an, seien teils verzerrt, teils aus der Luft gegriffen worden. Er sei beauftragt, der amerikanischen Regierung vertraulich mitzuteilen, daß die Sowjetunion auch nach Molotows Besuch in Berlin in ihrer Außenpolitik völlig unabhängig sei und fortfahren werde, strikte Neutralität zu wahren und eine Teilnahme am Krieg abzulehnen.[33] Knapp drei Wochen später bekräftigte Umanski diese Aussage mit einer weiteren Erklärung zur sowjetischen Politik.[34] Als am 26. Dezember Steinhardt Molotow fragte, ob die sowjetische Regierung an einer Wiederherstellung von „cordial relations" mit den USA interessiert sei, reagierte der sowjetische Außenminister positiv, sogar, wie Steinhardt es beschrieb, „with some degree of enthusiasm".[35] Schon am 12. Dezember hatte Hull die Gesandtschaft in China informiert, daß im State Department der Eindruck vorherrsche, daß die Gespräche Molotows in Berlin alles andere als fruchtlos gewesen seien. Aber dies beweise nicht unbedingt, daß die amerikanische Rußlandpolitik sich bisher in falscher Richtung bewegt habe. „At the time of and subsequent to the Molotov visit the Soviet Government has, it is significant to note, with regard to outstanding problems in American-

---

[30] *Langer/Gleason*, Undeclared War, S. 143.
[31] FR 1940, III, S. 460–463; Bulletin, III (1940), S. 551; *Dallin*, Soviet Russia's Foreign Policy, S. 332.
[32] Siehe oben, S. 160.
[33] Aufzeichnung Welles', 27. 11. 1940, FR 1940, III, S. 414–415.
[34] Aufzeichnung Hendersons, 16. 12. 1940, ibid., S. 430.
[35] Steinhardt an Hull, 26. 12. 1940, ibid., S. 438–440.

Soviet relations, displayed a more reasonable and even a somewhat cordial attitude."[36]

Außerdem behielt im Urteil der maßgeblichen Washingtoner Politiker eine zweite wesentliche Prämisse der bisherigen Rußlandpolitik auch nach der Berliner Konferenz vom 12. und 13. November unverändert ihre Gültigkeit und Bedeutung: die Erwartung kooperativen Verhaltens der Sowjetunion im Fernen Osten.

Das Dilemma der USA im Pazifischen Raum vergrößerte sich im Herbst und Winter 1940/41 im gleichen Maße weiter, in dem die japanischen Expansionisten langsam aber sicher eine Zuspitzung der Lage im Fernen Osten provozierten: der japanische Druck auf die südostasiatischen Kolonialgebiete nahm zwischen November 1940 und März 1941 stetig zu, und infolge einer politischen und militärischen Generaloffensive der Japaner in China drohte sich ein materieller und moralischer Bankrott Chiang Kai-sheks anzubahnen. In der amerikanischen Hauptstadt erreichten die Debatten über das richtige weitere Verhalten im Fernen Osten – Härte oder Nachgiebigkeit, Engagement oder Disengagement – neue Höhepunkte. Roosevelt und Hull sahen sich aus den dargelegten übergeordneten strategischen Gründen[37] nach wie vor in ihrer pazifischen Handlungsfähigkeit beschränkt, doch traten neuerdings noch zwei weitere Überlegungen erschwerend hinzu: die Notwendigkeit zeichnete sich ab, daß Teile der in Pearl Harbor ankernden Flotte wegen der alarmierenden britischen Tonnageverluste fest für Konvoizwecke im Atlantik eingeplant werden mußten; und zwischen Anfang Januar und Anfang März 1941 war zu berücksichtigen, daß eine akute Krise im Pazifik die Verabschiedung des Lend-lease-Gesetzes durch den Kongreß in Frage stellen mochte.[38]

Zur Entlastung der amerikanischen Fernostpolitik erschien es den Verantwortlichen im Weißen Haus und im State Department in den Wintermonaten 1940/41 wichtiger noch als in den vorangegangenen Wochen, daß eine Annäherung an die Sowjetunion unter antijapanischem Vorzeichen gefördert, zumindest aber ein japanisch-sowjetisches *rapprochement* verhindert wurde. Präsident Roosevelt persönlich wünschte nunmehr „doing something to keep Russia happy".[39] Das drohende Ende des chinesischen Widerstands gegen die Japaner, und damit die Frage der sowjetischen Materialhilfe an Chiang Kai-shek, wurde zu einem Gegenstand besonderer Sorge in

---

[36] Hull an Johnson (Chungking), 12. 12. 1940, NA 761.62/832 A. Vgl. Hull an Steinhardt, 3. 12., FR 1940, III, S. 416–417; Hull an Grew, 5. 12., FR 1940, I, S. 677–678; Aufzeichnung Welles', 10. 12. 1940, ibid., S. 534.

[37] Siehe oben, S. 130–131, 145.

[38] Siehe hierzu *Feis*, Road, S. 122–161; *Langer/Gleason*, Undeclared War, S. 292 ff., 305 ff., 317 ff., 341; FR 1940, IV, S. 205 ff.; FR 1941, V, S. 1 ff.; FDR an Eleanor Roosevelt, PL, S. 1077.

[39] *Blum*, II, S. 336.

Washington – zumal sich Berichte über innerchinesische Auseinandersetzungen zwischen Kuomintang und Kommunisten ebenso mehrten wie Gerüchte, nach denen Moskau seine Lieferungen an die chinesische Zentralregierung zugunsten Mao Tse-tungs einzustellen gedenke.[40]

In Washington blieb man hinsichtlich möglicher fernöstlicher Absprachen Molotows mit der Berliner Führung von Anfang an verhältnismäßig gelassen.[41] Es wirkte beruhigend, daß die sowjetische Nachrichtenagentur Tass schon am 15. November Pressemeldungen dementierte, denen zufolge die Sowjetunion und Japan eine Vereinbarung über ihre beiderseitigen Interessensphären im ostasiatischen Raum getroffen hätten und Moskau einer Beendigung seiner Chinahilfe zugestimmt habe.[42] Steinhardt wußte zu berichten, daß Molotow gegenüber Botschafter Tatekawa als Vorbedingung für ein sowjetisch-japanisches Abkommen unerfüllbare territoriale Forderungen erhoben habe.[43] Und schließlich nahm die sowjetische Regierung den Abschluß eines Vertrages zwischen Tokio und dem Wang-Ching-wei-Regime in Nanking am 30. November zum Anlaß, um öffentlich festzustellen, daß die sowjetische Chinapolitik unverändert bleibe und daß die japanische Regierung in diesem Sinne unterrichtet worden sei.[44] Im Weißen Haus und im State Department mutmaßte man, daß in Berlin asiatische Fragen „to some extent" besprochen worden seien. Möglicherweise habe Molotow dabei den Deutschen die sowjetische Bereitschaft zum Abschluß eines Nichtangriffsvertrages oder eines ähnlichen Abkommens mit Japan zu erkennen gegeben, jedoch nur im Austausch gegen bedeutende japanische Konzessionen, unter anderem territorialer Art. Man glaubte nicht sehr ernsthaft, daß die Sowjets ihre materielle Unterstützung der chinesischen Zentralregierung beenden würden; es wurde sogar als wahrscheinlicher angesehen, daß sie ihre Hilfslieferungen künftig noch ausweiten würden. Die offenkundige Tatsache, daß weder deutsches Drängen nach einem sowjetisch-japanischen *rapprochement* noch japanische Initiativen in Moskau zu unmittelbaren Ergebnissen führten, vermittelte den Leitern des State Depart-

---

[40] FR 1940, IV, S. 684 ff.; FR 1941, V, S. 590 ff.; Johnson (Chungking) an Hull, 18. 10. 1940, 19./24. 1. 1941, NA 793.94/16245, 16653, 16466; Hull an Johnson (Chungking), 10. 12. 1940, ibid., 16348; Aufzeichnung Hamiltons für Welles, 15. 11. 1940, ibid., 16427; Matthews an Hull, 4. 11. 1940, NA 751g.94/239; Division of Far Eastern Affairs, Wochenbericht vom 20. 11. 1940, NA 890.00/229; Lockhart an Hull, 6. 2. 1941, NA 893.00/14664; Morgenthau Diaries, Bde. 340–342, 342-A; *Ickes*, III, S. 384–385; *Langer/Gleason*, Undeclared War, S. 292–305. Vgl. Pearl Harbor Attack, Hearings, Exhibit Nr. 182, Bd. 21, S. 4742–4747.

[41] Division of Far Eastern Affairs, Wochenbericht vom 14. 11. 1940, NA 890.00/228; *Feis*, Road, S. 134–135.

[42] New York Times, 15. 11. 1940. Vgl. Steinhardt an Hull, 15. 11. 1940, FR 1940, I, S. 673; 16. 11. 1940, NA 761.94/1240.

[43] Steinhardt an Hull, 20./28. 11. 1940, FR 1940, I, S. 674, 676–677.

[44] Thurston an Hull, 2. 12. 1940, NA 793.94119/709.

ment den Eindruck, daß „apparently the Russians are asking so much from Japan and are offering so little that it does not seem likely that a Soviet-Japanese pact of a non-aggression character will be concluded in the near future unless unexpectedly the Russians reduce their demands or developments cause the Japanese to decide that they must have a pact with Russia regardless of the cost to them".[45]

Man ging in Washington nach dem Berlin-Besuch Molotows weiter davon aus, daß sich die Sowjets ihre fernöstliche Handlungsfreiheit bewahrt hatten und sah die Voraussetzungen für eine Fortsetzung der Verständigungsbemühungen im Pazifischen Raum nach wie vor als gegeben an. Schon bald zeigte sich, daß diese Annahme gerechtfertigt war: in mehreren Unterredungen zwischen Sumner Welles und Konstantin Umanski ließ die sowjetische Regierung erkennen, daß sie nun auch ihrerseits an einer gewissen politischen Abstimmung mit den USA im Fernen Osten interessiert war.

Sumner Welles benutzte am 27. November seine Unterredung mit dem sowjetischen Botschafter, diesen darauf hinzuweisen, daß die Aufrechterhaltung der Unabhängigkeit und territorialen Integrität Chinas nach wie vor ein wichtiges Ziel der amerikanischen Fernostpolitik darstelle. Daher verfolge die amerikanische Regierung die Entwicklung der Dinge in China mit großer Aufmerksamkeit und gedenke, Chiang Kai-shek auch in Zukunft soviel materielle Unterstützung wie möglich zukommen zu lassen. Seien indes Nachrichten zutreffend, nach denen die sowjetische Regierung ihrerseits ihre Hilfslieferungen drossele oder bereits eingestellt habe? Umanski erwiderte, er sei zu der Erklärung ermächtigt, daß die sowjetische Chinapolitik mit der amerikanischen Chinapolitik identisch sei. Nach seinen Informationen würden die Chinesen auch weiterhin Militärhilfe und andere materielle Unterstützung aus der Sowjetunion erhalten. Im übrigen sei er wie Welles der Meinung, daß es zwischen der Sowjetunion und den Vereinigten Staaten im gesamten Pazifischen Raum keine Interessenkollisionen gebe, daß im Gegenteil beide Mächte in dieser Weltregion ähnliche Ziele verfolgten. Der Unterstaatssekretär des State Department knüpfte hieran seinerseits die Erklärung, es erscheine ihm „undoubtedly true that Japanese activities in southern Asia would be far less in scope and extent if the Chinese Government had both the moral and material support of Russia".[46]

In einer weiteren Unterredung am 16. Dezember ergriff Umanski die Initiative. Namens der sowjetischen Regierung erklärte er, daß die Sowjetunion unverändert gutnachbarliche Beziehungen zu China pflege und sich

---

[45] Welles an Johnson (Chungking), 23. 11. 1940, FR 1940, I, S. 675; Hull an Grew, 5. 12., ibid., S. 677–678; Hull an Steinhardt, 5. 12., NA 761.62/825 A; Hull an Johnson (Chungking), 12. 12., ibid., 832 A; Division of Far Eastern Affairs, Wochenbericht vom 12. 12. 1940, NA 890.00/236.

[46] Aufzeichnung Welles', 27. 11. 1940, FR 1940, III, S. 237, 415. Vgl. Aufzeichnung Welles', 10. 12. 1940, FR 1940, I, S. 534–535.

von dem Geiste des chinesisch-sowjetischen Nichtangriffspakts von 1937 leiten lasse. Der sowjetische Botschafter bestätigte Welles bei der Gelegenheit auch, daß die sowjetische ebenso wie die amerikanische Regierung darauf bedacht sei, ihre Chinahilfe soweit wie möglich zu steigern. Welles erwiderte, die Gewißheit dieser Tatsache sei für die amerikanische Regierung äußerst wichtig und äußerst erfreulich.[47]

Am 11. Dezember 1940 sowie am 3. und 12. Januar 1941 schloß die Sowjetunion neue Handelsabkommen mit China ab.[48] Und am 9. Januar sah Sumner Welles sich in einem Schreiben an Präsident Roosevelt zu der Feststellung berechtigt:

> On the whole, our negotiations with the Soviet Union have progressed favorably up to the present moment, and the more friendly relationship which is beginning to exist is unquestionably of real advantage to this Government insofar as the Far Eastern situation is concerned.[49]

Wenige Tage später brachte der Unterstaatssekretär dem sowjetischen Botschafter seine Freude darüber zum Ausdruck, daß nach den neuesten Informationen des State Department die Sowjetunion in Übereinstimmung mit den kürzlichen Versicherungen Umanskis der Regierung in Chungking weitere wertvolle Rüstungsgüter geliefert habe. Der Botschafter bestätigte dies und stellte zudem in Aussicht, daß die chinesische Regierung in Kürze unter den neuen Kreditvereinbarungen mit weiteren sowjetischen Flugzeugen und Waffen rechnen könne. Welles ließ sich daraufhin erneut von Umanski bestätigen, daß „the maintenance of peace and the maintenance of the status quo in the Pacific area was a question in which the Soviet Union and the United States had similar interests ... that the fixing by Japan of political, economic and military domination over China and the spreading of Japanese hegemony through the southern Pacific was obviously something inimical to the interests of both of our countries".[50] Unter diesen Umständen vermochte die am 21. Januar bekanntgegebene Verlängerung des sowjetisch-japanischen Fischereiabkommens, die von Tass als ein Schritt zur Verbesserung des Verhältnisses zwischen Moskau und Tokio bezeichnet wurde,[51] das State Department nur wenig zu beeindrucken.

Zwei Monate später, als die Welt voll war von Spekulationen über die Reise des japanischen Außenministers Matsuoka nach Moskau und Berlin, legte Sumner Welles erneut Wert darauf, daß der sowjetische Botschafter ihm bestätigte, daß „both the Soviet Union and the United States were

---

[47] Aufzeichnungen Hendersons vom 16. und 17. 12. 1940, FR 1940, III, S. 238–239, 430–431.
[48] *Dallin*, Soviet Russia's Foreign Policy, S. 429.
[49] Welles an Roosevelt, 9. 1. 1941, FR 1941, I, S. 685–686.
[50] Aufzeichnung Welles', 15. 1. 1941, FR 1941, IV, S. 3–4.
[51] *Lupke*, S. 62; *Moore*, S. 121.

equally interested in the maintenance of peace in the Pacific, as well as in the preservation of territorial integrity and independence of China".[52] Der Unterstaatssekretär riet, die Sowjetunion solle wie die Vereinigten Staaten gegenüber Japan eine Politik ständiger Verunsicherung einschlagen. Er zeigte sich befriedigt über das Ausmaß der in den vorangegangenen Wochen bekanntgewordenen sowjetischen Materiallieferungen an China. Umanski vermutete, daß der sowjetische Nachschub für Chiang Kai-shek in den kommenden Wochen wohl noch weiter zunehmen werde, woraufhin Welles dem Russen neuerlich zu verstehen gab „that I felt it of the utmost importance for the two countries to remain in close touch with regard to developments in the Far Eastern situation".[53]

Doch zu dieser Zeit – März 1941 – war die Hoffnung auf eine Abstimmung mit der Sowjetunion im Fernen Osten für die amerikanische Regierung schon längst nicht mehr das einzige wichtige Motiv für verständigungsbereite Rußlandpolitik. Seit der Jahreswende waren auch die europäischen Perspektiven wieder zurechtgerückt worden. In den ersten Januartagen des Jahres 1941 hielt das State Department plötzlich den Beweis dafür in Händen, daß die seit dem Molotow-Besuch in Berlin scheinbar geglättete Oberfläche der deutsch-sowjetischen Beziehungen höchst trügerisch war: Hitler bereitete in Wirklichkeit einen Angriff auf seinen Bündnispartner vor! Auf abenteuerlichem Wege war der amerikanische Handelsattaché in Berlin, Sam E. Woods, in den Besitz einer Ablichtung der noch druckfrischen Führerweisung Nr. 21 „Unternehmen Barbarossa" vom 18. Dezember gelangt.[54] In diesem in Washington rasch als echt erkannten Schriftstück entwickelte der deutsche Führer den Plan eines Blitzfeldzuges gegen die Sowjetunion „auch vor Beendigung des Krieges gegen England" und wies seinen Generalstab an, die Vorbereitungen für das Unternehmen bis zum 15. Mai 1941 abzuschließen.[55] Die Information war geeignet, Zweifel an der Richtigkeit einer konzessionswilligen Rußlandpolitik der Vereinigten Staaten weiter abzubauen. Sie ließ Steinhardts Bedenken hinsichtlich der weiteren europäischen Entwicklung als unerheblich erscheinen: mochten die Sowjets vielleicht auch im Augenblick für eine Annäherung an die beiden angelsächsischen Mächte nicht zu haben sein, so schickte Hitler selbst sich nun an, durch einen Feldzug im Osten den westlichen Bemühungen nachzuhelfen. Eine konzessionsbereite Politik Amerikas gegenüber der Sowjetunion unter europäischem Blickwinkel blieb nach

---

[52] Aufzeichnung Welles', 20. 3. 1941, FR 1941, IV, S. 920.
[53] Aufzeichnung Welles', 22. 3. 1941, ibid., S. 112–113. Siehe auch Division of Far Eastern Affairs, Wochenbericht vom 6. 2. 1941, NA 890.00/243.
[54] *Hull*, II, S. 967; *Welles*, Time, S. 170–171; *Langer/Gleason*, Undeclared War, S. 336–337.
[55] Das Dokument ist gedruckt in ADAP, D, XI, 2, Nr. 532.

wie vor ein Wechsel auf die Zukunft, hatte aber mit einem Male ein sehr solides Fundament erhalten: rücksichtsvolle Rußlandpolitik bedeutete seit Anfang 1941 aktives Warten auf „Barbarossa".[56]

Im Februar und März 1941 gingen im State Department weitere Nachrichten über Angriffsabsichten Hitlers gegen die Sowjetunion ein.[57] Gleichzeitig wurde aber auch immer deutlicher sichtbar, was es mit dem nach Molotows Berlin-Besuch vermuteten Einverständnis über beiderseitige Interessen im Balkanraum in Wirklichkeit auf sich hatte. Hitler brachte einen Balkanstaat nach dem anderen unter die deutsche Kontrolle. Die sowjetische Regierung ließ es mit Zähneknirschen geschehen. Zwar wagte sie nicht, durch offene Intervention eine militärische Auseinandersetzung mit der überlegenen Militärmacht des Kontinents zu provozieren, aber sie ermutigte die Regierungen der Balkanstaaten zum Widerstand und meldete mit zunehmender Lautstärke ihren Unwillen über das deutsche Vorgehen an.

Bereits als am 20. November 1940 Ungarn dem Dreimächtepakt beitrat, dementierte die sowjetische Regierung über Tass den Bericht eines deutschen Blattes, daß sie zu diesem Vorgang vorab ihr Placet gegeben habe.[58] Am 23. November trat das von deutschen Truppen besetzte Rumänien dem Dreimächtepakt bei, einen Tag später die Slowakei.[59] Anfang Januar 1941 wurde die Stärke der deutschen Truppen auf rumänischem Territorium auf über 100 000 Mann geschätzt, im Februar sogar auf über 1 Million – eine Massierung, die sich mit deutschen Interventionsplänen im italienisch-griechischen Krieg allein nicht erklären ließ.[60] Am 28. Januar berichtete Steinhardt, die rumänische Delegation, die sich zu Verhandlungen über ein neues rumänisch-sowjetisches Wirtschaftsabkommen in Moskau aufhielt, sei angewiesen worden, eine früher gemachte Zusage über die Lieferung rumänischen Öls an die Sowjetunion wieder zurückzuziehen.[61]

In das Zentrum der deutsch-sowjetischen Rivalität rückte Bulgarien. Mitte Dezember 1940 erfuhr das State Department, daß der Generalsekretär des sowjetischen Außenkommissariats, Arkadij Sobolew, der bulgarischen Regierung bei einem Besuch in Sofia am 25. November den Abschluß eines sowjetisch-bulgarischen Nichtangriffspaktes und anderer bilateraler Abkommen nahegelegt habe; danach würde die sowjetische Regierung gegen einen

---

[56] Siehe hierzu *Nelson*, S. 114.
[57] Gunther an Hull, 6./25. 2. 1941, FR 1941, I, S. 129-131, 292; Steinhardt an Hull, 26. 2., 24. 3., ibid., S. 702-703, 133-134; 12. 4., NA 740.0011 E. W. 1939/9901; Lane an Hull, 4. 3., ibid., 8769; Morris an Hull, 2. 4., FR 1941, I, S. 134-135; Schoenfeld an Hull, 10. 4., ibid., S. 19; New York Times, 27. 2. 1941; *Hull*, II, S. 968; *Welles*, Time, S. 170.
[58] *Degras*, III, S. 477.
[59] *Langer/Gleason*, Undeclared War, S. 141-142.
[60] Gunther an Hull, 7./10. 1., 20./25. 2. 1941, FR 1941, I, S. 273, 274-276, 285-287, 290; Steinhardt an Hull, 15. 1. 1941, ibid., S. 280.
[61] Steinhardt an Hull, 28. 1. 1941, ibid., S. 282-283.

bulgarischen Beitritt zum Dreimächtepakt keine Einwendungen mehr erheben; sollte die bulgarische Regierung allerdings einem Vertrag mit Moskau nicht zustimmen, dann empfehle die sowjetische Regierung, daß Bulgarien auch dem Dreimächtepakt fernbleibe.[62] Der bulgarische König Boris III. war der Anregung ebenso höflich ausgewichen wie einige Tage zuvor Hitlers Werben um Kooperation mit den Achsenmächten.[63] Als sich indessen um die Jahreswende Anzeichen für massiven deutschen Druck auf Sofia mehrten, richtete die *Prawda* am 13. Januar an die bulgarische Regierung die versteckte Warnung, wenn die jüngsten Presseberichte über den Einmarsch deutscher Truppen in Bulgarien zutreffend seien, dann geschehe dies ohne Wissen oder Zustimmung der sowjetischen Regierung.[64] Zwei Tage später bezeichnete Umanski dieses Dementi gegenüber Sumner Welles als „authentisch".[65] Ende Januar, zur gleichen Zeit, als Roosevelts Sonderbotschafter William Donovan eine baldige deutsche Besetzung Bulgariens als unabwendbar beurteilte,[66] machten Informationen des britischen Nachrichtendienstes die Runde, daß die Sowjets der bulgarischen Regierung ein definitives Beistandsversprechen gegeben hätten.[67] Im Laufe des Februar ließ die sowjetische Regierung erkennen, daß sie an einer letzten Zuspitzung der Gegensätze nicht interessiert war.[68] Doch als Bulgarien am 1. März dem Dreimächtepakt beitrat und den Einmarsch deutscher Truppen gestattete, veröffentlichte die sowjetische Presse massive Kritik an der bulgarischen Regierung, da deren Haltung, ungeachtet ihres möglichen guten Willens, nicht den Frieden fördere, sondern den Kriegsschauplatz ausweite und Bulgarien in den Krieg hineinziehe.[69] Moskau schlug den Sack, um den Esel zu treffen. Steinhardt meldete am 9. März aus zuverlässiger deutscher Quelle, daß, als Botschafter Schulenburg Molotow die offizielle Erklärung der deutschen Regierung für ihr Vorgehen in Bulgarien überbracht habe, „the atmosphere at the meeting was rather chilly".[70]

Seit Oktober 1940 hatte die sowjetische Regierung ihre Sympathien für

---

[62] Steinhardt an Hull, 13. 12. 1940, FR 1940, I, S. 535; Earle an Hull, 18. 12. 1940, ibid., S. 537; Steinhardt an Hull, 10. 1. 1941, FR 1941, I, S. 276–277.
[63] Earle an Hull, 21. 11. 1940, FR 1940, I, S. 529–530; Steinhardt an Hull, 29. 11. 1940, ibid., S. 532; 10. 1. 1941, FR 1941, I ,S. 276–277; MacMurray an Hull, 21. 2. 1941, ibid., S. 287–288. Siehe auch ADAP, D, XI, 2, Nr. 384.
[64] Steinhardt an Hull, 13. 1. 1941, FR 1941, I, S. 278–279; *Degras*, III, S. 482.
[65] Aufzeichnung Welles', 15. 1. 1941, NA 711.61/803.
[66] Earle an Hull, 21. 1. 1941, FR 1941, I, S. 282; *Langer/Gleason*, Undeclared War, S. 397–398.
[67] Gunther an Hull, 17. 1. 1941, FR 1941, I, S. 281.
[68] Steinhardt an Hull, 1. 2. 1941, ibid., S. 283; Lane an Hull, 28. 2. 1941, NA 740.0011 E.W. 1939/8685.
[69] *Degras*, III, S. 483–484; Steinhardt an Hull, 4. 3. 1941, FR 1941, I, S. 296; 6. 3. 1941, NA 740.0011 E. W. 1939/8835.
[70] Steinhardt an Hull, 9. 3. 1941, FR 1941, I, S. 297.

Bemühungen der Türkei erkennen lassen, durch die Bildung eines Defensivbündnisses der Balkanstaaten ein Ausgreifen Hitlers nach Südosteuropa zu verhindern.[71] Unter dem Eindruck der drohenden deutschen Besetzung Bulgariens schloß die türkische Regierung indessen am 17. Februar 1941 einen Nichtangriffspakt mit den Bulgaren ab, der die Deutung nahelegte, daß die Türkei ab sofort nur noch dann militärisch aktiv werden würde, wenn sie sich selbst angegriffen sähe.[72] Die sowjetische Nachrichtenagentur Tass dementierte mit ungewöhnlicher Schärfe, daß der türkische Rückzug vom Prinzip der kollektiven Sicherheit mit Wissen oder gar mit Zustimmung der Sowjetunion zustande gekommen sei.[73] In Ankara zog nach dieser sowjetischen Unmutsäußerung die Sorge ein, daß die Sowjets sich bei weiterem deutschen Vorrücken im Balkanraum veranlaßt sehen könnten, ihrerseits die Türkei zu besetzen. Sir Stafford Cripps, der Anfang März von einer Reise nach Istanbul in die sowjetische Hauptstadt zurückkehrte, setzte das Außenkommissariat von diesen türkischen Befürchtungen in Kenntnis. Überraschend empfing daraufhin Wyschinski am 10. März den türkischen Botschafter Aktay, um ihm zu erklären, daß die Sowjetunion sich ohne Einschränkung an den Text des sowjetisch-türkischen Nichtangriffsvertrags von 1925 halten werde. Die Türkei könne sich, wenn sie es für notwendig erachte, ihre territoriale Integrität mit Waffengewalt gegen einen Aggressor zu verteidigen, auf das volle Verständnis und die Neutralität der Sowjetunion verlassen.[74] Diese sowjetische Erklärung wurde zusammen mit einer Dankadresse der türkischen Regierung am 25. März veröffentlicht[75] – wie zufällig am gleichen Tage, an dem die jugoslawische Regierung in Wien mit ihrer Unterschrift unter den Dreimächtepakt vor den Forderungen Hitlers kapitulierte.

Hitler und Ribbentrop hatten bekanntlich an der Unterschrift des jugoslawischen Ministerpräsidenten Cvetković nicht viel Freude, weil am 27. März durch einen Putsch General Simović die Macht in Belgrad übernahm und die Neutralität des Landes verkündete. Bis heute ist unbekannt, ob und inwieweit Stalin bei diesem Umsturz die Hände im Spiel hatte. Immerhin wurde sogleich erkennbar, daß sich die Putschisten Hoffnungen auf sowjetische Hilfe machten und daß der Kreml dem Vorgang mit Sympathie gegenüberstand.[76] Die *Prawda* dementierte, daß die sowjetische Regierung dem neuen

---

[71] *Langer/Gleason*, Undeclared War, S. 112–116.
[72] MacMurray an Hull, 21. 2. 1941, FR 1941, I, S. 287–289; *Beloff*, II, S. 362; *Langer/Gleason*, Undeclared War, S. 404.
[73] Steinhardt an Hull, 23. 2. 1941, NA 740.0011 E. W. 1939/8556.
[74] Steinhardt an Hull, 24. 3. 1941, FR 1941, I, S. 298–299; *Langer/Gleason*, Undeclared War, S. 410.
[75] *Degras*, III, S. 484; Welles an MacMurray, 19. 3. 1941, FR 1941, I, S. 611.
[76] Lane an Hull, 29. 3. 1941, NA 740.0011 E. W. 1939/11931; Steinhardt an Hull, 4. 4. 1941, FR 1941, I, S. 300; 8. 4., FR 1941, IV, S. 933; Aufzeichnung Welles', 9. 4. 1941, FR 1941, I, S. 735–736; *Beloff*, II, S. 366–367.

jugoslawischen Regime Glückwünsche übermittelt habe, traf jedoch zugleich die provozierende Feststellung, daß sie sehr wohl derartiges hätte tun können.[77] Am 5. April empfingen Stalin und Molotow zwei Bevollmächtigte der neuen Belgrader Regierung und schlossen mit ihnen einen Freundschafts- und Nichtangriffspakt ab.[78] In London und in Washington sah man hierin eine kalkulierte Warnung Stalins an Hitler, zumal die sowjetische Seite im Vertragstext auf eine ausdrückliche Feststellung der Neutralität der UdSSR verzichtet hatte.[79] Ausländische Beobachter registrierten in Moskau eine eisig antideutsche Atmosphäre.[80] Steinhardt wußte zu berichten, daß Stalin den Jugoslawen während der Vertragsverhandlungen auch Rüstungshilfe in Aussicht gestellt habe; auf eine Frage nach möglichen deutschen Angriffsabsichten gegen die Sowjetunion habe der sowjetische Diktator sinngemäß erwidert: „Laßt sie nur kommen!"[81] Am folgenden Tag begann der deutsche Blitzfeldzug gegen Jugoslawien und Griechenland.

Das Verhalten Moskaus nährte in Washington und auch in London die Hoffnung, daß die Sowjets sich parallel zu britischen Bemühungen zu einer Unterstützung der Balkanstaaten gegen Deutschland bereitfinden könnten, und sei es auch nur, um deutsche Armeen längerfristig im Balkan festzulegen und so einen Ostfeldzug Hitlers zu behindern.[82] Die amerikanische Regierung hatte sich seit Ende 1940 an diplomatischen Bemühungen beteiligt, den Widerstandswillen der Balkanstaaten gegen eine deutsche Kontrolle zu stärken.[83] Sie machte zwischen Januar und März 1941 zwar keine Anstalten, die sowjetische Balkanpolitik aktiv zu unterstützen, stand ihr aber mit unverhohlener Sympathie gegenüber. Freilich ließ sie diese Sympathie, nicht zuletzt mit Rücksicht auf die sowjetfeindliche Stimmung in der Öffentlichkeit,[84] nur mit äußerster Zurückhaltung erkennen. „We cannot talk publicly much about the situation", so gab Hull den Washingtoner Journalisten am

---

[77] New York Times, 2. 4. 1941.

[78] Steinhardt an Hull, 6. 4. 1941, FR 1941, I, S. 301–302. Der Text des Vertrages in *Degras*, III, S. 484–485.

[79] *Langer/Gleason*, Undeclared War, S. 410–411.

[80] *Davis/Lindley*, S. 181.

[81] Steinhardt an Hull, 6. 4. 1941, FR 1941, I, S. 301–302. Vgl. 7./10./11./13. 4. 1941, NA 740.0011/E. W. 1939/9712, 9872, 9884, 9908.

[82] *Langer/Gleason*, Undeclared War, S. 336, 393 ff., 410–411, 415.

[83] Siehe hierzu FR 1941, II, S. 937 ff.; Aufzeichnung Dunns, 9. 1. 1941, NA 740. 0011 E.W. 1939/8143; Hull an Earle, 12. 2. 1941, FR 1941, I, S. 284; *Hull*, II, S. 928 ff.; *Davis/Lindley*, S. 165–169; *Langer/Gleason*, Undeclared War, S. 112 ff., 336, 393 ff.

[84] Die konzessionsbereite Rußlandpolitik der Roosevelt-Administration fand seit November 1941 zunehmend die kritische Aufmerksamkeit der amerikanischen Öffentlichkeit, siehe *Raymond H. Dawson*, The Decision to Aid Russia, 1941. Foreign Policy and Domestic Politics (Chapel Hill, North Carolina UP, 1959), S. 19–21, 45–46; *Maddux*, S. 341–342.

6. Februar zu verstehen, „unless we want to incur serious risk of some consequences which might be unthinkable. That does not mean that we are shying off or afraid of anybody, but trying to be reasonably discreet as we can through an acutely dangerous locality, so to speak."[85] Roosevelt und Hull wichen einer Stellungnahme zu der scharfen sowjetischen Note an die bulgarische Regierung vom 3. März aus.[86] In den gleichen Tagen beschieden sie eine Anregung Churchills, daß die amerikanische Regierung den Kreml ersuchen möge, seinen Einfluß in Jugoslawien zugunsten eines wenigstens begrenzten Widerstandes im Falle einer deutschen Invasion geltend zu machen, abschlägig.[87] Erst aus Anlaß der demonstrativen Bekräftigung des türkisch-sowjetischen Nichtangriffspakts trat Sumner Welles am 25. März mit einer Erklärung an die Öffentlichkeit:

> In times like these, and particularly during the past months, when so many independent nations have had, at least temporarily, destroyed their autonomy and their independence ... it is, of course, a matter of satisfaction to this country when a great power like the Soviet Union reaffirms its intention of maintaining what I understand is termed its ‚comprehensive neutrality' in the event that a neighboring country were to suffer attack.[88]

Den Abschluß des sowjetisch-jugoslawischen Freundschafts- und Nichtangriffsvertrages bezeichnete Cordell Hull am 7. April vor der Presse als ermutigend und kommentierte das Ereignis mit den Worten:

> It makes clearer that as these forces of invasion by force move further across the earth an increase in number of nations, and in fact virtually all nations now are made and have become acutely aware of the world nature of this movement of conquest for purposes of domination of peoples everywhere by military force.[89]

Am 9. April führte Unterstaatssekretär Welles eine Unterredung mit dem sowjetischen Botschafter über die Vorgänge in Jugoslawien. Er erklärte dabei, er sei glücklich „that on this matter the opinions of his Government and of my own Government were identical". Nach der Aufzeichnung des State Department erwiderte Umanski, er glaube „it would be very useful for both countries and for the world at large if the opinions of both governments in all that related to foreign policy were identical".[90]

---

[85] Pressekonferenz des Department of State, 6. 2. 1941, Hull Papers, Box 124.
[86] Roosevelt Press Conferences, Nr. 723 vom 4. 3. 1941, Bd. 17, S. 167–168; Pressekonferenz des State Department Nr. 33 vom 4. 3. 1941, Hull Papers, Box 124.
[87] Churchill an Roosevelt, 10. 3. 1941; Roosevelt an Hull, 11. 3. 1941; Hull an Roosevelt, 12. 3. 1941, in Roosevelt-Churchill-Correspondence, Roosevelt Papers. Vgl. *Churchill*, III, S. 97.
[88] Pressekonferenz des Department of State Nr. 43 vom 25. 3. 1941, Hull Papers, Box 124; Welles an Steinhardt, 26. 3. 1941; FR 1941, I, S. 612.
[89] Pressekonferenz des Department of State Nr. 54 vom 7. 4. 1941, Hull Papers, Box 124.
[90] Aufzeichnung Welles', 9. 4. 1941, FR 1941, I, S. 735–736.

Anfang Februar 1941 unternahm Außenminister Hull in einer Unterredung mit dem neuernannten britischen Botschafter Halifax und in einer streng vertraulichen Pressekonferenz den Versuch, die Beziehungen der beiden Westmächte zur Sowjetunion unter grundsätzlichen Aspekten zu definieren und die Notwendigkeit einer rücksichtsvollen Rußlandpolitik der USA und Großbritanniens zusammenhängend zu begründen. Seine Argumentation geriet dabei etwas theoretisch, weil er wichtige Informationen, wie zum Beispiel die über Hitlers „Barbarossa"-Weisung, nicht preisgeben mochte. Dennoch erscheinen seine Ausführungen bedeutsam, weil sie nicht nur die amerikanische Rußlandpolitik des Winters 1940/41, sondern die Grundbedingungen dieser Politik während der ganzen Zeit des Hitler-Stalin-Pakts beleuchten. „Russia", so erläuterte Hull dem britischen Botschafter, „whether very active or sound asleep, is and will continue to be a tremendous factor in the war and likewise in questions affecting peace generally, both in Europe and Asia... Russian officials [are] very sensitive when prodded and ... Russia is calculated to go some distance in showing her displeasure – much farther in fact than she would ordinarily go to indicate her pleasure and satisfaction with respect to some favor done her." Vor den Journalisten, denen er das gleiche erzählte, setzte er an dieser Stelle hinzu:

> It makes a lot of difference about which way she [Russia] may decide, solely from her own standpoint, which way she may swing her influence at a given period, and that is one reason that the whole situation is hanging in the balance.

Der Sinn der seit dem letzten Sommer häufiger stattfindenden Unterredungen zwischen Beamten des State Department und dem sowjetischen Botschafter sei, so Hull zu Halifax, sicherzustellen, „that in any event there would be less occasion for Soviet officials to feel unkindly toward this Government, especially in the event of some pivotal development where the very slightest influence might tip the scales at Moscow against us in a most damaging and far-reaching way".

Doch selbst, wenn sich die Hoffnung auf eine Annäherung der Sowjetunion an die angelsächsischen Mächte als vergeblich erweisen und die Sowjetunion fortfahren sollte, Hitlers quasi-Verbündeter zu bleiben, sei ihre politische Rolle für Amerika und Großbritannien keineswegs nur nachteilig: „Since she entered into the agreement with Germany leading up to the war", so Hull zu Halifax, „and since she occupied the Baltic and Polish areas and certain others she has consistently pursued her policy of seeking to drive hard bargains, especially with Germany and Japan, or in areas where they are immediately interested, with the result that the sum total of her course and attitude during the past months has been to obstruct and to cause miscarriage of many elaborate plans of either Hitler or the Japanese, or their joint plans... The Russians, of course, did not have in mind the idea of aiding any of us while thus acting in a way to seriously slow down and disrupt Hitler's plans with respect to the Mediterranean and the Suez Canal areas especially." Doch diese sowjetischen Aktivitäten, so präzisierte Hull gegenüber den Journalisten, „operated to the advantage of the opposition. For illustration, you may have noticed that Mr. Hitler asked France to admit Japan to Indo-China without resistance, and push China into a treaty with Japan – Russia simply has her own way of standing around in a stolid way. There is no love lost between Hitler and Stalin; they do not trust each other. Hitler was left in the dark about many things. That is something not generally known." [91]

Das Bemühen um Annäherung an die Sowjetunion trat im Winter 1940/41 im Verhalten der Roosevelt-Administration in vielfacher Weise zutage. Die Bereitschaft zum Export von strategischen Gütern in die Sowjetunion, besonders von Werkzeugmaschinen, blieb zwar nach wie vor begrenzt; doch bei allen gebotenen Rücksichten auf die heimischen Aufrüstungsprogramme und die vorrangige Belieferung Großbritanniens bemühte sich das State Department zwischen November 1940 und März 1941 fortgesetzt um Entgegenkommen gegenüber den sowjetischen Wünschen.[92] Anfang Dezember schaltete sich Roosevelt zeitweise persönlich in die Welles-Umanski-Gespräche ein und drängte auf eine weitergehende Erfüllung der sowjetischen Forderungen. Selbst Umanski pries diese Geste des Präsidenten, die Welles als „real sacrifice" bezeichnete, spontan als ein Zeichen guten Willens der amerikanischen gegenüber der sowjetischen Regierung.[93] Freilich zeigte sich der sowjetische Botschafter nur höchst selten in derart zugänglicher Stimmung. Er beharrte in vollem Umfang auf den früher festgelegten sowjetischen Forderungen, und es verging im Winter 1940/41 kaum eine Woche, in der er im State Department nicht irgendwelche neuen Beschwerden über diskriminierende Exportrestriktionen der Washingtoner Behörden vorbrachte.[94]

---

[91] Aufzeichnung Hulls, 5. 2. 1941, FR 1941, I, S. 602–604; Pressekonferenz des Department of State vom 6. 2. 1941, Hull Papers, Box 124; *Hull*, II, S. 969–971.

[92] Aufzeichnungen Maxwells und Youngs, 8. 1. 1941, NA 711.61/785 1/2; Aufzeichnung Welles', 15. 1. 1941, FR 1941, I, S. 686–688; Korrespondenz Yost-Harris, 30. 1./10. 2. 1941, NA 711.61/810; *Blum*, II, S. 259; *Langer/Gleason*, Undeclared War, S. 337–340; *Dallin*, Soviet Russia's Foreign Policy, S. 333; *O'Connor*, S. 125–126.

[93] Aufzeichnung Pages, 26. 11. 1940, FR 1940, I, S. 409–410; Aufzeichnung Welles', 27. 11. 1940, ibid., S. 413; Aufzeichnungen Hendersons, 16. 12. 1940, ibid., S. 419–420, 421–425.

[94] Aufzeichnung Berles, 13. 12. 1940, NA 711.61/793; Steinhardt an Hull, 20. 1. 1941, FR 1941, I, S. 690; Aufzeichnung Welles', 21. 1. 1941, ibid., S. 690–692; Aufzeichnung Hendersons, 30. 1., 20. 2. 1941, ibid., S. 697–698, 700–701; *Drummond*, Passing, S. 229–230; *Davis/Lindley*, S. 140.

Zu einem besonderen Stein des Anstoßes wurde den Sowjets nun die Tatsache, daß die amerikanischen Behörden für Exporte nach Großbritannien und nach Kanada Generallizenzen erteilten, sowjetische Käufe jedoch individuell behandelten. Am 24. Februar stellte Umanski Welles vor, er müsse feststellen, daß die amerikanisch-sowjetischen Handelsbeziehungen, auf deren positive Entwicklung er noch im letzten November und Dezember geglaubt habe hoffen zu dürfen, sich rapide verschlechterten, und die sowjetische Regierung erkenne keine Anzeichen dafür, daß sie sich wieder verbessern könnten.[95] Welles wurde nicht müde, dem Botschafter die amerikanische Politik auseinanderzusetzen. Es führe kein Weg daran vorbei, daß die Versorgung der amerikanischen Rüstungsindustrie sowie Großbritanniens und anderer Aggressionsopfer Vorrang besäßen. Lieferungen an die Sowjetunion folgten in der Prioritätenliste jedoch sofort an dritter Stelle.[96] Einmal versicherte Welles Umanski: „If the Soviet Union were now resisting aggression the Ambassador could appropriately urge that the same kind of mechanical methods employed in the issuance of licenses by the United States for the export of materials to these countries be granted also to the Soviet Union." [97]

Um das leidige Problem der Exportrestriktionen soweit wie möglich zu entschärfen, kamen Hull und Welles Ende Dezember überein, dem Präsidenten als Geste guten Willens die bedingungslose Aufhebung des Moralischen Embargos zu empfehlen; dieser Schritt sei in seinen Auswirkungen unbedenklich, da das Moralische Embargo durch die in der Zwischenzeit in Kraft getretenen Lizenzvorschriften jede praktische Bedeutung für den amerikanischen Außenhandel ohnehin längst verloren habe.[98] Roosevelt erklärte sich mit dem Vorschlag des State Department einverstanden, sofern sichergestellt werde, daß eine entsprechende Mitteilung der amerikanischen an die sowjetische Regierung nicht an die Öffentlichkeit gelange.[99] Botschafter Umanski indessen, am 8. Januar von Welles über die Absichten des State Department informiert, wollte von der Bedingung des Präsidenten nichts wissen. Die amerikanische Regierung müsse eine Erklärung über die Nichtig-

---

[95] Aufzeichnung Welles', 24. 2. 1941, FR 1941, I, S. 700. – Zu dem Streit um die Generallizenzen siehe Aufzeichnungen Hendersons, 20./23./26. 12. 1940, FR 1940, III, S. 433–434, 435, 437–438; 8./30. 1. 1941, FR 1941, I, S. 667–670, 679–680, 697–698; Memorandum der sowjetischen für die amerikanische Regierung, 8. 1. 1941, ibid., S. 681–683; Steinhardt an Hull, 20. 1. 1941, ibid., S. 690.

[96] Aufzeichnung Welles', 24. 2. 1941, ibid., S. 701.

[97] Aufzeichnung Welles', 21. 1. 1941, ibid., S. 690–692.

[98] Hull an Steinhardt, 25. 1. 1941, ibid., S. 696–697; vgl. *Hull*, II, S. 969; *Dawson*, S. 17. – Gegenüber der Presse bezeichnete Hull das Moralische Embargo nach der Aufhebung als „a matter that had become *functus officio* as the saying is – obsolete and inapplicable because it has been entirely supplanted. It [the abolition] was a psychological matter more than anything else". Pressekonferenz des Department of State Nr. 11 vom 28. 1. 1941, Hull Papers, Box 124.

[99] Welles an Roosevelt, 9. 1. 1941, FR 1941, I, S. 685.

keit des Moralischen Embargos gegenüber der Öffentlichkeit mit der gleichen Lautstärke bekanntgeben, mit der seinerzeit die Ankündigung erfolgt sei. Anderenfalls würde womöglich eine spürbare Auswirkung auf den amerikanisch-sowjetischen Handel ausbleiben, vor allem würde die Sowjetunion in den Augen der amerikanischen Öffentlichkeit auch weiterhin mit dem schädigenden Stigma der Unmoral behaftet sein.[100] Hull und Welles drängten den Präsidenten – unter anderem mit Hinweis auf die beginnende sowjetische Kooperationsbereitschaft im Fernen Osten –, die Forderung Umanskis sei nicht ganz unberechtigt. Daraufhin gab Roosevelt nach.[101] Das State Department akzeptierte außerdem mehrere Formulierungswünsche der Sowjets für die vorgesehene Nichtigkeitserklärung, obwohl stets betont worden war, daß es sich um eine Maßnahme handele, die einseitig und ausschließlich in das Ermessen der amerikanischen Regierung falle.[102] Der sowjetischen Regierung kam es vor allem darauf an, daß jede neuerliche Anspielung auf sowjetische Luftangriffe auf die finnische Zivilbevölkerung vermieden wurde.[103] So fand schließlich die Politik des Moralischen Embargos gegenüber der Sowjetunion nach mehr als 13 Monaten ihr offizielles Ende, durch eine Erklärung, die Sumner Welles nach dem Tauziehen um ihren Wortlaut am 21. Januar 1941 Botschafter Umanski aushändigte und die anschließend veröffentlicht wurde: „The Government of the United States of America has decided that the policies set forth in the statement issued to the press by the President on December 2, 1939, and generally referred to as the ‚moral embargo‘, are no longer applicable to the Union of Soviet Socialist Republics."[104]

Für britische Bemühungen um eine weitere Einschränkung des amerikanischen Exports strategischer Güter in die Sowjetunion zeigte sich das State Department in den Wochen nach Molotows Berlin-Besuch wenig aufgeschlossen. Bereits am 2. November, zu einem Zeitpunkt, als man in London noch auf eine positive sowjetische Antwort auf die Vorschläge vom 22. Oktober[105] wartete, hatte der Erste Sekretär der britischen Botschaft in Washington, Marris, dem amerikanischen Außenamt ein als „preliminary" bezeichnetes Memorandum seiner Regierung überbracht, in dem diese ihre Sorge über den Umfang der amerikanischen Lieferungen von Öl und Maschinen zur Verarbeitung von Ölprodukten an die Sowjetunion zum Ausdruck brachte.

---

[100] Aufzeichnung Hendersons, 8. 1. 1941, ibid., S. 671–672.
[101] Welles an Roosevelt, 9. 1. 1941, FR 1941, I, S. 686. Siehe ibid., Anm. 73. – In eben diesen Tagen war Hitlers „Barbarossa"-Plan der amerikanischen Regierung bekanntgeworden.
[102] Siehe oben, S. 122.
[103] Aufzeichnungen Welles', 15. 1. 1941, FR 1941, I, S. 689–690, 695.
[104] Bulletin, IV (1941), S. 107; Aufzeichnung Welles', 21. 1. 1941, FR 1941, I, S. 695; Welles an Umanski, 21. 1. 1941, ibid., S. 696; Umanski an Welles, 21. 1. 1941, ibid., S. 696.
[105] Siehe oben, S. 155–156.

Die britische Regierung erwartete, daß die amerikanische Regierung diese Exporte einschränken werde, damit nicht, vor allem auf längere Sicht, einer Versorgung Deutschlands mit Öl aus der Sowjetunion Vorschub geleistet werde. Loy Henderson hatte Marris auf den Widerspruch hingewiesen, daß die britische Regierung einerseits alle paar Tage die amerikanische Regierung auffordere, in Unterstützung der britischen Bemühungen ebenfalls Schritte zur Verbesserung des Verhältnisses zur Sowjetunion zu unternehmen, während sie nunmehr verlange, daß man in Washington Maßnahmen gegen den Rußlandhandel ergreifen solle. Nach Auffassung der amerikanischen Regierung werde durch zusätzliche Handelsrestriktionen die erwünschte Annäherung der Sowjetunion an den Westen nur zusätzlich erschwert.[106]

Als mit dem Berlin-Besuch Molotows das britische Interesse an handelspolitischen Rücksichten gegenüber der Sowjetunion vollends abkühlte, ergriff die Londoner Regierung konsequenter die Maßnahmen, die sie für den Erfolg der Blockade Deutschlands für notwendig erachtete. Damit rückten die amerikanischen Warenlieferungen an die Sowjetunion voll in das Kreuzfeuer britischer Kritik. Anfang Januar 1941 äußerte der britische Minister für wirtschaftliche Kriegführung, Hugh Dalton, öffentlich sein Mißfallen über die Tatsache, daß zahlreiche strategische Güter aus den Vereinigten Staaten via die Sowjetunion Deutschland erreichten, und daß sich dank der Exportpolitik der USA Wladiwostok zu einer entscheidenden Bruchstelle im britischen Blockadesystem entwickle.[107] Einige Tage später äußerte sich der neue britische Botschafter Halifax in Washington gegenüber Roosevelt und Hull in ähnlicher Weise.[108] Steinhardt hielt, von seinem Kollegen Cripps informiert, die britischen Sorgen für berechtigt.[109]

In Washington ließ man sich mehrere Wochen hindurch auf solche handelspolitischen Vorhaltungen nicht ein. Sie traten hinter den übergeordneten politischen und strategischen Überlegungen zurück. Zudem hatte die sowjetische Regierung seit 1938 die Veröffentlichung von Außenhandelsstatistiken eingestellt,[110] so daß es so gut wie unmöglich geworden war, eine direkte oder indirekte sowjetische Weitergabe von Importen aus Amerika an das Deutsche Reich nachzuweisen. Man hielt im State Department bis Ende Februar 1941 die britischen Sorgen um eine Durchlöcherung der

---

[106] Aufzeichnung Hendersons, 2. 11. 1940, FR 1940, I, S. 624–625; Aufzeichnung aus dem Schatzministerium vom 1. 11. 1940, Morgenthau Diaries, Bd. 328, S. 44.

[107] New York Times, 4. 1. 1941, S. 4; Pressekonferenz des Department of State Nr. 11 vom 28. 1. 1941, Hull Papers, Box 124; Steinhardt an Hull, 29. 1. 1941, FR 1941, I, S. 156–157; *Dallin*, Soviet Russia's Foreign Policy, S. 325; *Hull*, II, S. 970 ff.

[108] Halifax an Roosevelt, 11. 2. 1941, Roosevelt Papers, PSF, Box 73.

[109] Steinhardt an Hull, 10./27. 11. 1940, FR 1940, I, S. 574, 631; 20. 1., 18. 2. 1941, FR 1941, I, S. 126–128, 160–161.

[110] Steinhardt an Hull, 20. 1. 1941, FR 1941, I, S. 126; Aufzeichnung, Division of European Affairs, 23. 1. 1941, NA 740.0011 E. W. 1939/7921 1/2.

Blockade Deutschlands durch sowjetische Reexporte für übertrieben, zumindest aber für zu wenig begründet, um eine weitere Verschlechterung der Beziehungen zu Moskau in Kauf zu nehmen. Hull bedeutete Halifax am 5. Februar, daß amerikanische Exporte in die Sowjetunion eine Beschränkung im wesentlichen in den Erfordernissen der nationalen Sicherheit Amerikas fänden, und „that we have not undertaken to invoke and apply that policy to aid Great Britain in tightening up her blockade, although some of the controls are sometimes referred to as having been imposed for that purpose rather than the purpose of national defense".[111]

Freilich begann auch das State Department, als die deutsche und die sowjetische Regierung am 10. Januar 1941 ein umfangreiches neues Handelsabkommen abschlossen,[112] sich wieder etwas stärker für die sowjetische Rolle als Wirtschaftspartner Deutschlands zu interessieren als dies seit dem Beginn der Welles-Umanski-Gespräche der Fall gewesen war. Als Steinhardt am 14. Januar berichtete, der Leiter der deutschen Handelsdelegation in Moskau, Schnurre, habe ihm zu erkennen gegeben, daß die Sowjets ihre Baumwolle-Lieferungen an das Deutsche Reich durch Importe aus den Vereinigten Staaten kompensierten,[113] bat Hull den Botschafter postwendend um weitere Informationen über „the extent to which the Soviet Government expects to carry out its obligations to Germany with the aid of imports from the United States or the Western Hemisphere".[114] Am 20. Januar meldete Steinhardt daraufhin, trotz der Lückenhaftigkeit der erreichbaren Informationen halte er es für sicher, daß unter anderem alle sowjetischen Öl-, Baumwolle-, Kupfer-, Nickel- und Quecksilberkäufe auf dem amerikanischen Kontinent in direktem oder indirektem Zusammenhang mit der neuerlich verstärkten sowjetisch-deutschen Wirtschaftskooperation stünden; um ihre Position auf den amerikanischen Märkten möglichst nicht zu gefährden, ziehe die Sowjetunion offenbar das wesentlich schwerer nachweisbare Prinzip der Ersetzung dem der direkten Weiterlieferung nach Deutschland vor; dies sei, da die meisten Güter in Wladiwostok gelöscht würden und die Kapazität der Transsibirischen Eisenbahn beschränkt sei, auch ein Gebot der Transportökonomie.[115]

Einen Tag später bat Sumner Welles Botschafter Umanski um eine Stellungnahme zu Presseberichten, nach denen die Sowjetunion dabei sei, in den Vereinigten Staaten und der übrigen amerikanischen Hemisphäre ihre Rohstoffkäufe stark auszuweiten. Umanski holte zu einer weitschweifigen Antwort aus, die auf die Versicherung hinauslief, daß die Pressemeldungen

---

[111] Aufzeichnung Hulls, 5. 2. 1941, FR 1941, I, S. 157–159, 602–604. Siehe auch *Shepardson/Scroggs*, USWA, 1940, S. 233–235.
[112] Siehe ADAP, D, XI, 2, Nr. 637, 640; FR 1941, I, S. 118 ff.
[113] Steinhardt an Hull, 14. 1. 1941, ibid., S. 125; *Davis/Lindley*, S. 140.
[114] Hull an Steinhardt, 16. 1. 1941, NA 661.6231/307.
[115] Steinhardt an Hull, 20. 1. 1941, FR 1941, I, S. 126–128.

völlig aus der Luft gegriffen seien.[116] Im State Department gab man sich mit dieser Antwort für den Augenblick zufrieden, da in den gleichen Tagen ein in der Europa-Abteilung erstelltes Gutachten zu einem sachlich ähnlichen Ergebnis kam: nach allen vorliegenden Informationen sehe es nicht danach aus, als ob die Sowjetunion sich in Amerika in größerem Stile als Einkäufer für das Deutsche Reich betätige; wenn die Sowjets tatsächlich in der Westlichen Hemisphäre Ersatz für Lieferungen an das Deutsche Reich suchten, so geschehe dies vermutlich nur in unbedeutendem Ausmaße.[117]

Am 5. Februar überreichte Halifax im State Department erneut ein Memorandum seiner Regierung. Die britische Regierung, so erläuterte er mündlich bei der Übergabe des Dokuments, ersuche nicht um ein amerikanisches Embargo auf bestimmte Exporte in die Sowjetunion, sondern lediglich um „a rationing of such exports on some practical basis which this [the United States] Government itself might work out unilaterally and place in operation". Hull, der das Memorandum entgegennahm, mochte sich auch mit einem solchen *procedere* nicht anfreunden. Er erwiderte, das State Department beobachte den amerikanisch-sowjetischen Handel genau, sehe jedoch Grund zu der Annahme, „that, while the exports in certain lines have considerably increased, there has not been an alarming increase, or such an increase as would give serious concern thus far". Im übrigen habe die amerikanische Regierung alles Interesse an einer positiveren Rußlandpolitik der britischen Regierung.[118]

Von Anfang Januar bis Anfang März 1941 lag dem amerikanischen Kongreß der Regierungsentwurf des Lend-lease-Gesetzes zur Entscheidung vor. Bei der Vorbereitung des Entwurfs in den zuständigen Organen wurde deutlich, daß die Roosevelt-Administration in Kenntnis der „Barbarossa"-Direktive Hitlers die Möglichkeit eines Koalitionswechsels der Sowjetunion in ihre politische Planung einbezog. Der aktuelle Anlaß für das Leih-und-Pacht-Gesetz war, daß die amerikanische Materialhilfe an Großbritannien, in zweiter Linie auch an Aggressionsopfer wie China und Griechenland, auf eine längerfristig gesicherte Grundlage gestellt werden sollte. Präsident Roosevelt und die beteiligten Ressorts bemühten sich um möglichst umfassende Vollmachten hinsichtlich des Umfangs der künftigen Materialhilfe, aber ebenso auch hinsichtlich des Kreises der Empfängerstaaten. Anfang Januar, zwei Tage vor der Einbringung des im Schatzministerium vorbereiteten Entwurfs in das Repräsentantenhaus, trug Außenminister Hull dafür Sorge, daß die bis dahin in dem Entwurf enthaltene namentliche Liste der Empfängerstaaten gestrichen wurde. Statt dessen wurde die allgemeine Formu-

---

[116] Aufzeichnung Welles', 21. 1. 1941, ibid., S. 693–694.
[117] Aufzeichnung, Division of European Affairs, 23. 1. 1941, NA 740.0011 E.W. 1939/7921 1/2; Aufzeichnung Athertons für Hull, 31. 1. 1941, FR 1941, I, S. 600–601.
[118] Aufzeichnungen Hulls, 5./10. 2. 1941, FR 1941, I, S. 157–159, 161; *Hull*, II, S. 970–971; *Blum*, II, S. 335.

lierung hineingebracht, daß der Präsident nach eigenem Ermessen Materialhilfe an „any country whose defense the President deems vital to the defense of the United States" verfügen könne.[119] Diese Änderung wurde wenigstens zum Teil im Hinblick auf eine möglicherweise notwendig werdende Ausweitung der Lend-lease-Hilfe auf die Sowjetunion vorgenommen. Robert Sherwood bezeugt, daß Roosevelt im weiteren Verlauf der Kongreßberatungen eine Abschwächung der Generalklausel kompromißlos abgelehnt habe, und zwar unter ausdrücklichem Bezug auf die Sowjetunion.[120]

Bei der Beratung des Gesetzentwurfs im Kongreß legte die isolationistisch-konservative Opposition in beiden Häusern prompt den Finger auf die mit der Generalklausel eröffnete Möglichkeit künftiger amerikanischer Rußlandhilfe.[121] „Under the terms of this bill", so argwöhnte etwa Senator Vandenberg, „the President could lease, loan or give away any war material he saw fit to Russia, under circumstances, if he wanted to, could he not?"[122] Mit der offiziellen Rußlandpolitik der Regierung wenig vertraut, und unter dem Eindruck der vorherrschenden Stimmung in der Öffentlichkeit,[123] sahen viele Abgeordnete die Sowjetunion ausschließlich als Partner der Achsenmächte und wiesen auf die Fragwürdigkeit des Unternehmens hin, Aggressoren nach verschiedenen Maßstäben beurteilen zu wollen. Stimson mußte sich während eines Hearings des außenpolitischen Ausschusses des Repräsentantenhauses die Frage gefallen lassen, wie eine amerikanische Regierung sich anmaßen könne, Aggressoren in verschiedene Kategorien einzuteilen und den Opfern der einen helfen zu wollen, nicht aber den Opfern der anderen.[124] Der Min-

---

[119] Das Pacht- und Leihgesetz nebst Entwürfen ist abgedruckt in DAFR, III, S. 711-723.
[120] *Sherwood*, S. 169, 201; New York Times, 30. 1. 1941, S. 10. – Für den Absatz vgl. *Dawson*, S. 23-24; *Warren F. Kimball*, The Most Unsordid Act. Lend-lease, 1939-1941 (Baltimore, John Hopkins, 1969), S. 139; *Langer/Gleason*, Undeclared War, S. 254-257, 280.
[121] Dies vor allem, um die generelle Ablehnung der in dem Gesetzeswerk vorgesehenen umfassenden Vollmachten der Exekutive um ein zugkräftiges Argument zu bereichern.
Eine Auswertung des Congressional Record und der Protokolle der Lend-lease-Hearings in den außenpolitischen Ausschüssen des Senats und des Repräsentantenhauses unter dem „sowjetischen" Aspekt findet sich in *Dawson*, S. 26-41 und *Kimball*, S. 189-200.
Die internationale Presse, die amerikanische und die sowjetische eingeschlossen, nahm von diesem speziellen Aspekt der Lend-lease-Beratungen im amerikanischen Kongreß kaum Notiz, und die amerikanischen Kommunisten lehnten das gesamte Gesetzeswerk von Anfang an in Bausch und Bogen ab. Siehe *Dawson*, S. 41-43; *Kimball*, S. 126, 193; *Lash*, S. 231.
[122] Zitiert in *Dawson*, S. 28.   [123] Siehe oben, S. 182.
[124] Zitiert in *Dawson*, S. 27. Den gleichen Vorwurf richtete der Abgeordnete Tinkham am 29. Januar im Repräsentantenhaus an die Regierung: „President Roosevelt and Secretary of State Hull have repeatedly denounced aggressors, but apparently copying the European technique of playing favorites, homicidal, communistic

derheitenbericht des außenpolitischen Senatsausschusses nahm das Hearing Hulls zum Anlaß einer Vertiefung dieser Frage. Der Außenminister, so hieß es dort, habe in seiner Begründung der Lend-lease-Bill ein furchterregendes Bild der Aggressornationen gezeichnet. „But in this picture he carefully refrains from mentioning Russia, and the ink was scarcely dry on the written paper submitted to the committee when he withdrew the ‚moral embargo' that had rested upon Russia, and apparently Russia was as white as snow and her sins were forgotten and forgiven ... If anything were wanting to show the hollowness and the pretext of this bill it is found in the recent Russian incident, where the United States condoned every Russian crime, and forgave her every unrigtheous grab of weaker neighbors."[125] Wiederholt wurden während der Beratungen Vermutungen angestellt, daß die Regierung insgeheim eine Allianz mit Großbritannien und der Sowjetunion betreibe.[126]

Die von verschiedenen Kongreßausschüssen angehörten Vertreter der Regierung hatten Mühe, diesen Fragen die Spitze zu nehmen, ohne die Informationen über deutsche Angriffsabsichten gegen die Sowjetunion in die Diskussion zu bringen.[127] Hull bezeichnete die Möglichkeit einer Ausweitung des Pacht-und-Leihgesetzes auf die Sowjetunion als hypothetisch und folglich nicht diskutabel.[128] Stimson und Knox gaben zu, daß ein amerikanisches Hilfsprogramm für die Sowjetunion nach dem Wortlaut des Gesetzesentwurfs zwar theoretisch denkbar sei; doch dazu müsse ja der Präsident zuvor feststellen, daß dies im vitalen Verteidigungsinteresse der Vereinigten Staaten liege, was als sehr unwahrscheinlich angesehen werden müsse. Ein Amendment, das die Anwendung des Gesetzes auf die Sowjetunion ausdrücklich ausschließe,[129] werde nur die Sowjets, die sich gegenüber den USA im großen und ganzen korrekt verhielten, verärgern und sie dem Hauptgegner Deutschland weiter in die Arme treiben.[130] Regierungsfreundliche Kongreßabgeordnete sprangen den Ministern mit den Argumenten bei, daß ein Amendment die Gesetzesprozedur in unverantwortlicher Weise verzögern würde; daß die Unsicherheit über den nächsten Schlag Hitlers eine äußerste Flexibilität des Pacht-und-Leihgesetzes erforderlich mache; daß ein ausdrücklicher Ausschluß der Sowjetunion aus dem Gesetz auch eine sowjetisch-japanische Kooperation im Fernen Osten begünstigen müsse.[131] Ein einziges Mal riskierte ein regierungsfreundlicher Abgeordneter eine offene Sprache. Senator Pepper am 29. Januar vor dem außenpolitischen Senatsausschuß: „And if Russia desired to lend her great aid to the resistance of

---

Soviet Russia now becomes their favorite." Congressional Record, 77th Congress, First Session, Bd. 87, Teil I, S. 383–384.

[125] Zitiert in *Dawson*, S. 29. [126] Ibid., S. 29 ff.
[127] Ibid., S. 25; *Kimball*, S. 189. [128] *Dawson*, S. 26–27, 31–32.
[129] Sowohl im Senat als auch im Repräsentantenhaus waren solche Amendments eingebracht worden.
[130] *Dawson*, S. 27–28, 32. [131] Ibid., S. 26–41, passim; *Kimball*, S. 200.

the encroachments of these Axis Powers, I am sure the rest of the world would look with some favor upon it. At least we would."[132]

Am Ende blieben die Anstrengungen der Opposition vergebens. Die vorgeschlagenen Amendments zum Ausschluß der Sowjetunion wurden im Benehmen mit der Exekutive von soliden demokratischen Mehrheiten abgelehnt.[133] Präsident Roosevelt unterzeichnete am 11. März 1941 ein Gesetz, das auf die Möglichkeit eines Koalitionswechsels Stalins abgestellt war.

Anfang Januar 1941 hatte das State Department der sowjetischen Regierung mit bemerkenswerter Geste versichert, daß die deutsche Propagandathese, nach der Präsident Roosevelt in seiner Kongreßbotschaft vom 6. Januar die Sowjetunion mit den Achsenmächten in eine Reihe gestellt habe, völlig abwegig sei.[134] Im Laufe der folgenden Wochen kamen Roosevelt und Hull zu dem Schluß, daß die sowjetische Regierung auch über die deutschen Angriffsabsichten ins Bild gesetzt werden müsse.[135] Am 1. März wies der Außenminister Botschafter Steinhardt an, unverzüglich um eine Unterredung mit Molotow nachzusuchen und ihm zu erklären, daß die amerikanische Regierung über verläßliche Informationen verfüge, die auf einen in naher Zukunft bevorstehenden Angriff Deutschlands auf die Sowjetunion hindeuteten. Der Zeitpunkt hierfür scheine in Berlin von dem Verlauf des Krieges gegen England abhängig gemacht zu werden. Steinhardt könne noch hinzufügen, daß die amerikanische Regierung diese Nachricht nur sehr zögernd weitergebe; sie sei jedoch der Ansicht „that it would not be to the common interest of the countries which have thus far succeeded in maintaining political and economic independence in the face of German aggression for it to remain silent in possession of such important information".[136]

Steinhardt hielt es für seine Pflicht, zunächst das State Department auf die möglichen Konsequenzen dieser Demarche aufmerksam zu machen: Die sowjetische Regierung werde den Schritt unter Umständen weder als aufrichtig noch als interessenlos ansehen, ihn zum Gegenstand eines Tass-Kommuniqués machen und den Deutschen mitteilen. Diese Demarche könne darüber hinaus durchaus sehr unerwünschte politische Konsequenzen sowohl in Europa als auch im Fernen Osten nach sich ziehen.[137] Doch Steinhardts Einspruch blieb ohne Bedeutung. Hull antwortete ihm am 4. März, Sumner Welles habe bereits am 1. März Umanski über die an der sowjetischen Westgrenze sich zusammenziehende Gefahr unterrichtet.[138] Am 20. März ließ Welles den sowjetischen Botschafter wissen, das State Department verfüge

---

[132] Zitiert in *Dawson*, S. 32.   [133] Ibid., S. 35, 37.
[134] *Davis/Lindley*, S. 149. Die Rede Roosevelts ist gedruckt in PPA, 1940, S. 663 ff.
[135] „Such a step", so Hull später, „was in keeping with the proper attitude this country should take toward Russia." *Hull*, II, S. 968.
[136] Hull an Steinhardt, 1. 3. 1941, FR 1941, I, S. 712–713.
[137] Steinhardt an Hull, 3. 3. 1941, ibid., S. 713–714.
[138] Hull an Steinhardt, 4. 3. 1941, ibid., S. 714.

über weitere Beweise für einen bevorstehenden deutschen Angriff auf die Sowjetunion.[139] Umanski, so erinnerte sich Welles später, wechselte beide Male die Gesichtsfarbe, enthielt sich aber jeden Kommentars.[140] Über die Aufnahme der Washingtoner Warnung im Kreml lassen sich nur Vermutungen anstellen.[141]

Trotz der Bemühungen Washingtons entwickelte sich das amerikanisch-sowjetische Verhältnis im Winter 1940/41 keineswegs völlig harmonisch. Denn wie in der Frage der Exportkontrollen stießen sich sowjetische Ansprüche auch in einigen anderen Punkten an der Grenze der amerikanischen Konzessionsbereitschaft.

Besonders die baltische Frage wurde Anfang 1941 zu einem Gegenstand heftiger Kontroversen. Hulls im Oktober 1940 gegenüber dem britischen Botschafter angedeutete Bereitschaft, die sowjetische Annexion des Baltikums unter Umständen anzuerkennen und die beschlagnahmten baltischen Guthaben und Schiffe an die Sowjetunion auszuliefern,[142] erwies sich als sehr kurzlebig. Die amerikanische Regierung bewegte sich in Wirklichkeit in dieser Angelegenheit keinen Millimeter. Am 27. November 1940 zog Welles gegenüber Umanski neuerlich eine scharfe Trennungslinie zwischen aktuellen diplomatischen und handelspolitischen Fragen, in denen die amerikanische Regierung im Interesse einer Verbesserung der beiderseitigen Beziehungen zu Entgegenkommen bereit sei, und prinzipiellen Fragen, in denen sich die

---

[139] Aufzeichnung Welles', 20. 3. 1941, ibid., S. 723.
[140] *Welles*, Time, S. 171. – Nach Welles' eigenen Angaben wurde Umanski bereits im Januar 1941 über die deutschen Angriffsabsichten informiert, siehe ibid., S. 170–171 sowie FR 1941, I, S. 787. Vgl. auch *Davis/Lindley*, S. 147. Die Korrespondenz zwischen Hull und Steinhardt vom 1./4. 3. 1941 wäre in diesem Falle allerdings unverständlich, vgl. *Langer/Gleason*, Undeclared War, S. 337, Anm. 16 und *Dawson*, S. 48, Anm. 14. Möglicherweise bezog sich Welles' nachträgliche Darstellung auf die ironische Bemerkung, die er am 21. Januar Umanskis Erklärung „that the Soviet Union was fortunately not resisting aggression and ... would [not] have to resist aggression" entgegengehalten hatte, siehe FR 1941, I, S. 692.
[141] Siehe Steinhardt an Hull, 3. 4. 1941, ibid., S. 135; *Hull*, II, S. 968–969; *Langer/Gleason*, Undeclared War, S. 342; *Dawson*, S. 48.
Mitte März sorgte das State Department – als weitere Geste guten Willens –, für die Freilassung des der Spionage überführten sowjetischen Staatsangehörigen Mikhail Gorin, siehe FR 1941, I, S. 930 ff.; *Davis/Lindley*, S. 149; *O'Connor*, S. 160–165. – Kurz darauf lehnte das State Department den britischen Vorschlag ab, den Tass-Korrespondenten den Aufenthalt in den angelsächsischen Ländern ebenso ungemütlich zu machen wie dies für britische und amerikanische Journalisten in der Sowjetunion der Fall sei; siehe Steinhardt an Hull, 20. 3. 1941, FR 1941, I, S. 162; ibid., Anm. 17. – Die Sowjets ihrerseits zeigten sich zur gleichen Zeit kooperativ bei einem Übergriff gegen die katholische Ausländerkirche St. Louis des Français in Moskau, siehe ibid., S. 995 ff.; *Bishop*, S. 82–84.
[142] Siehe oben, S. 155.

Regierung der USA nicht auf Diskussionen einlassen werde.[143] Einige Tage später unterrichtete Welles den türkischen Botschafter Ertegün über seine Gespräche mit dem sowjetischen Botschafter und betonte, er könne keinerlei Einigungsmöglichkeit sehen in Fragen „where certain questions of fundamental principle were involved, notably the question of recognition of the Soviet domination of the Baltic States".[144]

Am 26. Dezember erklärte Molotow Botschafter Steinhardt, er betrachte die Frage der baltischen Guthaben, Schiffe und diplomatischen und konsularischen Vertretungen in den USA als das wichtigste Problem der amerikanisch-sowjetischen Beziehungen. Wenn die amerikanische Regierung sich weigere, das Problem auf die Tagesordnung der Welles-Umanski-Gespräche zu setzen, müsse es eben in separaten Verhandlungen gelöst werden.[145] Nach dieser Ankündigung trug Umanski am 8. Januar 1941 im State Department mündlich den Inhalt eines Memorandums seiner Regierung vor, in dem die Sowjets einen völkerrechtlichen Anspruch auf die amerikanische Anerkennung der Eingliederung des Baltikums in die UdSSR konstruierten. Im Jahre 1933 von den USA als Rechtsnachfolger der Kerenski-Regierung anerkannt, interpretierten die kommunistischen Kremlherren nun das in den zwanziger Jahren von amerikanischen Regierungen verkündete Prinzip der Unverletzlichkeit des Territoriums des russischen Volkes[146] zu einer Einladung an sich selbst um, die baltischen Territorien zu annektieren. In dieser Argumentation wurde mit vollendeter Dialektik die Tatsache der amerikanischen Anerkennung der sowjetischen Regierung im Jahre 1933 einerseits negiert, um die Kontinuität der Politik Washingtons gegenüber der Sowjetunion zu postulieren, andererseits aber als Voraussetzung für das Recht der sowjetischen Regierung bemüht, für das russische Volk zu sprechen. Auf diesem Wege kam die sowjetische Regierung zu der Schlußfolgerung, daß die Hoover-Stimson-Doktrin auf die Eingliederung der baltischen Staaten in die UdSSR keine Anwendung finden könne, und daß sie daher gegen die amerikanische Politik emphatisch protestieren müsse.[147]

Das State Department ließ sich mit einer Erwiderung auf diese „Beweisführung" einige Wochen Zeit. Erst am 27. Februar griff Welles gegenüber Umanski das baltische Thema auf, um die Politik Washingtons erneut zu bekräftigen: es wäre besser, Fragen, die als unlösbar gelten müßten, aus dem amerikanisch-sowjetischen Dialog weiter ausgeklammert zu lassen. Natürlich

---

[143] Aufzeichnung Welles', 27. 11. 1940, FR 1940, III, S. 414.
[144] Aufzeichnung Welles', 10. 12. 1940, FR 1940, I, S. 534.
[145] Steinhardt an Hull, 26. 12. 1940, FR 1940, III, S. 438–440.
[146] Die sowjetische Regierung berief sich vor allem auf Erklärungen der ehemaligen amerikanischen Außenminister Colby vom August 1920 (FR 1920, III, S. 463–468) und Hughes vom Juli 1922 (FR 1922, II, S. 873).
[147] „Memorandum of Oral Statement Made by the Ambassador of the Soviet Union (Umansky) to the Under Secretary of State (Welles), January 8, 1941", FR 1941, I, S. 683–685.

denke die Regierung der USA nicht daran, den Boden der Nichtanerkennungs-Doktrin zu verlassen. Auf die völkerrechtliche Argumentation der sowjetischen Regierung eingehend, bestätigte der Unterstaatssekretär, daß es nach dem Weltkrieg in der Tat ein außenpolitisches Ziel der USA gewesen sei, eine Zerstückelung des russischen Territoriums zu verhindern. Wenn allerdings die sowjetische Regierung zwischen dieser früher praktizierten Washingtoner Rußlandpolitik und der gegenwärtigen Anwendung des Prinzips der Nichtanerkennung gewaltsamer territorialer Veränderungen einen Widerspruch konstruiere, dann müsse die amerikanische Regierung ihrerseits auf eine Inkonsistenz der sowjetischen Baltikumspolitik hinweisen: lange vor den USA habe die Sowjetunion die Unabhängigkeit der drei baltischen Republiken anerkannt und sie fast 20 Jahre lang als unabhängige Staaten behandelt. Als Umanski auf diese Belehrung hin als Folge der amerikanischen Unnachgiebigkeit gereizt eine entscheidende Verschlechterung der sowjetisch-amerikanischen Beziehungen in Aussicht stellte, kam es zu einem polemischen Zusammenstoß. Die amerikanische Regierung, so explodierte Welles, habe nie versucht und werde auch nicht versuchen, die Freundschaft eines Landes zu kaufen. Die amerikanische Regierung, so schoß Umanski zurück, könne die Freundschaft der Sowjetunion nicht kaufen, weil ihre Freundschaft nicht käuflich sei.[148]

Das Problem war vertagt, nicht gelöst. Schon einen Monat später, am 27. März, sprach Umanski den Unterstaatssekretär des State Department erneut auf die baltische Frage an, deren Status allmählich unerträglich werde. Welles erklärte achselzuckend einmal mehr, daß die amerikanische Konzessionsbereitschaft gegenüber der Sowjetunion in dieser Frage eine unverrückbare Grenze habe.[149]

Von ähnlich negativer Auswirkung auf das Klima der amerikanisch-sowjetischen Beziehungen war, daß man in der amerikanischen Hauptstadt im März 1941 endgültig wieder zu der Einsicht kam, es sich nicht ohne weiteres leisten zu können, bei Exporten in die Sowjetunion das enge deutsch-sowjetische Wirtschaftsverhältnis zu bagatellisieren. Neue Nachrichten über die sowjetische Weiterleitung amerikanischer Produkte an das Deutsche Reich veranlaßten Welles am 24. Februar, Umanski neuerlich auf das Thema „Reexporte" anzusprechen. Viele Leute in Amerika glaubten, so Welles, daß ein hoher Prozentsatz der von der Sowjetunion in den USA gekauften Waren verwendet werde „either for transshipment to Germany or to replace similar supplies exported from Russia to Germany". Sei nicht auch die sowjetische Regierung daran interessiert, derlei Spekulationen durch eine öffentliche Erklärung gegenstandslos zu machen? Dadurch würde sich zweifellos ein gut

---

[148] Aufzeichnung Hendersons, 27. 2. 1941, ibid., S. 708–712.
[149] Aufzeichnung Hendersons, 27. 3. 1941, ibid., S. 732; Aufzeichnung Welles', 9. 4. 1941, ibid., S. 735–736.

Teil der in Amerika gegen Exporte in die Sowjetunion bestehenden Widerstände erledigen. Umanski sagte nach einigem Zögern zu, die Frage seiner Regierung weiterzuleiten.¹⁵⁰ Etwas überraschend brachte er bereits eine Woche später, am 1. März, eine für die Presse bestimmte offizielle Erklärung der sowjetischen Regierung mit in das State Department, in der es hieß, daß Waren, die die Sowjetunion in den USA kaufe, auch Ölprodukte und industrielle Erzeugnisse aller Art, ausschließlich für den Eigenbedarf der UdSSR bestimmt seien.¹⁵¹

Anstatt ein Problem aus der Welt zu schaffen, trug die sowjetische Erklärung indessen zu seiner weiteren Verschärfung bei. Einmal hatte sie den Mangel, daß sie über die indirekte Variante des Reexports, die Ersetzung von Exporten durch Importe für den Eigenbedarf, nichts aussagte. Zum anderen erreichten die amerikanische Regierung ausgerechnet in diesen Tagen erstmals zuverlässigere Informationen über die Praxis der deutsch-sowjetischen Wirtschaftsbeziehungen. Ende Februar machte im State Department und im Weißen Haus ein Bericht der Botschaft in Berlin die Runde, der jeden Zweifel daran beseitigte, daß die sowjetische Regierung überaus gewissenhaft ihren umfangreichen Verpflichtungen aus dem neuesten sowjetisch-deutschen Abkommen vom 10. Januar 1941 nachkam. Unter anderem fand sich hier auch die Bestätigung des britischen Verdachts, daß die Sowjetunion große Mengen Baumwolle aus Amerika an das Deutsche Reich liefere.¹⁵² In den ersten Märztagen übermittelte Steinhardt Beweise dafür, daß die Sowjets Kopra und Pflanzenöle aus den Vereinigten Staaten direkt nach Deutschland weiterleiteten; er sah außerdem sichere Anhaltspunkte für die Vermutung, daß im Interesse einer ausreichenden Versorgung des kriegführenden Deutschen Reiches Japan ebenso wie gewisse europäische Staaten mit der Sowjetunion in einem weitgespannten Einkäuferkreis zusammenarbeiteten, daß die Sowjets den beteiligten Staaten hierfür ihre Goldguthaben, unter anderem die in den USA befindlichen, verfügbar machten, und daß Wladiwostok und die koreanischen Häfen sich zu Hauptumschlagplätzen eines zum weiteren Transfer in die Sowjetunion fließenden Warenstroms entwickelten.¹⁵³

Unter dem Eindruck dieser Nachrichten beantwortete Welles am 22. März neue Klagen Umanskis zu den amerikanisch-sowjetischen Handelsbeziehun-

---

¹⁵⁰ Aufzeichnung Welles', 24. 2. 1941, ibid., S. 700–701.
¹⁵¹ Bulletin, IV (1941), S. 227.
¹⁵² Siehe *Langer/Gleason*, Undeclared War, S. 340–341 und dortige Anm. 26; Roosevelt an Hull, 3. 3. 1941, PL, S. 1130; Lockhart an Hull, 24. 2. 1941, NA 761.94/1299; Aufzeichnung Hendersons, 25. 2., ibid., 1315; Steinhardt an Hull, 27. 2., FR 1941, I, S. 293; Division of Far Eastern Affairs, Wochenberichte vom 27. 2., 6. 3. 1941, NA 890.00/245, 251.
¹⁵³ Steinhardt an Hull, 7. 3. 1941, FR 1941, I, S. 715. Vgl. 20. 2. 1941, FR 1941, IV, S. 911–912. Siehe auch oben, S. 108, Anm. 53.

gen „in perfectly blunt terms": der sowjetische Botschafter dürfe nicht glauben, daß die amerikanische Regierung, weil sie die Beziehungen zur Sowjetunion verbessern möchte, dieser fortan noch irgendwelche Waren verkaufen werde, die direkt oder indirekt den Kriegsanstrengungen Deutschlands zugute kommen würden. Die Politik der USA in dieser Hinsicht sei bekannt. „At a time when this country was bending every energy and spending vast sums in order to assist Great Britain in defending Germany, it would not only be illogical but absurd for this Government to facilitate the exportation of material which could result to Germany's benefit in carrying out its military objectives." Die amerikanische Regierung habe von der sowjetischen Erklärung vom 1. März mit Genugtuung Kenntnis genommen. Sie vermisse darin jedoch einen Hinweis auf indirekte Reexporte. Umanski verwies auf kürzlich veröffentlichte Statistiken des US-Handelsministeriums, nach denen die Sowjetunion in den Vereinigten Staaten Käufe nur in der auch während der letzten Jahre üblichen Größenordnung tätige, in manchen Bereichen sogar weniger. Welles wertete diesen Tatbestand als ermutigend, wiederholte jedoch nachdrücklich, die sowjetische Regierung dürfe sich keinen Illusionen hingeben „that anything would be done in the way of supplying them with products which could in any way whatever be of eventual assistance to Germany".[154]

Fünf Tage später überbrachte Umanski eine scharfe Antwort, die in der Erklärung gipfelte, die Sowjetunion habe es nicht nötig, gegenüber den USA als Bittsteller aufzutreten; wenn die Handelsbeziehungen zwischen der Sowjetunion und dem Deutschen Reich ein unüberwindliches Hindernis für die Entwicklung des amerikanisch-sowjetischen Handels darstellten, dann müsse man die logischen Konsequenzen ziehen. Welles erwiderte, die amerikanische Regierung wolle das Recht der Sowjetunion, mit kriegführenden Staaten Handel zu treiben, in keiner Weise in Frage stellen; doch müsse die sowjetische Regierung verstehen, daß die amerikanischen Anstrengungen sich zur Zeit auf „primary aims of American national policy" konzentrierten, unter denen es absurd wäre „to facilitate trade with any country of a nature which might directly or indirectly be of benefit to Germany or the Axis powers". Neuerdings setze darüber hinaus das Lend-lease-Gesetz weitere Prioritäten. Für den amerikanisch-sowjetischen Handel werde hoffentlich trotzdem genügend Raum bleiben.[155]

Die Welles-Umanski-Gespräche erhielten eine weitere scharfe Note, als amerikanische Behörden im März 1941 begannen, Postsendungen aus der Sowjetunion an Adressaten in den Vereinigten Staaten zu zensieren und teilweise zu beschlagnahmen. Sumner Welles und Loy Henderson bedauerten

---

[154] Aufzeichnung Welles', 22. 3. 1941, FR 1941, I, S. 723–725.
[155] Aufzeichnung Hendersons, 27. 3. 1941, FR 1941, I, S. 725–730. Siehe auch Aufzeichnung Welles', 9. 4. 1941, ibid., S. 734–735.

die Notwendigkeit und den Umfang der Maßnahmen, verwiesen jedoch auf allgemeine gesetzliche Vorschriften und Sicherheitsbestimmungen. Eine diskriminierende Absicht gegenüber der Sowjetunion wurde strikt in Abrede gestellt, und den wiederholten sowjetischen Protesten wurde nur zum sehr geringen Teil entsprochen.[156]

---

[156] Aufzeichnungen Welles', 24. 2., 9. 4. 1941, FR 1941, I, S. 699, 736; Aufzeichnungen Hendersons, 27. 2., 27. 3. 1941, ibid., S. 703-707, 731-732; Memorandum Umanskis für Hull, 10. 3., ibid., S. 716-719; Aufzeichnung Berles, 12. 3., ibid., S. 719-722; Hull an Umanski, 19. 3., 14. 4. 1941, ibid., S. 722-723, 739-740.

9. STALINS VERGEBLICHER BESCHWICHTIGUNGSVERSUCH

Es stellte sich bald heraus, daß die im Februar und März 1941 stärker hervortretenden Unstimmigkeiten die Vorläufer einer Krise des amerikanisch-sowjetischen Verhältnisses waren. Sie wurde Mitte April plötzlich virulent, weil die Bereitschaft des amerikanischen Department of State, einer besseren Zukunft der Beziehungen zum Kreml vorzuarbeiten, unvermittelt auf den Nullpunkt absank.

Am Nachmittag des 9. April fand noch einmal eine Unterredung zwischen Unterstaatssekretär Welles und Botschafter Umanski statt – nach der Rechnung Welles' das siebenundzwanzigste, nach der Rechnung Umanskis das zweiundzwanzigste Zusammentreffen der Gesprächspartner in Serie seit Ende Juli 1940.[1] Die Aufzeichnungen, die Welles persönlich hierüber anfertigte, zeigen, daß das Gespräch sich in ausgetretenen Bahnen bewegte und in keiner Weise erkennen ließ, daß es das letzte einer langen Serie sein würde.[2] Umanski brachte, wie schon so häufig, in provozierendem Ton Beschwerden über die amerikanischen Exportpraktiken vor, und Welles erläuterte zum x-ten Male die amerikanische Politik. Beide stellten mit Befriedigung eine ähnliche Haltung der USA und der UdSSR gegenüber den Ereignissen in Jugoslawien fest und nahmen abschließend einen Termin für ihr nächstes Gespräch in Aussicht.[3] Es sollte nicht mehr zustande kommen. Bis zum Tage des deutschen Einmarsches in die Sowjetunion waren für Umanski im State Department nur Henderson, Acheson und Atherton zu sprechen, ein einziges Mal auch Hull persönlich.[4]

Das durch das Desinteresse an der Fortsetzung der Welles-Umanski-Gespräche sinnfällig dokumentierte Ende der annäherungswilligen Konzes-

---

[1] Siehe *Welles*, Time, S. 169; Aufzeichnung Hulls, 14. 5. 1941, FR 1941, I, S. 745. Vgl. oben, S. 119, Anm. 3.

[2] Für Hulls Darstellung in seinen Memoiren: „Unfortunately, the discussions between Oumansky and Welles broke down, or rather blew up in an explosive, acrimonious exchange between them" (*Hull*, II, S. 971) findet sich in den Akten des State Department keine Bestätigung.

[3] Aufzeichnungen Welles' vom 9. 4. 1941, FR 1941, I, S. 733–736.

[4] Aufzeichnungen Hendersons, 18. 4. 1941, ibid., S. 740–742; Aufzeichnung Pages für Henderson, 30. 4., NA 711.61/815-1/2; Aufzeichnung Hulls, 14. 5., FR 1941, I, S. 745–747; Aufzeichnung Achesons, 16. 6. 1941, ibid., S. 763–764.

sionsbereitschaft des Department of State läßt sich nur bedingt mit den vielen kleinen Dornen in Verbindung bringen, die amerikanische Politiker während der vorangegangenen Monate auf dem Wege der Verständigung vorgefunden hatten: den Tatsachen etwa, daß die Sowjets acht Monate lang amerikanische Konzessionen ohne nennenswerte Gegenleistung abkassiert und sie lediglich als Basis für weitergehende Forderungen benutzt hatten; daß sie für die amerikanischen Exportprobleme nicht das geringste Verständnis bekundeten; daß sie sich nicht einmal bereitfanden, der amerikanischen Botschaft in Moskau ein funktionsgerechtes Arbeiten zu ermöglichen und daß sie immer wieder das Roosevelt-Litwinow-Abkommen verletzten;[5] daß sie dem Washingtoner Angebot, das amerikanische Rote Kreuz zur Linderung der kriegsbedingten Not in das besetzte Ostpolen zu entsenden, eine Abfuhr erteilten;[6] daß sich Berichte Steinhardts über ein alarmierendes Anwachsen sowjetischer Agententätigkeit in den USA häuften;[7] daß die amerikanischen Kommunisten, ungeachtet ihrer formellen Distanzierung von der Komintern, im Frühjahr 1941 in kritischen Produktionsbereichen politische Streiks anzettelten.[8] Die Erklärung, die Herbert Feis, der zu der Zeit im State Department als Special Adviser on International Economic Affairs tätig war, nachträglich für die plötzliche Stimmungsänderung unter seinen Kollegen gegeben hat, erscheint nach den Befunden der vorstehenden Kapitel allzu oberflächlich: „The brusque way", so Feis, „in which Russia, while working with Germany, had been demanding vital war materials of us, as its due, had given offense; and its greed for territory had caused alarm."[9]

Die Ursache für die – im folgenden näher zu belegende –[10] Kursänderung des State Department lag tiefer. Ihre Plötzlichkeit signalisiert die unvermittelte Enttäuschung der beiden Haupterwartungen, die der amerikanischen Rußlandpolitik seit längerem zugrunde gelegen hatten. Seit den ersten Tagen des deutsch-sowjetischen Bündnisses schon hatte man in Washington auf die Brüchigkeit der Hitler-Stalin-Koalition gehofft, auf ihren möglichen Zerfall und die Wiederannäherung Moskaus an den Westen. Seit dem Sommer 1940 war von der amerikanischen Regierung außerdem, aktueller noch, eine Abstimmung mit der sowjetischen Politik im Fernen Osten angestrebt worden. Beide Erwartungen schienen in den Wochen des Winters 1940/41 ihrer

---

[5] Siehe hierzu, ibid., S. 866 ff.; *Bishop*, passim.
[6] Aufzeichnung Hendersons, 27. 3. 1941, FR 1941, I, S. 730–731; Aufzeichnung Welles', 9. 4. 1941, ibid., S. 233–234.
[7] Siehe Steinhardt an Hull, 5. 11., 26. 12. 1940, FR 1940, III, S. 234–235, 239; 9. 1., 17. 3., 30. 5. 1941, FR 1941, I, S. 598–599, 941, 617–619; Welles an Roosevelt, 22. 11. 1940, FR 1940, III, S. 236–237; Hull an Steinhardt, FR 1941, I, S. 619–620.
[8] Tagebucheintragungen Stimsons, 2.–4. 4., 2. 5., 6.–11. 5. 1941, Stimson Diaries, Bde. 33, 34; Pressekonferenz des Department of State Nr. 53 vom 5. 4. 1941, Hull Papers, Box 124; *Davis/Lindley*, S. 150; *Langer/Gleason*, Undeclared War, S. 437–439; Industrial Mobilization for War, S. 164–165.
[9] *Feis*, Churchill-Roosevelt-Stalin, S. 7.   [10] Siehe unten, S. 218 ff.

Realisierung näherzurücken. Da schlug Stalin, in den ersten Tagen des April 1941, abrupt eine Politik ein, die die Bedeutung des Faktors Sowjetunion für die Außenpolitik der USA drastisch relativierte: sowohl die aktuelle Erwartung einer Zusammenarbeit im Fernen Osten als auch die Erwartung potentieller Kooperation in Europa wurden plötzlich in hohem Maße fragwürdig. Mit der Verunsicherung der Prämissen der bisherigen konstruktiven Rußlandpolitik wurde dieser, ausgerechnet in den Wochen vor dem deutschen Angriff auf die Sowjetunion, der Boden entzogen.

Auf der europäischen Bühne schaltete Stalin gegenüber Hitler, nur wenige Stunden nach dem spektakulären Abschluß des Freundschaftsvertrags mit den Jugoslawen, von versteckter Konfrontation zu unbedingter Kooperation um. Im gleichen Maße, in dem sich der deutsche Blitzsieg in Jugoslawien abzeichnete, wurde dem sowjetischen Diktator vermutlich klar, welch verhängnisvoller Fehler es war, auf einen verzögernden Widerstand der Balkanstaaten gegen die deutschen Armeen zu vertrauen. Er schlug daher unvermittelt eine Politik rückhaltloser Beschwichtigung ein, und zahlreiche Indizien deuten darauf hin, daß er allen Warnungen zum Trotz bis zum Morgengrauen des 22. Juni fest damit gerechnet hat, einen Krieg gegen Deutschland auf diesem Wege wenigstens für den Augenblick vermeiden zu können. Wahrscheinlich ging er davon aus, daß es für Hitler kein zwingendes Interesse gebe, die Sowjetunion im Jahre 1941 anzugreifen und sich damit in einen Zweifrontenkrieg zu begeben; daß der größere strategische Nutzen für Deutschland nach wie vor in der Fortdauer einer wohlwollenden sowjetischen Neutralität liege; daß die Logik dieses Faktums für den deutschen Führer ebenso überzeugend sein müsse wie für ihn selbst.[11]

Das plötzliche weitgehende Entgegenkommen Stalins gegenüber Deutschland schlug sich in den Informationen, die dem amerikanischen Department of State zwischen Mitte April und Mitte Juni 1941 zugingen, in vollem Umfange nieder. Mit einem Male gaben sich die sowjetischen Politiker und Diplomaten alle erdenkliche Mühe, den Freundschaftsvertrag mit den Jugoslawen herunterzuspielen.[12] Seit Anfang Mai hieß es, daß in Berlin Ver-

---

[11] So etwa *Alexander Nekritsch* und *Pjotr Grigorenko*, Genickschuß – Die Rote Armee am 22. Juni 1941, hrsg. von Georges Haupt (Wien–Frankfurt a. M., Europa-Verlag, 1969), passim. Siehe auch *Ivan Maisky*, Memoirs of a Soviet Ambassador. The War 1939–1943 (London, Hutchinson, 1967), S. 147–151; *Schukow*, S. 220 ff.; *B. N. Ponomarev/A. A. Gromyko/V. M. Chvostov* u. a. Geschichte der sowjetischen Außenpolitik 1917 bis 1945 (Berlin, Staatsverlag der DDR, 1969), S. 468–470, *Louis Fischer*, Russia's Road from Peace to War. Soviet Foreign Relations 1917–1941 (New York, Harper, 1969), S. 440 ff., 455 ff. *I. Deutscher*, Stalin. Die Geschichte des modernen Rußland (Stuttgart, Kohlhammer, 1951), S. 472–475; *Langer/Gleason*, Undeclared War, S. 332–335, 342, 525–527.

[12] *Langer/Gleason*, Undeclared War, S. 526.

handlungen über einen neuen deutsch-sowjetischen Handelsvertrag im Gange seien, in denen sich die sowjetischen Unterhändler zu noch umfangreicheren Lieferzusagen bereitfänden als dies von der deutschen Seite gefordert werde. Im übrigen seien die sowjetischen Exporte nach Deutschland in jüngster Zeit sprunghaft angestiegen.[13] Am 6. Mai übernahm Stalin persönlich von Molotow den Vorsitz im Rat der Volkskommissare, ein Vorgang, an dem viele Beobachter die große Bedeutung ablesen zu können glaubten, die der sowjetische Diktator dem Fortbestand des deutsch-sowjetischen Bündnisses beilege; westliche Diplomaten in Moskau sahen das Revirement eher als einen Schritt in Richtung Viermächte-Kabinett denn in Richtung Kriegskabinett.[14] Zwei Tage später dementierte die sowjetische Nachrichtenagentur Tass energisch ausländische Pressemeldungen, nach denen an den Westgrenzen der Sowjetunion Truppen der Roten Armee zusammengezogen würden.[15] Am 9. Mai schloß die sowjetische Regierung die diplomatischen und konsularischen Vertretungen Jugoslawiens in der UdSSR und entzog deren Mitgliedern das Agrément; bei der Gelegenheit wurde nun auch den Vertretungen der besetzten Niederlande, Belgiens und Norwegens der diplomatische Status aberkannt.[16] Am 12. Mai nahm die sowjetische Regierung Beziehungen zu dem deutschfreundlichen Regime des Rashid Ali im Irak auf, das fünf Wochen zuvor durch einen antibritischen Putsch an die Macht gelangt war.[17] Aus der sowjetischen Presse verschwanden kritische Stellungnahmen zu den Aktivitäten der deutschen und der italienischen Regierung ebenso wie positive Wertungen der angelsächsischen Politik und Kriegführung.[18]

Die führenden sowjetischen Politiker demonstrierten währenddessen Selbstbewußtsein und unbegrenztes Vertrauen in die weiteren Absichten des deutschen Bündnispartners. Nach einer Anfang Mai bekanntwerdenden Äußerung erwartete Stalin für das Jahr 1941 nicht eine militärische Auseinandersetzung, sondern im Gegenteil befriedigende und sogar weiterführende Kontakte mit der deutschen Regierung.[19] Molotow und andere sowjetische Regierungsvertreter hoben gegenüber westlichen Diplomaten die Freundschaftlichkeit des sowjetisch-deutschen Verhältnisses hervor. Mögliche zu-

---

[13] Steinhardt an Hull, 17./19./27. 5. 1941, FR 1941, I, S. 143, 144–145, 147–148; 6. 5. 1941, NA 740.0011 E. W. 1939/10680; Morris an Hull, 21. 5. 1941, ibid., 11175; 13. 5. 1941, FR 1941, I, S. 142–143.

[14] Siehe *Henry C. Cassidy*, Moscow Dateline, 1941–1943 (Boston, Houghton Mifflin, 1943), S. 15. Vgl. Steinhardt an Hull, 7./8. 5., 12. 6. 1941, FR 1941, I, S. 613, 615–616, 754; Schoenfeld an Hull, 19. 5. 1941, ibid., S. 28–29.

[15] Steinhardt an Hull, 9. 5. 1941, NA 740.0011 E. W. 1939/10792; *Degras*, III, S. 487–488.

[16] *Beloff*, II, S. 378; Steinhardt an Hull, 10. 5. 1941, FR 1941, I, S. 141–142.

[17] *Dallin*, Soviet Russia's Foreign Policy, S. 366–367; *Degras*, III, S. 488; DAFR, III, S. 340–341.

[18] Siehe Steinhardt an Hull, 7. 5. 1941, FR 1941, I, S. 613–615.

[19] Steinhardt an Hull, 5. 5. 1941, ibid., I, S. 141.

sätzliche Wirtschaftsforderungen der Deutschen an die Sowjetunion würden den erfüllbaren Rahmen keineswegs sprengen; die Gerüchte über aggressive Absichten Hitlers seien nichts anderes als Spinnereien britischer und amerikanischer Propagandisten; sollten sie wider Erwarten einen wahren Kern haben, so werde die Sowjetunion sich allein und ohne auswärtige Hilfe behaupten können, wie sie es nach dem Weltkrieg schon mit Erfolg gegen zwölf feindliche Mächte gleichzeitig getan habe.[20] Am 12. Juni stellte Tass in einem aufsehenerregenden Dementi ausländische Pressemeldungen über deutsch-sowjetische Differenzen in Abrede und bezeichnete diese Berichte als plumpe Propaganda, die von Mächten ausgeheckt werde, die der Sowjetunion und Deutschland feindselig gegenüberständen und alles Interesse an einer Ausweitung des Krieges hätten.[21] In den gleichen Tagen schien es, als würden in Moskau Vorbereitungen für eine erneute Reise Molotows nach Berlin getroffen, die etwa um den 18. Juni herum stattfinden würde.[22]

Einigen Annäherungsbemühungen der Briten zeigten die Sowjets bis unmittelbar vor dem deutschen Angriff die kalte Schulter. Churchill und das Foreign Office gaben infolge der Ereignisse im Balkan Ende März die seit November 1940 eingenommene negative Haltung auf[23] und begannen neuerlich, den Sowjets unter Hinweisen auf den bevorstehenden deutschen Ostfeldzug die Vorzüge eines rechtzeitigen britisch-sowjetischen Zusammengehens vorzustellen. Als indessen Churchill Mitte April Stalin eine persönliche Information über unzweideutige deutsche Truppenbewegungen vor der sowjetischen Grenze übermittelte, erhielt er keine Antwort. Vielmehr ließ Molotow Botschafter Cripps ausrichten, daß er ihn nicht zu empfangen wünsche.[24] In den gleichen Tagen beantwortete in London Botschafter Maiski einen Vorschlag Edens zu einem umfassenden britisch-sowjetischen *rapprochement* mit der Bemerkung, daß als erstes die baltischen Fragen in sowjetischem Sinne befriedigend gelöst werden müßten.[25] Anfang Juni führte Eden drei ausführliche Unterredungen mit Maiski und unterbreitete dem Botschafter dabei die jeweils neuesten britischen Informationen über deutsche Kriegsvorbereitungen im Osten. Die Aussprache gipfelte am 13. Juni in dem Angebot Edens, daß die britische Regierung im Falle eines deutschen Angriffs auf die Sowjetunion bereit sei, eine aus Experten für die Land-, Luft- und Seekriegführung bestehende Militärmission nach Moskau zu entsenden; außerdem könne Großbritannien Entlastungsangriffe an der deutschen

---

[20] Steinhardt an Hull, 3. 4., 17./25. 5. 1941, FR 1941, I, S. 135, 144, 147; 20. 6., FR 1941, IV, S. 977–978; Hull an Grew, 22. 5. 1941, ibid., S. 972.

[21] Steinhardt an Hull, 14. 6. 1941, FR 1941, I, S. 148–149; *Degras*, III, S. 489.

[22] *Langer/Gleason*, Undeclared War, S. 526; *Dallin*, Soviet Russia's Foreign Policy, S. 334–335.

[23] *Churchill*, III, S. 317 ff.

[24] *Woodward*, I, S. 604–607; Steinhardt an Hull, 21. 4. 1941, FR 1941, I, S. 164–165.

[25] *Woodward*, I, S. 609–610.

Westfront vortragen und der sowjetischen Regierung im Rahmen ihrer Möglichkeiten wirtschaftliche Unterstützung gewähren. Maiski entgegnete unbeeindruckt, die angeblichen deutschen Truppenkonzentrationen an der deutsch-sowjetischen Grenze würden in den westlichen Hauptstädten übertrieben; Deutschland beabsichtige in keiner Weise, die Sowjetunion anzugreifen. Außerdem setze der Vorschlag Edens einen Grad an britisch-sowjetischer Zusammenarbeit voraus, wie er auch nicht annähernd vorhanden sei; möglicherweise würde die sowjetische Regierung geneigter sein, das Angebot in Erwägung zu ziehen, wenn es von einer Anerkennung der sowjetischen Herrschaft über die baltischen Territorien begleitet wäre.[26]

Die amerikanischen Missionen in Moskau und Berlin vertraten die Ansicht, daß Stalin um fast jeden Preis auf den Erfolg seiner Beschwichtigungspolitik angewiesen sei und sich diesen daher sicher einiges kosten lassen werde. Denn zweifellos werde der sowjetische Diktator am besten wissen, daß seine Herrschaft im Falle einer bewaffneten Auseinandersetzung mit dem Deutschen Reich von außen wie von innen vom Zusammenbruch bedroht sei: von außen, weil die rückständige Rote Armee für die mechanisierten deutschen Verbände einen Gegner höchstens von Wochen abgeben würde; von innen, weil selbst bei einem längeren militärischen Widerstand möglicherweise eine Revolution der Bauernschaft die kommunistische Regierung hinwegfegen würde.[27] „Stalin", so drahtete Steinhardt noch Mitte Juni, „is undoubtedly prepared to satisfy any reasonable German demands ... to make almost any concessions provided they do not impair the ability of the Soviet Union to defend itself. He might even make promises which would have the latter effect if carried out..."[28]

Die Erfolgsaussichten von Stalins Mühen wurden von sachkundigen angelsächsischen Beobachtern keineswegs gering veranschlagt. Während die Anzeichen für einen deutschen Angriff auf die Sowjetunion sich verstärkten,[29] gab es vorzügliche Argumente für die Vermutung, daß Hitler an einem schließlichen Einlenken nicht uninteressiert sein mochte.[30] Vielleicht be-

---

[26] Ibid., S. 616–621; *Maisky*, S. 147–151; Johnson (London) an Hull, 11./13. 6. 1941, FR 1941, I, S. 168–169, 170–172; Steinhardt an Hull, 13. 6. 1941, ibid., S. 170.
[27] Morris an Hull, 13. 4. 1941, FR 1941, I, S. 139; Steinhardt an Hull, 4. 6., NA 861.00/11891; 7. 6. 1941, FR 1941, I, S. 620–621. – Die britischen und amerikanischen Militärexperten waren ebenfalls der Ansicht, daß die Rote Armee den deutschen Armeen keinen fühlbaren Widerstand würde entgegensetzen können, siehe *Dawson*, S. 64; *Woodward*, I, S. 615.
[28] Steinhardt an Hull, 12. 6. 1941, FR 1941, I, S. 755.
[29] Siehe ibid., S. 25, 137–141; FR 1941, IV, S. 952–953, 971; *Woodward*, I, S. 604, 611 ff.
[30] Selbst die deutsche Botschaft in Moskau blieb über Hitlers Angriffsabsichten auf die Sowjetunion bis zum Vorabend des 22. Juni im unklaren und verbreitete die Ansicht, eine deutsche Invasion sei nicht zu erwarten. Siehe *Hilger/Meyer*, S. 334 ff.; *Hanson*, S. 156; *O'Connor*, S. 153–154.

absichtigte er nichts weiter, als die Sowjets durch einen Nervenkrieg für noch mehr Konzessionen an das Deutsche Reich gefügig zu machen, etwa für vermehrte Rohstofflieferungen und die Zulassung deutscher Kontrolleure auf sowjetischem Territorium.[31] Denn den eventuellen strategischen Vorteilen eines deutschen Blitzkrieges gegen die Sowjetunion ließen sich auch schwerwiegende Nachteile entgegenhalten. Bei einem Zweifrontenkrieg würde das deutsche Kriegspotential nicht ausreichen, um den Luftkrieg gegen England im bisherigen Umfang aufrechtzuerhalten, und den Briten würde es somit möglich werden, ihre Heimatfront zugunsten einer Verstärkung anderer Fronten, etwa im Nahen Osten, zu verdünnen; die Niederwerfung der Sowjetunion würde mindestens drei Monate in Anspruch nehmen und Hitler einen immensen Aufwand an Soldaten und Material, vor allem Flugzeugen kosten; noch aufwendiger würde sich die technische und verwaltungsmäßige Reorganisation des eroberten riesigen Territoriums gestalten; anstatt daß die deutsche Kriegswirtschaft von den wahrscheinlich weiter steigenden sowjetischen Rohstofflieferungen profitieren könnte, würden diese erst einmal vernichtet werden, so etwa die Getreideernte des Jahres 1941; die Transsibirische Eisenbahn würde mit Sicherheit für eine Zeitlang als Transportverbindung zum Fernen Osten unbrauchbar werden. Ehe sich die territoriale Eroberung der Sowjetunion für das Deutsche Reich rentieren würde, würde eine, gemessen an den Erfordernissen der gesamten deutschen Kriegsführung, unerträglich lange Zeit verstreichen.[32] Solange die Sowjetunion ihre Versorgung des Deutschen Reiches reibungslos fortsetzte, schien die Logik der Kriegslage viel mehr dafür zu sprechen, daß Hitler im Frühjahr 1941 zunächst die große Möglichkeit nutzte, die sich ihm durch seine Blitzsiege im Balkan eröffnete: die britische „life line" im Mittelmeer durch eine Besetzung der Ausgänge im Osten und im Westen abzuschneiden und gleichzeitig eine Generaloffensive gegen die britischen Inseln zu beginnen.[33] Zu oft hatten in den vergangenen Monaten Voraussagen über den nächsten Schritt Hitlers getrogen. „Barbarossa" war schließlich nicht mehr als ein Plan, der jederzeit wieder geändert werden konnte.

---

[31] Morris an Hull, 28. 4. 1941, NA 740.0011 E. W. 1939/10710; Steinhardt an Hull, 19. 5. 1941, FR 1941, I, S. 144-145; Grew an Hull, 23. 5. 1941, ibid., S. 146-147; Gunther an Hull, 23. 5. 1941, NA 740.0011 E. W. 1939/11278; Phillips an Hull, 4. 6./7. 6. 1941, ibid., 11645, 11769, 11771; Schoenfeld an Hull, 6. 6. 1941, ibid., 11721; Sterling an Hull, 9. 6. 1941, FR 1941, I, S. 31-32; Hull an Sterling, 12. 6. 1941, NA 740.0011 E. W. 1939/11827; Earle an Hull, 14. 6. 1941, ibid., 12058; *Woodward*, I, S. 617-618.

[32] Steinhardt an Hull, 8./20. 4. 1941, FR 1941, IV, S. 932-933, 959-960; 12. 6., FR 1941, I, S. 754-757; Morris an Hull, 13. 4., 8. 6., ibid., S. 139-141, 148; 21./27. 6. 1941, NA 740.0011 E. W. 1939/11175, 11356; Gunther an Hull, 29. 5. 1941, ibid., 11466; Johnson (London) an Hull, 11. 6. 1941, FR 1941, I, S. 168-169; *Jones*, S. 215; *Woodward*, I, S. 615.

[33] Siehe *Langer/Gleason*, Undeclared War, S. 360ff., 418, 452ff., 494ff., 515-519.

Wie sehr man in Washington durch Stalins neuen Kurs in den bisherigen Kalkulationen verunsichert wurde, tritt in den amerikanischen Akten klar zutage. Der militärische Nachrichtendienst der USA hielt eine deutsche Offensive gegen die britischen Inseln und die britischen Positionen im Nahen Osten für die wahrscheinlichere Alternative. In einem Memorandum vom 24. Mai kam er zu dem Schluß: „Russia ... is a menace to all and of value only to one, Germany."[34] Roosevelts zu dieser Zeit konzipierte Projekte einer präventiven amerikanischen Besetzung der Azoren und Islands entsprangen zum guten Teil der Erwartung eines deutschen Blitzvorstoßes gegen Gibraltar.[35] Anfang Juni gingen im State Department aus mehreren europäischen Missionen gleichzeitig Nachrichten ein, nach denen deutsche Truppen innerhalb der nächsten 14 Tage die Sowjetunion überfallen würden. Hull informierte am 9. Juni Steinhardt über diese Meldungen und versah sie mit der Anmerkung: „The reporting offices and the Department are inclined to treat these reports with some reserve."[36] Stimson schrieb am 17. Juni in sein Tagebuch: „The dominating view over all is the fact that Russia and Germany are at the point of war in a negotiation in which Germany is bringing every bit of her gigantic pressure to bear on Russia to get some enormous advantages to the threat of war and at present, from all the dispatches, it seems nip and tuck whether Russia will fight or surrender. Of course I think the chances are she will surrender."[37]

Steinhardt kam nach Abwägung aller bekannten Fakten und Gerüchte zu dem Ergebnis, daß man nichts anderes tun könne, als die weiteren Ereignisse in Ruhe abzuwarten. „In view of the secrecy which shrouds the present relations between the Soviet Union and Germany and the fact that the vital decision involving peace or war rests in each country in the inner recesses of the mind of an individual, it is obviously impossible to do more thant draw inferences or conclusion from meager indications or trends of developments... The most that I can assert with reasonable confidence is that no hostile initiative will be taken by Stalin..."[38] Am 19. Juni übermittelte der Botschafter die Nachricht, man rede in Moskau davon, daß in Berlin die sowjetische Regierung mit der deutschen Regierung in Verhand-

---

[34] Pearl Harbor Attack, Hearings, Exhibit Nr. 182, Bd. 21, S. 4710–4711, 4757. Vgl. Morris an Hull, 13. 5. 1941, FR 1941, I, S. 142–143; Steinhardt an Hull, 17. 5., ibid., S. 143; 27. 5., FR 1941, IV, S. 972–973; Grew an Hull, 23. 5., FR 1941, I, S. 146–147; Johnson (London) an Hull, 11. 6. 1941, ibid., S. 168.
[35] Siehe *Langer/Gleason*, Undeclared War, S. 360 ff., 369, 385–386, 418, 452 ff., 494 ff., 515–519; Tagebucheintragung Stimsons vom 6. 4. 1941, Stimson Diaries, Bd. 33; Roosevelt an Hull, 31. 5. 1941, PL, S. 1162; PPA 1941, S. 185, 188; *Watson*, Prewar Plans, S. 116–117, 333; *Hull*, II, S. 956.
[36] Gunther an Hull, 7. 6. 1941, NA 740.0011 E. W. 1939/11781; Morris an Hull, 8. 6. 1941, FR 1941, I, S. 148; Hull an Steinhardt, 9. 6. 1941, ibid., S. 753.
[37] Tagebucheintragung Stimsons vom 17. 6. 1941, Stimson Diaries, Bd. 34.
[38] Steinhardt an Hull, 12. 6. 1941, FR 1941, I, S. 754–757. Vgl. ibid., S. 164–165, 765.

lungen eingetreten sei „through the medium of a Soviet representative of no particular rank or standing... These negotiations are being conducted without the knowledge of either the German Embassy in Moscow or the Soviet Embassy in Berlin."[39]

Die Aussicht auf den Ausbruch eines deutsch-sowjetischen Konflikts hatte für die westlichen Politiker durch den Kurswechsel Stalins ihre scharfen Konturen verloren. Auf das nahende Ende des Hitler-Stalin-Pakts und die Entsetzung Großbritanniens durch die Verwicklung der Sowjetunion in den Krieg gegen die Achsenmächte war nicht mehr unbedingt zu bauen. Soweit sie von diesen Erwartungen ausging, war die bisherige amerikanische Rußlandpolitik fragwürdig geworden.

Ähnliches galt gleichzeitig für die Erwartung, daß die Sowjetunion eine kooperative Rolle in Ostasien spielen werde. Denn Stalin ließ sich in den ersten Tagen des April auf eben den Handel ein, dessen Verhinderung ein gut Teil der amerikanischen Fernost-Bemühungen seit dem Sommer 1940 gegolten hatte: am 13. April unterzeichneten in Moskau die Außenminister der UdSSR und Japans, Molotow und Matsuoka, einen politischen Pakt. Er hatte die Form eines Neutralitätsvertrages, in dessen erstem Artikel die Partner sich zur Wahrung friedlicher und freundschaftlicher Beziehungen und zur Respektierung der Integrität und Unverletzlichkeit ihrer wechselseitigen Territorien verpflichteten. Im zweiten Artikel folgte die Neutralitätsklausel: Sollte eine der vertragschließenden Parteien das Objekt militärischer Aktionen einer Dritten Macht oder mehrerer Dritter Mächte werden, so habe die andere Vertragspartei während der Dauer des gesamten Konflikts Neutralität zu wahren. Nach den Artikeln III und IV sollte der Vertrag mit seiner baldmöglichsten Ratifizierung für die Dauer von fünf Jahren in Kraft treten und sich, sofern er nicht ein Jahr vor seinem Ablauf von einer Partei aufgekündigt würde, automatisch um weitere fünf Jahre verlängern. Zu dem Vertrag gehörte eine Deklaration, durch die sich Japan im Sinne des Neutralitätsvertrages zu der Respektierung der Integrität und Unverletzlichkeit des Territoriums der Mongolischen Volksrepublik und die Sowjetunion zu der des Territoriums Mandschukuos verpflichteten.[40]

Der Vertragsschluß kam für die amerikanische Regierung um so überraschender, als das State Department während der vorangegangenen Monate

---

[39] Steinhardt an Hull, 19. 6. 1941, NA 740.0011 E. W. 1939/12221.
[40] Der Text des Vertrages ist abgedruckt in *Degras*, III, S. 486–487. In einem geheimen Schriftwechsel zwischen Matsuoka und Molotow, der erst am 31. März 1944, von sowjetischer Seite, veröffentlicht wurde, verpflichtete sich Matsuoka, sich für eine Liquidierung der japanischen Konzessionen in Nordsachalin innerhalb der nächsten Monate einzusetzen, siehe *Beloff*, II, S. 373–374. Der Schriftwechsel ist abgedruckt bei *Lupke*, S. 178.

über den Stand der Vertragsverhandlungen, i. e. über die prinzipielle Inkompatibilität der auf beiden Seiten eingenommenen Verhandlungspositionen, ausreichend informiert gewesen war. Man mußte zwar in Washington nach allen Informationen damit rechnen, daß der japanische Außenminister auf seiner Mitte März begonnenen Reise nach Moskau und Berlin einen energischen Versuch unternehmen würde, das japanisch-sowjetische *rapprochement* endlich Wirklichkeit werden zu lassen;[41] man hatte jedoch wenig Grund zu der Erwartung, daß eine der beiden Seiten von ihren Vorbedingungen abrücken würde.[42] Da Botschafter Steinhardt über gute Kontakte zu seinem japanischen Kollegen und vor allem zu Matsuoka selbst verfügte, konnte man im State Department den Verlauf der japanisch-sowjetischen Gespräche im Kreml in den einzelnen Phasen genau verfolgen, wie sie sich tagelang erfolglos auf der Stelle bewegten, wie es schließlich in letzter Minute die Sowjets waren, die die entscheidenden Zugeständnisse machten, um den Abschluß des Vertrages zu ermöglichen.[43]

Die Reaktionen in Amerika waren nicht einheitlich.[44] In der Öffentlichkeit verbreitete sich überwiegend der Eindruck, daß die USA im Fernen Osten von sowjetischer Hand eine empfindliche diplomatische Niederlage bezogen hätten. Die beiden Washingtoner Journalisten Joseph Alsop und Robert Kintner stellten fest, daß die Sowjetregierung das bisherige Fernostkonzept der Roosevelt-Regierung durchkreuzt habe.[45] Moskau, so urteilte Walter Lippmann, habe getan „what the Axis wants most", indem es Tokio die ersehnte Rückenfreiheit für aggressive Schritte in Südostasien gewährt habe.[46] Die *Washington Post* glaubte eine fernöstliche Neuauflage des Hitler-Stalin-Pakts zu erkennen und konstatierte ebenfalls: „Russia is making herself the accomplice before the fact for further Japanese aggressions in Asia."[47] Die *New York Times* sah das Ende aller fernöstlichen Gleichgewichtspolitik ge-

---

[41] Steinhardt hatte am 11. März von Tatekawa erfahren: „Matsuoka's visit to Berlin is ‚camouflage', as the real purpose is a desire to talk to Molotov in an endeavor to persuade him to enter into a political agreement with Japan." Steinhardt an Hull, 11. 3. 1941, FR 1941, IV, S. 915–916. Siehe auch 20./28. 11., 21./27. 12. 1940, FR 1940, I, S. 674, 676, 678–679; 21. 2./24. 3. 1941, FR 1941, IV, S. 912–913, 923; Grew an Hull, 12./29. 3. 1941, ibid., S. 917–918, 925; Welles an Roosevelt, 26. 3. 1941, NA 740.0011 E.W. 1939/9201 F; *Lupke*, S. 88–91.

[42] Steinhardt an Hull, 28. 11. 1940, FR 1940, I, S. 676–677; 6. 1., 9./20. 2. 1941, FR 1941, IV, S. 905, 907–908, 911; 3. 3. 1941, NA 761.94/1285; Division of Far Eastern Affairs, Wochenbericht vom 26. 12. 1940, NA 890.00/238; Grew an Hull, 16./27. 2. 1941, FR 1941, IV, S. 909–910, 914; Aufzeichnung Welles', 20. 3. 1941, ibid., S. 920–921; *Papachristou*, S. 462–466.

[43] Steinhardt an Hull, 3./8./10./11./13. 4. 1941, FR 1941, IV, S. 929, 933, 935, 937–938, 940–945; *Lupke*, S. 98–101; *Langer/Gleason*, Undeclared War, S. 352–355.

[44] Eine ausführlichere Untersuchung der amerikanischen Reaktion auf den sowjetisch-japanischen Vertrag findet sich in *Papachristou*, S. 468–478.

[45] Washington Post, 16. 4. 1941, S. 13.   [46] Ibid., 15. 4. 1941, S. 13.
[47] Ibid., 14. 4. 1941, S. 8.

kommen; es bedürfe keines weiteren Beweises mehr für „the futility of any Washington policy of appeasing Stalin".[48] Die meisten Kommentatoren kamen zu dem Schluß, daß die Zeit für einen härteren Kurs der USA gegenüber der Sowjetunion gekommen sei.

Die Regierung kam zu unterschiedlichen Beurteilungen. Im State Department wurde der Bewertungsmaßstab zunächst stark geprägt von den ersten Stellungnahmen der Botschafter in Moskau und Tokio. Wenige Stunden nach Bekanntwerden des Vertrages trafen ihre Telegramme in Washington ein. Sowohl Steinhardt als auch Grew warnten vor Panikmache, weil die Situation, in der der sowjetisch-japanische Pakt jetzt abgeschlossen worden sei, mit der Situation beim Abschluß des Dreimächtepakts nicht mehr identisch sei. Der Pakt stelle unter den gegenwärtigen Umständen keineswegs die vielgefürchtete Komplettierung des Dreimächtepakts zu einem Viermächtepakt dar und sei wahrscheinlich sogar gegen oder wenigstens ohne deutsche Zustimmung zustande gekommen. Der Vertrag sei defensiv konzipiert, als eine Art Rückversicherung der Vertragspartner. Steinhardt vermutete, daß man in Tokio neuerdings die Befürchtung hege, gegen den eigenen Willen von Deutschland in Feindseligkeiten mit den Vereinigten Staaten hineinmanövriert zu werden. Daher habe Matsuoka die Gefahr einer sowjetisch-amerikanischen Zusammenarbeit präventiv ausschalten wollen. Die Sowjetunion andererseits, „having become convinced of the possibility of an attack by Germany decided to abandon its favorable bargaining position in exchange for an assurance of Japanese neutrality in the event of a German attack on the Soviet Union".[49] Grew betonte, daß diese keineswegs eine fernöstliche Neuauflage des Hitler-Stalin-Pakts sei, wenn auch die deutsche Regierung vielleicht nachträglich ein Interesse daran habe, einen solchen Anschein zu erwecken. Der sowjetisch-japanische Neutralitätsvertrag klammere die beiderseitigen Probleme aus, verfolge keine offensiven Absichten, habe eher eine negative Zielsetzung. „The treaty would appear to have been entered into more for the effects which each party calculates it will have on the other concerned third parties than for the defining of the obligations and policies of the respective signatories." Grew glaubte, daß Moskau seine Chinapolitik nicht ändern werde; auch die sowjetische Anerkennung der Abtrennung der Mandschurei von China bedeute keine Festlegung in dieser Richtung.[50]

Außenminister Hull trat am 14. April, in Kenntnis der Telegramme Steinhardts und Grews, vor die Mikrophone der Washingtoner Journalisten, um offiziell zu erklären, daß sich in der Sicht des State Department im Fernen Osten nichts geändert habe:

---

[48] New York Times, 21. 4. 1941, S. 18. Vgl. *Dawson*, S. 52–53; *Davis/Lindley*, S. 182; *Maddux*, S. 348–349.

[49] Steinhardt an Hull, 13. 4. 1941, FR 1941, IV, S. 942–945. Vgl. 20. 4. 1941, ibid., S. 959–961.

[50] Grew an Hull, 14. 4. 1941, ibid., S. 945–947.

> The significance of the pact between the Soviet Union and Japan relating to neutrality, as reported in the press today, could be overestimated. The agreement would seem to be descriptive of a situation which has in effect existed between the two countries for some time past. It therefore comes as no surprise, although there has existed doubt whether the two Governments would or would not agree to say it in writing. The policy of this Government of course remains unchanged.[51]

Zwei Tage später verdeutlichte Hull dem japanischen Botschafter Nomura, wie er in seiner Erklärung die Formulierung „a situation which has in effect existed between the two countries for some time past" verstanden wissen wollte. Er sei bereits seit geraumer Zeit davon ausgegangen, daß die Sowjets mit allen Mitteln bestrebt seien, jedweder kriegerischen Verwicklung aus dem Wege zu gehen; andererseits könne er sich keine japanische Politik vorstellen, deren Ziel eine große militärische Auseinandersetzung mit der Sowjetunion sei. „It was one of those circumstances in which I felt that the written document merely reduced to writing the relationships and policies already existing between the two governments."[52] Daß dies nicht allein auf Wirkung in Tokio berechnete Rhetorik war, wird daran ersichtlich, daß Hull in den gleichen Tagen die diplomatischen Vertretungen in Tokio, London und Vichy anwies, sie sollten in ihren Verlautbarungen zur fernöstlichen Lage wieder auf das grundsätzliche Memorandum zurückgreifen, das ihnen Anfang Dezember 1939 zugegangen sei.[53]

Aber es gab innerhalb der Roosevelt-Administration auch andere Reaktionen, die den sowjetisch-japanischen Vertrag an den Erwartungen der letzten Monate maßen. Die sich aus solcher Betrachtungsweise ergebenden Besorgnisse über die weitere Entwicklung im Pazifischen Raum wurden besonders eindrücklich in einer Rede artikuliert, die Marineminister Frank Knox am 24. April vor der American Newspaper Publishers Association hielt, nachdem Roosevelt persönlich sie überarbeitet hatte.[54] Nach einer Darstellung der zunehmenden globalen Einkreisung der amerikanischen Hemisphäre durch die aggressiven Mächte führte Knox aus:

> The latest link in this chain of encirclement that is being forged by the Axis powers is the recently announced agreement between Russia and Japan.
> Russia was not in any peril of attack by Japan. Japan not only has her hands

---

[51] Pressekonferenz des Department of State Nr. 59 vom 14. 4. 1941, Hull Papers, Box 124; Bulletin, IV (1941), S. 472.

[52] Aufzeichnung Hulls, 16. 4. 1941, FR Japan, II, S. 406.

[53] Hull an Grew, 14. 4. 1941, FR 1941, IV, S. 947; vgl. oben, S. 88 ff. Hornbeck war der Ansicht, daß der sowjetisch-japanische Neutralitätsvertrag unter regional fernöstlichen Gesichtspunkten sein Papier nicht wert sei, Aufzeichnung Hornbecks, 24. 4. 1941, NA 761. 9411/139. Vgl. FR 1941, IV, S. 951, Anm. 65.

[54] Roosevelt an Knox, 21. 4. 1941, PL, S. 1144-45; Aufzeichnung Morgenthaus, 22. 4., Morgenthau Diaries, Bd. 390, S. 230 ff.; Pressekonferenz Roosevelts Nr. 738 vom 25. 4. 1941, PPA 1941, S. 132.

full, and more than full, in her attempt to subjugate Southern China by force of arms, but her aspirations are not northward. They are southward. Japan imperatively needed assurance that she would not be attacked in the north while she was pressing her designs in the south. Just how much assurance Japan feels that her Manchukuo border is safe, I do not know, but whatever that assurance may be it enhances the likelihood of expansion by Japan into a region which is one of the sources of critical war materials for both Great Britain and ourselves. The conclusion of this pact is certain to strengthen the hand of the war party in Japan ...
The end, therefore, of this deal between Russia and Japan which tightens the circle around us ... leaves Japan free from any Russian interference in the Far East. Summed up in military terms, the Russo-Japanese agreement makes Japan more secure as she pursues her dream of domination of all Eastern Asia ...[55]

Präsident Roosevelt scheint die Auswirkungen des sowjetisch-japanischen Abkommens auf die weitere Entwicklung der Lage im Pazifik durchweg pessimistisch beurteilt zu haben. Unmittelbar nach dem Bekanntwerden des Paktes zog er strategische Konsequenzen. Anfang April hatte er das Marineministerium angewiesen, Pläne auszuarbeiten, nach denen es amerikanischen Kriegsschiffen notfalls gestattet sein sollte, zum Schutz britischer Geleitzüge im Atlantik westlich des 25. Längengrades deutsche Kriegsschiffe und U-Boote anzugreifen. Im Zusammenhang mit diesem Programm hatte er die Verlegung etwa eines Viertels der Pazifikflotte von Pearl Harbor in den Atlantik ins Auge gefaßt. Doch nach dem Abschluß des sowjetisch-japanischen Vertrages schreckte Roosevelt, nach Sherwoods Darstellung wegen der unübersichtlicher gewordenen Entwicklung der Situation im Pazifik, von dem sogenannten „Hemisphere Defense Plan No. 1" noch einmal zurück. Der rasch ersatzweise konzipierte „Hemisphere Defense Plan No. 2", von Roosevelt am 24. April in Kraft gesetzt, sah lediglich vor, daß amerikanische Schiffe die Bewegungen deutscher Schiffe in der festgelegten Zone im Atlantik wie bisher beobachten und nach Washington und an die britischen Geleitzüge melden sollten; sie durften auf keinen Fall schießen, solange sie nicht selbst beschossen wurden. Die Vorbereitungen für den Abzug von Schiffen aus Pearl Harbor wurden nach dem 13. April vom Weißen Haus fürs erste wieder gestoppt, obwohl Admiral King und andere Marineexperten den Präsidenten darauf hinwiesen, daß die Atlantikflotte ohne zusätzliche Schiffe nicht einmal in der Lage sei, das weniger aufwendige Patrouille-Programm durchzuführen.[56]

---

[55] „Address before the annual dinner of the Bureau of Advertising of the American Newspaper Publisher's Association", 24. 4. 1941, Frank Knox Papers, Box 7, Speeches 1941. Dieses Dokument wurde mir dankenswerterweise von Steven M. Mark zur Verfügung gestellt. Ähnliche Schlußfolgerungen in Aufzeichnungen Miles' für den Navy Chief of Staff, 14./15. 4. 1941, in Pearl Harbor Attack, Hearings, Exhibit Nr. 182, Bd. 21, S. 4748–4749; *Ickes*, III, S. 484–485.
[56] *Watson*, Prewar Plans, S. 387 ff.; *Langer/Gleason*, Undeclared War, S. 369, 425 ff., 444 ff.; *Sherwood*, S. 224; *Feis*, Road, S. 196; *James MacGregor Burns*, Roo-

Näheren Aufschluß über die tatsächliche Tragweite des sowjetisch-japanischen Neutralitätsvertrages und seine Auswirkungen auf die amerikanischen Fernostinteressen konnte nur das Verhalten der Vertragspartner in der Folgezeit bringen. Ein Kriterium würde sein, so äußerte Roosevelt spontan bei Bekanntwerden des „Ostervertrages",[57] ob die Sowjetunion ihre Unterstützung Chiang Kai-sheks fortsetze oder nicht.[58] Ein anderes wichtiges Kriterium war, ob die Japaner mit der Erleichterung ihrer militärischen Position an den Grenzen zur Sowjetunion zusätzliche Stimulantia für ihr südostasiatisches Expansionsprogramm erhalten hatten.[59] Die zunächst im State Department eintreffenden Nachrichten ließen den Neutralitätsvertrag in diesen beiden Hinsichten nur von begrenzter Bedeutsamkeit erscheinen. Für eine Einschränkung der sowjetischen Chinahilfe oder eine andere einschneidende Modifizierung der Chinapolitik Moskaus gab es vorerst kaum Hinweise.[60] Übernahm die sowjetische Regierung auch in den allerersten Tagen nach dem Abschluß des Vertrages in ihrer Berichterstattung über den chinesisch-japanischen Konflikt japanische statt – wie sonst üblich – chinesische Darstellungen, so kehrte sie doch rasch zu der früheren Praxis zurück.[61] Und trotz japanischer Propaganda und zahlreicher Gerüchte schien die sowjetische Regierung aus dem Fernen Osten kaum Truppen zur verstärkten Sicherung der europäischen Grenzen abzuziehen.[62] Chiang Kai-shek bereitete Mitte April seine Stabsoffiziere darauf vor, daß die Japaner ihre Truppen in China um wenigstens sechs mandschurische Divisionen verstärken würden. Tokio wagte es hin-

---

sevelt: The Soldier of Freedom (New York, Harcourt Brace, 1970), S. 89–90. – Am 12. Mai 1941 ordnete Roosevelt endgültig an, daß drei Schlachtschiffe und ein Flugzeugträger nebst Hilfsschiffen von Pearl Harbor in den Atlantik verlegt werden sollten.

[57] Der 13. April 1941, Tag des Abschlusses des Neutralitätsvertrages zwischen Moskau und Tokio, war Ostersonntag. Für die Bezeichnung siehe *Davis/Lindley*, S. 182.

[58] Aufzeichnung über eine Unterredung im Schatzministerium, 15. 4. 1941, Morgenthau Diaries, Bd. 389, S. 51 ff.; *Ickes*, III, S. 484–485. – Die Chinahilfe der USA nahm nach dem Abschluß des sowjetisch-japanischen Vertrages einen starken Aufschwung, siehe *Langer/Gleason*, Undeclared War, S. 488–493; *Young*, S. 142 ff.

[59] Siehe hierzu Johnson (Chungking) an Hull, 15. 4. 1941, FR 1941, IV, S. 948; Winant an Hull, 15. 4. 1941, ibid., S. 949–950.

[60] Leahy an Hull, 16. 4. 1941, FR 1941, IV, S. 953–954; Steinhardt an Hull, 16. 4., ibid., S. 955–956; 22. 5., FR 1941, V, S. 506; Division of Far Eastern Affairs, Wochenberichte vom 17. 4., 12. 6. 1941, NA 890.00/255, 263; Aufzeichnung Hendersons, 18. 4., FR 1941, I, S. 741; Grew an Hull, 21. 4., FR 1941, IV, S. 961–965; 10. 5., FR 1941, V, S. 499–500; Johnson (Chungking) an Hull, 30. 4., ibid., S. 498; 10. 5., FR 1941, IV, S. 970–971.

[61] Steinhardt an Hull, 14. 4. 1941, FR 1941, IV, S. 945; 7. 5., FR 1941, I, S. 615; Grew an Hull, 18. 4., FR 1941, IV, S. 958–959; 27. 4. 1941, NA 761.93/1714.

[62] Division of Far Eastern Affairs, Wochenbericht vom 17. 4. 1941, NA 890.00/255; Grew an Hull, 2. 5., FR 1941, IV, S. 175–176; Johnson (Chungking) an Hull, 10. 5., ibid., S. 970–971; Steinhardt an Hull, 22. 5., 21. 6. 1941, FR 1941, I, S. 145–146, 150–151; *Jones*, S. 214.

gegen vorerst nicht einmal, eine einzige Division von Nord nach Süd zu verlegen. Vielmehr hielt es die Führung der Kwantung-Armee nach einigen Wochen für angebracht, in der Nähe der sowjetischen und mongolischen Grenzen eindrucksvolle Manöver zu veranstalten.[63]

Aber im Weißen Haus und im State Department wollte sich Beruhigung dennoch nicht recht einstellen. Es gab keine Sicherheit dafür, daß die sowjetisch-japanische Annäherungsbewegung mit dem Neutralitätsvertrag bereits abgeschlossen war. Amerikanische Politiker und Diplomaten spekulierten über die Existenz geheimer Zusatzabkommen.[64] Botschafter Grew rückte Ende April von seinen anfänglichen Betrachtungen über die Harmlosigkeit des Moskau-Tokio-Paktes ab. Es bleibe zwar richtig, so meinte er nun, daß der Vertrag lediglich eine schon seit längerem bestehende Lage beschreibe; man dürfe aber nicht übersehen, daß sein Wortlaut auch der Erwartung der Vertragspartner Ausdruck gebe, daß diese Lage in der absehbaren Zukunft unverändert fortbestehen werde; und solange die Bedingungen, die zu dem Vertrag geführt hätten – hier sei besonders die momentane Situation in Europa zu nennen – fortbestünden, solange werde sich der Trend zur Verbesserung der beiderseitigen Beziehungen vermutlich weiter fortsetzen. Zwar gebe es zur Zeit auch wenig Grund zu der Annahme, daß die Sowjetunion ihre Chinahilfe einstellen werde; es sei jedoch eine Tatsache, daß der Neutralitätsvertrag zwischen der Sowjetunion und Japan einen Verstoß gegen den sowjetisch-chinesischen Nichtangriffspakt vom 21. August 1937 darstelle.[65] Es erscheine logisch, daß eine günstige Weiterentwicklung des sowjetisch-japanischen Verhältnisses, wie sie nach öffentlichen Bekundungen beider Seiten angestrebt werde, ungeachtet der Zusagen Moskaus an Chiang Kai-shek von einer Beendigung der sowjetischen Chinahilfe begleitet sein würde.[66] Wahrscheinlich sei es überhaupt ein Fehler, wenn man über der Konstatierung des negativen Charakters des sowjetisch-japanischen Paktes seine aktuelle und potentielle Bedeutung unterschätze. Fast alle Verträge der Sowjetunion vor und nach Ausbruch des europäischen Krieges seien negativer Natur gewesen. Diese negative Politik des Kreml komme ausschließlich den Achsenmächten und Japan zugute, während den Interessen der Anti-Achsen-Mächte nur mit einer positiven Politik der Sowjetunion gegenüber Deutschland, Italien und Japan wirklich gedient sei. „Consequently any reaffirmation on the part of the Soviet Union of its intention to continue a negative policy of noninvolvement in the present war and especially, in the present instance, of the

---

[63] Johnson (Chungking) an Hull, 10. 5. 1941, in Aufzeichnung Hornbecks, 26. 6. 1941, NA 761.9411/162; Gourley (Harbin) an Hull, 19. 6. 1941, NA 793.94/16770.
[64] Grew an Hull, 14. 4., 2. 5. 1941, FR 1941, IV, S. 945, 175–176; Steinhardt an Hull, 20. 4., ibid., S. 961; New York Times, 14. 4. 1941, S. 1; 15. 4. 1941, S. 1.
[65] Siehe hierzu *Lupke*, S. 106–108.
[66] Vgl. Aufzeichnung Miles', in Pearl Harbor Attack, Hearings, Exhibit Nr. 182, Bd. 21, S. 4752; *Langer/Gleason*, Undeclared War, S. 489; *Papachristou*, S. 472–474.

extension of that policy to the Far East, must be counted as a diplomatic success for Japan and its Axis associates."[67] Steinhardt berichtete Anfang Juni, sein japanischer Kollege Tatekawa habe ihm mitgeteilt, daß er neuerdings in seinen Verhandlungen mit den sowjetischen Behörden größere Fortschritte mache.[68] Und Grew meldete am 6. Juni aus verläßlicher Quelle: „Foreign Minister Molotow will visit Japan this summer, paying a return courtesy call on Matsuoka. Russia is said to find it necessary to revise its policy toward the Far East due to recent developments and to the necessity for obtaining goods from Japan, China, Thailand, French Indochina and the South Seas, especially since imports from the United States are reduced and American-Soviet relations have changed since the Japanese-Soviet neutrality pact. The rumored visit is interpreted as indicating unprecedented developments in Japanese-Soviet relations."[69] Wenige Tage später schlossen die sowjetische und die japanische Regierung ein Grenzabkommen und einen Handelsvertrag miteinander ab.[70]

Doch auch wer in Washington trotz solcher Vorzeichen eine echte Vertiefung der sowjetisch-japanischen Beziehungen nicht erwartete, konnte in den Wochen zwischen Anfang Mai und Mitte Juni nicht umhin, eine für die amerikanischen Interessen höchst unbefriedigende Veränderung der fernöstlichen Grundsituation zu konstatieren: die Sowjetunion hatte sich – wie dies Steinhardt seit Monaten vorausgesehen hatte[71] – der ihr zugedachten Rolle als ostasiatischer Degen der USA gegen Japan versagt.[72] Dadurch war für Japan dem Papier nach ein Offensivkurs in Richtung Indochina, Singapur und Niederländisch-Indien risikoloser geworden. Seit Anfang Mai deutete sich nun an, daß man in Tokio die neue Lage durchaus nicht nur theoretisch verarbeitete. Nach seiner Rückkehr aus Moskau torpedierte Matsuoka die seit Anfang des Jahres angelaufenen Bestrebungen um einen japanisch-amerikanischen Ausgleich und schwor das Konoye-Kabinett definitiv auf einen offensiven Südkurs ein. Möglicherweise hat nur die Unsicherheit darüber, ob Hitler die Sowjetunion angreifen werde oder nicht, ein japanisches Losschlagen noch vor dem 22. Juni verhindert.[73] Es entstand der Eindruck, daß der Neutralitätspakt mit der Sowjetunion vielleicht nicht das auslösende Moment für die nun definitiv anhebende japanische Expansionspolitik darstellte, daß aber jedenfalls die bisherige sowjetische Bremsfunktion fortgefal-

---

[67] Grew an Hull, 21. 4. 1941, FR 1941, IV, S. 964–965.
[68] Steinhardt an Hull, 4. 6. 1941, NA 761.94/1326.
[69] Grew an Hull, 6. 6. 1941, ibid., 1327.
[70] Grew an Hull, 12. 6. 1941, FR 1941, IV, S. 974–975; *Dallin*, Soviet Russia's Foreign Policy, S. 348–349.
[71] Siehe oben, S. 164–165.
[72] Navy Department an Department of State, 17. 4. 1941, FR 1941, IV, S. 957; New York Times, 14. 4. 1941, S. 8; *Jones*, S. 215; *Lu*, S. 137–138. Vgl. oben, S. 211–212.
[73] *Langer/Gleason*, Undeclared War, S. 464–485; *Feis*, Road, S. 188–208; FR 1941, V, S. 132 ff.

len war.⁷⁴ So schien infolge der jüngsten sowjetischen Fernost-Orientierung für die USA am Vorabend des deutschen Ostfeldzuges die Gefahr eines pazifischen Krieges nähergerückt und damit – in einem Augenblick, in dem sich wegen des notwendigen Geleitschutzes für die Lend-lease-Transporte nach Großbritannien die Situation im Atlantik zuspitzte – der gefürchtete Zwei-Ozean-Krieg.

Auch der fernöstlichen Begründung für eine entgegenkommende Rußlandpolitik der USA wurde in den Wochen vor dem deutschen Überfall auf die Sowjetunion der Boden entzogen.

Außerdem gab es noch eine unerfreuliche europäische Dimension der sowjetisch-japanischen Annäherung. Ziemlich bald wurde in Washington und in London vermutet, daß Stalin an einer Klärung des Verhältnisses zu Japan nicht nur deshalb gelegen gewesen sei, weil er sich angesichts der Anzeichen für einen deutschen Angriff voll auf die Entwicklung der Dinge im Westen konzentrieren wollte. Der Neutralitätsvertrag mit Japan konnte zugleich auch als Versöhnungsgeste gegenüber Berlin aufgefaßt werden und reihte sich nahtlos in die in eben diesen Tagen begonnene Politik der Beschwichtigung Hitlers ein.⁷⁵ Die Einwilligung in einen politischen Vertrag mit Japan stellt sich nachträglich sogar als die erste versöhnliche Geste Stalins nach dem – mit dem Zusammenbruch Jugoslawiens deutlich gewordenen – Debakel der sowjetischen Balkanpolitik dar.⁷⁶ Hitler und Ribbentrop hatten sich seit dem Herbst 1940 vergeblich um einen Ausgleich zwischen der Sowjetunion und Japan bemüht, um den Japanern die nötige Bewegungsfreiheit für einen Angriff auf die westlichen Fernost-Positionen zu verschaffen, um vor allem die angelsächsischen Mächte mit dem gleißenden Propagandainstrument eines Viermächtepakts beeindrucken zu können. Zwar konnte der sowjetische Neutralitätsvertrag mit Japan einen formellen Beitritt zum Dreimächtepakt nicht ersetzen. Doch die sowjetische Regierung versuchte, eben den Anschein zu erwecken, als habe sie einen alten deutschen Wunsch erfüllt. Dies wurde in der Tatsache erkennbar, daß in Moskau nichts unternommen wurde, um der japanischen Version, mit dem Vertrag sei die Komplettierung des Dreimächtepakts zum Viermächtepakt vollzogen worden,⁷⁷ entgegenzutreten. Vielmehr erschien Stalin persönlich am 13. April zur Verabschiedung des japanischen Außenministers auf dem Moskauer Bahnhof und hob demonstrativ die Solidarität der Sowjetunion mit ihren Nachbarn

---

⁷⁴ *Papachristou*, S. 472; *Feis*, Road, S. 186–187; *Davis/Lindley*, S. 183–184.

⁷⁵ Steinhardt an Hull, 13./20. 4. 1941, FR 1941, IV, S. 942–943; 959–961; *Langer/Gleason*, Undeclared War, S. 357–359.

⁷⁶ Am 11. April hatte die Moskauer Presse letztmals über den Balkankrieg in griechen- und jugoslawenfreundlichem Ton berichtet, siehe Steinhardt an Hull, 11./14. 4. 1941, NA 740.0011 E. W. 1939/9894, 9951.

⁷⁷ Grew an Hull, 14. 4. 1941, FR Japan, II, S. 186; FR 1941, IV, S. 945–947; Steinhardt an Hull, 16. 4. 1941, ibid., S. 954–955. Siehe auch Tippelskirch an das Auswärtige Amt, 16. 4. 1941, ADAP, D, XII, 2, Nr. 354.

im Osten wie im Westen hervor. „Now that the Soviet Union and Japan have arranged their affairs", so gaben befreundete Korrespondenten Steinhardt den lautstarken Abschiedsgruß des sowjetischen Diktators an Matsuoka zu Protokoll, „Japan will straighten out the East, the Soviet Union and Germany will take care of Europe and later on between them they will take care of the Americans."[78] Am 19. April wandte sich die *Prawda* scharf gegen ausländische Spekulationen über einen antideutschen Sinn des sowjetisch-japanischen Neutralitätspakts und pries diesen als einen verwirrenden Schlag gegen britisch-amerikanische Absichten, die Sowjetunion in einen militärischen Konflikt mit dem Deutschen Reich hineinzutreiben.[79]

Die Tatsache, daß für Stalin die Annäherung an Japan im Zusammenhang mit der Appeasement-Politik gegenüber Deutschland stand, wurde der amerikanischen Regierung im Laufe der folgenden Wochen auch durch eine Reihe von Nachrichten über neuartige sowjetische Praktiken bei der Belieferung Deutschlands mit Wirtschaftsgütern vor Augen geführt. In diesen Informationen fand der Verdacht, den Steinhardt bereits im März geäußert hatte,[80] seine Bestätigung: die Sowjetunion und Japan arbeiteten zum Zwecke einer reibungslosen Bedienung Deutschlands mit kriegswichtigen Gütern zusammen. Steinhardt erfuhr von Tatekawa, daß die Sowjetunion Japan aufgefordert habe, für ihre Rechnung auf dem amerikanischen Kontinent Rohstoffe einzukaufen, weil „the United States would more likely hesitate to refuse sales to Japan than to the Soviet Union".[81] Allem Anschein nach, so Steinhardt, seien während Matsuokas Aufenthalt in Moskau Schwierigkeiten, die vorher in der Frage einer sowjetisch-japanischen Wirtschaftszusammenarbeit bestanden hätten, ausgeräumt worden.[82]

Vier Tage nach der Unterzeichnung des Neutralitätsvertrages gab Tatekawa Einzelheiten über den Stand der Verhandlungen um einen sowjetisch-japanischen Handelsvertrag preis. Japan, so ließ er Steinhardt unter anderem wissen, habe sich jetzt prinzipiell einverstanden erklärt, in Chile Kupfer für die Sowjets zu beschaffen „who are to keep part and deliver part to Germany". Da die Japaner an der Lieferung zahlreicher sowjetischer Rohstoffe interessiert seien, selbst aber adäquate Gegenlieferungen kaum zu bieten hätten, werde neuerdings auf der Basis verhandelt „that the Japanese will endeavor to make purchases for Soviet account in the southern Pacific area and the Western Hemisphere, which purchases the Soviets will finance if

---

[78] Steinhardt an Hull, 16. 4. 1941, FR 1941, IV, S. 954–955.
[79] Washington Post, 20. 4. 1941, S. 1. Vgl. *Davis/Lindley*, S. 182; *Langer/Gleason*, Undeclared War, S. 357–358.
[80] Siehe oben, S. 197. Vgl. S. 108, Anm. 53.
[81] Steinhardt an Hull, 27. 5. 1941, FR 1941, IV, S. 972–973.
[82] Steinhardt an Hull, 24. 4. 1941, ibid., S. 966–967. Vgl. Krentz an Hull, 4. 5. 1941, ibid., S. 177. Siehe auch Punkt VIII der Empfehlungen der japanischen Liaisonkonferenz an Matsuoka vom 3. 2. 1941, abgedruckt bei *Lupke*, S. 174.

necessary". Tatekawa gab sich sicher, daß auch diese japanischen Zulieferungen zumindest teilweise schließlich in Deutschland landen würden. Im übrigen verriet er dem amerikanischen Botschafter, daß die japanische Regierung schon seit einiger Zeit umfangreichere Einkäufe für die deutsche Regierung tätige, wozu die sowjetische Regierung die Transportkapazitäten der Transsibirischen Eisenbahn zur Verfügung stelle. Steinhardt erfuhr auch, daß das Deutsche Reich sich darum bemühte, praktisch die gesamte ostasiatische Sojabohnen-Ernte aufzukaufen.[83]

Mitte Mai bestätigte Tatekawa Nachrichten, nach denen der Güterverkehr auf der Transsib in Richtung Deutschland in jüngster Zeit eine stürmische Ausweitung erfahre. Für den Abschluß eines Handelsabkommens mit Japan mache die sowjetische Regierung neuerdings umfangreiche japanische Lieferungen von Naturkautschuk zur Vorbedingung.[84] Zehn Tage später informierte der Japaner Steinhardt, daß „in addition to their repeated demands for rubber, the Soviet authorities insist now that Japan make substantial purchases in North and South America for Soviet account... Soviet demands particularly in respect of rubber, tin, and copper were so excessive that up to the present time his Government could not see its way clear to meet them."[85]

Der amerikanische Konsul in Wladiwostok, Angus Ward, konnte sich von Details der technischen Abwicklung der wirtschaftlichen Zusammenarbeit zwischen der Sowjetunion, Japan und Deutschland mit eigenen Augen überzeugen. Mitte April beobachtete er, wie im Wladiwostoker Transithafen umfangreiche japanische Schiffsladungen gelöscht wurden und, wegen der begrenzteren Kapazitäten der Transportmittel über Land, die Lagerhäuser überquellen ließen. Anfang Mai erhielt er durch ein Mißverständnis Zutritt zum Transithafen und registrierte, daß die dort lagernden Öl-, Kautschuk-, Kakao- und Baumwollstapel nur zum geringen Teil Japan selbst zum Ursprungsland hatten, in den überwiegenden Fällen hingegen die amerikanische Hemisphäre oder Afrika. Ihr Bestimmungsort war durchweg Königsberg via Transsibirische Eisenbahn. Wenige Tage nach Wards Erkundungstrip wurde der Transithafen von sowjetischem Militär für unerwünschte Besucher abgeriegelt.[86]

Unter dem Eindruck der insgesamt veränderten Richtung der sowjetischen Außenpolitik sowie der intensivierten sowjetischen Reexport-Bemühungen

---

[83] Steinhardt an Hull, 17. 4. 1941, FR 1941, IV, S. 956.
[84] Steinhardt an Hull, 24. 4. 1941, ibid., S. 966–967; Hull an Grew, 22. 5., ibid., S. 972; Division of Far Eastern Affairs, Wochenberichte vom 1./22. 5. 1941, NA 890.00/256, 257.
[85] Steinhardt an Hull, 27. 5. 1941, FR 1941, IV, S. 972–973.
[86] Steinhardt an Hull, 22. 5. 1941, FR 1941, I, S. 145–146; Division of Far Eastern Affairs, Wochenbericht vom 29. 5. 1941, NA 890.00/261.

sah man im Frühjahr 1941 im amerikanischen Department of State in einseitigen Freundlichkeiten gegenüber der Sowjetunion keinen rechten Sinn mehr.

Das Ende der Welles-Umanski-Gespräche bezeichnete das endgültige Ende der begrenzten amerikanischen Großzügigkeit gegenüber sowjetischen Handelswünschen. Bereits am 11. April wies das State Department die mit Exportkontrollen befaßten Behörden an, bei der Ausstellung von Lizenzen für die Sowjetunion ab sofort nicht mehr nur darauf zu achten, ob die betreffenden Güter für das Verteidigungsprogramm der Vereinigten Staaten oder zur Unterstützung einer Regierung, die Lend-lease-Hilfe erhalte, benötigt würden; Exportlizenzen sollten jetzt generell auch dann nicht mehr für die Sowjetunion ausgestellt werden, wenn der begründete Verdacht bestehe, daß die jeweiligen Waren nach Deutschland reexportiert oder von den Sowjets zum Ausbau von Industriezweigen verwendet würden, die für deutschen Bedarf produzierten.[87] In praxi wurden in den folgenden Wochen alle den Sowjets bereits bewilligten, aber noch nicht abgerufenen Exportlizenzen zurückgezogen, und bis zum 22. Juni wurde den Sowjets nicht eine einzige neue Lizenz gewährt.[88] Ende April erhielt die Maritime Commission aus dem State Department den Wink, die bereits erteilte Genehmigung zum Export von zwei Schiffsladungen Benzin nach Wladiwostok solle rückgängig gemacht werden, „in view of the Soviet-Japanese agreement".[89] In den gleichen Tagen wurde die Exportkontrollbehörde angewiesen, die bereits bewilligte Ausfuhr von ölverarbeitenden Maschinen im Werte von 3½ Millionen Dollar in die Sowjetunion noch rechtzeitig abzustoppen, „on the grounds of foreign policy".[90] Am 5. Mai gab das State Department Botschafter Umanski zu verstehen, alle Beschlagnahmungen von für die Sowjetunion bestimmten Exportgütern seien fortan als unwiderruflich anzusehen und nicht mehr Gegenstand von Verhandlungen.[91] Einen Tag später machte eine Regierungsverordnung auch die Ausfuhr von Transitgütern lizenzpflichtig. Eines der ersten Opfer dieser Regelung war ein von der sowjetischen Ausfuhrorganisation Amtorg gechartertes schwedisches Schiff, das eine Ladung Rohstoffe aus Südamerika via San Francisco nach Wladiwostok befördern sollte. Die gesamte Ladung wurde auf Anordnung des State Department bei der Zwischenlandung von den Hafenbehörden in San Francisco beschlagnahmt.[92] Am 10. Mai informierte Hull Botschafter Steinhardt, daß im Einvernehmen mit dem Kriegs-

---

[87] Aufzeichnung Achesons „Memorandum for the guidance of appropriate officers in reviewing Russian orders", 11. 4. 1941, FR 1941, I, S. 737-739; *Dawson*, S. 46.
[88] *Blum*, II, S. 259.
[89] Aufzeichnung Pages für Henderson, 30. 4. 1941, NA 711.61/815-1/2.
[90] Ibid. [91] Umanski an Welles, 13. 5. 1941, FR 1941, I, S. 745.
[92] Aufzeichnung Hulls, 14. 5. 1941, ibid., S. 745-747; Umanski an Hull, 14. 5., ibid., S. 747-748; Hull an Umanski, 22. 5. 1941, ibid., S. 749.

ministerium angeordnet worden sei, daß ab sofort sowjetische Ingenieure unter keinen Umständen mehr Zutritt zu amerikanischen Produktionsstätten erhalten sollten, die Botschaft solle daher keine Visa für einreisewillige Techniker aus der Sowjetunion mehr ausstellen.[93] Am 14. Mai wies der amerikanische Außenminister Proteste des sowjetischen Botschafters gegen die Verschärfung der Restriktionen mit ungewöhnlicher Heftigkeit zurück.[94] Man bereitete sich im State Department und im Handelsministerium darauf vor, daß das seit 1937 alljährlich im August abgeschlossene amerikanisch-sowjetische Handelsabkommen[95] für das Rechnungsjahr 1941/42 nicht zustande kommen würde.[96]

Die sowjetische Regierung reagierte ungerührt mit weiteren Maximalforderungen.[97] Am 6. Juni konfrontierte in Moskau Losowski Botschafter Steinhardt mit einem Bündel von Anschuldigungen: die amerikanische Regierung habe während der vorangegangenen sechs Monate lediglich nach Vorwänden gesucht, um das amerikanisch-sowjetische Verhältnis zu untergraben; Washington zerstöre mutwillig den beiderseitigen Handel; die baltische Frage müsse umgehend in sowjetischem Sinne gelöst werden, sonst könne es keine Verbesserung der Beziehungen geben; die amerikanische Regierung vernichte rechtswidrig sowjetische Druckschriften und verweigere willkürlich sowjetischen Technikern Zutritt zu amerikanischen Produktionsstätten.[98] Die Krise spitzte sich zu, als Präsident Roosevelt am 14. Juni anordnete, daß alle europäischen Kontinentalstaaten ab sofort nur noch mit Einwilligung der amerikanischen Regierung über ihre Guthaben in den USA verfügen könnten.[99] Umanski tobte, dies sei eine weitere die Sowjetunion einseitig diskriminierende Maßnahme, da sie nicht auf Japan Anwendung finde. „The Ambassador then stated", so vermerkte Dean Acheson in seiner Aufzeichnung über die Unterredung, „that any treatment which was not universal was in his judgment discriminatory; to which I replied that that was not my understanding of the word."[100] Selbst die semantische Kluft war unüberbrückbar geworden.

---

[93] Hull an Steinhardt, 10. 5. 1941, ibid., S. 744–745.
[94] Aufzeichnung Hulls, 14. 5. 1941, ibid., S. 745–747; *Hull*, II, S. 971.
[95] Siehe oben, S. 11 und S. 123.
[96] New York Times, 7. 5. 1941, S. 1; 10. 5. 1941, S. 6; *Dawson*, S. 54–55.
[97] Hull an Umanski, 14. 4. 1941, FR 1941, I, S. 739–740; Aufzeichnung Hendersons, 18. 4., ibid., S. 740–742; Hull an Steinhardt, 26. 4., ibid., S. 742–744; Aufzeichnung Hulls, 14. 5., ibid., S. 745–747; Steinhardt an Hull, 29. 5., ibid., S. 749–750; Hull an Steinhardt, 14. 6. 1941, ibid., S. 758–759.
[98] Steinhardt an Hull, 6. 6. 1941, ibid., S. 750–753.
[99] Bulletin, IV (1941), S. 718; Hull an Steinhardt, 15. 6. 1941, FR 1941, I, S. 761–762; Aide-mémoire des Department of State für die sowjetische Botschaft, 16. 6. 1941, ibid., S. 762–763; *Langer/Gleason*, Undeclared War, S. 515–516.
[100] Aufzeichnung Achesons, 16. 6. 1941, FR 1941, I, S. 763–764. Vgl. *Davis/Lindley*, S. 184.

Diplomatische Reibereien vergifteten das Klima weiter. Hull informierte am 7. Juni Botschafter Umanski, daß die amerikanische Regierung die jüngst in der Sowjetunion verfügten Freizügigkeitsbeschränkungen für ausländische Diplomaten nicht ohne weiteres hinnehmen könne. Sie ordne daher an, „on the basis of reciprocity", daß für alle Angehörigen der sowjetischen Vertretungen in den USA ab sofort Reisen außerhalb des District of Columbia genehmigungspflichtig seien.[101] In den gleichen Tagen unterrichtete das State Department die sowjetische Botschaft, es lägen Beweise dafür vor, daß zwei ihrer Militärattachés „have been making use of their diplomatic status to obtain confidential military information in this country in an improper manner"; die amerikanische Regierung müsse die beiden Attachés daher mit sofortiger Wirkung als *personae non gratae* betrachten.[102] Die sowjetische Antwortnote, in der Moskau gegen diesen „feindseligen" Akt der amerikanischen Regierung scharf protestierte, wurde am 17. Juni vom State Department als „unacceptable" zurückgewiesen.[103]

Anfang Juni wurden im State Department die Grundzüge einer den veränderten Umständen angemessenen Rußlandpolitik der USA formuliert. Am 14. des Monats beauftragte Hull den Geschäftsträger in London, Herschel Johnson, er solle unverzüglich Eden aufsuchen und ihm mitteilen, die amerikanische Regierung habe für ihre weitere Haltung gegenüber der Sowjetunion nunmehr folgende Richtlinien festgelegt:

> 1. To make no approaches to the Soviet Government;
> 2. To treat any approaches which the Soviet Government may make toward us with reserve until such time as the Soviet Government may satisfy us that it is not engaging merely in maneuvers for the purpose of obtaining unilaterally concessions and advantages for itself;
> 3. To reject any Soviet suggestions that we make concessions for the sake of ‚improving the atmosphere of American-Soviet relations' and to exact a strict *quid pro quo* for anything which we are willing to give the Soviet Union;
> 4. To make no sacrifices in principle in order to improve relations;
> 5. In general, to give the Soviet Government to understand that we consider an improvement in relations to be just as important to the Soviet Union as to the United States, if not more important to the Soviet Union;
> 6. To base our day-to-day relations as far as practicable on the principle of reciprocity.[104]

---

[101] Hull an Umanski, 7. 6. 1941, FR 1941, I, S. 883–884. Siehe auch ibid., S. 881–883 und *Bishop*, S. 219–223.
[102] Hull an Umanski, 10. 6. 1941, FR 1941, I, S. 621–622; Steinhardt an Hull, 11. 6. 1941, ibid., S. 622.
[103] Aufzeichnung Pages, 17. 6. 1941, FR 1941, I, S. 622–624. Die Maßnahme wurde nach dem 22. Juni rückgängig gemacht.
[104] Hull an die Botschaft in London, 13. 6. 1941, NA 740.0011 E. W. 1939/11970. Das Memorandum war von Henderson und Page im Auftrage Welles' abgefaßt worden, siehe *O'Connor*, S. 177–178.

Die Botschaft in Moskau erhielt diese Richtlinien am gleichen Tage,[105] die Botschaft in Tokio am 21. Juni.[106] Begreiflicherweise war Steinhardt von der neuen Marschroute des State Department sehr angetan. Nachdem sich in den vorangegangenen Monaten der Gegensatz zwischen seinen Empfehlungen und der Washingtoner Politik stetig vertieft hatte, erlebte er nun die Genugtuung, daß sich seine Anschauungen wenigstens teilweise durchsetzten. „As I have urged in my telegrams to the Department", so telegraphierte er am 17. Juni nach Washington, „I have been convinced for quite some time that a firm policy such as outlined is best calculated to maintain our prestige in Moscow and to prepare the ground for the important developments with which we will ultimately be confronted." Gesten guten Willens würden von den sowjetischen Politikern als Zeichen von Schwäche ausgelegt. Nur eine feste und selbstbewußte Politik sei geeignet, das amerikanische Prestige in Moskau auf einem befriedigenden Stand zu erhalten. „I deem it of the utmost importance that our prestige here be enhanced inasmuch as it is in my opinion implicit in the ultimate solution of existing international relations that the Soviet Union will sooner or later turn to the United States in an endeavor to escape the consequences of having precipitated the European war and of its aggressive exploitation thereof."[107]

Wahrscheinlich waren die Gespräche, die Eden Anfang Juni in London mit Maiski führte und die eine britische Bereitschaft zu weitgehenden Vorleistungen an die sowjetische Regierung erkennen ließen,[108] der unmittelbare Anlaß für die Zusammenstellung des amerikanischen Richtlinienkataloges und seine Übermittlung nach London. Ehe er zur Kenntnis der britischen Regierung gelangte, wurde Botschafter Halifax von Eden beauftragt, dem amerikanischen Außenamt mitzuteilen, in London sei man zu der Überzeugung gekommen, daß der Ausbruch eines deutsch-sowjetischen Krieges unmittelbar bevorstehe und die Möglichkeit eines britisch-sowjetischen *rapprochements* in nächste Reichweite gerückt sei. Würden die Vereinigten Staaten bereit sein, bei Ausbruch eines deutsch-sowjetischen Krieges die Sowjets ebenfalls wirtschaftlich zu unterstützen?

Welles zeigte sich wenig begeistert. Fast zehn Monate lang, so stellte er Halifax dar, habe die amerikanische Regierung sich aktiv um bessere Beziehungen zur Sowjetunion bemüht. Dabei habe es sich immer wieder als ein schwieriges Problem erwiesen, daß die Sowjets Rohstoffe und Fertigprodukte und insbesondere Werkzeugmaschinen aus den Vereinigten Staaten zu importieren wünschten, die dringend für die amerikanische Rüstungsindustrie oder für Lieferungen an Großbritannien und andere Staaten, die gegen Deutschland Krieg führten, benötigt würden. „Consequently any

---

[105] Hull an Steinhardt, 14. 6. 1941, FR 1941, I, S. 757–758.
[106] Hull an Grew, 21. 6. 1941, FR 1941, IV, S. 979.
[107] Steinhardt an Hull, 17. 6. 1941, FR 1941, I, S. 764–766.
[108] Vgl. oben, S. 204–205.

economic assistance which might theoretically be made available to the Soviet Union could only be determined in the light of the urgent requirements of this Government as set forth above." Auch aus einem anderen Grunde könne die amerikanische Regierung jetzt unmöglich voraussagen, ob und in welcher Weise sie zu einem späteren Zeitpunkt die Sowjets unterstützen werde. Wie stelle man sich in London amerikanische Rußlandhilfe etwa für den Fall vor, daß Japan gleichzeitig mit Deutschland der Sowjetunion den Krieg erkläre und über die sowjetischen Fernosthäfen eine Blockade verhänge? Die Antwort des State Department auf die britische Anfrage könne daher nur sein, daß die amerikanische Regierung zu gegebener Zeit bereit sein werde, das Problem mit der britischen Regierung zu erörtern.[109]

In einer weiteren Unterredung am folgenden Tag (15. Juni) sprach Welles den britischen Botschafter auf die der britischen Regierung übermittelten neuen Grundsätze der amerikanischen Rußlandpolitik an und drückte die Erwartung aus, daß die britische Regierung nicht die Absicht habe, in ihrer Baltikumspolitik Zugeständnisse zu machen. Zur unangenehmen Überraschung des Unterstaatssekretärs erwiderte Halifax „that he felt he was rather cynical with regard to the Baltic states"; die Erfordernisse der augenblicklichen Situation und historische Überlegungen könnten eine Anerkennung der sowjetischen Annexion seiner Meinung nach durchaus rechtfertigen. Sumner Welles entgegnete scharf, die britische Regierung werde durch eine solche Handlungsweise ihre moralische Position vollständig ruinieren. „What logical distinction, I said", so Welles in seiner Aufzeichnung, „could be drawn between the recognition of the brutal conquest by Russia of the Baltic states and the brutal conquest by Hitler of other independent peoples such as the Dutch and the Belgians? ... I, for one, did not believe that the British Government would gain anything of a practical nature by recognizing the Russian claim to this part of the loot obtained during the past year..."[110]

Inzwischen waren indessen die amerikanischen Richtlinien in London eingetroffen, und das Foreign Office beeilte sich, die Ausführungen Halifax' zu dementieren. Eden ließ dem State Department mitteilen, die britische Regierung habe keinerlei Absicht, den Sowjets einseitige Zugeständnisse zu machen. Er selbst sei so entschieden wie eh und je gegen jede Art von Appeasement und teile die Ansichten Botschafter Steinhardts, die ihm kürzlich zur Kenntnis gekommen seien.[111]

Unter dem Eindruck der britischen Mitteilungen und neuer Gerüchte über einen bevorstehenden deutschen Angriff auf die Sowjetunion[112] ging man

---

[109] Aufzeichnung Welles', 15. 6. 1941, FR 1941, I, S. 759-761.
[110] Ibid.
[111] Johnson (London) an Hull, 17. 6. 1941, NA 740.0011 E.W. 1939/12157.
[112] Sterling an Hull, 18. 6. 1941, NA 740.0011 E.W. 1939/12194; Gunther an Hull, 19. 6. 1941, FR 1941, I, S. 315; Harris an Hull, 20. 6. 1941, NA 740.0011 E.W. 1939/12248; Morris an Hull, 21. 6. 1941, FR 1941, I, S. 151.

nun in der Europaabteilung des State Department daran, die soeben entworfene neue Plattform der amerikanischen Rußlandpolitik für den Fall einer deutsch-sowjetischen Auseinandersetzung umzuschreiben. Das Ergebnis war eine Aufzeichnung Athertons und Hendersons, die am 21. Juni die Billigung Sumner Welles' fand. Im Falle eines deutsch-sowjetischen Konflikts, so wurde darin empfohlen, zumindest während seiner ersten Phasen, solle sich die amerikanische Regierung gegenüber der Sowjetunion an folgende Linie halten:

(1) We should offer the Soviet Union no suggestions or advice unless the Soviet Union approaches us.
(2) In case the Department is asked by parties other than a representative of the Soviet Government if it intends to give aid to the Soviet Union in the event of German-Soviet conflict, the reply should be that we have as yet not been approached by the Soviet Government on this subject.
(3) If the Soviet Government should approach us direct requesting assistance, we should so far as possible, without interfering in our aid to Great Britain and to victims of aggression or without seriously affecting our own efforts of preparedness, relax restrictions on exports to the Soviet Union, permitting it even to have such military supplies as it might need badly and which we could afford to spare.
(4) Such economic aid as we might give the Soviet Union in the form of materials should be extended direct on the basis of mutual advantage and not in cooperation with any third power.
(5) We should steadfastly adhere to the line that the fact that the Soviet Union is fighting Germany does not mean that it is defending, struggling for, or adhering to, the principles in international relations which we are supporting.
(6) We should make no promises in advance to the Soviet Union with regard to the assistance which we might render in case of a German-Soviet conflict, and we should take no commitment as to what our future policy towards the Soviet Union or Russia might be. In particular we should engage in no undertaking which might make it appear that we have not acted in good faith if later we should refuse to recognize a refugee Soviet Government or cease to recognize the Soviet Ambassador in Washington as the diplomatic representative of Russia in case the Soviet Union should be defeated and the Soviet Government should be obliged to leave the country.[113]

Nach dieser Planung hatte die Sowjetunion für den Fall eines deutschen Angriffs von den USA wenig mehr als eine begrenzte Lockerung der letztens prohibitiven Exportkontrollpraxis zu erwarten.

Doch die Planung des State Department blieb Makulatur, weil in diesem kritischen Augenblick Präsident Roosevelt, der sich seit dem finnischen Krieg etwas zurückgehalten hatte, die Führung der amerikanischen Rußlandpolitik

---

[113] Aufzeichnung Athertons und Hendersons, 21. 6. 1941, FR 1941, I, S. 766–767.

wieder persönlich an sich zog. Schon im Mai 1941 hatte er zu erkennen gegeben, daß er entgegen der vorwiegenden Haltung des State Department unnötige Verschärfungen in den Beziehungen zu Moskau vermieden sehen wollte. Seine Ghostwriter Robert Sherwood und Samuel Rosenman erhielten zur Konzipierung der „Unlimited-emergency"-Rede, die Roosevelt ursprünglich am 14. Mai halten wollte, wegen vorübergehenden Unwohlseins tatsächlich aber erst am 27. Mai hielt, die Anweisung, jede Erwähnung der Sowjetunion zu unterlassen. In einem ersten Entwurf war dennoch von dem sowjetischen Angriff auf Finnland die Rede, doch wurde dieser Passus auf Veranlassung des Präsidenten wieder gestrichen.[114]

Am 14. Juni schrieb Churchill an Roosevelt, daß er nun fest überzeugt sei, daß die Entwicklung auf nichts anderes als einen deutsch-sowjetischen Krieg hinauslaufe. „From every source at my disposal, including some most trustworthy", so Churchill, „it looks as if a vast German onslaught on Russia was imminent... Should this new war break out we shall of course give all encouragement and any help we can spare to the Russians, following the principle that Hitler is the foe we have to beat..."[115]

Mit seiner Antwort an den britischen Premierminister schob Roosevelt die Memoranden des State Department, sofern er sie kannte, beiseite. Seine Überlegungen in diesem Moment sind leider nicht dokumentiert. Wahrscheinlich hielt er es für richtig, Amerika für einen so entscheidenden Augenblick wie den des Ausbruchs eines deutsch-sowjetischen Krieges auf alle Fälle mit der Politik Großbritanniens, das nach wie vor die erste Verteidigungslinie Amerikas darstellte, zu solidarisieren; möglicherweise empfand er mit seinem pragmatischen Intellekt auch stärker als andere das Widersinnige des Tuns, das seit Jahr und Tag verfolgte Ziel einer Kooperation mit der Sowjetunion gegen die Aggressoren unmittelbar vor seinem Erreichen fahrenzulassen. Wie sich in den folgenden Wochen herausstellte, spielte wahrscheinlich auch seine – trotz Finnlands – immer wieder durchscheinende grundsätzlich positive Beurteilung der sowjetischen Rolle in den internationalen Beziehungen eine Rolle; beurteilte er ferner, unter dem Einfluß Davies', die Widerstandskraft der Roten Armee gegen die Wucht eines deutschen Angriffs optimistischer als die meisten seiner politischen und militärischen Berater, glaubte er mithin nach wie vor an eine sicherheitspolitische Bedeutung der Sowjetunion für den Westen.[116] Roosevelt gab seine Antwort

---

[114] *Sherwood*, S. 230–231; *Dawson*, S. 54. Die Rede Roosevelts ist gedruckt in Bulletin, IV (1941), S. 654 ff. – Wahrscheinlich war auch Hull gegen eine forcierte Distanzierung von der Sowjetunion, siehe *Hull*, II, S. 967, 973; *Feis*, Roosevelt–Churchill–Stalin, S. 7; *Dawson*, S. 54; *Pratt*, S. 372.

[115] Churchill an Roosevelt, 14. 6. 1941, Roosevelt-Churchill-Correspondence, Roosevelt Papers. Vgl. *Churchill*, III, S. 329–330.

[116] Siehe hierzu *Burns*, Roosevelt, Soldier of Freedom, S. 102–103; *Langer/Gleason*, Undeclared War, S. 531–532; *Gerberding*, S. 95; *Ullman*, passim.

an den britischen Premierminister Botschafter Winant mit auf den Weg, der gerade von einem Heimaturlaub auf seinen Londoner Posten zurückkehrte. Bei seiner Ankunft in Chequers versicherte Winant am 20. Juni Churchill, der Präsident der Vereinigten Staaten werde, wenn Deutschland die Sowjetunion angreife, „any announcement the Prime Minister might make welcoming Russia as an ally" öffentlich unterstützen.[117]

Zwei Tage später war es soweit. Am Abend des gleichen Tages, an dem für Hitlers Armeen der Rußlandfeldzug begann, gab Churchill im britischen Rundfunk seine seit Tagen vorbereitete Erklärung ab:

> Can you doubt what our policy will be? We have but one aim and one single irrevocable purpose. We are resolved to destroy Hitler and every vestige of his Nazi regime... Any man or state who fights on against Nazidom will have our aid ... It follows, therefore, that we shall give whatever help we can to Russia and the Russian people ... The Russian danger is ... our danger, and the danger of the United States ...[118]

Am nächsten Morgen verlas Sumner Welles den Washingtoner Journalisten eine Erklärung, die er unmittelbar vorher mit Roosevelt abgesprochen hatte. Darin wurde der Angriff Hitlers auf die Sowjetunion als ein neuer Beweis für das deutsche Streben nach der Weltherrschaft bezeichnet, der Bruch des Hitler-Stalin-Pakts als Symbol für die moralische Verworfenheit der deutschen Regierung. Für das amerikanische Volk seien auch die Prinzipien und Doktrinen kommunistischer Diktatur fremd und unerträglich.

> But the immediate issue that presents itself to the people of the United States is whether the plan for universal conquest, for the cruel and brutal enslavement of all peoples, and for the ultimate destruction of the remaining free democracies, which Hitler is now desperately trying to carry out, is to be successfully halted and defeated.
>
> That is the present issue which faces a realistic America. It is the issue at this moment which most directly involves our own national defense and the security of the New World in which we live.
>
> In the opinion of this Government, consequently, any defense against Hitlerism, any rallying of the forces opposing Hitlerism, from whatever source these forces may spring, will hasten the eventual downfall of the present German leaders, and will therefore redound to the benefit of our own defense and security.

Den abschließenden Satz hatte Franklin D. Roosevelt selbst dem Entwurf handschriftlich angefügt:

> Hitler's armies are today the chief dangers of the Americas.[119]

---

[117] *Churchill*, III, S. 330; *John Gilbert Winant*, Letter from Grosvenor Square. An Account of a Stewardship (Boston, Houghton Mifflin, 1947), S. 203.

[118] *Churchill*, III, S. 332–333.

[119] Bulletin, IV (1941), S. 755; *Langer/Gleason*, Undeclared War, S. 540–541. Siehe zu Roosevelts Haltung auch Roosevelt an Fulton Oursler, 25. 6. 1941, Roosevelt Papers, PPF 2993; Roosevelt an Leahy, 26. 6. 1941, PL, S. 1177.

IV. SCHLUSSBETRACHTUNG

Die vorliegende Untersuchung endet an dem Punkt, von dem ab der Gang der amerikanisch-sowjetischen Beziehungen auf größeres zeitgeschichtliches Interesse stößt. Mit dem Einmarsch in die Sowjetunion am 22. Juni 1941 zerbrach Hitler den deutsch-sowjetischen Nichtangriffspakt und ebnete den Weg für ein Bündnis zwischen den westlichen Demokratien und dem kommunistischen Sowjetstaat. Die Dokumentationen und Darstellungen über das Verhältnis zwischen den beiden angelsächsischen Staaten und der Sowjetunion während der Kriegsjahre 1941–1945 sind verhältnismäßig zahlreich. Wenngleich noch nicht alle relevanten Aktenmaterialien ausgewertet sind, ist die bestimmende Überlegung für die Entscheidung Präsident Roosevelts, der Sowjetunion im Sommer 1941 für ihren Kampf gegen die deutschen Invasoren massive Materialunterstützung und schließlich, seit November 1941, Lend-lease-Hilfe zu gewähren, gesichert. Es war die strategisch-sicherheitspolitische Kalkulation, daß die sowjetische Front, wenn sie nicht schon vor dem ersten Vordringen der deutschen Panzerverbände in kurzer Zeit zusammenbrechen würde, zu dem Hebel werden mochte, mit dem der Kriegsverlauf gewendet und Hitler die entscheidende Niederlage beigebracht werden könnte. Dieser Kurs mußte von der Roosevelt-Regierung gegen enorme innenpolitische Widerstände durchgesetzt werden. Doch mit der am Neujahrstag des Jahres 1942 in Washington veröffentlichten Erklärung der Vereinten Nationen konnte schließlich die Bildung jener „strange alliance" abgeschlossen werden, die in Teheran, Jalta und Potsdam ihre denkwürdigen Höhepunkte fand und den Ausgang des Zweiten Weltkriegs entschied.[1]

Die vorliegende Untersuchung liefert einen Teil der Vorgeschichte des Churchill-Roosevelt-Stalin-Bündnisses und verlängert das Blickfeld sozusagen nach rückwärts bis in das Jahr 1939, in den Grundzügen bis in das Jahr 1933. Als Ergebnis gestattet sie zwei Feststellungen. Die erste Fest-

---

[1] Siehe die Konferenzbände in den Foreign Relations of the United States, die Bücher von *Feis* (Roosevelt–Churchill–Stalin), *Dawson* und *Crocker*. Außerdem *William H. McNeill*, America, Britain and Russia. Their Cooperation and Conflict, 1941–1946 (London, Oxford UP, 1953); *Gaddis Smith*, American Diplomacy during the Second World War, 1941–1945 (New York, Wiley, 1965); *Gabriel Kolko*, The Politics of War. The World and United States Foreign Policy, 1943–1945 (New York, Random House, 1969). Von sowjetischer Seite *V. L. Issraeljan*, Anti-Hitler-Coalition (Aus dem Russ., Moskau 1971).

stellung ist, daß es in den dem 22. Juni 1941 vorangehenden beiden Jahren nicht nur amerikanische Europa- und Fernostpolitik gegeben hat, sondern auch eine verhältnismäßig konsistente Politik der USA gegenüber der Sowjetunion. Die zweite Feststellung lautet, daß die Entscheidung der amerikanischen Regierung im Sommer 1941, Stalin gegen Hitler zu unterstützen, die logische Fortsetzung einer bis dahin bereits voll entwickelten Richtung der amerikanischen Außenpolitik darstellt, von der die Auflösung des Hitler-Stalin-Pakts seit längerem, zum Teil seit dem Tage des Bestehens der deutsch-sowjetischen Koalition antizipiert worden war. Der Beginn des deutschen Ostfeldzuges schuf eine neue weltpolitische Situation, nicht aber neue Ziele für diesen die amerikanischen Beziehungen zur Sowjetunion bestimmenden Trend. Mit der Situation änderten sich die Mittel der amerikanischen Rußlandpolitik: zielten sie in der Zeit des Hitler-Stalin-Pakts darauf ab, die außenpolitische Orientierung der Sowjets zu verändern, so sollten sie nach der Auflösung des deutsch-sowjetischen Bündnisses die nun erreichte Mächtekonstellation konsolidieren. Die Beweggründe der amerikanischen Rußlandpolitik änderten sich hingegen nicht.

Man wird infolgedessen das Datum des deutschen Angriffs auf die Sowjetunion nur sehr bedingt als eine Zäsur in der amerikanischen Rußlandpolitik werten dürfen. Es ist das Resultat einer verkürzten Optik, wenn Studien über das amerikanisch-sowjetisch-britische Bündnis 1941–1945 den Eindruck erwecken, daß der 22. Juni 1941 für das Verhältnis der USA zur Sowjetunion eine völlig neue Ausgangsbasis geschaffen habe, oder wenn gar ausdrücklich festgestellt wird, daß das Verhalten der Roosevelt-Administration gegenüber der Sowjetunion in der zweiten Hälfte des Jahres 1941 „in eklatantem Widerspruch zur früheren amerikanischen Rußlandpolitik" gestanden habe.[2] In Wirklichkeit war die Plattform, von der aus Präsident Roosevelt nach dem 22. Juni 1941 die Annäherung an die Sowjetunion zügig vorantreiben konnte, der Motivation und zum guten Teil auch der Praxis nach schon in den Jahren des Hitler-Stalin-Pakts in Washington angelegt worden. Sie war ihrer Entstehung nach ein Nebenprodukt jenes Mitte der dreißiger Jahre in Gang gekommenen weltpolitischen Prozesses, der die amerikanische Außenpolitik erstmals in ihrer Geschichte unter das Postulat der nationalen Selbsterhaltung rückte. Mit der von Roosevelt frühzeitig begriffenen Bedrohung Amerikas durch die europäischen und ostasiatischen „Have-nots" und dem aus dieser Erkenntnis heraus angestoßenen Übergang von Prinzipien- zu Realpolitik gewann die Sowjetunion, die durch die ihr zugeschriebene Eigenschaft „friedliebend" für Zusammenarbeit gegen aggressive Veränderer des *status quo* prädestiniert schien, eine zunehmend wichtige strategisch-sicherheitspolitische Funktion im Kalkül der amerikanischen Außen-

---

[2] So *Günter Moltmann*, „Die amerikanisch-sowjetische Partnerschaft im Zweiten Weltkrieg", in: Geschichte in Wissenschaft und Unterricht 15 (1964), S. 164–179, das Zitat dort S. 167.

Schlußbetrachtung

politik. Ideologische und moralische Bedenken traten hinter dieser Motivation weitgehend zurück. Seit 1936 wurde die Sowjetunion von der Roosevelt-Administration mehr und mehr als eine Macht betrachtet, die mit ihrer Landmasse direkt an die beiden Krisengebiete in Europa und Ostasien anstieß und dort potentiell die gleichen Gegner und mithin ähnliche Interessen hatte wie die Vereinigten Staaten.

Mit dem Sichtbarwerden einer Bedrohung der Sicherheit der amerikanischen Hemisphäre durch die aggressive Politik der Achsenmächte und Japans bildete sich so in den späten dreißiger Jahren und in der Zeit des Hitler-Stalin-Pakts nach und nach an den Schaltstellen der Washingtoner Außenpolitik jene kooperationsbereite Haltung heraus, die für das amerikanische Verhältnis zur Sowjetunion in den Jahren 1941–1945 kennzeichnend wurde. Oder anders ausgedrückt: Die amerikanische Rußlandpolitik in der Zeit des Kriegsbündnisses füllte einen Rahmen aus, der in Ansätzen seit Mitte der dreißiger Jahre, in wesentlichen Grundzügen nach dem Abschluß des deutsch-sowjetischen Nichtangriffsvertrages vom 23. August 1939 und endgültig im Sommer und Herbst 1940 konzipiert worden war.

In den Jahren 1936–1939 lernten Präsident Roosevelt und einige seiner außenpolitischen Mitarbeiter die Bedeutung des Faktors Sowjetunion für die Zukunft des Friedens in Europa und mithin für die Zukunft von Frieden und Sicherheit Großbritanniens und Amerikas schätzen. Sie standen einer möglichen Mitwirkung der Sowjetmacht bei der Sicherung des europäischen Friedens mit zunehmend sympathischem Interesse gegenüber. Am Vorabend des Hitler-Stalin-Pakts sprach Roosevelt Stalin erstmals als einen Partner an, dessen Verhalten gegenüber der Krise in Europa für die Interessen der USA eine konkrete Bedeutung besaß. Auch im Fernen Osten rückte die Sowjetunion von Ende 1936 an als ein möglicher Partner in das Washingtoner Blickfeld. Ein spektakulärer Besuch der US-Navy in Wladiwostok Ende Juli 1937, die Bereitschaft zu Bau und Lieferung von Kriegsschiffen für die sowjetische Fernostflotte und besonders Roosevelts Plan eines Informationsaustausches zwischen amerikanischen und sowjetischen Militärbehörden zeigen an, daß man in der amerikanischen Regierung lange vor 1939 eine gewisse Parallelität amerikanischer und sowjetischer Interessen gegenüber Japan anzuerkennen begann und ihre Aktivierung in Erwägung zog. Gleichwohl hatten derlei weltpolitische Einsichten in einer Zeit, in der die amerikanische Regierung jeglichem internationalen Engagement mit großer Distanz gegenüberstand, weder in europäischer noch in fernöstlicher Hinsicht praktische Konsequenzen. Vielmehr hielten strittige Tagesfragen von untergeordneter Bedeutung die amerikanisch-sowjetischen Beziehungen stetig auf einem unterkühlten Niveau.

Mit dem Abschluß des Hitler-Stalin-Pakts erwachte in Washington der Sinn für das machtpolitische Gewicht der Sowjetunion hinsichtlich der europäischen Vorgänge vollends. Es konnte kaum einem Zweifel unterliegen, daß eine voll ausgebildete, dauerhafte deutsch-sowjetische Allianz schon auf mittlere Sicht ganz Europa einschließlich Großbritanniens beherrschen und für die Staaten des amerikanischen Kontinents eine akute machtpolitische Herausforderung und Existenzbedrohung darstellen würde. Angesichts dieser alarmierenden Perspektive neigten Roosevelt und Hull eher zu optimistischen Beurteilungen der Interessenlage Stalins, wenngleich es für die weitere Entwicklung der deutsch-sowjetischen Beziehungen keine zuverlässigen Prognosen geben konnte. Bei aller Skepsis sah man im Weißen Haus und im State Department Grund zu der Hoffnung, daß der sowjetische Abschluß des Nichtangriffspaktes mit dem Deutschen Reich lediglich sicherheitspolitischem und situationsbedingtem Kalkül entsprungen sei; daß infolgedessen die neue europäische Mächtekonstellation nichts Endgültiges sei; daß vielmehr eine Veränderung der weltpolitischen Situation rasch die Brüchigkeit des Einvernehmens zwischen den beiden machtpolitisch und weltanschaulich so entgegengesetzten Partnern an den Tag bringen werde. Von dieser Hypothese ausgehend richtete sich schon im Herbst und Winter 1940/41 das Bemühen Roosevelts und des State Department vorsichtig darauf, die durch den Hitler-Stalin-Pakt geschaffene unvorteilhafte Mächtekonstellation auf dem Weg über Moskau langfristig zu verändern. Das unmittelbare amerikanische Interesse war, die Auswirkungen der Hitler-Stalin-Koalition so begrenzt wie möglich zu halten, einer Vertiefung der sowjetischen Bindung an das Deutsche Reich nach Möglichkeit entgegenzuwirken, die Sowjets nicht etwa durch Isolierung noch weiter in die Arme Hitlers zu treiben. Dies sollte erreicht werden durch eine Politik wohlwollender Passivität, die sich in bemerkenswert zurückhaltenden Reaktionen der amerikanischen Regierung auf die fortschreitende Aushöhlung des neutralen Status der Sowjetunion in politischer wie in wirtschaftlicher Hinsicht, vor allem aber in den Reaktionen auf das aggressive Verhalten Moskaus gegenüber Polen, den baltischen Staaten und Finnland niederschlug. Solange keine vitalen amerikanischen Interessen und Prinzipien berührt wurden, sollte nach Möglichkeit alles unterlassen werden, was das Verhältnis zwischen Washington und Moskau hätte belasten müssen. Der Leitgedanke war, daß Stalin auf lange Sicht eine Alternative zur Koalition mit Hitler offengehalten werden sollte; daß für den Fall eines Zerbrechens des Hitler-Stalin-Pakts eine minimale gemeinsame Basis gewahrt bleiben müsse, auf der eine Wiederannäherung der Sowjetmacht an die westlichen Demokratien ohne größere Probleme möglich werden würde.

Demgegenüber stand der Ferne Osten als Konditionierungsfeld der amerikanischen Rußlandpolitik in den Monaten zwischen dem Sommer 1939 und dem Frühjahr 1940 im Hintergrund. Zwar wurde durch den Hitler-Stalin-Pakt in Washington auch das Interesse an der sowjetischen Rolle im Fernen Osten belebt, weil plötzlich alle Voraussetzungen für ein Ende des traditionellen, die amerikanische Fernostpolitik begünstigenden sowjetisch-japanischen Gegensatzes und für eine Annäherung zwischen Moskau und Tokio gegeben schienen. Jedoch führte eine längere Grundsatzdiskussion über eine derartige Entwicklung in den Herbstwochen des Jahres 1939 im Weißen Haus und im State Department zu dem differenzierenden Urteil, daß man die Relevanz des jeweiligen Standes der sowjetisch-japanischen Beziehungen für die amerikanischen Fernostinteressen nicht überbewerten sollte. Zu ernsthafteren Besorgnissen wurde solange kein Anlaß gesehen, wie allenfalls China, das von jeher nicht in den Perimeter der essentiellen amerikanischen Interessen fiel, durch ein sowjetisch-japanisches *rapprochement* in Mitleidenschaft gezogen werden würde. Im übrigen würden sich, so war nun die herrschende Meinung, selbst durch die weitestgehenden sowjetisch-japanischen Absprachen eine Reihe fundamentaler Gegebenheiten der fernöstlichen Situation nicht entscheidend ändern: Japan und die Sowjetunion würden ihre längerfristigen gegensätzlichen Ziele in Ostasien nicht etwa einer vertraglichen Verständigung zuliebe aus den Augen verlieren, sich infolgedessen wenig Substantielles zu geben haben und vor allem an ihrem wechselseitigen Mißtrauen festhalten. Aufgrund dieser Beurteilung sah man in Washington im Herbst und Winter 1939/40 wenig Veranlassung, etwa die bisherige Japan- oder Chinapolitik zu modifizieren. Man hielt auch wenig davon, die Rußlandpolitik präventiv unter den Gesichtspunkt eines fernöstlichen Gleichgewichts zu stellen. Im Gegenteil: mit dem Hitler-Stalin-Pakt endete abrupt die Bereitschaft der Roosevelt-Regierung zum Bau von Kriegsschiffen für die sowjetische Fernostflotte; Anfang 1940 erhielt der Kreml auf die Anregung zu einer amerikanisch-sowjetischen Annäherung unter antijapanischem Vorzeichen keine Antwort.

Mit Hitlers siegreichem Vormarsch in Westeuropa, der hierdurch ausgelösten Expansionspolitik Japans in Richtung Südostasien und schließlich dem Abschluß des Dreimächtepakts trat in den Sommermonaten des Jahres 1940 die Bedrohung der amerikanischen Sicherheit durch die Achsenmächte und Japan in ein beunruhigendes Stadium. In der Sicht des Weißen Hauses und des State Department erhöhte sich infolgedessen die Bedeutsamkeit des Faktors Sowjetunion für die amerikanische Politik auf der atlantischen und nun auch auf der pazifischen Seite. Ende Juli 1940 eröffnete Unterstaatssekretär Sumner Welles eine Serie von Unterredungen mit dem sowjetischen Botschafter Umanski, denen die Vorstellung zugrunde lag, einseitige Beweise für Verständigungswilligkeit seien geeignet, die Beziehungen zur Sowjetunion verbessern zu helfen. Vordergründig versuchte Welles in den Gesprächen, die bis zum Frühjahr 1941 fortdauerten, die zwischen beiden Mächten im diplomatischen und handelspolitischen Bereich bestehenden Friktionselemente abzubauen. Seine tiefere Absicht war indessen, auf diesem Wege endlich mit den Sowjets über die drängenden weltpolitischen Fragen ins Gespräch zu kommen. Die sogenannten Welles-Umanski-Gespräche dokumentieren den Versuch der Roosevelt-Regierung, vermutete gemeinsame Interessen der USA und der Sowjetunion gegen die aggressiven Mächte in West und Ost zu mobilisieren, durch eine nunmehr aktiv gewordene Verständigungsbereitschaft die sowjetische Politik sowohl auf dem europäischen als auch auf dem ostasiatischen Schauplatz in amerikanisch-britischem Sinne zu beeinflussen.

Unter europäischem Aspekt glaubte man weiterhin, auf den Zerfall oder wenigstens die allmähliche Erosion der Koalition Stalins mit Hitler und die potentielle Möglichkeit eines angelsächsisch-sowjetischen Zusammengehens gegen die Achsenmächte vertrauen zu dürfen. Die durch Hitlers alarmierendes Vorrücken in Europa stimulierte Hoffnung auf eine solche Entwicklung fand vom Spätsommer 1940 an zunehmend eine Stütze in Nachrichten über rivalitätsgeladene Spannungen zwischen Berlin und Moskau in Finnland und besonders im Balkanraum. Nach dem Abschluß des Dreimächtepakts wollten Gerüchte wissen, daß das Ende des deutsch-sowjetischen Bündnisses nahe bevorstehe. Wenige Wochen nach dem Besuch Molotows in Berlin wurde im State Department die „Barbarossa"-Direktive Hitlers bekannt, gleichzeitig spitzte sich offenkundig der deutsch-sowjetische Gegensatz auf dem Balkan zu. Die amerikanische Regierung arbeitete nun mit einer Reihe unerwiderter Vorleistungen gegenüber den Sowjets aktiv auf das Zerbrechen des Hitler-Stalin-Pakts hin, mit vielfachem Entgegenkommen gegenüber sowjetischen Handelswünschen, mit freundlichen Gesten wie zum Beispiel der Wiederaufhebung des sogenannten „Moralischen Embargos" vom Dezember 1939, mit vorsichtiger Ermutigung der sowjetischen Balkanpolitik. Die Tatsache, daß Roosevelt und Hull im Leih-und-Pacht-Gesetz eine Spezifizierung der Empfängerländer mit Entschlossenheit verhinderten, zeigt an, daß sie im Winter 1940/41 begannen, die Erwartung der Auflösung des deutsch-sowjetischen Bündnisses fest in ihre politischen Kalkulationen einzubeziehen.

In erster Linie war die Aktivierung der amerikanischen Rußlandpolitik im Sommer 1940 jedoch Ausdruck einer neuen Bewertung der sowjetischen Rolle im Fernen Osten. Japan sah sich durch den Verlauf des Krieges in Europa zur Einleitung einer expansiven Politik gegenüber den quasi herren- und wehrlos gewordenen, rohstoffreichen südostasiatischen Kolonialländern Französisch-Indochina, Niederländisch-Indien und Britisch-Malaya ermutigt. Diese neue Stoßrichtung der Aktivitäten Tokios wurde nun in Washington, anders als die japanische Aggression in China, als eine unannehmbare Bedrohung vitaler Interessen der USA betrachtet. Territorien wie die Philippinen, Australien und Neuseeland würden durch eine Kontrolle Japans über Südostasien unmittelbarer bedroht werden als bisher; die Wirtschaftswaffe der amerikanischen Japanpolitik würde stumpf, die USA von ihren eigenen Rohstoffquellen abgeschnitten, und vor allem würden die Handelswege unterbrochen werden, die für das Überleben Großbritanniens und damit für die Sicherheit Amerikas als wesentlich angesehen wurden. Noch beunruhigender war indessen die Tatsache, daß die USA es sich wegen ihrer unzureichenden Flottenstärke und der postulierten Priorität der atlantischen Verteidigungsflanke nicht leisten konnten, direkt gegen die japanische Politik Front zu machen und damit unter Umständen einen Zwei-Ozean-Krieg heraufzubeschwören. Die Regierung Roosevelt sah sich vor dem Dilemma, zur gleichen Zeit mit allen Mitteln eine japanische Südexpansion verhindern und einen militärischen Konflikt mit Japan vermeiden zu müssen. Aus dieser mißlichen Lage versprachen sich nun führende Washingtoner Politiker mit Hilfe eines amerikanisch-sowjetischen *rapprochements* einen Ausweg. Seit dem Sommer 1940 bekundeten Roosevelt, Stimson, Morgenthau, Welles und schließlich auch Hull die Hoffnung, daß eine Annäherung an die Sowjetunion, den nördlichen Widerpart Japans und Verbündeten Chinas, einen abschreckenden Effekt auf die japanischen Expansionsabsichten ausüben und damit die strategische Verlegenheit der USA überspielen könne. Gleichzeitig versprach eine fernöstliche Verständigung mit der Sowjetunion die Wahrscheinlichkeit einer japanisch-sowjetischen Annäherung zu verringern, der unter den neuen Umständen ein ganz anderer Stellenwert beigemessen wurde als im Herbst und Winter 1939/40: sie drohte nun die Gefährdung amerikanischer Fernostinteressen zu vergrößern und den Ausbruch eines amerikanisch-japanischen Krieges zu fördern. Der Abschluß des deutsch-japanisch-italienischen Dreimächtepakts am 27. September 1940 verstärkte die südostasiatischen Ambitionen Tokios, damit zugleich die Bedrohung vitaler Interessen und das strategische Dilemma der USA und infolgedessen auch das Bemühen Washingtons um eine fernöstliche Abstimmung mit der Sowjetunion. Roosevelts und Morgenthaus Projekt eines Dreiwegehandels, der Aufruf des State Department an den Kreml zur Zusammenarbeit in Ostasien von Ende Oktober 1940 und wiederholte drängende Hinweise, mit denen Sumner Welles in seinen Unterredungen mit Umanski die Gemeinsamkeit der Interessen der USA und der UdSSR gegenüber Japan und China beschwor, dokumentieren das wachsende Bemühen der amerikanischen Regierung im Herbst und Winter 1940/41, der japanischen Südostasienpolitik eine Gleichgewichtspolitik im Verein mit der Sowjetunion entgegenzusetzen.

Erweist sich so in den Jahren vor dem Juni 1941 eine durchgängige Dominanz strategisch-sicherheitspolitischer Motive in der amerikanischen Politik gegenüber der Sowjetunion, so sind in der vorliegenden Untersuchung allerdings auch die Grenzen dieses Befundes deutlich geworden. Die Rußlandpolitik der USA war in den Jahren 1939-1941 weder so unbedingt kooperationsbereit noch so allgemein akzeptiert wie später in den Jahren des Kriegsbündnisses. In der Zeit des Hitler-Stalin-Pakts konnte sich die Bereitschaft zur Zusammenarbeit mit der Sowjetunion fast nur unter Ausschluß der Öffentlichkeit entwickeln, weil hier, wie schon vor 1939, starke Kräfte für eine distanzierte Haltung gegenüber dem kommunistischen Sowjetstaat eintraten: aus Abneigung gegen die kommunistische Ideologie und die totalitären Züge des Sowjetsystems, aus Entrüstung über die opportunistische

Außenpolitik Stalins und seine aggressive Komplizenschaft mit Hitler, aus Unwillen über die wirtschaftliche Zusammenarbeit der Sowjetunion mit dem Deutschen Reich, die offenkundig weitgehend erst durch amerikanische Exporte ermöglicht wurde. Auch in der amerikanischen Regierung selbst, namentlich im State Department, blieben trotz der seit dem August 1939 veränderten Weltlage alte Reserven gegen eine Politik der Zusammenarbeit mit der Sowjetunion latent vorhanden. Immer wieder brach Mißtrauen in die langfristigen Ziele der sowjetischen Außenpolitik durch. Botschafter Steinhardt und auch Loy Henderson wandten sich gegen die sicherheitspolitische Begründung der Washingtoner Rußlandpolitik, weil sie nicht ausreichend davon überzeugt waren, daß die sowjetischen Interessen in Europa und im Fernen Osten mit den Sicherheitsinteressen der USA parallel liefen. Andere Regierungsbeamte gelangten zur Ablehnung einer Politik der Vorleistungen, weil sie über ihre permanente Ergebnislosigkeit verärgert waren.

Freilich verwischte sich unter den Bedingungen des deutsch-sowjetischen Bündnisses und der politischen Entwicklungen in Europa und Ostasien die verhältnismäßig klare Frontstellung, die sich im Washington der dreißiger Jahre zwischen Gegnern und Befürwortern einer kooperationsbereiten Rußlandpolitik feststellen ließ. Das State Department unter der Führung Hulls und Welles' wurde in der Zeit des Hitler-Stalin-Pakts gelegentlich zum entschiedenen Verfechter einer rücksichtsvollen und annäherungswilligen Haltung gegenüber Moskau. Andererseits ließ Präsident Roosevelt, der von jeher eine hohe Meinung über die sowjetische Außenpolitik hegte, nach dem sowjetischen Angriff auf Finnland seiner Verstimmung monatelang breiten Raum. Die aufgezeigte Hauptrichtung der amerikanischen Rußlandpolitik zwischen August 1939 und Juni 1941 wurde keineswegs von einem einzelnen oder einheitlichen Willen getragen, sondern beinahe stafettenartig von verschiedenen Mitgliedern der Roosevelt-Regierung. So wehrte sich beispielsweise Cordell Hull im Dezember 1939 gegen einen Abbruch der Beziehungen zur Sowjetunion, während Sumner Welles einen solchen Schritt befürwortete; im Sommer 1940 setzte sich Welles für aktive Bemühungen um eine Verbesserung des amerikanisch-sowjetischen Verhältnisses ein, während Hull von Entgegenkommen nichts wissen wollte; wieder neun Monate später wies Welles den britischen Vorschlag einer gemeinsamen umfassenden Unterstützung der Sowjetunion im Falle eines deutschen Ostfeldzuges ab, während Hull zu der Zeit offenbar kooperationswilliger gestimmt war.

Zweimal – zwischen April und Juni 1940 und wieder genau ein Jahr später – wurde das strategisch-sicherheitspolitische Motiv der amerikanischen Rußlandpolitik von anderen Motiven vorübergehend zurückgedrängt. Beide Male etablierte sich in den Washingtoner Entscheidungszentren eine „harte" Linie, die sich besonders im handelspolitischen Bereich niederschlug. Im Frühjahr 1940 ließen die Vergeblichkeit des langen Leisetretens, die sowjetische Aggression gegen Finnland mit der gleichzeitigen wenig eindrucksvollen

Vorstellung der Roten Armee das Interesse an rücksichtsvoller Behandlung sowjetischer Angelegenheiten schwinden; breitete sich Unwillen über das provozierende wirtschaftliche Zusammenspiel zwischen Stalin und Hitler und die sowjetische Annexion der baltischen Staaten und rumänischer Territorien aus; wurde vor allem die Zukunft des deutsch-sowjetischen Verhältnisses pessimistischer beurteilt als in den vorangegangenen Monaten. Im Frühjahr 1941 gab es wieder eine lange Liste unkooperativer sowjetischer Verhaltensweisen, doch schmolz nun die Bereitschaft des State Department zu einseitig verständigungsbereiter Rußlandpolitik vor allem deshalb rasch dahin, weil eine unvermittelte Wende in der sowjetischen Deutschland- und Japanpolitik mit einem Schlage sowohl die europäischen als auch die fernöstlichen Prämissen dieser Orientierung in ein höchst fragwürdiges Licht rückte. Im entscheidenden Moment brachte dann freilich Franklin D. Roosevelt persönlich die Rußlandpolitik der USA wieder auf Kooperationskurs.

Diese Diskontinuitäten in der herrschenden Linie der amerikanischen Rußlandpolitik in den Jahren des Hitler-Stalin-Pakts sind vor allem ein Ausdruck für die Relativität des sicherheitspolitischen Motivs selbst. Sie ist begründet in der nur relativen Bedeutung, die der Rußlandpolitik zu dieser Zeit innerhalb des Gesamtspektrums der amerikanischen Außenpolitik zukam. Die Sowjetunion war in den Jahren 1939–1941 nicht der einzige und nicht der wichtigste Gegenstand der Außenpolitik Washingtons. Das Hauptaugenmerk Roosevelts, Hulls und ihrer außenpolitischen Mitarbeiter ruhte auf den Achsenmächten und Japan und der von ihrer Politik für den Weltfrieden im allgemeinen und die Sicherheit der amerikanischen Hemisphäre im besonderen ausgehenden Bedrohung. Wie Großbritannien und China wurde auch die Sowjetunion in weltpolitischer Beziehung zu diesen zentralen Größen gesehen, sie hatte nur eine von ihnen abgeleitete Bedeutung. Sie war für die amerikanische Regierung insoweit wichtig, als sie die Politik der Achsenmächte und Japans durch ihr Verhalten beeinflussen konnte und wollte, soweit sie imstande war, die europäische oder fernöstliche Bedrohung Amerikas, und damit die Gefahr einer militärischen Verstrickung der USA, zu verringern oder zu vergrößern. Die amerikanische Rußlandpolitik stand so in der Zeit des Hitler-Stalin-Pakts wesentlich in funktionaler Abhängigkeit von der amerikanischen Deutschland- und Japanpolitik. Der Intensitätsgrad der Rücksichten Washingtons auf Moskau schwankte im Rhythmus des Anwachsens und Abflauens der Bedrohung der amerikanischen Sicherheit durch Berlin und Tokio, und, damit zusammenhängend, der jeweiligen Einschätzung der Weiterentwicklung der sowjetisch-deutschen und seit Mitte 1940 der sowjetisch-japanischen Beziehungen. Erfolge Hitlers und der Japaner sowie die Hoffnung auf ein Zerbrechen der Hitler-Stalin-Koalition stimulierten zu größeren Anstrengungen um bessere Beziehungen. Schienen hingegen Zweifel über die weltpolitische Bedrohung der USA oder die Kooperationsfähigkeit der Sowjetunion mit den angelsächsischen Staaten in Europa bzw. im Fernen Osten angezeigt, ließen Rücksichtnahmen und Annäherungsversuche nach. Bestand auch nur eine einzige dieser Voraussetzungen, tendierte der Kurs der amerikanischen Rußlandpolitik zur Annäherung an die Sowjetunion. Schienen sie indessen allesamt hinfällig, trat die sicherheitspolitische Motivation und mit ihr die konstruktive Politik gegenüber Moskau in den Hintergund. Die bedrohlichen machtpolitischen Entwicklungen in Europa und schließlich auch in Ostasien bildeten die Katalysatoren der amerikanischen Rußlandpolitik in der Zeit des Hitler-Stalin-Pakts.

BIBLIOGRAPHIE

I. Unveröffentlichte Quellen

National Archives, Washington D. C.

Record Group 59, General Records of the Department of State, 1933–1941 (zitiert: NA)

(Die Dokumente dieses sehr umfangreichen Bestandes werden jeweils nach der Aktennummer – „decimal file" – zitiert. Die Prinzipien des „decimal file" sind erläutert in: Classification of Correspondence. Prepared by the Division of Communications and Records, Department of State, Washington 4/1939; erhältlich als National Archives Microfilm Publication No. 600, Washington 1965.)

Record Group 40, General Records of the Department of Commerce, Correspondence of the Secretary

Record Group 151, Bureau of Foreign and Domestic Commerce, General Records

Library of Congress, Manuscript Division, Washington D. C.

Joseph E. Davies Papers
Cordell Hull Papers
Breckinridge Long Papers
Laurence A. Steinhardt Papers

Houghton Library, Harvard University, Cambridge, Mass.

Jay P. Moffat Diaries and Papers
Joseph C. Grew Papers

Franklin D. Roosevelt Library, Hyde Park, N. Y.

Franklin D. Roosevelt Papers. Akten für die Jahre 1933–1941 aus folgenden Aktengruppen:

Correspondence between Franklin D. Roosevelt and Winston S. Churchill (Roosevelt-Churchill-Correspondence)
Official File (OF)
President's Personal File (PPF)
President's Secretary's File (PSF)
Press Conferences

Harry L. Hopkins Papers
Robert W. Moore Papers
Henry Morgenthau Jr. Diaries and Papers

Sterling Memorial Library, Yale University, New Haven, Conn.

Henry L. Stimson Diaries and Papers

II. Amtliche Aktenveröffentlichungen und sonstige Dokumentenpublikationen

Auswärtiges Amt, Akten zur deutschen auswärtigen Politik 1918–1945. Serie D (1937–1941), Bde. VI–XIII (Baden-Baden/Frankfurt a. M./Bonn/Göttingen 1956 –1970). Zitiert ADAP.
Bullitt, Orville H. (Hrsg.), For the President, Personal and Secret. Correspondence Between Franklin D. Roosevelt and William C. Bullitt (Boston, Houghton Mifflin, 1972).
Degras, Jane (Hrsg.), Soviet Documents on Foreign Policy, 1917–1941. 3 Bde. (London–New York–Toronto, Oxford UP, 1951–1953).
Documents on American Foreign Relations. Bde. II, III, Juli 1939–Juni 1941. Hrsg. von S. Shepard Jones und Denys P. Myers (Boston, World Peace Foundation, 1940–1941). Zitiert DAFR.
Franklin D. Roosevelt Library, Franklin D. Roosevelt and Foreign Affairs, 3 Bde., January 1933–January 1937. Hrsg. von Edgar B. Nixon (Cambridge, Belknap/ Harvard UP, 1969).
Gantenbein, James W. (Hrsg.), Documentary Background of World War II, 1931 –1941 (New York, Columbia UP, 1948).
Jędrzejewicz, Wacław (Hrsg.), Poland in the British Parliament, 1939–1945. 3 Bde. Hrsg. vom Jozef Piłsudski Institut of America for Research in the Modern History of Poland (Trenton, White Eagle 1946–1962).
Morgenthau Diary, China. 2 Bde. Prepared by the Subcommittee to Investigate the Administration of the Internal Security Act and Other Internal Security Laws, Committee on the Judiciary, U. S. Senate, 89th Congress, 1st Session (Washington, U. S. G. P. O., 1965).
Roosevelt and Frankfurter. Their Correspondence 1928–1945. Annodated by Max Freedman (Boston–Toronto 1967).
Roosevelt, Elliott (Hrsg.), F. D. R. His Personal Letters, 1928–1945. 2 Bde. (New York, Duell, Sloan and Pearce, 1950). Zitiert PL.
Rosenman, Samuel I., The Public Papers and Addresses of Franklin D. Roosevelt. 1928–1945, 14 Bde. (New York, Random House/Macmillan, 1938–1950). Zitiert PPA.
Shapiro, Leonard (Hrsg.), Soviet Treaty Series. A collection of bilateral treaties, agreements and conventions etc., concluded between the Soviet Union and Foreign Powers. Bd. II: 1929–1939 (Washington, Georgetown UP, 1955).
U.S. Congress, Congressional Record. Proceedings and Debates of the 76th Congress, Bde. 84–86, January 3, 1939–January 3, 1941 (Washington, U. S. G. P. O., 1939–1941).
– –, Proceedings and Debates of the 77th Congress, Bd. 87, January 3, 1941 – January 3, 1942 (Washington, U. S. G. P. O., 1941).
– –, Investigation of the Pearl Harbor Attack. Report of the Joint Committee on the Investigation of the Pearl Harbor Attack. 79th Congress, 2d Session (Washington, U. S. G. P. O., 1946).
– –, Pearl Harbor Attack. Hearings before the Joint Committee on the Investigation of the Pearl Harbor Attack. 79th Congress, 1st and 2d Sessions (Washington, U. S. G. P. O., 1946), Bde. 1–39.
U.S. Department of State, Foreign Relations of the United States. Diplomatic Papers. Papers Relating to the Foreign Relations of the United States, sämtlich erschienen in Washington, U. S. G. P. O.
  1933 5 Bde. (1949–52)
  1934 5 Bde. (1950–52)

1935 4 Bde. (1952–1953)
1936 5 Bde. (1953–54)
1937 5 Bde. (1954)
1938 5 Bde. (1954–56)
1939 5 Bde. (1955–57)
1940 5 Bde. (1955–61)
1941 7 Bde. (1956–63)

– –, Foreign Relations of the United States. Diplomatic Papers. The Soviet Union, 1933–1939 (Washington, U. S. G. P. O., 1952).
– –, Papers Relating to the Foreign Relations of the United States. Japan, 1931–1941. 2 Bde. (Washington, U. S. G. P. O., 1943).
– –, Peace and War. United States Foreign Policy, 1931–1941 (Washington, U. S. G. P. O., 1943).
– –, The Department of State Bulletin. Bde. I–IV, 1. 7. 1939–28. 6. 1941 (Washington, U. S. G. P. O., 1940–41).

III. Zeitungen

The New York Times, 1937–1941.
The Washington Post, 1937–1941.

IV. Tagebuchaufzeichnungen und Memoiren

Beneš, Eduard, Memoirs of Dr. Eduard Benes. From Munich to New War and New Victory. Übersetzt von Godfrey Lias (London, Allen & Unwin, 1954).
Blum, John Morton, From the Morgenthau Diaries (Boston, Houghton Mifflin).
    Bd. I: Years of Crisis, 1928–1938 (1959)
    Bd. II: Years of Urgency, 1938–1941 (1965)
    Bd. III: Years of War, 1941–1945 (1967).
Cassidy, Henry C., Moscow Dateline, 1941–1943 (Boston, Houghton Mifflin, 1943).
Chiang Kai-shek, Soviet Russia in China. A Summing Up at Seventy (New York, Farrar Straus, 1957).
Churchill, Winston S., The Second World War (London, Cassell, 1948 ff.). 6 Bde.
Ciechanowski, Jan, Vergeblicher Sieg (Zürich, Thomas, 1948).
Craigie, Sir Robert, Behind the Japanese Mask (London 1946).
Davies, Joseph E., Mission to Moscow (London, Gollancz, 1942).
Deane, John R., The Strange Alliance. The Story of Our Efforts at Wartime Cooperation with Russia (New York, Viking, 1947).
Dilks, David (Hrsg.), The Diaries of Sir Alexander Cadogan O. M. 1938–1945 (London, Cassell, 1971).
Eden, Anthony (The Earl of Avon), The Eden Memoirs. Bd. II: The Reckoning (London, Cassell, 1965).
Farley, James A., Jim Farley's Story. The Roosevelt Years (New York, Wittlesey, 1948).
Fischer, Louis, Men and Politics. An Autobiography (New York, Duell, Sloan and Pearce, 1941).
Grew, Joseph C., Ten Years in Japan. A Contemporary Record (New York, Simon and Schuster, 1944).

–, –, Turbulent Era. A Diplomatic Record of Forty Years, 1904–1945. 2 Bde. (Boston, Houghton Mifflin, 1952).
Harper, Paul V. (Hrsg.), The Russia I Believe in. The Memoirs of Samuel N. Harper, 1902–1941 (Chicago, UP, 1945).
Hilger, Gustav und Meyer, Alfred G., The Incompatible Allies. A Memoir-History of German Soviet Relations 1918–1941 (New York, Macmillan, 1953).
Hooker, Nancy Harvison (Hrsg.), The Moffat Papers. Selections from the diplomatic journals of Jay Pierrepont Moffat, 1919–1943 (Cambridge, Harvard UP, 1956).
Hoover, J. Edgar, Masters of Deceit. The Story of Communism in America (London, Dent, 1958).
Hull, Cordell, The Memoirs of Cordell Hull (New York, Macmillan, 1948). 2 Bde.
Ickes, Harold L., The Secret Diary of Harold L. Ickes (New York, Simon and Schuster).
 Bd. I: The First Thousand Days, 1933–1936 (1953)
 Bd. II: The Inside Struggle, 1936–1939 (1954)
 Bd. III: The Lowering Clouds, 1939–1941 (1954).
Israel, Fred L. (Hrsg.), The War Diary of Breckinridge Long. Selections from the Years 1939–1944 (Lincoln, Nebraska UP, 1966).
Kennan, George F., Memoiren eines Diplomaten (Stuttgart, Goverts, 1968).
Krock, Arthur, Ich und die Präsidenten. Als Journalist im Weißen Haus (Gütersloh, Bertelsmann, 1970).
Lane, Arthur Bliss, I Saw Poland Betrayed. An American Ambassador Reports to the American People (Indianapolis–New York, Bobbs-Merrill, 1948).
Lash, Joseph P., Eleanor Roosevelt. A Friend's Memoir (New York, Random House, 1964).
Leahy, William, I Was There. The Personal Story of the Chief of Staff to Presidents Roosevelt and Truman Based on His Notes and Diaries Made at the Time (New York, Wittlesey, 1950).
Maisky, Ivan, Memoirs of a Soviet Ambassador, The War 1939–43. Translated from the Russian by Andrew Rothstein (London, Hutchinson, 1967).
Moley, Raymond, After Seven Years (New York–London 1939).
Morgenthau Jr., Henry, „The Morgenthau Diaries", in Collier's, CXX (11. Oktober 1947), S. 20–22, 72–79.
Nelson, Donald M., Arsenal of Democracy. The Story of American War Production (New York, Harcourt Brace, 1946).
Perkins, Frances, The Roosevelt I Knew (New York, Viking, 1946).
Phillips, William, Ventures in Diplomacy (Boston, Beacon, 1952).
Roosevelt, Eleanor, This Is My Story (New York, Bantam, 1951).
–, –, Wie ich es sah. Politisches und Privates um Franklin D. Roosevelt (Wien – Stuttgart, Humboldt, 1951).
Roosevelt, Elliott, As He Saw It (New York, Duell, Sloan, 1946).
Rosenman, Samuel, Working with Roosevelt (New York, Harper, 1952).
Schukow, Georgi K., Erinnerungen und Gedanken (Moskau–Stuttgart, Deutsche Verlags-Anstalt, 1969).
Sherwood, Robert E., Roosevelt und Hopkins (Hamburg, Krüger, 1950).
Shirer, William L., Berlin Diary. The Journal of a Foreign Correspondent 1934–1941 (New York, Knopf, 1941).
Stimson, Henry L., The Far Eastern Crisis (New York, Harper, 1936).
Stimson, Henry L. and *Bundy, McGeorge*, On Active Service in Peace and War (New York, Harper, 1948).
Tully, Grace, F. D. R. My Boss (New York, Scribner's, 1949).

Wehle, Louis B., Hidden Threads of History. Wilson through Roosevelt (New York, Macmillan, 1953).
Welles, Sumner, The Time for Decision (New York, Harper, 1944).
Wilson, Hugh R., Jr., A Career Diplomat. The Third Chapter. The Third Reich (New York, Vantage, 1960).
Winant, John Gilbert, Letter from Grosvenor Square. An Account of a Stewardship (Boston, Houghton Mifflin, 1947).

V. Darstellungen

Adler, Selig, The Uncertain Giant, 1921–1941. American foreign policy between the wars (New York, Macmillan, 1966).
Alsop, Joseph und *Kintner, Robert,* American White Paper. The Story of American Diplomacy and the Second World War (London 1940).
Alstyne, Richard Warner van, American Diplomacy in Action. A Series of Case Studies (Stanford, UP, 1944).
–, –, „The United States and Russia in World War II", in Current History, 19 (1950), S. 257–260, 334–339.
Ambros, Heino, Nonrecognition. Its Development in International Law and Application by the United States with Particular Reference to the Baltic States (Unveröfftl. Diss., New York Univ., 1965).
Bailey, Thomas A., A Diplomatic History of the American People (New York, Croft, 1940).
–, –, America Faces Russia. Russian-American Relations from Early Times to Our Day (Ithaca, Cornell UP, 1950).
–, –, The man in the street. The impact of American public opinion on foreign policy (New York, Macmillan, 1948).
Baker, Roscoe, The American Legion and American Foreign Policy (New York, Bookman, 1954).
Baldwin, Hanson W., Great Mistakes of the War (New York, Harper, 1950).
Barghoorn, Frederick C., The Soviet Image of the United States. A Study in Distortion (New York, Harcourt Brace, 1950).
Barnes, Harry Elmer (Hrsg.), Perpetual War for Perpetual Peace. A Critical Examination of the Foreign Policy of Franklin Delano Roosevelt and Its Aftermath (Caldwell, Caxton, 1953).
Batzler, Louis Richard, The Development of Soviet Foreign Relations with the United States, 1917–1939 (Unveröfftl. Diss., Georgetown Univ., 1956).
Baykov, Alexander, Soviet Foreign Trade (London 1947).
Beard, Charles A., American Foreign Policy in the Making, 1932–1940. A Study in Responsibilities (New Haven, Yale UP, 1946).
–, –, President Roosevelt and the Coming of the War 1941. A Study in Appearances and Realities (New Haven, Yale UP, 1948).
Beloff, Max, The Foreign Policy of Soviet Russia 1929–1941 (London, Oxford UP, 1947–1949). 2 Bde.
Bemis, Samuel Flagg, A Diplomatic History of the United States (New York, Holt, Rinehart & Winston, ⁴1955).
Bennett, Edward Moore, Franklin D. Roosevelt and Russian-American Relations, 1933–1939 (Unveröfftl. Diss., Univ. of Illinois, 1961).
Bennett, Thomas Henley, The Soviets and Europe 1938–1941 (Genf 1951).
Besson, Waldemar, Die politische Terminologie des Präsidenten Franklin D. Roose-

velt. Eine Studie über den Zusammenhang von Sprache und Politik (Tübingen, Mohr/Siebeck, 1955).
-, -, Von Roosevelt bis Kennedy. Grundzüge der amerikanischen Außenpolitik 1933-1964 (Frankfurt a. M., Fischer, 1964).
Besymenski, Lew, Sonderakte ‚Barbarossa'. Dokumente, Darstellung, Deutung (Stuttgart, Deutsche Verlags-Anstalt, 1968).
Birkenhead, Frederick Earl of, Halifax. The Life of Lord Halifax (London, Hamish Hamilton, 1965).
Bishop, Donald G., The Roosevelt-Litvinov Agreements. The American View (Syracuse, UP, 1965).
Bodensieck, Heinrich, Provozierte Teilung Europas? Die britisch-nordamerikanische Regionalismus-Diskussion und die Vorgeschichte des Kalten Krieges 1939-1945 (Opladen, Leske, 1970).
Bohlen, Charles E., The Transformation of American Foreign Policy (London, MacDonald, 1970).
Borg, Dorothy, The United States and the Far Eastern Crisis of 1933-1938. From the Manchurian Incident through the Initial Stage of the Undeclared Sino-Japanese War (Cambridge, Harvard UP, 1964).
Bouvier, Jean und *Gacou, Jean*, La vérité sur 1939. La politique extérieure de l'URSS d'octobre 1938 à juin 1941 (Paris, Editions Sociales, 1953).
Boveri, Margret, „Acht Botschafter. Die Beziehungen der USA zur UdSSR in der Ära Roosevelt-Truman", in Merkur 7 (1953), S. 469-479, 574-583.
Bowers, Robert E., „American Diplomacy, the 1933 Wheat Conference, and the Recognition of the Soviet Union", in Agricultural History, 40 (1966), S. 39-52.
Browder, Robert, The Origins of Soviet-American Diplomacy (Princeton, UP, 1953).
-, -, „Soviet Far Eastern Policy and American Recognition, 1932-1934", in Pacific Historical Review, XXI (Aug. 1952), S. 263-273.
Buhite, Russell D., Nelson T. Johnson and American policy toward China, 1925-1941 (Unveröfftl. Diss., Michigan State Univ., 1965).
Bullitt, William C., The Great Globe Itself. A Preface to World Affairs (New York, Scribner's, 1946).
-, -, „How We Won the War and Lost the Peace", in Life, XXV (30. Aug. 1948), S. 83-97.
Burns, James MacGregor, Roosevelt. The Lion and the Fox. The First Political Biography of Franklin Delano Roosevelt (New York, Harcourt Brace, 1956).
-, -, Roosevelt. The Soldier of Freedom (New York, Harcourt Brace Jovanovich, 1970).
Burns, Richard Dean, Cordell Hull. A Study in Diplomacy, 1933-1941 (Unveröfftl. Diss., Univ. of Illinois, 1961).
Cameron, Jr., Christian Turner, The Political Philosophy of Franklin Delano Roosevelt (Unveröfftl. Diss., Princeton Univ., 1940).
Cameron, Meribeth E., Mahoney, Thomas H. D. und *McReynolds, George E.*, China, Japan and the Powers (New York, Ronald, 1952).
Cantril, Hadley und *Strunk, Mildred* (Hrsg.), Public Opinion 1935-1946 (Princeton, UP, 1953).
Carr, Edward Hallett, German-Soviet Relations Between the Two World Wars, 1919-1939 (London, Cumberledge, 1952).
Carroll, E. Malcolm, „Franklin D. Roosevelt and the World Crisis 1937-1940", in The South Atlantic Quarterly, LII, 1 (Jan. 1953), S. 111-128.
Chadwin, Mark Lincoln, Warhawks. The Interventionists of 1940-1941 (Unveröfftl. Diss., Columbia Univ., 1966).

Chamberlin, William Henry, America's Second Crusade (Chicago, Regnery, 1950).
Cheng, Tien-fong, A History of Sino-Russian Relations (Washington, Public Affairs Press, 1957).
Chew, Allen, The Russo-Finnish War, 1939–1940. The Facts and the Communists' Version of Soviet Military Operations in Finland (Unveröfftl. Diss., Georgetown Univ., 1959).
Civilian Production Administration, Industrial Mobilization for War. History of the War Production Board and Predecessor Agencies, 1940–1945. Bd. I: Program and Administration (Washington, U. S. G. P. O., 1947).
Clauss, Max Walter, Der Weg nach Jalta. Präsident Roosevelts Verantwortung (Heidelberg, Vowinckel, 1952).
Clayberg, Anna Anderson, Soviet Policy toward Japan, 1923–1941 (Unveröfftl. Diss., Univ. of California at Berkeley, 1962).
Clifford, Nicholas Rowland, British Policy in the Far East, 1937–1941 (Unveröfftl. Diss., Harvard Univ., 1961).
Coates, William P. und *Coates, Zelda K.,* A History of Anglo-Soviet Relations (London, Lawrence & Wishart, 1945).
Cohen, Ira S., Congressional Attitudes towards the Soviet Union, 1917–1941 (Unveröfftl. Diss., Univ. of Chicago, 1955).
Cole, Wayne S., America First. The Battle Against Intervention, 1940–1941 (Madison, UP Wisconsin, 1953).
Commager, Henry Steele, Der Geist Amerikas. Eine Deutung amerikanischen Denkens und Wesens von 1880 bis zur Gegenwart (Zürich, Europa-Verlag, 1952).
Compton, James V., Hitler und die USA. Die Amerikapolitik des Dritten Reiches und die Ursprünge des Zweiten Weltkrieges (Oldenbourg-Hamburg, Stalling, 1968).
Condoide, Mikhail V., Russian-American Trade. A Study of the Soviet Foreigntrade Monopoly (Columbus, The Bureau of Business Research, College of Commerce and Administration, Ohio State Univ., 1947).
Condon, Richard William, The Moscow Parenthesis. A Study of Finnish-German Relations, 1940–1941 (Unveröfftl. Diss., Univ. of Minnesota, 1969).
Craig, Gordon A. und *Gilbert, Felix* (Hrsg.), The Diplomats, 1919–1939. 2 Bde. (Princeton, UP, 1953).
Crocker, George N., Roosevelt's Road to Russia (Chicago, Regnery, 1959).
Dahms, Hellmuth G., Roosevelt und der Krieg. Die Vorgeschichte von Pearl Harbor (München, Oldenbourg, 1958).
Dallek, Robert, Democrat and Diplomat. The Life of William E. Dodd (New York, Oxford UP, 1968).
Dallek, Robert (Hrsg.), The Roosevelt Diplomacy and World War II (New York, Holt, Rinehart & Winston, 1970).
Dallin, David J., Soviet Russia's Foreign Policy 1939–1942. Translated by Leon Dennen (New Haven, Yale UP, ^{6}1952).
–, –, Soviet Russia and the Far East (New Haven, Yale UP, 1948).
–, –, The Big Three. The United States, Britain, Russia (New Haven, Yale UP, 1945).
Davis, Forrest and *Lindley, Ernest K.,* How War Came to America. From the Fall of France to Pearl Harbor (London, Allen & Unwin, 1943).
Dawson, Raymond H., The Decision to Aid Russia, 1941. Foreign Policy and Domestic Politics (Chapel Hill, North Carolina UP, 1959).
Deakin, F. W. und *Storry, G. R.,* Richard Sorge. Die Geschichte eines großen Doppelspiels (München, Piper, 1965).
Dean, Vera Micheles, The United States and Russia (Cambridge, Harvard UP, 1947).

Deutscher, I., Stalin. Die Geschichte des modernen Rußland (Stuttgart, Kohlhammer, 1951).
Divine, Robert A., The Illusion of Neutrality (Chicago, UP, 1962).
-, -, Roosevelt and World War II (Baltimore, John Hopkins, 1969).
Donnelly, Desmond, Struggle for the World. The Cold War from its Origins in 1917 (London, Collins, 1965).
Dopfer, Kurt, Ost-West-Konvergenz. Werden sich die östlichen und westlichen Wirtschaftsordnungen annähern? (Zürich/St. Gallen, Polygraphischer Verlag, 1970).
Drummond, Donald F., The Passing of American Neutrality, 1937–1941 (Ann Arbor, Michigan UP, 1955).
-, -, „Cordell Hull, 1933–1944", in *Norman A. Graebner*. An Uncertain Tradition. American Secretaries of State in the Twentieth Century (New York – Toronto – London, McGraw-Hill, 1961), S. 184–209.
Dulles, Foster Rhea, The Road to Teheran. The Story of Russia and America, 1781–1943 (Princeton, UP, 1944).
Duroselle, Jean-Baptiste, De Wilson à Roosevelt. Politique Extérieure des Etats-Unis 1913–1945 (Paris, Colin, 1960).
Dwan, John E., Franklin D. Roosevelt and the Revolution in the Strategy of National Security. Foreign Policy and Military Planning before Pearl Harbor (Unveröfftl. Diss., Yale Univ., 1954).
Eagles, Keith David, Ambassador Joseph E. Davies and American-Soviet Relations 1937–1941 (Unveröffentl. Diss., Univ. of Washington, 1966).
Eliot, George Fielding, „The Russian Campaign Against Finland", in Life, VIII, 3 (15. Jan. 1940), S. 19–28.
Engel, Josef, „Pearl Harbor und der Eintritt der Vereinigten Staaten in den Zweiten Weltkrieg", in Historische Studien und Probleme, Peter Rassow zum 70. Geburtstag (Wiesbaden 1961), S. 358 ff.
Estorick, Eric, Stafford Cripps. A Biography (Melbourne, Heinemann, 1949).
Eubanks, Richard Kay, The Diplomacy of Postponement. The United States and Russia's Western Frontier Claims During World War II (Unveröfftl. Diss., The Univ. of Texas at Austin, 1971).
Eucken-Erdsiek, Edith, „Roosevelt und Rußland", in Schweizer Monatshefte, 45 (April 1965 – März 1966), S. 9–24.
Fabry, Philipp W., Der Hitler-Stalin-Pakt 1939–1941. Ein Beitrag zur Methode sowjetischer Außenpolitik (Darmstadt, Fundus, 1962).
-, -, Die Sowjetunion und das Dritte Reich. Eine dokumentierte Geschichte der deutsch-sowjetischen Beziehungen von 1933 bis 1941 (Stuttgart, Seewald, 1971).
Fainsod, Merle, How Russia Is Ruled (Cambridge, Harvard UP, 1953).
Fairbank, John King, The United States and China (Cambridge, Harvard UP, 1953).
Farnsworth, Beatrice, William C. Bullitt and the Soviet Union (Bloomington – London, Indiana UP, 1967).
Fehrenbach, T. R., F. D. R.'s Undeclared War, 1939 to 1941 (New York, McKay, 1967).
Feiling, Keith, The Life of Neville Chamberlain (London, Macmillan, 1946).
Feis, Herbert, The Road to Pearl Harbor. The Coming of the War Between the United States and Japan (New York, Atheneum, 1962).
-, -, Churchill, Roosevelt, Stalin. The War They Waged and the Peace They Sought (Princeton, UP, 1957).
-, -, From Trust to Terror. The Onset of the Cold War 1945–1950 (New York, Norton, 1970).
Fike, Claude E., „The United States and Russian Territorial Problems, 1917–1920", in Historian, 255 (1961/62), S. 331–346.

Filene, Peter G., Americans and the Soviet Experiment 1917–1933. American Attitudes toward Russia from the February Revolution until Diplomatic Recognition (Cambridge, Harvard UP, 1967).
-, -, (Hrsg.), American Views of Soviet Russia 1917–1965 (Homewood, Dorsey, 1968).
Fischer, Fritz, „Das Verhältnis der USA zu Rußland von der Jahrhundertwende bis 1945", in Historische Zeitschrift, 185 (1958), S. 300–347.
Fischer, George, „Genesis of U.S.-Soviet Relations in World War II", in The Review of Politics, XII (July 1950), S. 363–378.
-, -, „Roosevelt-Stalin (1941). Die Geschichte der amerikanisch-sowjetischen Beziehungen im Zweiten Weltkrieg", in Der Monat, 3 (1950/51), T. 1, H. 27, S. 254–263.
Fischer, Louis, Russia's Road from Peace to War. Soviet Foreign Relations 1917–1941 (New York, Harper, 1969).
Fisher, Harold H., America and Russia in the World Community (Claremont, 1946).
-, -, American Research on Russia (Bloomington, Indiana UP, 1959).
Fithian, Floyd James, Soviet-American Economic Relations, 1918–1933. American Business in Russia During the Period of Nonrecognition (Unveröfftl. Diss., Univ. of Nebraska, 1964).
Fleming, Denna Frank, The Cold War and Its Origins, 1917–1960. 2 Bde. (Garden City, Doubleday, 1961).
Flynn, John T., The Roosevelt Myth (New York, Devin Adair, 1948).
Fol, J.-J., „A propos des conversations finno-soviétiques qui ont précédé la ‚guerre d'hiver' (30 novembre 1939/12 mars 1940)", in Revue d'histoire de la deuxième guerre mondiale, 20 (Januar 1970), S. 25–40.
Franke, Wolfgang, „Zum Verhältnis Chinas zu den Vereinigten Staaten von Amerika", in Historische Zeitschrift 188 (1959), S. 49–75.
Freidel, Frank, Franklin D. Roosevelt. 3 Bde. (Boston, Little Brown).
   Bd. I: The Apprenticeship (1952)
   Bd. II: The Ordeal (1954)
   Bd. III: The Triumph (1956).
Friedensberg, Ferdinand, „Die sowjetischen Kriegslieferungen an das Hitlerreich", in Vierteljahreshefte zur Wirtschaftsforschung (Berlin–München, 4/1962), S. 331–338. Sonderdruck.
Friedländer, Saul, Hitler et les Etats-Unis (1939–1941) (Genève, Droz, 1963).
Gedye, G. E. R., „Ambassador to the USSR", in The New York Times Magazine, 21. 4. 1941, S. 21–22.
Gerberding, William P., Franklin D. Roosevelt's conception of the Soviet Union in world politics (Unveröfftl. Diss., Univ. of Chicago, 1958).
Geyer, Dietrich (Hrsg.), Sowjetunion. Außenpolitik 1917–1955. Osteuropa-Handbuch III/1 (Köln, Böhlau, 1972).
Gilbert, Martin und *Gott, Richard*, Der gescheiterte Frieden. Europa 1933–1939 (Stuttgart, Kohlhammer, 1964).
Goldman, Albert, Why We Defend the Soviet Union (New York 1940).
Goldman, Stuart Douglas, The Forgotten War: The Soviet Union and Japan, 1937–1939 (Unveröfftl. Diss., Georgetown Univ., 1970).
Goodman, Walter, The Committee. The Extraordinary Career of the House Committee on Un-American Activities (New York, Farrar Straus, 1968).
Graham, Malbone W., „Russian-American Relations, 1917–1933. An Interpretation", in The American Political Science Review, XXVIII/3 (Juni 1934), S. 387–409.
Greer, Thomas H., What Roosevelt Thought. The Social and Political Ideas of Franklin D. Roosevelt (Ann Arbor, Michigan UP, 1958).

Griswold, Alfred Whitney, The Far Eastern Policy of the United States (New York, Harcourt Brace, 1938).
Gruchmann, Lothar, „Völkerrecht und Moral. Ein Beitrag zur Problematik der amerikanischen Neutralitätspolitik 1939–1941", in Vierteljahrshefte für Zeitgeschichte, 8 (1960), S. 384–418.
Gunther, John, Roosevelt in Retrospect. A Profile in History (New York, Harper, 1950).
Gurney Jr., Ramsdell, From Recognition to Munich. Official and Historiographical Soviet Views of Soviet-American Relations, 1933–1938 (Unveröfftl. Diss., State Univ. of New York at Buffalo, 1969).
Hagerty Jr., James Joseph, The Soviet Share in the War with Japan (Unveröfftl. Diss., Georgetown Univ., 1966).
Halle, Louis J., Der Kalte Krieg. Ursachen, Verlauf, Abschluß (Frankfurt a. M., Fischer, 1969).
Hamby, Alonzo L., „Henry A. Wallace, the liberals and Soviet-American relations", in The Review of Politics 30 (1968), S. 158–169.
Hanson, Betty Crump, American Diplomatic Reporting from the Soviet Union, 1934–1941 (Unveröfftl. Diss., Columbia Univ., 1966).
Harbert, Mary Elizabeth Mack, The Open Door Policy: the Means of Attaining Nineteenth Century American Objectives in Japan (Unveröfftl. Diss., Univ. of Oregon, 1967).
Hatch, Alden B., Franklin D. Roosevelt. Eine zwanglose Lebensgeschichte. Übersetzt von Maria Wismeyer (Wien, Panorama, 1949).
Helbich, Wolfgang J., Franklin D. Roosevelt (Berlin, Colloquium, 1971).
Herring Jr., George Cyril, Experiment in foreign aid: Lend-lease 1941–1945 (Unveröfftl. Diss., Univ. of Virginia, 1965).
Herzog, James Henry, The Role of the United States Navy in the Evolution and Execution of American Foreign Policy Relative to Japan, 1936–1941 (Unveröfftl. Diss., Brown Univ., 1963).
Hillgruber, Andreas, Hitler, König Carol und Marschall Antonescu. Die deutschrumänischen Beziehungen 1938–1944 (Wiesbaden, Steiner, ²1965).
–, –, Hitlers Strategie, Politik und Kriegführung 1940–1941 (Frankfurt a. M., Bernard & Graefe, 1965).
Hillgruber, Andreas (Hrsg.), Probleme des Zweiten Weltkrieges (Köln–Berlin, Kiepenheuer & Witsch, 1967).
Hillgruber, Andreas und *Jacobson, Hans Adolf,* „Sowjetisch-kommunistische Kriegsgeschichtsschreibung 1945–1961. Axiome, Methoden, Wert, Tendenzen", in Wehrwissenschaftliche Rundschau 11 (1961), S. 545–556.
Hinton, Harold B., Cordell Hull. A Biography (Garden City, 1942).
Hopper, Bruce C., „How Much Can and Will Russia Aid Germany?" in Foreign Affairs, 18 (Januar 1940), S. 229 ff.
Horgan, Robert Joseph, Some American Opinion of the Soviet Union, 1933–1939 (Unveröfftl. Diss., Univ. of Notre Dame, 1959).
Issraeljan, V. L., Anti-Hitler Coalition (Aus dem Russ., Moskau 1971).
Jäckel, Eberhard, „Über eine angebliche Rede Stalins vom 19. August 1939", in Vierteljahrshefte für Zeitgeschichte, 6 (1958), S. 380–389.
Jakobson, Max, The Diplomacy of the Winter War. An Account of the Russo-Finnish War, 1939–1940 (Cambridge, Harvard UP, 1961).
Johnson, Walter, The Battle Against Isolation (Chicago, UP, 1944).
Jones, F. C., Japan's New Order in East Asia. Its Rise and Fall, 1937–1945 (London, Oxford UP, 1954).

Kahn, Herman, „World War II and Its Background. Research Materials at the Franklin D. Roosevelt Library and Policies Concerning Their Use", in The American Archivist, 17 (1954) H. 2, S. 149–162.
Katsaros, Thomas, Anglo-Soviet Relations During World War II with Special Reference to Europe (Unveröfftl. Diss., New York Univ., 1963).
Kennan, George F., American Diplomacy 1900–1950 (London, Secker & Warburg, ²1952).
–, –, Das amerikanisch-russische Verhältnis. Vier Vorträge (Stuttgart, Deutsche Verlags-Anstalt, 1954).
–, –, „Das amerikanisch-russische Verhältnis", in Außenpolitik, 5 (1954), S. 631–642.
–, –, „Amerika und Rußland. Von Brest-Litowsk bis Potsdam", in Osteuropa, 4 (1954), S. 331–342.
–, –, Russia and the West under Lenin and Stalin (Boston, Little Brown, 1960).
Kennedy, Jesse C., American Foreign Policy in China, 1937–1950, An Analysis of Why It Failed (Unveröfftl. Diss., Univ. of Chicago, 1962).
Kimball, Warren F., The Most Unsordid Act. Lend-lease, 1939–1941 (Baltimore, John Hopkins, 1969).
Kolko, Gabriel, The Politics of War. The World and United States Foreign Policy, 1943–1945 (New York, Random House, 1969).
Kowalski, W. T., „La Pologne et les Alliés (1939–1945)", in Revue d'histoire de la deuxième guerre mondiale, 78 (April 1970), S. 17–34.
Krosby, H. Peter, Finland, Germany, and the Soviet Union 1940–1941. The Petsamo Dispute (Madison, UP Wisconsin, 1968).
Lafeber, Walter, America, Russia and the Cold War, 1945–1966 (New York, Wiley, 1967).
Langer, William L., „Political Problems of a Coalition", in Foreign Affairs, 26 (1947), S. 73–89.
Langer, William L. und *Gleason, S. Everett,* The Challenge to Isolation 1937–1940 (New York, Harper, 1952).
–, –, The Undeclared War 1940–1941 (New York, Harper, 1953).
Latham, Earl, The Communist Controversy in Washington. From the New Deal to McCarthy (Cambridge, Harvard UP, 1966).
Leuchtenburg, William E., Franklin D. Roosevelt and the New Deal, 1932–1940 (New York, Harper, 1963).
Libal, Michael, Japans Weg in den Krieg. Die Außenpolitik der Kabinette Konoye 1940–41 (Düsseldorf, Droste, 1971).
Lovenstein, Meno, American Opinion of Soviet Russia (Washington D. C., American Council on Public Affairs, 1941).
Lovestone, Jay, Soviet Foreign Policy and the World Revolution (New York, 1935).
Lu, David J., From the Marco Polo Bridge to Pearl Harbor. Japan's Entry into World War II (Washington, Public Affairs Press, 1961).
Lupke, Hubertus, Japans Rußlandpolitik von 1939 bis 1941 (Frankfurt a. M., Metzner, 1962).
MacLeod, Iain, Neville Chamberlain (London, Muller, 1961).
Maddux, Thomas Roth, American Relations with the Soviet Union, 1933–1941 (Unveröfftl. Diss., Univ. of Michigan, 1969).
Magden, Ronald Ernest, Attitudes of the American Religious Press toward Soviet Russia, 1939–1941 (Unveröfftl. Diss., Univ. of Washington, 1964).
Magnus, Arthur W. von, Die neue Phase der Monroedoktrin angesichts der Bedrohung Lateinamerikas durch die totalitären Staaten 1933–1945 (Unveröfftl. Diss., Berlin 1956).

Matloff, Maurice und *Snell, Edwin M.,* „Strategische Planungen der USA 1940/41", in *Andreas Hillgruber* (Hrsg.), Probleme des Zweiten Weltkrieges (Köln–Berlin, Kiepenheuer & Witsch, 1967), S. 52–74.
May, Ernest R., Der Ferne Osten als Spannungsfeld zwischen USA und UdSSR 1940–1945 (Laupheim, Steiner, 1957).
McLane, Charles B., Soviet Policy and the Chinese Communists 1931–1946 (New York, Columbia UP, 1958).
McNeill, William Hardy, America, Britain and Russia. Their Cooperation and Conflict 1941–1946 (London, Oxford UP, 1953).
McSherry, James E., Stalin, Hitler and Europe. 2 Bde. (Cleveland and New York, World Publishing Co., 1968–1970).
Meissner, Boris, Die Sowjetunion, die baltischen Staaten und das Völkerrecht (Köln, Verlag für Politik und Wissenschaft, 1956).
Meißner, Herbert, Konvergenztheorie und Realität (Berlin, Akademie-Verlag, 1969).
Misse, Frederick Benjamin, The Loss of Eastern Europe 1938–1946 (Unveröfftl. Diss., Univ. of Illinois, 1964).
Moltmann, Günter, Amerikas Deutschlandpolitik im Zweiten Weltkrieg (Heidelberg, Winter, 1958).
–, –, „Die amerikanisch-sowjetische Partnerschaft im Zweiten Weltkrieg", in Geschichte in Wissenschaft und Unterricht 15 (1964), S. 164–179.
–, –, „Nochmals: Die Rußlandpolitik Roosevelts 1943–45", in Geschichte in Wissenschaft und Unterricht 16 (1965), S. 218–222.
Moore, Harriet L., Soviet Far Eastern Policy 1931–1945 (Princeton, UP, 1945).
Morgenthau, Hans J., „Another ‚Great Debate': The National Interest of the United States", in American Political Science Review, XLVI (1952), S. 961–988.
Morison, Elting Elmore, Turmoil and Tradition. A Study of Life and Times of Henry L. Stimson (Boston, Houghton Mifflin, 1960).
Morison, Samuel Eliot, The Battle of the Atlantic (Boston, Little Brown, 1947).
–, –, The Rising Sun in the Pacific Ocean (Boston, Little Brown, 1948).
–, –, The Two-Ocean War. A Short History of the United States Navy in the Second World War (Boston, Little Brown, 1963).
Morton, Louis, „Germany First: The Basic Concept of Allied Strategy in World War II", in Command Decisions. Prepared by the Office of the Chief of Military History, Department of the Army (New York, Harcourt Brace, 1959), S. 3–38.
Mosely, Philip E., „Hopes and Failures. American Policy toward East Central Europe 1941–1947", in The Review of Politics 17 (1955), S. 461–485.
Mulvihill, Peggy M., The United States and the Russo-Finnish War (Unveröfftl. Diss., Univ. of Chicago, 1964).
Murdock, Eugene C., „Zum Eintritt der Vereinigten Staaten in den Zweiten Weltkrieg. Forschungsbericht", in Vierteljahrshefte für Zeitgeschichte, 4 (1956), S. 93–114.
Nekritsch, Alexander und *Grigorenko, Pjotr,* Genickschuß. Die Rote Armee am 22. Juni 1941. Hrsg. und eingeleitet von Georges Haupt (Wien–Frankfurt a. M., Europa-Verlag, 1969).
Niedhart, Gottfried, Großbritannien und die Sowjetunion 1934–1939. Studien zur britischen Politik der Friedenssicherung zwischen den beiden Weltkriegen (München 1972).
North, Robert C., Moscow and Chinese Communists (Stanford, UP, ²1963).
O'Connor, Joseph Edward, Laurence A. Steinhardt and American Policy toward the Soviet Union, 1939–1941 (Unveröfftl. Diss., Univ. of Virginia, 1968).
Offner, Arnold A., American Appeasement. United States Foreign Policy and Germany, 1933–1938 (Cambridge, Belknap/Harvard UP, 1969).

Ogden, August Raymond, The Dies Committee. A Study of the Special House Committee for the Investigation of Un-American Activities, 1938–1943 (Washington, Catholic America UP, 1943).

Ohira, Zengo, „Fishery Problems between Soviet Russia and Japan", in The Japanese Annual of International Law, 1958/2, S. 1–18.

Osgood, Robert Endicott, Ideals and Self-Interest in America's Foreign Relations. The Great Transformation of the Twentieth Century (Chicago, UP, 1953).

Oyos, Lynwood Earl, The Navy and the United States Far Eastern Policy, 1930 –1939 (Unveröfftl. Diss., The Univ. of Nebraska, 1958).

Papachristou, Judith R., American-Soviet Relations and United States Policy in the Pacific, 1933–1941 (Unveröfftl. Diss., Univ. of Colorado, 1968).

Perkins, Dexter, The New Age of Franklin Roosevelt, 1932–1945 (Chicago, UP, 1957).

Pogue, Forrest C., George C. Marshall. Bd. II: Ordeal and Hope, 1939–1942 (New York, Viking, 1966).

Polenberg, Richard, „Franklin Roosevelt and Civil Liberties. The Case of the Dies Committee", in Historian, XXX, 2 (Febr. 1968), S. 165–179.

Ponomarev, B. N., Gromyko, A., Chvostov, V. M. u. a., Geschichte der sowjetischen Außenpolitik 1917–1945 (Berlin, Staatsverlag der DDR, 1969).

Pope, Arthur Upham, Maxim Litvinov (New York, Fischer, 1943).

Pratt, Julius W., Cordell Hull 1933–1944 (New York, Cooper, 1964). 2 Bde.

Range, Willard, Franklin D. Roosevelt's World Order (Athens, Georgia UP, 1959).

Rauch, Basil, Roosevelt from Munich to Pearl Harbor. A Study in the Creation of a Foreign Policy (New York, Creative Age, 1950).

Reischauer, Edwin O., The United States and Japan (Cambridge, Harvard UP, 1950).

Ressing, Gerd, Versagte der Westen in Jalta und Potsdam? Ein dokumentierter Wegweiser durch die alliierten Kriegskonferenzen (Frankfurt a. M., Athenaion, 1970).

Rimscha, Hans von, „Die Baltikumpolitik der Großmächte", in Historische Zeitschrift 177 (1954), S. 281–309.

Robinson, Edgar Eugene, The Roosevelt Leadership 1933–1945 (Philadelphia, Lippincott, 1955).

Rochau, Helmut, Die europäische Mission des Unterstaatssekretärs Sumner Welles im Frühjahr 1940. Ein Beitrag zu den amerikanischen Friedensbemühungen und zur Außenpolitik F. D. Roosevelts während der Periode des sogenannten Scheinkrieges (Diss. Tübingen, 1969).

Roosevelt, Franklin D., „Our Foreign Policy. A Democratic View", in Foreign Affairs, 6 (Juli 1928), S. 573–586.

Ropes, E. C., „Foreign Trade of the United States with the Union of Soviet Socialist Republics", in Foreign Commerce Quarterly, II (1941), S. 307–308.

–,–, „American-Soviet Trade Relations", in The Russian Review, III/1 (1943), S. 89–94.

Rossiter, Clinton, „The Political Philosophy of F. D. Roosevelt", in The Review of Politics, 1 (1949), S. 87–95.

Rothfels, Hans, Gesellschaftsform und auswärtige Politik (Laupheim, Steiner, 1953).

–, –, Zeitgeschichtliche Betrachtungen. Vorträge und Aufsätze (Göttingen, Vandenhoeck & Ruprecht, 1959).

Saposs, David J., Communism in American Politics (Washington, Public Affairs Press, 1960).

Schanz, Walter, „Der deutsch-sowjetische Nichtangriffspakt in seiner Entstehung und Bedeutung für die Westmächte und Italien" (Diss. Marburg, 1956).

Schlesinger, Arthur M. Jr., The Age of Roosevelt (Melbourne, Heinemann).
  Bd. I: The Crisis of the Old Order 1919–1933 (1957)
  Bd. II: The Coming of the New Deal (1960)
  Bd. III: The Politics of Upheaval (1960).
Schröder, Hans-Jürgen, Deutschland und die Vereinigten Staaten 1933–1939. Wirtschaft und Politik in der Entwicklung des deutsch-amerikanischen Gegensatzes (Wiesbaden, Steiner, 1970).
Schroeder, Paul W., The Axis Alliance and Japanese-American Relations 1941 (Ithaca, Cornell, 1958).
Schultz, Lothar, Die Rußlandforschung in den Vereinigten Staaten (Göttingen, Musterschmidt, 1953).
Schwartz, Andrew J., America and the Russo-Finnish War (Washington, Public Affairs Press, 1960).
Seraphim, Hans Günther und *Hillgruber, Andreas,* „Hitlers Entschluß zum Angriff auf Rußland. Eine Entgegnung", in Vierteljahrshefte für Zeitgeschichte, 2 (1954), S. 240–254.
Shepardson, Whitney H. und *Scroggs, William O.,* The United States in World Affairs. An Account of American Foreign Relations (Zitiert: USWA) Jge. 1940, 1941 (New York–London, Harper, 1940–1941).
Silvanus (Hans Heinrich Dieckhoff), „Die Vereinigten Staaten und Rußland. Ein Rückblick". Sonderdruck aus Auswärtige Politik, Heft 1/Januar 1943.
Smith, Gaddis, American Diplomacy during the Second World War, 1941–1945 (New York, Wiley, 1965).
Snell, John L., Illusion and Necessity. The Diplomacy of Global War, 1939–1945 (Boston, Houghton Mifflin, 1963).
Snow, Edgar, Roter Stern über China (Frankfurt, März, Neuaufl. 1970).
–, –, „Will Stalin Sell Out China?", in Foreign Affairs, 18 (April 1940), S. 450–463.
Sobel, Robert, The Origins of Interventionism. The United States and the Russo-Finnish War (New York, Bookman, 1960).
Sommer, Theo, Deutschland und Japan zwischen den Mächten 1935–1940. Vom Antikominternpakt zum Dreimächtepakt. Eine Studie zur diplomatischen Vorgeschichte des Zweiten Weltkriegs (Tübingen, Mohr/Siebeck, 1962).
Sorokin, Pitirim A., Russia and the United States (New York, Dutton, 1944).
Stackman, Ralph Robert, Laurence A. Steinhardt, New Deal Diplomat 1933–45 (Unveröfftl. Diss., Michigan State Univ., 1967).
Stadelmair, Franz, „Die Rußlandpolitik Roosevelts 1943–1945", in Geschichte in Wissenschaft und Unterricht, 15 (1964), S. 493–500.
Starobin, Joseph R., „Origins of the Cold War. The Communist Dimension", in Foreign Affairs, 47 (1968/69), S. 681–696.
Stettinius, Edward R., Jr., Lend-lease. Weapon for Victory (New York, Macmillan, 1944).
Stourzh, Gerald, „Ideologie und Machtpolitik als Diskussionsthema der amerikanischen außenpolitischen Literatur", in Vierteljahrshefte für Zeitgeschichte, 3 (1955), S. 99–112.
Sutton, Anthony C., Western Technology and Soviet Economic Development 1930 to 1945 (Stanford, Hoover Institution Press, 1971).
Tanner, Väinö, The Winter War (Stanford, UP, 1957).
Tansill, Charles Callan, Back Door to War (Chicago, Regnery, 1952).
Telpuchowski, Boris S., Die sowjetische Geschichte des Großen Vaterländischen Krieges. Hrsg. und erläutert von Andreas Hillgruber und Hans-Adolf Jacobsen (Frankfurt a. M., Bernard & Graefe, 1961).

Thornton, Sandra Winterberger, The Soviet Union and Japan, 1939–1941 (Unveröffentl. Diss., Georgetown Univ., 1964).
Timberlake, Charles E., „Russian-American Contacts, 1917–1937", in Pacific North West Quarterly, Oktober 1970.
Tinch, Clark W., „Quasi-war between Japan and the USSR 1937–1939", in World Politics, 3 (1950/51), S. 174–199.
Tompkins, Pauline, American-Russian Relations in the Far East (New York, Macmillan, 1949).
Toynbee, Arnold, America and the World Revolution. Public lectures delivered at the University of Pennsylvania, Spring 1951 (London, Oxford UP, 1962).
Trefousse, Hans L., Germany and American Neutrality 1939–1941 (New York, Bookman, 1951).
Trott zu Solz, Adam von, „Die Fernostpolitik der Vereinigten Staaten von Amerika", in Monatshefte für Auswärtige Politik 7 (Nov. 1940), S. 827–836.
Tsou, Tang, America's Failure in China 1941–1950 (Chicago, UP, 1963).
Ulam, Adam B., Expansion and Coexistence. The History of Soviet Foreign Policy, 1917–1967 (New York, Praeger, 1968).
Ullman, Richard H., „The Davies Mission and United States – Soviet Relations, 1937–1941", in World Politics, IX (Januar 1957), S. 220–239.
Vnuk, František, „Munich and the Soviet Union", in Journal of Central European Affairs, 21 (1961/62), S. 285–304.
Watson, Mark Skinner, Chief of Staff: Prewar Plans and Preparations. U.S. Army in World War II, The War Department (Washington, Department of the Army, 1950).
Weber, Hermann, Die Bukowina im Zweiten Weltkrieg. Völkerrechtliche Aspekte der Lage der Bukowina im Spannungsfeld zwischen Rumänien, der Sowjetunion und Deutschland (Frankfurt a. M. – Berlin, Metzner, 1972).
Wei, Henry, China and Soviet Russia (Princeton, Van Nostrand, 1956).
Weinberg, Gerhard L., Germany and the Soviet 1939–1941 (Leiden, Brill, 1954).
–, –, „Der deutsche Entschluß zum Angriff auf die Sowjetunion", in Vierteljahrshefte für Zeitgeschichte, 1 (1953), S. 301–318.
Welles, Sumner, Where Are We Heading? (New York, Harper, 1946).
–, –, We Need Not Fail (Boston, Houghton Mifflin, 1948).
–, –, Seven Decisions That Shaped History (New York, Harper, 1951).
–, –, „Two Roosevelt Decisions: One Debit, One Credit", in Foreign Affairs, 29 (1950/51), S. 182–204.
Werth, Alexander, Russia at War, 1941–1945 (New York, Dutton, 1964).
Wheeler-Bennett, John W., Munich. Prologue to Tragedy (London, Macmillan, 1948).
Williams, William Appleman. American-Russian Relations 1781–1947 (New York, Rinehart, 1952).
Wolfskill, George, The Revolt of the Conservatives. A History of the American Liberty League, 1933–1940 (Boston, Houghton Mifflin, 1962).
Woodward, Sir Llewllyn, History of the Second World War: British Foreign Policy in the Second World War. Bde. I und II (London, H.M.S.O., 1970–1971).
Yakemtchouk, Romain, La Ligne Curzon et la IIe Guerre Mondiale (Louvain, Nauwelaerts, 1957).
Young, Arthur N., China and the Helping Hand, 1937–1945 (Cambridge, Harvard UP, 1963).
Zabriskie, Edward H., American-Russian Rivalry in the Far East. A Study in Diplomacy and Power Politics, 1895–1914 (Philadelphia, Pennsylvania UP, 1946).

PERSONENVERZEICHNIS

Abe, Nobuyukai, General, VIII. 1939 –I. 1940 japan. Ministerpräs. 83, 94
Acheson, Dean G., seit 1. II. 1941 Assistant Secretary of State 200, 219, 220
Aktay, Ali Haydar, türk. Botschafter in Moskau 181
Alsop, Joseph, amerik. Journalist 209
Arita, Hachiro, 1936–37, 1938–39 und I.–VII. 1940 japan. Außenminister 129
Arsène-Henry, Charles, französ. Botschafter in Tokio 85, 87, 92
Atcheson, George, Jr., seit II. 1939 Botschaftssekretär im State Dept., IV. 1941–42 stellv. Leiter der Fernost-Abteilung 83, 88
Atherton, Ray, seit VI. 1940 Leiter der Europa-Abteilung im State Dept. 128, 140, 141, 151, 162, 171, 190, 200, 224
Avenol, Joseph, Generalsekretär des Völkerbunds 68

Barry, William B., Kongreßabgeordneter (N. Y./Dem.) 155
Baruch, Bernard M., amerik. Nationalökonom 15
Beck, Jozef, 1932–IX. 39 poln. Außenminister 37
Beneš, Edvard, 1935–X. 38 tschechoslowak. Staatspräs., seit 1940 Präs. der tsch. Exilregierung 19, 20, 30
Berle, Adolf A., Jr., 1938–44 Assistant Secretary of State 33, 40, 41, 44, 62, 63, 98, 110, 149, 171, 185, 199
Biddle, Anthony J., Jr., 1937–39 amerik. Botschafter in Warschau 42, 109
Bohlen, Charles E., 1934–40 Botschaftssekretär/-rat an der amerik. Botschaft Moskau 25
Bonnet, Georges, IV. 1938–IX. 39 französ. Außenminister 91

Boris III., König der Bulgaren 180
Boström, Wollmar F., schwed. Gesandter in Washington 47
Bucknell, Howard, Jr., 1937–39 amerik. Konsul in Genf 80
Bullitt, William C., 1933–36 amerik. Botschafter in Moskau, 1936–40 in Paris 7–11, 13, 16, 24–27, 30, 33, 34, 37–39, 67, 68, 79, 80, 84, 85, 88, 90, 91, 93–95, 112, 113, 168
Burke, Thomas, Leiter der Division of International Communications im State Dept. 104
Butler, Nevil, 1940–41 Botschaftsrat an der brit. Botschaft Washington 154, 156

Callaghan, Daniel, Captain, Marineberater Roosevelts 17, 96
Carlson, Evans F. 84, 85
Carney, Robert B., Commander im amerik. Marineministerium 95, 96
Chamberlain, Neville, 1937–V. 40 brit. Premierminister 71, 72
Chiang Kai-shek, Führer der Kuomintang, Präs. des chines. Exekutivrats und Oberbefehlshaber der nationalen Streitkräfte 78–80, 84, 85, 87, 94, 95, 129, 134–136, 138, 144, 147, 174, 176, 178, 213, 214
Christian X., König von Dänemark und Island 50
Churchill, Winston S., seit V. 1940 brit. Premierminister 101, 112, 168, 183, 204, 225–227
Ciano di Cortellazzo, Conte Galeazzo, italien. Außenminister 142
Cochran, H. Merle, amerik. Diplomat, 1939–41 zum Schatzministerium delegiert 134, 154
Cochran, William P., amerik. Diplomat 34

Colby, Bainbridge, 1920–21 amerik. Außenminister 195
Connery 81
Craigie, Sir Robert L., brit. Botschafter in Tokio 85, 87, 91, 92
Cripps, Sir Stafford, VI. 1940–42 brit. Botsch. in Moskau 112, 152–157, 160, 163, 168, 169, 181, 188, 204
Curzon of Cedleston, George N., Marquess, 1919–24 brit. Außenminister 40
Cvetković, Dragisha, 1939–III. 41 jugoslaw. Ministerpräs. 181

Daladier, Édouard, IV. 1938–III. 40 französ. Ministerpräs., seit IX. 39 gleichzeitig Außen- und Verteidigungsminister 71
Dalton, Hugh, 1940–42 brit. Minister für wirtschaftl. Kriegführung 188
Davies, Joseph E., 1936–38 amerik. Botschafter in Moskau, 1938–40 in Brüssel, 1940–41 Special Assistant im State Dept. 13–21, 24, 27, 33, 34, 36, 79, 80, 225
Davis, Jerome W., amerik. Richter 37
Davis, Norman H., amerik. Diplomat 8
Dies, Martin, Kongreßabgeordneter (Texas/Dem.) 24
Dodd, William E., Geschichtsprofessor, 1933–37 amerik. Botschafter in Berlin 14, 17, 26, 27
Donovan, William J., amerik. Rechtsanwalt, 1940/41 Sondergesandter Roosevelts in Europa 180
Dooman, Eugene H., 1937–42 Botschaftsrat an der amerik. Botschaft Tokio 31, 82, 83, 85–88, 91
Dunn, James C., Adviser on Political Relations im State Dept. 39, 42, 119, 154, 182
Duranty, Walter, amerik. Journalist 66

Earle, George H., I. 1940–XII. 41 amerik. Gesandter in Sofia 180, 182, 206
Early, Stephen, Sekretär Roosevelts 14–16
Eden, R. Anthony, 1935–II. 38 brit. Außenminister, V. 40–XII. 40 Kriegsminister, seit XII. 40 Außenminister 78, 169, 204, 205, 221–223
Edison, Charles, 1936–39 stellv. amerik. Marineminister, 1940 Marineminister 105

Engert, Cornelius V. H., 1937–40 amerik. Geschäftsträger in Teheran 168
Erkko, Juho Eljas, 1938–30. XI. 39 finn. Außenminister, XII. 39–III. 40 Geschäftsträger in Stockholm 52, 71
Ertegün, Mehmet Münir, türk. Botschafter in Washington 195

Faymonville, Philip R., Oberstleutnant, 1934–39 Militärattaché an der amerik. Botschaft Moskau 15, 18
Fegan, Joseph C., Colonel im Hauptquartier der IV. US-Marinedivision in Shanghai 79, 80
Feis, Herbert, Special Adviser on International Economic Affairs im State Dept. 70, 78, 102, 104, 109, 134, 201
Freeman, Weldon W., amerik. Industrieller 5

Gaston, Herbert E., Assistant Secretary im amerik. Schatzministerium 151
Gauss, Clarence E., 1935–40 amerik. Generalkonsul in Shanghai 85
George VI., englischer König 14
Gorin, Mikhail 194
Gourley, Louis H., 1938–IV. 40 amerik. Konsul in Kobe, dann bis XII. 41 in Harbin 214
Graham, Malbom, amerik. Professor 107
Green, Joseph C., Leiter des Amts für Rüstungskontrollen, seit XI. 1938 der Abteilung für Kontrollen im State Dept. 16, 59, 60, 62, 63, 95, 96
Grew, Joseph C., 1932–41 amerik. Botschafter in Tokio 8, 54, 77, 82, 84, 85, 87, 88, 92, 93, 131, 132, 138, 143, 144, 146, 147, 170, 174, 176, 204, 206, 207, 209–211, 213–216, 218, 222
Grummon, Stuart E., 1937–39 Botschaftssekretär an der amerik. Botschaft Moskau 30, 31, 80
Grzybowski, Wacław, 1936–39 poln. Botschafter in Moskau 38
Gunther, Franklin M., 1937–41 amerik. Gesandter in Bukarest 114, 149, 170, 179, 180, 206, 207, 223
Gustaf Adolf, schwed. Kronprinz 47, 48, 50
Gustaf Adolf V., König der Schweden 50

Personenverzeichnis

Haakon VII., König von Norwegen 50
Halifax, Edward F. L. W., Viscount, 1938–XII. 40 brit. Außenminister, I. 41–46 Botschafter in Washington 51, 71, 127, 156, 184, 188–190, 222, 223
Hamilton, Maxwell M., 1937–43 Leiter der Fernost-Abteilung im State Dept. 91, 143, 144, 175
Harris, Reed, 1939–42 Direktor des Executive Office im Weißen Haus 185, 223
Harrison, Byron P., Senator (Miss./Dem.) 15
Hay, John, 1898–1905 amerik. Außenminister 77
Henderson, Loy W., 1934–38 Botschaftssekretär an der amerik. Botschaft in Moskau, 1938–42 Leiter des Rußlandreferats in der Europa-Abteilung des State Dept. 13, 16, 23, 25, 29, 33, 36, 43, 44, 51, 62, 64, 79, 80, 96, 98–100, 102–107, 109–111, 114, 115, 119–124, 126, 128, 140, 141, 151, 162, 166, 171–173, 177, 185–188, 196–201, 213, 219–221, 224, 234
Hilger, Gustav, Gesandtschaftsrat, seit XI. 1939 Botschaftsrat an der dtsch. Botschaft Moskau 29
Hirohito, Kaiser von Japan 13
Hitler, Adolf, dtsch. Führer und Reichskanzler 3, 12, 14, 19, 20, 23, 25–27, 30–32, 34, 35, 38, 41, 45, 53–55, 71, 74, 97, 101, 108, 112, 113, 127, 134, 144, 146, 148, 149, 152, 163, 165, 167–170, 173, 178–182, 184, 185, 187, 190, 202, 204–206, 215, 216, 223, 225–228, 230–232, 234, 235
Hoover, Herbert, 1929–33 Präs. der USA 54, 77, 195
Hopkins, Harry L., 1938–IX. 40 amerik. Handelsminister, Berater Roosevelts 15, 18, 108
Horinouchi, Kensuke, XII. 1938–X. 40 japan. Botschafter in Washington 31
Hornbeck, Stanley K., 1928–37 Leiter der Fernost-Abteilung, 1937–44 Adviser on Political Relations im State Dept. 7, 26, 81, 84, 88, 94, 104, 131–133, 137, 161, 211, 214
Hughes, Charles E., 1921–25 amerik. Außenminister 195
Hull, Cordell, 1933–44 amerik. Außenminister 8–11, 13, 15–20, 23, 25–27, 29–33, 35–52, 54–57, 60–70, 72–75, 77–88, 90–100, 102–106, 108–115, 117, 121–127, 129–133, 135, 138–158, 160–163, 167–176, 179–195, 197, 199–201, 203–211, 213–222, 225, 230, 232–235

Ickes, Harold L., 1933–46 amerik. Innenminister 27, 33, 54
Ingersoll, Royal E., Captain im Planungsstab des amerik. Marineministeriums 17, 18

Johnson, Herschel V., 1937–41 Botschaftsrat an der amerik. Botschaft London 30, 169, 170, 205–207, 221, 223
Johnson, Nelson T., 1929–36 amerik. Gesandter, 1936–41 Botschafter in China 78, 80, 81, 84, 85, 146, 147, 169, 170, 174–176, 213, 214
Jones, Jesse H., Direktor der Federal Loan Agency, IX. 1940–45 amerik. Handelsminister 61, 100, 125, 140

Kalinin, Michail I., Präs. des Zentralexekutivkomitees der UdSSR, seit 1938 Präs. des Präsidiums des Obersten Sowjet, Mitglied des Politbüros 3, 6, 48–50
Kallio, Kyösti, 1937–XII. 40 finn. Staatspräs. 48, 50, 54
Kelley, Robert F., 1926–37 Leiter der Osteuropa-Abteilung im State Dept. 10, 25, 80
Kennan, George F., 1933–38 Botschaftssekretär an der amerik. Botschaft in Moskau, 1938–39 in Prag, 1939–41 in Berlin 15, 18, 25, 80
Kennedy, Joseph P., 1937–XI. 40 amerik. Botschafter in London 25, 35, 39, 40, 149
Kerenski, Alexander F., VII.–X. 1917 russ. Ministerpräs. 9, 23, 195
King, Ernest J., amerik. Admiral 212
Kintner, Robert, amerik. Journalist 209
Kirk, Alexander C., 1938 Botschaftsrat an der amerik. Botschaft in Moskau, 1939–41 in Berlin 25, 33, 35, 40, 44, 61, 72, 83, 108, 128, 135, 149
Knox, W. Franklin, VI. 1940–44 amerik. Marineminister 65, 138, 155, 192, 211
Konoye, Prinz Fumimaro, VI. 1937–I. 39, VII. 40–X. 41 japan. Ministerpräsident 129, 137, 215

Krentz, Kenneth C., IX. 1938 amerik. Konsul in Canton, X. 40–7. XII. 41 in Mukden 217
Kurusu, Saburo, japan. Botschafter in Berlin 142

Labonne, Erik, 1940–41 französ. Botschafter in Moskau 163
Lamont, Thomas W., amerik. Bankier 5
Landon, Alfred M., amerik. Politiker, 1936 republikan. Präsidentschaftskandidat 23
Lane, Arthur B., 1937–41 amerik. Gesandter in Belgrad 149, 179–181
Leach, Henry G., Herausgeber der amerik. Zeitschrift The Forum 5
Leahy, William D., 1937–39 Chef der amerik. Marineleitung, 1940–42 amerik. Botschafter in Vichy 35, 78, 213, 226
Lebrun, Albert, Präs. der französ. Republik 14
Leonard, Walter A., amerik. Geschäftsträger in Reval 45
Lippmann, Walter, amerik. Journalist 209
Litwinow, Maxim M., 1929–V. 39 Kommissar für auswärtige Angelegenheiten der UdSSR 3, 5–10, 17, 18, 79, 119
Lockhart, Frank P., Botschaftsrat an der amerik. Botschaft Peping 83, 93, 175, 197
Long, Breckinridge, 1933–36 amerik. Botschafter in Rom, 1940–45 Assistant Secretary of State 25, 34, 48
Losowski, Salomon A., seit IV. 1939 Stellv. Kommissar für auswärtige Angelegenheiten der UdSSR 101, 115, 171, 220
Lothian, Marquess of (Philip Henry Kerr), VIII. 1939–XII. 40 brit. Botschafter in Washington 90, 92, 94, 113, 128, 132, 153, 155, 194
Lovell, Leander B., Beamter in der Abteilung für Handelsverträge des State Dept. 99
Lyons, James, kanad. Politiker 112

MacMurray, John V. A., 1936–42 amerik. Botschafter in Ankara 32, 148, 149, 169, 180, 181
MacVeagh, Lincoln, amerik. Gesandter in Athen 55

Maiski, Iwan M., 1932–43 sowjet. Botschafter in London 102, 204, 205
Mannerheim, Carl Gustav Emil, finn. Feldmarschall, seit 1939 Präs. des nationalen Verteidigungsrats und Oberbefehlshaber der finn. Streitkräfte 74
Mao Tse-tung, Führer der chinesischen Kommunisten 85, 175
Marriner, James T., 1931–35 Botschaftsrat an der amerik. Botschaft Paris 8
Marris, A. D., Botschaftssekretär an der brit. Botschaft Washington 187, 188
Marshall, George C., 1939–45 Generalstabschef des amerik. Heeres 70, 78, 132
Matsuoka, Yosuke, VII. 1940–VII. 41 japan. Außenminister 129, 177, 208–210, 215–217
Matthews, Harrison F., Botschaftssekretär an der amerik. Botschaft in Paris und Vichy 146, 147, 175
Maxwell, Russell L., Colonel, Leiter des Amtes für Exportkontrollen im State Dept. 185
McCormack, John W., Kongreßabgeordneter (Mass./Dem.) 10
McIntyre, Marvin H., Sekretär Roosevelts 16
McKinley, William, 1897–1901 Präs. der USA 77
Merrell, George R., 1937–IV. 40 amerik. Konsul in Harbin 93
Messersmith, George S., 1930–34 amerik. Generalkonsul in Berlin, 1934–37 Gesandter in Wien, 1937–40 Assistant Secretary of State 26, 27
Mikoyan, Anastasi I., 1939–49 Kommissar für den Außenhandel der UdSSR 116, 123
Miles, Sherman, Brigadegeneral, 1941 stellv. amerik. Generalstabschef 212, 214
Moffat, Jay Pierrepont, 1937–V. 40 Leiter Europa-Abteilung des State Dept. 30, 34, 35, 42–44, 46–50, 52, 56, 57, 60–64, 66, 68–70, 88, 98, 100, 102–104, 108–110
Molotow (Skrjabin), Wjatscheslaw M., seit V. 1939 Kommissar für auswärtige Angelegenheiten der UdSSR 21, 22, 32–34, 40, 43, 44, 48, 49, 56, 70, 73–75, 82, 84, 87, 96, 100, 106, 114, 115, 117, 132, 150–157, 159, 163, 167,

168–173, 175, 176, 178–180, 182, 187, 188, 193, 195, 203, 204, 208, 209, 215, 232
Moore, Robert W., Counselor des State Dept. 9, 24, 62
Morgenthau, Henry Jr., 1934–45 amerik. Schatzminister 10, 27, 58, 60, 61, 69, 94, 108, 125, 126, 134–142, 149, 151, 154, 211, 233
Morishima, Morito, Botschaftsrat an der japan. Botschaft Washington 144
Morris, Leland B., seit 1. VIII. 1940 amerik. Generalkonsul und Botschaftsrat in Berlin 149, 154, 167, 169, 179, 203, 205–207, 223
Mościcki, Ignacy, 1926–39 poln. Staatspräs. 42
Moseley, Harold W., Beamter im State Dept. 62, 104, 106
Muccio, John Joseph, 1938–40 amerik. Geschäftsträger in Panama 67
Mussolini, Benito, Duce des Faschismus, italienischer Regierungschef 53

Naggiar, Paul-Emile, 1938–40 französ. Botschafter in Moskau 85
Nomura, Kichisaburo, IX. 1939–I. 40 japan. Außenminister, II.–XII. 41 Botschafter in Washington 81, 211

Oursler, C. Fulton, Herausgeber der amerik. Zeitschrift Liberty Magazine 226

Paasikivi, J. K., finn. Gesandter in Stockholm ,1939–40 Minister ohne Geschäftsbereich 47
Packer, Earl L., bis 1936 stellv. Leiter der Osteuropa-Abteilung im State Dept., 1936–40 Konsul in Riga 25
Page, Edward, Jr., 1934–37 Botschaftssekretär an der amerik. Botschaft Moskau und Konsul in Riga, 1937–42 in der Europa-Abteilung des State Dept. 25, 105–107, 109, 151, 171, 172, 185, 200, 219, 221
Peck, Willys R., Botschaftsrat an der amerik. Botschaft in China 80, 81, 95
Penfield, James K., 1936–38 amerik. Konsul in Yünnanfu, 1938–40 im State Dept. 80
Pepper, Claude, Senator (Fla./Dem.) 192

Pétain, Henri Philippe, Marschall von Frankreich, VI. 1940–42 französ. Staatschef und Ministerpräs. 113
Phillips, William, 1933–36 Under Secretary of State, 1936–41 Botschafter in Rom 8, 25, 206
Potemkin, Wladimir P., 1937–40 Stellv. Kommissar für auswärtige Angelegenheiten der UdSSR 51, 52
Potocki, Jerzy Count, 1936–40 poln. Botschafter in Washington 42, 44
Procopé, Hjalmar J., finn. Gesandter in Washington 46, 50, 70

Raczkiewicz, Wladislaw, seit IX. 1939 Chef der poln. Exilregierung 42
Rashid Ali Al-Gailani, 1940–I. 41 und IV./V. 41 irak. Regierungschef 203
Reed, Edward L., 1938–40 Botschaftsrat an der amerik. Botschaft Rom 168
Ribbentrop, Joachim von, seit II. 1938 dtsch. Außenminister 30, 40, 44, 99, 142, 167, 169, 170, 173, 181, 216
Richardson, James Otto, Admiral, 1940–41 Oberbefehlshaber der amerik. Pazifik-Flotte 145
Romer, Tadeusz, bis IX. 1939 poln. Botschafter in Tokio 85, 87, 92
Roosevelt, Anna E., Gattin des Präs. R. 37, 174
Roosevelt, Franklin D., 1933–45 Präs. der USA 1–27, 30–33, 35–38, 40–42, 45, 47–52, 54–63, 65–70, 72–81, 84, 85, 94–97, 102, 105, 107–109, 111–115, 117, 119, 123, 125, 130, 134–139, 141, 142, 144–146, 155, 159, 161, 174, 177, 180, 183, 185–188, 190–193, 197, 201, 207, 209, 211–213, 220, 224–230, 232 –235
Rosenman, Samuel I., amerik. Richter, Berater und „Ghostwriter" Roosevelts 225
Ryti, Risto, 1. XII. 1939–XII. 40 finn. Ministerpräs. XII. 40–43 Staatspräs. 72, 74, 75

Saint-Quentin, René Doynel, Comte de, 1938–40 französ. Botschafter in Washington 90, 94
Salisbury, Laurence E., Botschaftssekretär in der Fernost-Abteilung des State Dept. 92
Sayre, Francis B., 1933–39 Assistant

Secretary of State, 1939–42 Hochkommissar für die Philippinen 65, 94
Scharonow, Nikolai I., 1939 sowjet. Botschafter in Warschau 37
Schkwartzew, Alexander, IX. 1939–XII. 40 sowjet. Botschafter in Berlin 99
Schnurre, Karl, Gesandter im dtsch. Auswärtigen Amt, Leiter der dtsch. Delegation für die Wirtschaftsverhandlungen in Moskau 189
Schoenfeld, H. F. Arthur, 1937–41 amerik. Gesandter in Helsinki 52, 56, 69, 70, 73–75, 149, 179, 203, 206
Schulenburg, Friedrich W. Graf von der, 1934–41 dtsch. Botschafter in Moskau 29, 180
Schuwakin, D., VII.–XI. 1939 sowjet. Geschäftsträger in Washington 38
Shantz, Harold, 1939–41 Generalkonsul und Gesandtschaftssekretär in Helsinki 46
Sherwood, Robert E., amerik. Schriftsteller, „Ghostwriter" Roosevelts 74, 191, 212, 225
Simkhovich, Vladimir, amerik. Journalist 36
Simović, Dušan, General, III. 1941 jugoslaw. Ministerpräs. 181
Smetanin, Konstantin, seit XI. 1939 sowjet. Botschafter in Tokio 84
Smith, Alfred E., amerik. Politiker, 1928 demokrat. Präsidentschaftskandidat 23
Sobolew, Arkadi A., Generalsekretär des sowjet. Außenministeriums 179
Soong, T. V. (Sung Tse-wen), Politiker der Kuomintang, Präs. der Bank von China 134, 136, 140
Southard, Addison E., 1937–41 amerik. Generalkonsul in Hongkong und Macau 129
Stalin, Josif W., Generalsekretär des ZK der KPdSU, seit 6. V. 1941 Vorsitzender des Rats der Volkskommissare der UdSSR, Mitglied des Politbüros 14, 15, 17, 18, 20, 21, 23, 26, 30–35, 37, 40, 44, 45, 47, 53–55, 67, 71, 74, 75, 84, 97, 111, 112, 128, 149, 163, 168, 181, 182, 185, 193, 200, 202–205, 207, 208, 210, 216, 217, 227–230, 232, 234, 235
Stark, Harold R., Admiral, 1937–42 Kommandeur der amerik. Kreuzerflotte 78

Steinhardt, Laurence A., 1939–41 amerik. Botschafter in Moskau 18, 20–22, 27, 31–34, 36–40, 46–52, 55–57, 60–64, 66, 69, 72–75, 83–86, 93, 96, 99–102, 106, 108, 111, 112, 115, 121–126, 133, 146–154, 156–176, 178–183, 185, 186, 188, 189, 193–195, 197, 201, 203–210, 213–223, 234
Sterling, Frederick A., 1938–42 amerik. Gesandter in Stockholm 50, 72, 74, 149, 161, 206, 223
Stimson, Henry L., seit VI. 1940 amerik. Kriegsminister 125, 133, 138, 141–143, 155, 170, 191, 192, 195, 201, 207, 233
Summerlin, George T., Generalkonsul, 1937–41 Leiter der Protokoll-Abteilung im State Dept. 51

Tanner, Väinö, 1937–39 finn. Finanzminister, XII. 1939–40 Außenminister 74
Tatekawa, Yoshitsugu, Oberstleutnant, IX. 1940–42 japan. Botschafter in Moskau 160, 175, 209, 215, 217, 218
Thomas, Norman, amerik. sozialist. Politiker 41
Thomsen, Hans, XI. 1938–XII. 41 dtsch. Geschäftsträger in Washington 31, 121, 123
Thurston, Walter, IV. 1939–42 amerik. Botschaftsrat in Moskau 52, 61, 84, 93, 99, 105, 106, 108, 109, 114–116, 123–125, 128, 132, 148, 162, 163, 170, 175
Tinkham, George H., Kongreßabgeordneter (Mass./Rep.) 191
Tippelskirch, Werner v., Botschaftsrat an der dtsch. Botschaft Moskau 216
Tittmann, Harold H., Jr., V. 1939–40 amerik. Generalkonsul in Genf 68
Togo, Shigenori, XI. 1938–X. 40 japan. Botschafter in Moskau 82, 132
Troyanowski, Alexander A., 1934–39 sowjet. Botschafter in Washington 9, 16, 18
Tull 10

Umanski, Konstantin, IV. 1939–VI. 41 sowjet. Botschafter in Washington 10, 18, 20, 21, 55, 63, 96, 102–104, 106, 108, 110, 115, 117–126, 128, 131–134, 136, 137, 139–141, 151, 157–160,

162, 165, 166, 171–173, 176–178, 180, 183, 185–187, 189, 193–200, 219–221, 231, 233

Vandenberg, Arthur H., Senator (Mich./Rep.) 191
Vincent, John C., bis II. 1939 Botschaftssekretär in der Fernost-Abteilung des State Dept. 80

Wang Ching-Wei, chines. Politiker 175
Ward, Angus J., 1935–40 Botschaftssekretär an der amerik. Botschaft Moskau, seit XI. 1940 Konsul in Wladiwostok 218
Warner, Gerald, 1937–41 amerik. Konsul in Taihoku 83
Watson, Edwin M., Generalmajor, Militärberater Roosevelts 69
Welles, Sumner, 1933–37 Assistant Secretary of State, 1937–43 Under Secr. of State 10, 14, 21, 22, 27, 30–32, 34, 55, 61, 66–68, 70, 73, 74, 80, 88, 92, 93, 104, 110, 113, 115, 117–126, 128, 132–137, 139, 142, 145, 151, 156–160, 162, 163, 165, 169–178, 180, 181, 183, 185–187, 189, 190, 193–201, 209, 219, 221–224, 226, 231, 233, 234
White, Harry Dexter, 1934–40 stellv. Direktor, 1940–42 Direktor der Abteilung für Währungsforschung im amerik. Schatzministerium 108, 135, 140
White, William Allen, amerik. Journalist 65

Wiley, John C., 1938–41 amerik. Gesandter in Riga und Reval 34, 45
Wilson, Hugh R., Jr., 1932–37 amerik. Vertreter bei der Genfer Abrüstungskonferenz, I. 1938–IX. 39 Botschafter in Berlin 8, 25, 34, 35
Wilson, Woodrow, 1913–21 Präs. der USA 4, 5
Winant, John G., seit II. 1941 amerik. Botschafter in London 213, 226
Woodring, Harry H., 1936–VI. 40 amerik. Kriegsminister 70
Woods, Sam E., Handelsattaché an der amerik. Botschaft Berlin 178
Wyschinski, Andrei I., seit 1940 Stellv. Kommissar für auswärtige Angelegenheiten der UdSSR 156, 157, 159–161, 181

Yarnell, Harry E., Admiral, Oberbefehlshaber der amerik Asienflotte 80
Yonai, Mitsumasa, I.–VII. 1940 japan. Ministerpräs. 129
Yost, Charles W., XI. 1938–41 stellv. Leiter der Abteilung für Kontrollen im State Dept. 62, 98, 105, 106, 185
Young, Philip, Assistent Morgenthaus, Verbindungsbeamter zwischen amerik. Schatz- und Kriegsministerium 57, 58, 61, 62, 100, 109, 185

Zadeikis, Povilas, litauischer Gesandter in Washington 43, 44
Zeligowski, Lucjan, poln. General 43